权威·前沿·原创

皮书系列为
"十二五""十三五"国家重点图书出版规划项目

B

BLUE BOOK

智 库 成 果 出 版 与 传 播 平 台

中国社会科学院生态文明研究智库成果

中国社会科学院创新工程学术出版资助项目

房地产蓝皮书
BLUE BOOK OF REAL ESTATE

中国房地产发展报告 *No.18*（2021）

ANNUAL REPORT ON THE DEVELOPMENT OF CHINA'S REAL ESTATE No.18 (2021)

中国社会科学院国家未来城市实验室
中国房地产估价师与房地产经纪人学会 / 编

社会科学文献出版社
SOCIAL SCIENCES ACADEMIC PRESS (CHINA)

图书在版编目(CIP)数据

中国房地产发展报告. No.18，2021 / 中国社会科学院国家未来城市实验室，中国房地产估价师与房地产经纪人学会编. -- 北京：社会科学文献出版社，2021.7
（房地产蓝皮书）
ISBN 978 - 7 - 5201 - 8403 - 8

Ⅰ.①中⋯　Ⅱ.①中⋯②中⋯　Ⅲ.①房地产业 - 经济发展 - 研究报告 - 中国 - 2021　Ⅳ.①F299.233

中国版本图书馆 CIP 数据核字（2021）第 098077 号

房地产蓝皮书

中国房地产发展报告 No.18（2021）

编　　　者 / 中国社会科学院国家未来城市实验室
　　　　　　中国房地产估价师与房地产经纪人学会

出　版　人 / 王利民
责任编辑 / 陈　颖

出　　　版 / 社会科学文献出版社·皮书出版分社（010）59367127
　　　　　　地址：北京市北三环中路甲 29 号院华龙大厦　邮编：100029
　　　　　　网址：www.ssap.com.cn
发　　　行 / 市场营销中心（010）59367081　59367083
印　　　装 / 天津千鹤文化传播有限公司

规　　　格 / 开　本：787mm × 1092mm　1/16
　　　　　　印　张：28.25　字　数：470 千字
版　　　次 / 2021 年 7 月第 1 版　2021 年 7 月第 1 次印刷
书　　　号 / ISBN 978 - 7 - 5201 - 8403 - 8
定　　　价 / 168.00 元

《中国房地产发展报告 No.18（2021）》
编 委 会

主编单位简介

中国社会科学院国家未来城市实验室 （以下简称国家未来城市实验室），原名中国社会科学院城市信息集成与动态模拟实验室，成立于2010年，是中国社会科学院最早设立的18家实验室之一。经中国社会科学院批准，中国社会科学院城市信息集成与动态模拟实验室于2020年11月正式更名为"中国社会科学院国家未来城市实验室"。国家未来城市实验室是中国社会科学院从事城市与区域科学研究的主要载体，自成立以来，在城市社会经济数据库系统构建、城市与区域空间分析、区域发展政策模拟、智慧城市顶层设计与评价等领域开展了大量研究工作，并持续发布《城市蓝皮书》《房地产蓝皮书》，产生了较大影响。国家未来城市实验室依托于中国社会科学院生态文明研究所，实行理事会领导下的主任负责制。现任理事长为中国社会科学院生态文明研究所党委书记杨开忠研究员和所长张永生研究员，主任为刘治彦研究员。实验室将以习近平生态文明思想为指导，积极争取社会各界支持，紧密围绕党和国家发展战略需求，接轨联合国《新城市议程》，主动响应全球和国家城市与区域发展的关键科学问题和重大现实问题，为国家重大城市和区域发展战略制定提供决策支持，打造中国城市和区域研究的重要科学基础设施，构建中国城市和区域科学研究的学科体系、学术体系、话语体系。争取用5~10年时间建成城市和区域科学研究领域的国内顶尖、国际一流实验室。

中国房地产估价师与房地产经纪人学会 简称中房学，是全国性的房地产估价、经纪、住房租赁行业自律管理组织，由从事房地产估价、经纪、住房租赁活动的专业人士、机构及有关单位组成，依法对房地产估价、经纪、住房租赁行业进行自律管理。中房学的前身是成立于1994年8月的中国房地产估价师学会，2004年7月变更为现名。首任会长为周干峙先生，第二任会长为宋春华先生，第三任会长为杜鹃女士。现任会长为柴强博士，副会长兼秘书长为赵鑫明先生。中房学的主要宗旨是团结和组织从事房地产估价和经纪租赁活动的专业人士、机构及有关单位，开展房地产估价和经纪租赁研究、交流、教育和宣传活动，接受政府部门委托拟订并推行房地产估价和经纪租赁执业标准、规则，加强自律管理及国际交往与合作，不断提高房地产估价和经纪租赁专业人员及机构的服务水平，反映其诉求，维护其合法权益，促进房地产估价和经纪租赁行业规范、健康、持续发展。目前承担全国房地产估价师、房地产经纪专业人员职业资格考试、注册、登记、继续教育等工作。

摘　要

《中国房地产发展报告 No. 18（2021）》继续秉承客观公正、科学中立的宗旨和原则，追踪中国房地产市场最新动态，深度剖析市场热点，展望2021年发展趋势，积极谋划应对策略。全书分为总报告、分报告、区域篇、热点篇。总报告对当前房地产市场的发展态势进行全面、综合的分析，其余各篇分别从不同的角度对房地产市场发展和热点问题进行深度分析。

2020年，尽管受到疫情强烈冲击，但中国房地产市场表现出很强的韧性。年末各项指标均恢复到较好水平，部分指标甚至超过疫前水平。投资、资金与开发建设增速前低后高，年末恢复至合理预期水平，市场销售显著超出预期，全国销售均价总体稳定与城市间市场景气度分化并存，土地市场热络但区域分化趋势明显。与此同时，市场分化进一步加强，房贷利率倒挂，住房租金出现1998年来的首次负增长，由此租售价差进一步被拉大。房地产金融监管则不断强化，土地市场"两集中"的供给新规出台，房地产企业经营将面临新挑战。随着相关政策措施接连出台，老旧小区改造与城市更新成为房地产业的热点。在新冠肺炎疫情以及宏观经济环境不确定性加剧的影响下，城市群、都市圈将迎来新发展。

2021年，全球经济仍将继续处于低利率和流动性相对充裕的环境，短期难以改变。各国经济增速有着明显反弹，全球经济复苏仍不稳定。如何有效应对全球流动性泛滥的溢出效应，是中国面临的主要风险与挑战。但是，房地产行业仍是中国经济的压舱石和稳定剂。房地产金融监管将持续强化，继续坚持"稳"字当头的政策调控基调，调控政策更加精细化、完备化。租赁市场发展受到政策关注程度进一步增强。受全球货币宽松和低利率政策影响，2021年房地产市场将面临较大的上涨压力。市场风险不断加大，分化趋势日益明显，房地产行业面临重新洗牌。政策调控趋紧遏制市场过热冲动，房地产仍是当前市场上最有价值的保值增值工具。

展望全年，中央经济工作会议中指出"2021年宏观政策要保持连续性、稳定性、可持续性，要保持对经济恢复的必要支持力度，政策操作上要更加精准有效，不急转弯，把握好政策时度效"，预计2021年国内货币政策将在经济回升的过程中，逐步回归中性，整体流动性将保持稳定。房地产行业将转向稳杠杆乃至去杠杆，牢牢守住不发生系统性金融风险的底线。房企整体融资环境或将持续偏紧，"三道红线"将持续发力，房企去杠杆、降负债已是大势所趋。居民部门仍需稳杠杆，确保居民杠杆率和负债率不再继续上升。集中供地制度进一步规范土地市场发展，维持土地市场价格稳定。

总之，全年房地产行业将继续保持平稳运行，商品房销售规模将再创新高，突破18亿平方米；土地购置面积小幅回落，土地成交均价将快速恢复到疫前水平；新开工面积预期创出历史新高，总量达24亿平方米左右，但竣工面积较2020年略有下降；受疫后全球经济快速恢复影响，房地产开发投资将保持快速增长态势，全年预期保持14%左右的高速增长；销售均价全年保持万元以上新高度，全年预期实现7.7%左右的增长水平。一、二线热点城市价格将保持平稳上行，限贷政策仍将持续，不排除进一步加码升级的可能性。购房资金监管继续加强，严查首付款资金来源，严防首付贷、消费贷、经营贷等违规挪用于购房消费；三、四线城市面临较大的经济恢复压力，限贷政策或将适度放松，具有城市群和大都市圈概念的中小城市房地产市场将迎来新的机遇。

关键词： 土地市场　房贷利率　限贷限购

Abstract

China real estate development report No. 18 (2021) continues to adhere to the objective, fair, scientific and neutral purpose and principle, tracking the latest trends of China's real estate market, deeply analyzing market hot spots, looking forward to the development trend in 2021, and actively planning coping strategies. The book is divided into general report, market, city and hot topics. The general report makes a comprehensive and comprehensive analysis of the current development trend of the real estate market, and the rest of the paper makes in-depth analysis of the development and hot issues of the real estate market from different angles.

In 2020, despite the strong impact of the epidemic, China's real estate market shows strong resilience. At the end of the year, all the indicators returned to a good level, and some of them even exceeded the pre epidemic level. The growth rate of investment, capital and development and construction was low before and high after, and recovered to the reasonable expectation level at the end of the year. The market sales significantly exceeded the expectation. The national average sales price was stable on the whole, coexisting with the diversity of city scene. The land market was hot, but the trend of regional differentiation was obvious. At the same time, the housing rent showed negative growth for the first time since 1998, which further widened the rent sale price gap. The financial supervision of real estate is constantly strengthened, and the new supply rules of "two concentration" of land market are introduced, which will bring new challenges to the operation of real estate enterprises. With the introduction of relevant policies and measures, the transformation of old residential areas and urban renewal has become a hot spot in the real estate industry. Under the influence of COVID - 19 and the uncertainty of macroeconomic environment, the city group and metropolitan area will usher in new development.

In 2021, the global economy will continue to be in the environment of low interest rates and relatively abundant liquidity, which is difficult to change in the short term. The economic growth of various countries has rebounded obviously, and the global economic recovery is still unstable. How to effectively deal with the spillover effect of global liquidity flooding is the main risk and challenge facing China. However, the real estate industry is still the ballast and stabilizer of China's economy. Real estate financial supervision will continue to strengthen, continue to adhere to the policy control keynote of "stability", and make the control policy more refined and complete. The development of leasing market has been further concerned by the policy. Affected by the global monetary easing and low interest rate policy, the real estate market will face greater upward pressure in 2021. The market risk is increasing, the trend of differentiation is becoming increasingly obvious, and the real estate industry is facing a reshuffle. With the tightening of policy regulation and control to curb the impulse of overheated market, real estate will still be the most valuable value-added tool in the current market.

Looking forward to the whole year, the central economic work conference pointed out that in 2021, the macro policy should maintain continuity, stability and sustainability, maintain the necessary support for economic recovery, and the policy operation should be more accurate and effective. It is expected that the domestic monetary policy will gradually return to neutral and overall liquidity in the process of economic recovery It will remain stable. The real estate industry will turn to stable leverage and even deleveraging, and firmly hold the bottom line of no systemic financial risk. The overall financing environment of real estate enterprises may continue to be tight, and the "three red lines" will continue to work. It is the general trend for real estate enterprises to deleverage and reduce liabilities. The resident sector still needs to stabilize the leverage to ensure that the leverage ratio and debt ratio will not continue to rise. The centralized land supply system further standardizes the development of the land market and maintains the price stability of the land market.

Keywords: Land Market; Housing Loan Interest Rate; Loan Restriction and Purchase Restriction

目　录 ⌐↖Ｓ▨▨▨

Ⅰ　总报告

Ⅱ　分报告

皮书数据库阅读**使用指南**

CONTENTS

I General Report

II Sub-Reports

III Cities

IV Hot Topics

总 报 告
General Reports

B.1
2020年中国房地产市场回顾及未来展望

"房地产蓝皮书"总报告编写组*

摘　要： 2020年，尽管受到疫情强烈冲击，但中国房地产市场表现出很强的韧性。年末各项指标均恢复到较好水平，部分指标甚至超过2019年底水平。与此同时，市场分化进一步加强，房贷利率倒挂，住房租金出现1998年来的首次负增长，由此租售价差进一步被拉大。房地产金融监管不断被强化，土地市场"两集中"的供给新规则出台，房地产企业经营将面临新挑战。随着相关政策措施接连出台，老旧小区改造与城市更新成为房地产业的热点。在新冠肺炎疫情以及宏观经济环境不确定性加剧的影响下，城市群、都市圈将迎来新发展。受全球货币宽松和低利率政策影响，2021年房地产市场将面临

* 执笔人：王业强，经济学博士，中国社会科学院国家未来城市实验室研究员，研究方向为城市与区域经济；张智，天津社会科学院研究员，研究方向为宏观经济预测、房地产经济、城市经济；邹琳华，经济学博士，中国社会科学院财经战略研究院副研究员，研究方向为房地产经济；董昕，经济学博士，中国社会科学院国家未来城市实验室副研究员，研究方向为房地产经济。

较大的上涨压力。市场风险不断加大，市场分化趋势明显，全年房地产行业将继续保持平稳运行，商品房销售规模将再创新高，房地产开发投资将保持平稳增长态势，全国销售均价站上万元新高。

关键词： 房地产市场　疫情冲击　金融监管　政策调控

一　2020年房地产市场总体运行特征

2020年，中国抗击新冠肺炎疫情取得举世瞩目的伟大胜利。在许多国家疫情仍不断蔓延的情况下，我国快速控制住疫情并成功恢复经济，成为全球唯一实现正增长的主要经济体。在全年社会消费品零售总额下降3.9%的情况下，固定资产投资（不含农户）增长2.9%对稳定和提振宏观经济发挥了重要作用，其中房地产开发投资增长7%，其占固定资产投资（不含农户）比重升至27.3%的历史高位。出于疫情防控的需要，2020年应该是居民在其居所停留时间占比最高的一年，这客观上提升了住宅的使用效率和居民对住宅的重视程度。无论从国家的宏观还是居民的微观视角看，在国内外经济社会环境异常复杂、严峻的2020年，中国房地产市场的健康稳定发展都具有极为重要的意义。

尽管受到疫情强烈冲击，但中国房地产市场表现出很强的韧性，年末各项指标均恢复到较好水平，部分指标甚至超过疫前水平。投资、资金与开发建设增速前低后高，年末恢复至合理预期水平，市场销售显著超出预期，全国销售均价总体稳定与城市间市场景气度分化并存，土地市场回暖，土地成本基本持平。

（一）新冠肺炎疫情对中国房地产市场影响分析

习近平总书记在全国抗击新冠肺炎疫情表彰大会上对新冠肺炎疫情的表述用了4个"最"字。第一是百年来全球最严重的传染病大流行，第二是传播速度最快，第三是感染范围最广，第四是防控难度最大。① 新冠肺炎疫情对全球格局的影响是复杂而深刻的，各国应对疫情成效差异巨大，这从客观上推动了百年未有之大变局加速演进。

总体上，疫情对我国经济和房地产领域的影响主要源自两个途径，一是疫情冲击带来的直接影响，二是为抗击疫情各国政府出台政策产生的间接影响。这里的"间接"至少有两层含义：一是国内宏观政策目标是提振国民经济，但政策效应在不同领域会有不同表现和结果，比如为保企业生存央行释放了充裕的流动性，但其中部分资金违规进入房地产领域造成市场异常波动，这是一种政策负面间接影响；二是世界主要国家特别是美国超发天量货币，其造成全球通胀压力骤然增大，我国也面临输入型通胀的严重威胁，这是一种外部间接影响。

从投资看疫情直接冲击，2020 年 4 个季度房地产开发投资增速分别为 −7.7%、8%、11.8% 和 11%，与 2019 年同期增速 11.8%、10.4%、9.9% 和 8.2% 相比，分别下降了 19.5、2.4 个百分点和上升了 1.9 和 2.8 个百分点。可见，2020 年 1 季度虽然出现 7.7% 同比下降，但 2 季度就恢复到增长 8%，与 2019 年同期增速相比仅差 2.4 个百分点，事实上 4 月同比增速就已回升到了 7%。准确地讲，新冠肺炎疫情对房地产开发投资直接冲击的影响主要在 1 季度。2020 年上半年开发投资增速 1.9%，低于 2019 年同期 9 个百分点，折算开发投资额约为 5572.8 亿元。②

从政策看间接影响，政府陆续出台多项系统性、组合性的相关政策（见表 1），相关政策除房地产领域主要规划任务和目标方面的内容外，反复强调的就是"稳"和"控"两个要点，稳是目的，控是手段。表 1 只列出了国家层面的主要政策，而更具操作性的是省区市各级地方政府出台的大量差异化调控政策。在我国奋力控制住疫情的前提下，政府大力推动复工复产，在政策组合促进下，我国经济从下半年开始快速回暖。2020 年三季度和四季度房地产开发投资增速分别比 2019 年同期提高了 1.9 个和 2.8 个百分点，即 2020 年下

---

① 习近平：《在全国抗击新冠肺炎疫情表彰大会上的讲话》，《人民日报》2020 年 9 月 9 日，第 2 版。

② 资料来源：国家统计局。

半年房地产开发投资增速比 2019 年同期加快了 2.4 个百分点,折算投资额为 1696.3 亿元,这两个数字可大致被看作是政策组合的间接影响。结合疫情冲击的直接影响,2020 年疫情对房地产开发投资综合影响为减少 3876.5 亿元,相当于减少了 2.9 个百分点的增长。

表 1 2020 年中国房地产领域相关政策回顾

时间	机构	会议、文件与政策要点
1 月	国家发改委	扎实推进城市群和都市圈建设,今年将大力推动成渝地区双城经济圈建设,促进各地区城市群发展,指导地方开展都市圈规划编制工作
3 月	中国人民银行 财政部 银保监会	召开金融支持疫情防控和经济社会发展座谈会:(1)稳健的货币政策更加注重灵活适度,保持流动性合理充裕,完善宏观审慎评估体系,释放 LPR 改革潜力;(2)坚持房子是用来住的、不是用来炒的定位和"不将房地产作为短期刺激经济的手段"要求,保持房地产金融政策的连续性、一致性、稳定性
3 月	中共中央政治局	要积极扩大国内需求,实施老旧小区改造,加强传统基础设施和新型基础设施投资
	国家发改委	印发《2020 年新型城镇化建设和城乡融合发展重点任务》,提出(1)要提高农业转移人口市民化质量;(2)加快发展重点城市群;(3)加快推进城市更新等;(4)全面推开农村集体经营性建设用地直接入市等
5 月	国务院	政府工作报告:(1)要深入推进新型城镇化;(2)加快落实区域发展战略
6 月	银保监会	发布《关于开展银行业保险业市场乱象整治"回头看"工作的通知》,提出整治重点工作在于:表内外资金直接或变相用于土地出让金或土地储备融资;未严格审查房地产开发企业资质,违规向"四证"不全的房地产开发项目提供融资;个人综合消费贷款、经营性贷款、信用卡透支等资金挪用于购房;流动性贷款、并购贷款、经营性物业贷款等资金被挪用于房地产开发;代销违反房地产融资政策及规定的信托产品等资管产品
7 月	中共中央政治局	强调要坚持房子是用来住的、不是用来炒的定位,促进房地产市场平稳健康发展
	国务院	国务院副总理韩正主持召开房地产工作座谈会,北京、上海、广州、深圳、南京、杭州、沈阳、成都、宁波、长沙 10 个城市参会,韩正在会上表示:牢牢坚持房子是用来住的、不是用来炒的定位,坚持不将房地产作为短期刺激经济的手段,坚持稳地价、稳房价、稳预期,因城施策、一城一策,从各地实际出发,采取差异化调控措施,及时科学精准调控,确保房地产市场平稳健康发展

续表

时间	机构	会议、文件与政策要点
8月	住房和城乡建设部	在北京召开部分城市房地产工作会商会,沈阳、长春、成都、银川、唐山、常州等城市住建厅人员参会,提出要切实落实城市主体责任,提高工作的主动性,及时采取针对性措施,确保实现稳地价、稳房价、稳预期目标。住房供需矛盾突出的城市要增加住宅及用地供应,支持合理自住需求,坚决遏制投机炒房。落实省级监控和指导责任,加强对辖区内城市房地产市场监测和评价考核
	国家发改委	《国家发展改革委办公厅关于做好基础设施领域不动产投资信托基金(REITs)试点项目申报工作的通知》发布,提出(1)优先支持位于国家重大战略区域范围内的基础设施项目。支持位于国务院批准设立的国家级新区、国家级经济技术开发区范围内的基础设施项目。(2)酒店、商场、写字楼、公寓、住宅等房地产项目不属于试点范围
	银保监会	《求是》刊发银保监会主席郭树清的文章,文章中提到房地产是现阶段我国金融风险方面最大的"灰犀牛"
	住房和城乡建设部 中国人民银行	召开重点房地产企业座谈会,提出为进一步落实房地产长效机制,实施好房地产金融审慎管理制度,增强房地产企业融资的市场化、规则化和透明度,形成了重点房地产企业资金监测和融资管理规则(三道红线)
9月	银保监会	召开新闻通气会,表示将持续开展30多个重点城市房地产贷款专项检查,压缩对杠杆率过高、财务负担过重企业的过度授信,加大对"首付贷"、消费贷资金流入房市的查处力度,引导银行资金重点支持棚户区改造等保障性民生工程和居民合理自住购房需求。银保监会印发《关于加强小额贷款公司监督管理的通知》,指出小额贷款公司贷款不得用于房地产市场违规融资
11月	中共中央	《中共中央关于制定国民经济和社会发展第十四个五年规划和二○三五年远景目标的建议》全文发布,关于房地产方面,具体有:(1)推动金融、房地产同实体经济均衡发展,实现上下游、供产销有效衔接。(2)促进住房消费健康发展。(3)健全城乡统一的建设用地市场,积极探索实施农村集体经营性建设用地入市制度。(4)推动区域协调发展。(5)实施城市更新行动,合理确定城市规模、人口密度、空间结构,促进大中小城市和小城镇协调发展。(6)坚持房子是用来住的,不是用来炒的定位,租购并举,因城施策,促进房地产市场平稳健康发展。(7)深化户籍制度改革,完善财政转移支付和城镇新增建设用地规模与农业转移人口市民化挂钩政策。(8)优化行政区划设置,发挥中心城市和城市群带动作用。(9)推进成渝地区双城经济圈建设。⑩推进以县城为重要载体的城镇化建设
	中共中央	中央经济工作会议提出:要坚持房子是用来住的,不是用来炒的定位,因地制宜、多策并举;要高度重视保障性租赁住房建设,加快完善长租房政策
12月	住房和城乡建设部	王蒙徽部长发文《实施城市更新行动》,提出实施城市更新行动;坚持房子是用来住的,不是用来炒的定位,建立多主体供给、多渠道保障、租购并举的住房制度

资料来源:作者汇总整理。

前文以房地产开发投资为例分析了新冠肺炎疫情对房地产领域的大致影响，但仍存在两个问题。一是我们知道疫情对宏观经济和房地产领域产生的影响是不同的，如果能在可比的条件下比较二者的不同，就能加深我们对疫情影响机制和房地产领域自身特征的理解和认识；二是疫情对房地产领域中投资、建设、销售和价格等不同环节的影响也不尽相同，需要分别研究。

如果我们能够知道在未发生疫情条件下的 GDP 值，就可以通过其与疫情发生后统计值的差值获得疫情影响的精准评价，因为以假设未发生疫情的模型测算值比上年（2019 年）的数据将更接近客观实际，更加符合事物发展变化规律。

这里以 2005 年 1 季度至 2019 年 4 季度中国现价 GDP 季度数据建立 ARIMA 模型，测算 2020 年季度 GDP 数值，根据测算结果绘制图 1。

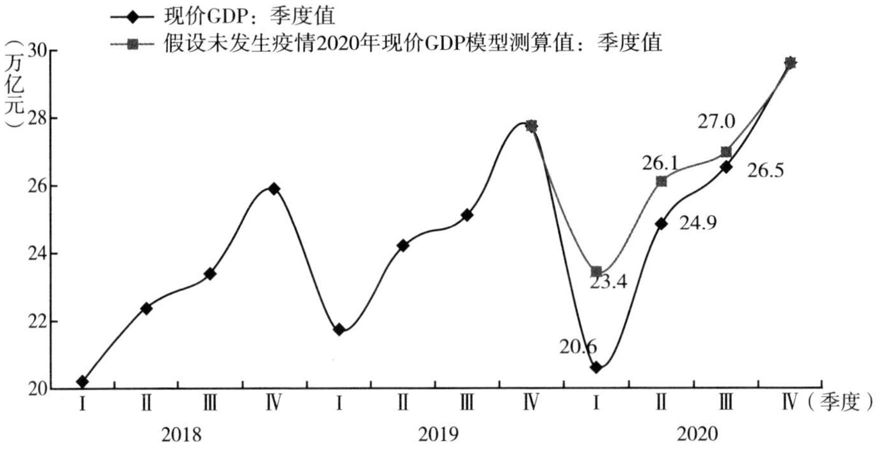

**图1　2018～2020 年各季度中国现价 GDP 与假设未发生疫情
条件下 2020 年各季度模型测算值比较**

资料来源：国家统计局，本节数据均来源于国家统计局。

这里采用现价而非不变价序列数据建模是为增加与其他指标现价数据测算结果的可比性。由图 1 可见，2020 年 1 季度模型测算值与统计值差距为 2.8 万亿元，2 季度时差距快速缩小至 1.2 万亿元，3 季度差距仅为 0.5 万亿元，4 季度统计值甚至略高于模型测算值。合计 2020 年疫情影响中国现价 GDP 减少4.3 万亿元，下降率为 4.1%。

采用 2015～2019 年中国房地产开发投资月度数据建立 ARIMA 模型，测算

2020年数值，依据测算结果绘制图2。从图2可见，疫情对开发投资的影响主要在1季度，至4月份时影响就已经很小，从5月开始统计值月度序列与模型测算值序列曲线就基本重合了。测算结果显示，2020年疫情对房地产开发投资的综合影响为3610.4亿元，下降率为2.5%，与现价GDP下降率4.1%相比，房地产开发投资所受疫情影响较小。

结合前文的分析测算，采用模型测算值为参照标准的评价结论与采用上年（2019年）统计值为参照标准相比，前者的下降2.5%比后者的下降2.9%受影响程度略低。

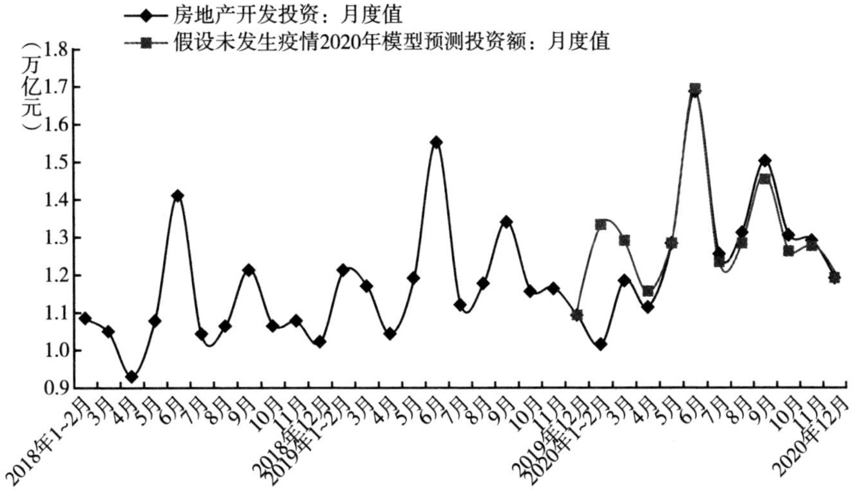

图2　2018~2020年各月中国房地产开发投资额与假设未发生疫情时2020年各月模型预测值比较

注：由于国家统计局不发布1月数据，图中每年第一期数据为1~2月累计值，其余均为月度值。下同。

（二）投资、资金与开发建设增速前低后高，年末恢复至合理预期水平

2020年房地产开发投资增长7%，住宅开发投资增长7.6%，本年资金来源增速8.1%，在前所未有新冠肺炎疫情的冲击下，投资与资金来源三项指标增长形势总体是平稳的。图3为三项指标增速及房地产新开工面积增速比较情

况。由图 3 可见，2020 年三项指标增速排序与前两年相比发生微妙变化，2018～2019 年住宅投资增速略高于房地产开发投资，资金来源增速略低于房地产开发投资。2020 年初新冠肺炎疫情来袭，三项指标同步下挫近 20%，进入 2 季度投资指标快速回升，资金来源增速相对缓慢。投资回升快于资金来源的原因是疫情短期抑制了建设过程，一旦全面复工复产，建设工程进度加快，投资增速于 6 月恢复正增长。这一过程从图 3 中新开工面积增速变化情况得到验证，2～4 月房地产新开工面积增速累计同比下降 44.9%、27.2% 和 18.4%，至 6 月下降幅度已缩小到 7.6%，说明建设进度明显加快。

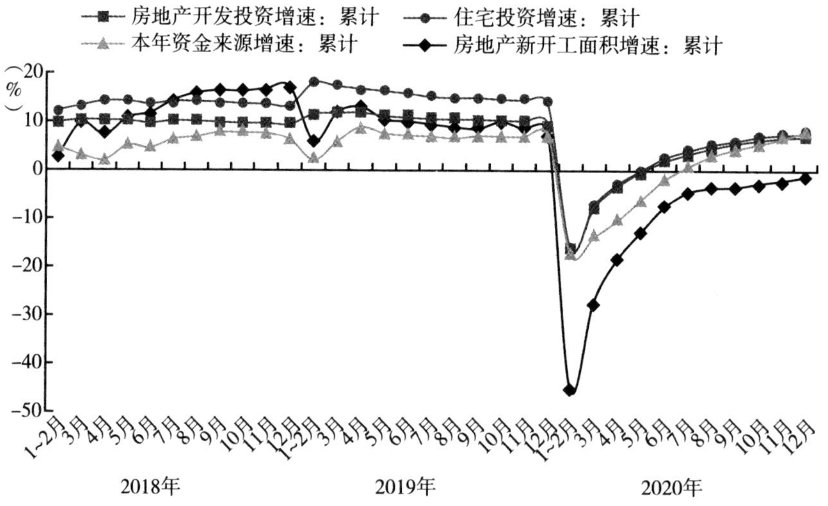

图 3　2018～2020 年房地产开发投资、住宅投资、本年资金来源、房地产新开工面积月度累计增速比较

由图 3 可见，投资与资金来源三项指标增速相互关系较前两年发生了一些变化。首先是房地产开发投资增速与住宅投资增速趋同，2018～2019 年住宅投资增速平均高出开发投资增速 4 个百分点，2020 年增速差缩小到 0.6 个百分点。其次是本年资金来源增速与投资增速趋同，2018～2019 年房地产开发投资平均增速高出同期资金来源平均增速 2.7 个百分点，2020 年这一增速差为－1.1 个百分点，显然 2020 年末企业资金充裕程度高于 2018 年和 2019 年。其主要原因是 2020 年从下半年开始商品房市场快速回缓。从 9 月开始商品房销售额累计增速高于资金来源增速，从全年看房地产开发企业资金来源中的定金

及预收款、个人按揭贷款两项合计同比增速达到8.9%，高于本年资金来源增速0.8个百分点。

从建设指标看，2020年房屋施工面积、新开工面积和竣工面积增速分别为3.7%、－1.2%和－4.9%，总体增速平稳。另外，2020年竣工面积中办公楼和商业营业用房两个类别分别下降22.5%和20.3%，应予以适当关注。

根据国家统计局编制的全国房地产开发景气指数（简称"国房景气指数"）数据绘制图4。国房景气指数以房地产开发投资为基准指标，选取了房地产投资、资金、面积、销售相关指标，经季节调整后采用增长率循环方法编制而成，每月根据最新数据进行历史回溯修订。当前国房景气指数基期为2012年。

根据2016年2月至2019年2月国家统计局发布的全国房地产开发景气月度指数建模测算，假设未发生疫情，则2020年2～12月开发景气指数分别为100.42、100.50、100.56、100.52、100.54、100.53、100.55、100.61、100.64、100.65、100.62。从图4中可见2020年景气指数与假设未发生疫情时模型测算值比较，2月景气指数急跌至97.45，随后逐月快速回升。9～11月景气指数与模型测算值已经相差无几，说明第4季度开发景气指数已经恢复到假设未发生疫情时的正常状态。12月景气指数为100.86，高于模型测算值0.24个点，即至12月房地产开发景气度甚至略高于假设未发生疫情时的预期水平。

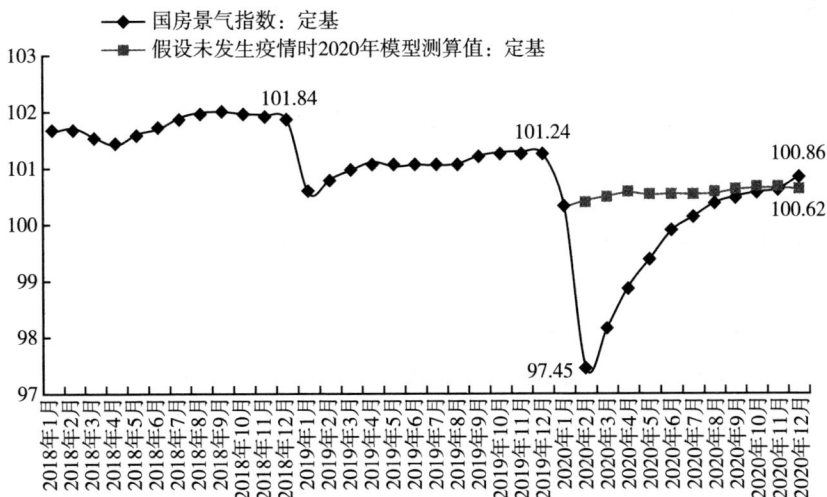

图4 2018～2020年全国房地产开发景气月度指数与2020年模型测算值比较

（三）市场销售显著超出预期

2020年初新建商品房销售面积和销售额分别出现39.9%和35.9%的下降，当时预测全年会出现明显下降，降幅可能超过10%。而实际情况是8月累计销售额增速反正，10月累计销售面积与上年同期持平；全年销售额增长8.7%，高于2019年同期增速2.2个百分点；全年销售面积增长2.6%，超过2019年增速2.7个百分点，也超过2018年1.3个百分点。图5显示了新建商品房销售面积与销售额的月度累计变化情况。从图中可见，2020年房屋销售面积和销售额增速双双超过2019年，这在其他宏观经济指标中也是不多见的。

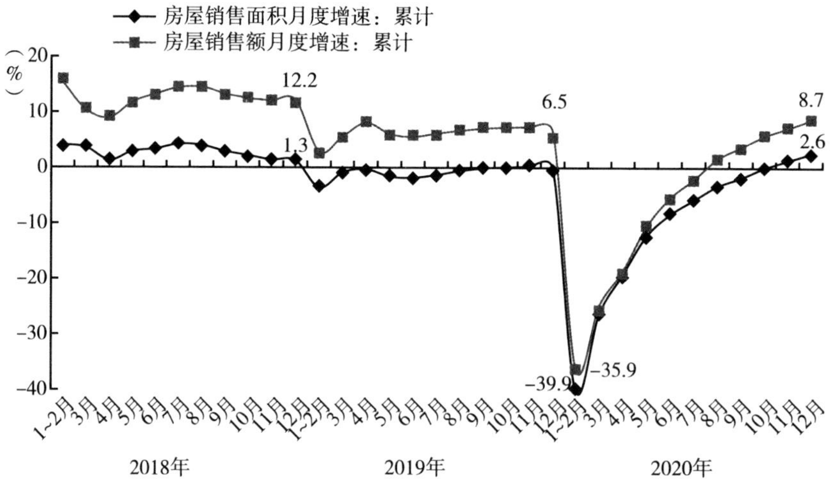

图5 2018~2020年新建商品房销售面积和销售额月度增速比较

2020年房屋销售全面超出预期的主要原因来自两方面：一是房屋购买需求与一般消费品不同，其需求的时间弹性远大于一般消费品。年初被疫情压制的购房需求，在下半年得到了充分释放，而一般消费品具有更强的即时性，特别是住宿、餐饮和旅行等消费错过时间是难以弥补回来的。二是疫情发生后经济大幅下挫，各国政府为提振经济释放天量流动性。人民银行发布的《2020年第四季度中国货币政策执行报告》显示，2020年央行通过降准、中期借贷便利、再贷款、再贴现等工具，共推出9万多亿元货币支持措施，年末广义货币（M2）同比增长10.1%，社会融资规模存量同比增长13.3%。粗略估算，

2020 年全球主要经济体美、中、日、欧、英货币放水总量超过 25 万亿美元。海量货币超发刺激是房地产销售市场超预期回升的重要原因。

采用 2015～2019 年月度销售数据建模，测算假设未发生疫情时 2020 年商品房销售面积和销售额增速分别为 0.6% 和 7.4%，用统计值减去测算值，结果表明发生疫情后比未发生疫情时销售面积和销售额增速反而分别高出 2 个和 1.3 个百分点。这一测算和比较使我们进一步加深了对房地产市场独特规律的认识。

（四）房屋价格总体稳定与城市间市场景气度分化并存

2020 年 1～2 月新建商品房销售均价增速为 6.6%，与 2019 年 12 月累计同比增速持平。3 月均价增速下降至 2.2%，4 月增速 0.8% 为全年最低谷，随后增速逐月回升，至 9 月升至 5.6%，全年新建商品房销售均价同比上升 5.9%，均价为 9860 元/米^2，参见图 6。

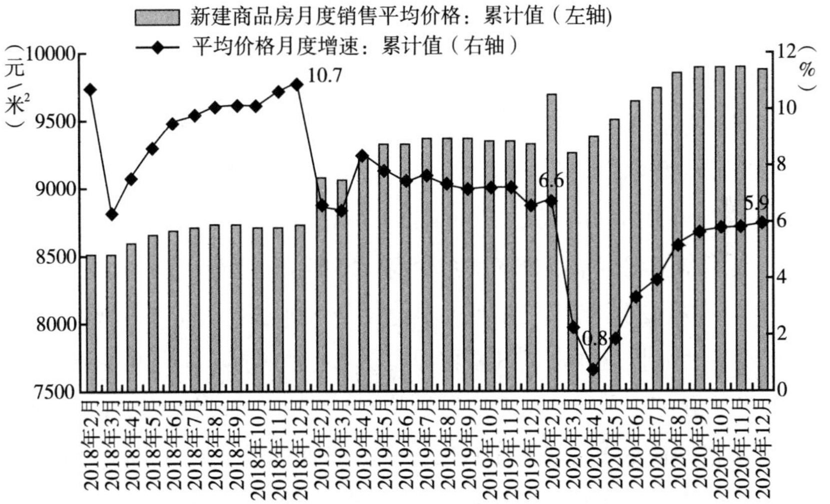

图 6　2018～2020 年新建商品房月度销售均价与增速变化情况

从 2016～2019 年新建商品房销售均价增速分别为 10.1%、5.6%、10.7% 和 6.6% 来观察，2020 年增速 5.9% 是稳定适中的。新建住宅销售均价全年增长 7.5%，高于商品房销售均价增速 1.6 个百分点。需要强调，全国平均销售价格能大致反映房价的整体变化程度，但在当今城市间房价加速分化的形势下，仅观察平均销售价格是远远不够的，这里通过国家统计局发布的 70 个大中城市新建商品住宅销售价格指数观察住宅价格整体及城市间分化情况。图 7 是 2020 年 70 个大中城市新建商品住宅销售价格指数（累计比）增幅排序，累计比是指以上年同期为 100，1 至本月止的平均数，采用累计比指数较之同比指数（上年同月 = 100）能更全面地反映价格指数全年的变化程度。由于 70 个大中城市指数是采用价格和销量分别加权计算后再求平均值，比如两个城市中前者量价齐升，后者虽然价格与前者涨幅相当，但销量未涨，则后者住宅价格指数必然低于前者。因此，该指数并非单纯反映价格涨跌，将其理解为市场的活跃程度或景气度则更加准确。价格指数编制详情可参考国家统计局编制的《住宅销售价格统计调查方案》。

可将图 7 中 70 个城市住宅价格指数按涨幅分为 4 个组，第一组为景气度急升，包括银川、唐山、西宁、徐州和呼和浩特 5 个城市，其价格指数涨幅均超过 10%。第二组为景气度上升，包括图 7 中自成都始至深圳终的共计 31 个城市，其价格指数涨幅处于 5% ~ 10%。第三组为景气度缓升，包括图 7 中自兰州始至北海终的共计 18 个城市，其价格指数涨幅处于 2% ~ 5%。第四组为景气度持平，包括图 7 中自南昌始至济南终的共计 16 个城市，其价格指数涨幅在 2% 以下。从图 7 可见，前两组合计 36 个城市市场平均景气度偏高，其城市数量超过 70 个城市的半数，其中第一组城市市场平均景气度至少高出第三组 2 倍，而第二组城市市场景气度至少高出第四组 2.5 倍。

近年不同城市间住宅市场出现明显分化是一种趋势，而且各城市景气度在不同年份会现出不同的排序，其差异程度也会有所不同。为了更加准确认识住宅市场价格变化演进规律，这里通过计算 70 个大中城市指数的标准差系数来分析城市住宅价格水平与市场景气度变化。先计算每个城市 2020 年销售价格月度同比指数（上年同月 = 100）的标准差，计算公式为：$S = \sqrt{\dfrac{1}{n-1}\sum\limits_{i=1}^{n}(x_i - \bar{x})^2}$。再计算标准差系数，计算公式为 $V_s = \dfrac{S}{\bar{x}}$。进一步用 2015 ~ 2019 年各城市指数计算 5 年间住宅销售价格指数的平均标准差系数。最后根据计算获得的各城市住宅销售价格指数值绘制图 8，图 8 为堆积柱形图。

从图 8 中，我们可以获得三种信息：一是 2015 ~ 2019 年以来各城市住宅价格指数的平均波动变化程度。由于此 5 年间国内住房价格多为普涨过程，

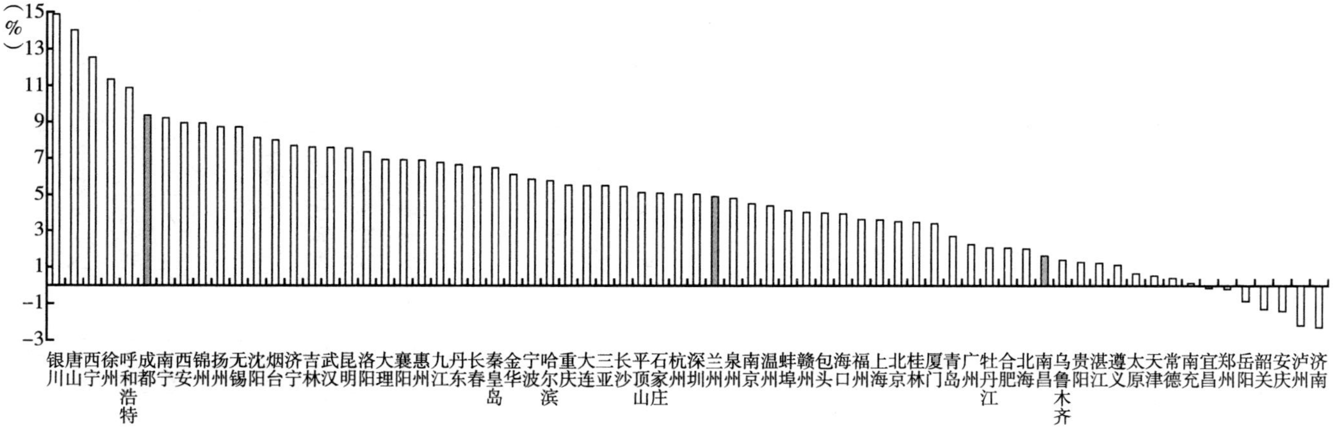

图7 2020年70个大中城市新建商品住宅销售价格指数（累计比）增幅排序

5 年间的平均标准差系数高低，基本能表明城市住宅价格涨幅的大小。二是 2020 年标准差系数的高低反映出各城市住宅价格的波动变化程度。注意这里的波动变化既可能是上涨也可能是下降，伴随城市住宅价格普涨时代的结束，城市住宅市场表现出逐步分化态势，不同城市住宅价格有的急涨、有的缓涨甚至有的下降。三是 2020 年价格指数波动程度与前 5 年波动态势之间存在一定的相关性。二者系数合计值（图 8 是以二者系数合计值的排序）可以反映出 2015 年以来城市住宅价格的大致波动幅度，对于多数城市来说是价格的上升程度。同时，2020 年系数与前 5 年系数均值之间的比例关系表明了 2020 年价格波动程度与前 5 年平均波动程度的相对强度大小。

尽管图 8 中采用标准差系数指标在很大程度上也能反映出住宅价格涨幅的大小，但其最核心的问题不是销售价格而是市场波动度，其观察的范围也不是单一上升而是上下波动。从宏观上看，价格急升和市场过热固然不好，但价格急跌或上下大幅波动同样是危险的，标准差系数指标能够准确反映数据的离散特征，是观察分析房地产市场稳定性和防范化解系统性风险的重要参考依据。通过对图 8 的分析可以得到几点认识。

第一，市场景气度由销量与销价共同决定。2015～2019 年住宅市场波动度排前 15 位的城市为：深圳、合肥、无锡、南京、郑州、厦门、福州、济南、杭州、武汉、上海、北京、石家庄、广州和长沙。这些城市大多是价格偏高的城市，其中四个一线城市加上厦门、杭州等城市的房价一直是各方关注的重点，但郑州和长沙给人感觉价格并不太高，这是因为 70 个大中城市住宅价格指数反映的是市场景气度而非单纯价格。2015～2019 年郑州和长沙住宅累计销售面积在各大城市中列第 4 位和第 5 位，而同期深圳销量不到长沙的 1/3，厦门同期销量不足郑州的 1/10。很明显，郑州与长沙销量高、销价偏低，其整体市场景气度较高，厦门和深圳则是销量低、销价高，其整体市场景气度同样较高。

第二，不同城市波动度随时间变化呈现不同态势。从图 8 中标准差系数堆积图看，2020 年系数与前 5 年系数均值合计值最高的深圳、合肥、无锡、南京、济南、厦门、武汉、郑州、福州、石家庄、广州和杭州 12 城市中，前 5 年的市场波动程度远高于 2020 年，也可以理解为这些城市住宅市场已经实现了较为充分的发展。其中只有武汉、石家庄和广州 2020 年的波动度相对较高，

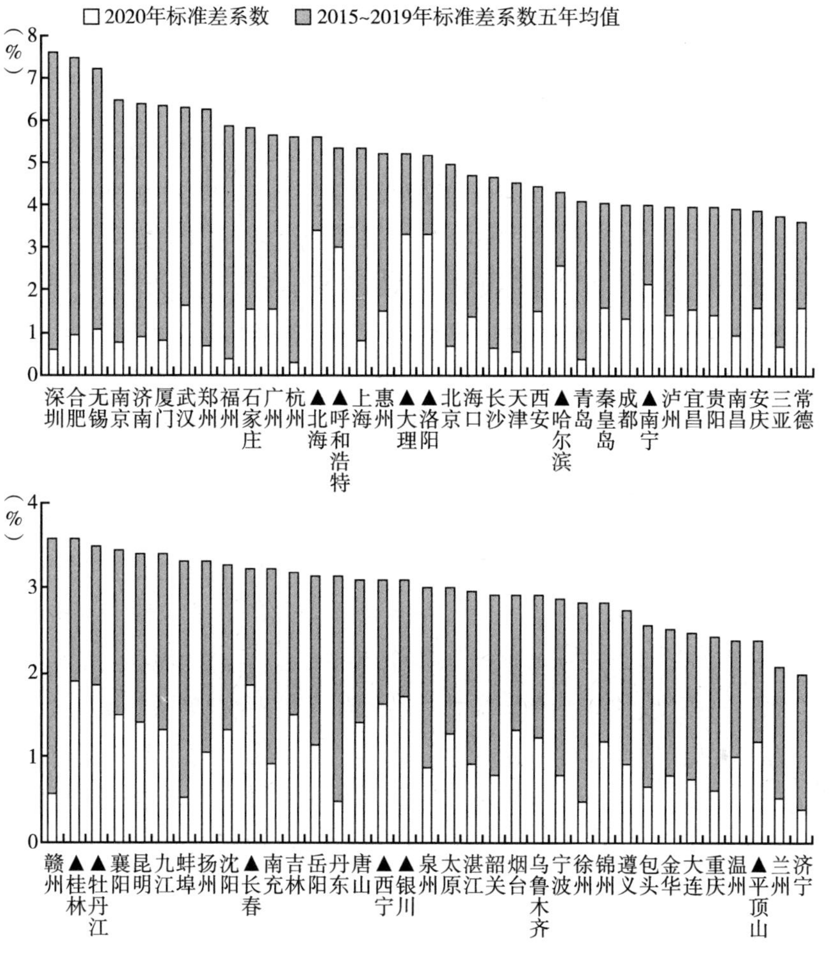

图8 2015～2020年70个大中城市新建商品住宅销售价格指数标准差系数比较

但3个城市的情况也有所不同。武汉因受疫情影响最重，尽管2020年12月的住宅销售价格指数同比上升了4.5个百分点，但涨幅比2019年同期回落了7.9个百分点；石家庄2020年12月同比指数上升2.8个百分点，但涨幅比2019年同期回落了6.7个百分点；广州2020年12月同比指数增幅为5.2个百分点，其涨幅比2019年同期提高了0.5个百分点。所以，武汉与石家庄的波动度较高是由市场景气度明显下降引起的，广州则是在2020年价格指数呈现先降后升走势，1月、5月和12月同比指数分别为104.2、100.2和105.2，正是这种起伏变化推高了广州的指数波动度。

第三，应对波动度异常升高的城市给予关注，因城施策，提高市场稳定性。部分城市 2020 年波动度显著偏高，这些城市住宅市场稳定性较低，已在图 8 中用"▲"符号标出。北海、呼和浩特、大理、洛阳、哈尔滨、南宁、桂林、牡丹江、长春、西宁、银川、平顶山 12 个城市 2020 年标准差系数高于其前 5 年均值。换句话说，此 12 个城市 2020 年发生了比前五年更大的市场波动。经过对 12 个城市 2020 年同比住宅价格指数分析后发现，除银川同比指数比上年小幅增长 1.9 个百分点外，其余城市同比指数均比上年同期大幅下降，即 11 个城市住宅市场景气度显著下降。促进房地产市场平稳健康发展，既要防止市场价格或景气度急升，也要避免市场价格或景气度骤降，调控政策的要点应是监测、分析和控制市场波动度，使波动度总体保持在一个适当的区间内。

对比图 7 中 2020 年 70 个大中城市累计比价格指数增幅的排序发现，大理、洛阳、呼和浩特、哈尔滨、南宁、长春、平顶山、西宁和银川 9 个城市都包括在图 7 中的前两组城市之中，从指数数值看 2020 年 9 个城市价格指数增幅都在 5 个百分点以上，其中银川、西宁和呼和浩特指数增幅在 10 个百分点以上。前文已判定这些城市的市场景气度较高，但根据此处的波动度分析，此处 9 个城市除银川外，其余 8 个城市 2020 年住宅市场景气度均处于显著下降过程之中。可见，仅从当年指数数值大小判断城市住宅市场活跃度是不全面的，还应从更大的时间尺度中去判断市场趋势，并通过市场价格指数波动度去监测其稳定性。

综合以上分析可以认为，2020 年我国新建商品房及住宅市场价格总体稳定，城市间景气度虽呈趋势性分化，但大多数主要城市市场价格波动基本平稳，在新冠肺炎疫情冲击和流动性异常宽松背景下，为维护和保持房地产市场健康稳定，各级政府的政策调控是成功的。

（五）土地市场回暖，土地成本基本持平

2020 年房地产开发企业土地购置明显回暖，全年呈前低后高走势。由图 9 可见，2016～2017 年土地成交面积逐渐上升，土地成交价款快速升高，土地成交均价也连续快速上涨。在政府政策调控下，2018 年土地成交面积与成交价款仍分别上升 14.2% 和 18%，成交价格增幅回落至 3.3%（见图 10）。2019 年在国内

外经济环境和政策调控压力共同影响下，全年成交面积与成交价款分别下降11.4 和 8.7 个百分点。2020 年初突发新冠肺炎疫情，2 月成交面积和成交价款分别同比大跌 29.3% 和 36.2%，随着疫情缓解，至 4 月成交价款已同比上升 6.9%，成交面积降幅也快速收窄，全年成交面积微降 1.1%，成交价款大涨 17.4%。土地购置平均价格上升 18.7%，比 2019 年增速加快 15.6 个百分点（见图 10）。

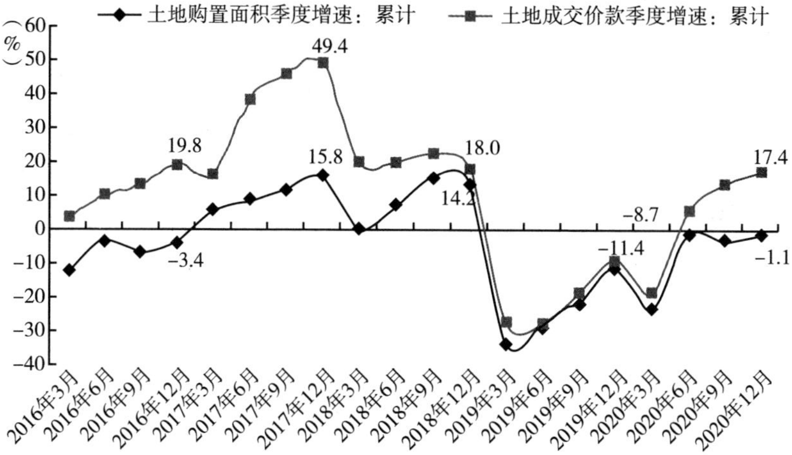

图 9 2016～2020 年房地产开发企业土地购置面积增速与土地成交价款月度增速比较

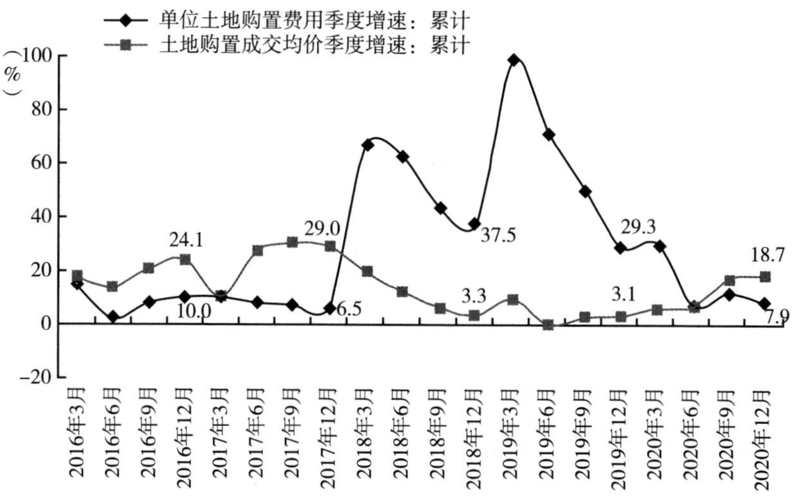

图 10 2016～2020 年房地产开发企业单位土地购置费用增速与土地购置成交均价增速比较

土地成交价款指进行土地使用权交易活动合同的最终金额，并非企业获取土地的全部费用，反映土地获取全部费用的指标为"土地购置费用"。土地购置费用包括除土地成交价款外的其他费用，如通过划拨方式取得的土地使用权所支付的土地补偿费、附着物和青苗补偿费、安置补偿费及土地征收管理费等。

图10为单位土地购置费用增速与土地成交均价增速的比较。2016～2017年成交均价与单位土地购置费用同步平稳增长，但成交均价增幅明显高于单位土地购置费用，这实际上导致成交价款占比有所上升。2018年2月至2020年4月单位土地购置费用增速快速上升，远远高出土地成交均价上升的速度，2018年和2019年单位土地购置费用分别增长37.5%和29.3%，而同期土地成交均价增速分别仅为3.3%和3.1%。2018年初为什么单位土地购置费用大涨，而2020年4月又为何回落？初步分析认为，2018年大规模棚户区改造、成片拆迁导致土地购置费用大幅提高，当大规模棚户区改造结束并进入旧城改造阶段后，单位土地购置费用快速回落到正常水平。"棚改"退出、"旧改"开启，2020年1季度完成了城市建设工作重点的交接转换。

仅从土地成交均价看，2020年全年上升18.7%，比2019年增速3.1%提高了15.6个百分点，看似企业获取土地成本增加，但由于单位土地购置费用增速从2019年的29.3%回落至2020年的7.9%，开发企业获取土地实际成本并未明显增加。2018年和2019年全国土地购置费用占房地产投资开发比重分别为30.3%和31.5%，2020年该比重为31.4%，比2019年下降了0.1个百分点，可见，2020年开发企业土地获取成本与前两年基本持平。虽然2020年土地获取成本持平，但建材及相关商品价格暴涨必然会通过房屋建筑成本上升传导至商品房市场。

土地市场是房地产市场的一级市场，其在一定程度上预示和影响着建设市场和商品房销售市场的走势，深入理解土地要素的周期性变化特征有助于我们把握房地产市场的发展大势。从图11可见，2005年以来待开发土地面积明显减少共有两次，第一次是受2008年美国次贷危机引发的国际金融危机的影响，2009年和2010年待开发土地面积分别下降31.9%和4.1%；第二次是2014年下半年我国宏观经济进入新常态，2014～2016年待开发土地面积分别下降0.3%、13%和4.1%。2020年待开发土地面积与2019年基本持平，但从总量上看已处于接近5亿平方米的历史高位，以推进供给侧结构性改革为主线，防范和化解房地产领域的系统性风险仍然任重道远。

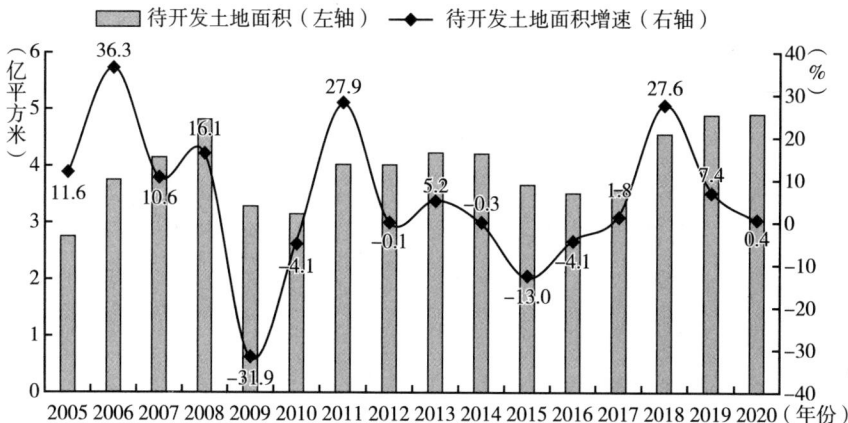

图11 2005～2020年房地产企业待开发土地面积及其增速

二 房地产市场的热点问题分析[①]

2020年的房地产市场受到新冠肺炎疫情的重大影响，市场分化进一步加剧，房贷利率与个人经营贷款等商业贷款利率倒挂，住房租金出现1998年来的首次负增长，由此租售价差进一步被拉大。房地产金融监管则不断被强化，从企业和金融机构两方面双管齐下，分别提出了"三道红线"和"两个上限"。土地市场"两集中"的供给新规则出台，也是房地产市场的一个重大转变，房地产企业经营将面临新挑战。随着相关政策措施接连出台，老旧小区改造与城市更新也成为房地产业的热点问题，而且肩负民生改善与扩大内需的政策目标。在新冠肺炎疫情以及宏观经济环境不确定性加剧的影响下，房地产市场向中心城市与核心城市群进一步集中，同时关于城市群和都市圈的政策陆续出台，在这样的市场背景和政策背景下，城市群、都市圈必将迎来新发展。

---

① 资料来源如无注明，均来自国家统计局官方网站。

（一）市场分化进一步加剧

一二线城市房价涨速要显著快于三四线城市。在一线和热点二线城市房价相对较快上涨同时，还有一些二三四线城市仍在下跌。纬房城市分级指数显示，2021 年 3 月，二线城市综合房价环比上涨 2.5%，涨速比上月增加 1.6 个百分点；一线城市综合房价环比上涨 1.8%，涨速比二线城市略低；三线城市环比上涨 0.9%，四线城市环比上涨 0.4%，涨速相对较低。

具体分城市看，根据大数据房价同比监测分析，结合相关统计数据，一线城市中，深圳上涨最快，上海房价上涨较快，广州紧随其后，北京稳中有升。一线城市尚未全面快速上涨。二线城市中部分热点城市涨速有所加快。宁波、东莞、无锡、杭州、南京、厦门、合肥、南通、西安、大连等城市上涨相对较快，天津、福州、济南、青岛、郑州、长沙、哈尔滨等城市相对平稳。三四线城市涨跌互现，以涨为主。盐城、泉州、银川、嘉兴、淮安、马鞍山等城市上涨相对较快，其中不少是长三角非核心城市。廊坊、保定、防城港、肇庆、淄博、北海等城市房价下跌，这些城市大多曾经历过较强的市场炒作，市场需求被透支。

地域差距显著。南北差距、东西差距均明显存在。房地产市场总体呈现南热北稳、东热西稳的态势。热点城市主要集中在南方和东部，特别是集中于长三角和粤港澳大湾区城市群；北方城市和中西部城市房价总体平稳，热点城市在北方和中西部属个别现象。京津冀城市群各城市到目前为止房价持续平稳。

热点城市内部分化严重。不仅城市间差异加大，城市内部也同样存在较大差异。即使在热点城市内部，区位及综合配套较好的核心城区上涨相对较快，偏远位置往往上涨相对慢或停滞下跌。热点城市的房价上涨，往往以重点学区的上涨为先导。由于城市内部的房价分化，对城市房价的涨跌比以前更难以判定。以北京为例，2021 年 3 月海淀同比上涨 11%，而副中心的通州还同比下跌 0.7%，呈现冷热不匀的局面。

（二）房贷利率倒挂，抵押经营贷等商业性信贷资金曲线流入住房市场

当前抵押经营贷流入楼市并影响到热点城市房价走势，很大原因就是

住房按揭贷款利率要高于个人经营性贷款等商业贷款利率，形成利率倒挂。

商业性信贷资金流入楼市现象一直存在，但以前问题并不突出。以前商业性贷款违规进入楼市难以形成规模，主要原因是商业性贷款利率远高于住房按揭贷款利率。由于住房按揭贷款期限长、还款稳定且违约风险相对低，住房按揭贷款利率的市场定价也一般低于经营性商业贷款。为了鼓励居民购买自住住房，购买首套住房还往往享受政府的优惠利率政策支持。

2020年以来，信贷市场出现了住房按揭贷款和经营性贷款利率倒挂的新形势。一方面，受全球宽松货币环境、信贷政策支持中小企业融资与个人消费等因素的综合作用，商业贷款的利率大幅降低。消费贷款、信用贷款的主流利率降至4.36%，抵押经营贷款的主流产品利率低至3.85%。另一方面，为了房地产调控需要，住房按揭贷款利率并未同步降低，从而形成利率倒挂与扭曲。这为商业性贷款成规模进入楼市创造了条件。据2021年1月贝壳研究院监测，36城主流首套住房按揭贷款利率为5.23%，二套利率为5.52%，均高于消费贷、信用贷及抵押经营贷主流产品利率。

商业性贷款和住房接揭贷款利率倒挂，刺激了违规信贷的发生，促使房贷资金脱离了监管视线，是抵押经营贷成规模流入楼市的重要原因。如果利率倒挂的现象不改变，围堵经营贷也难以解决一线和热点二线城市楼市升温的问题，市场仍具有通过其他渠道将资金挪入地产市场的冲动。

（三）住房租金出现1998年来的首次负增长，租售价差进一步被拉大

从房地产市场的交易量和交易价格来看，2020年全国房地产市场总体上呈平稳发展态势，房地产销售的交易量和交易价格均有小幅增长。2020年，全国商品房销售面积为17.6亿平方米，比2019年增长2.6%，扭转了2019年商品房销售面积负增长的状况；全国商品房平均销售价格为9860元/米^2，比2019年上涨5.9%，涨幅低于2018年10.7%的涨幅和2019年6.6%的涨幅。但是，值得注意的是，2020年商品住宅平均销售价格比2019年上涨7.5%的同时，居民租赁房房租比2019年下降了0.6%，这是自1998年以来首次出现的住房租金负增长，住房租金涨幅已经连续两年低于CPI涨幅（见图12）。其

原因主要是受到新冠肺炎疫情的影响，人员流动性降低，租房需求减少，同时，在新冠肺炎疫情的防控过程中，出现了无房遣返、租户不得进入小区等要求，强化了房产所有权带来的归属感与安全感，促使部分租房需求转化为购房需求。这使住房的租售价差进一步被拉大。租售比是每平方米面积的月租金与每平方米面积的房价之间的比值，通常合理标准是不低于1:300，但我国城市住房的租金和售价明显差距过大，租售比普遍低于合理标准。根据 Wind 数据计算，2020 年 100 个大中城市住房的平均租售比为 1:530，远低于合理标准，厦门、三亚、深圳等城市住房的租售比甚至低于 1:800。在租售比远低于合理水平的情况下，作为住房产权持有者或中介经营者的企业机构缺乏合理的利润空间，像万科、蛋壳等知名企业机构在持有或经营长租房项目时都产生了诸多问题。

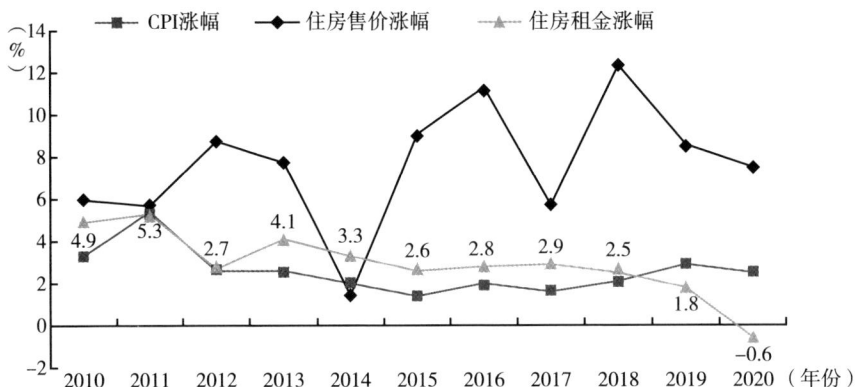

图 12　2010～2020 年全国住房租售价格变化

注：图中 CPI 涨幅为居民消费价格指数涨幅，住房售价涨幅为商品住宅平均销售价格涨幅，住房租金涨幅为住房租金类居民消费价格涨幅。

（四）企业"三道红线"与银行"两个上限"，双管齐下强化资金监管

2020 年的房地产金融监管不断被强化，从企业和金融机构两方面双管齐下，分别提出了"三道红线"和"两个上限"。2020 年 8 月，住房和城乡建设部（简称"住建部"）与中国人民银行（简称"央行"）召开与重点房地产企

业的座谈会，提出重点房企资金监测和融资管理的新规则，一是剔除预售款后的资产负债率不超过70%，二是净负债率不超过100%，现金短债比不小于1，即业内所谓的"三道红线"。2020年9月开始试点，2021年1月1日起正式实施。2020年12月，央行、中国银行保险监督管理委员会（简称"银保监会"）又发布《关于建立银行业金融机构房地产贷款集中度管理制度的通知》，要求银行业金融机构房地产贷款余额占该机构人民币各项贷款余额的比例（即房地产贷款占比）和个人住房贷款余额占该机构人民币各项贷款余额的比例（即个人住房贷款占比）不得高于央行、银保监会确定的房地产贷款占比上限和个人住房贷款占比上限，2021年1月1日起实施。"三道红线"和"两个上限"的提出一方面体现出中央对房地产金融风险的防范，另一方面也体现出对房地产市场的调控。这在2020年的房地产企业资金结构中也有所反映：2020年，全国房地产开发企业到位资金19.31亿元，比2019年增加了8.1%，与2019年7.6%的增幅相比，变化不大。其中，国内贷款占比下降，自筹资金、定金及预收款、个人按揭贷款的占比都有所提高（见图13）。"三道红线""两个上限"等强化房地产业资金监管政策的出台，意味着融资难度有所加大，对资金周转能力的要求有所提高，由此行业整合也将进一步加剧。

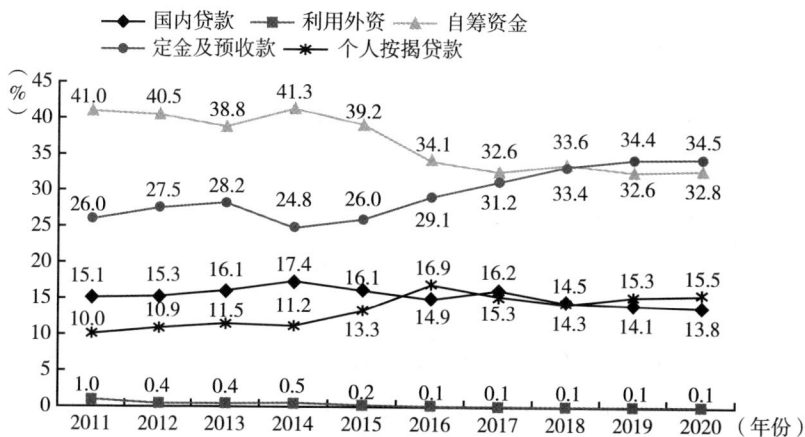

图13 全国房地产开发企业到位资金结构

（五）"两集中"的土地市场供给新规则出台，房地产企业经营面临新挑战

2020 年的土地市场，虽然在年初受到新冠肺炎疫情的影响，但在一线城市优质地块出让的带动下得以复苏。2020 年，全国土地购置面积 2.55 亿平方米，比 2019 年略降 1.1%；而土地平均成交价格达 6763 元/平方米，比 2019 年上涨 18.7%，增幅较 2018 年的 3.3% 和 2019 年的 3.1% 有明显上涨。土地价格和住房价格的上涨推动了土地市场调控新规则的出台。为了使各类市场主体和消费者充分掌握信息、形成合理预期，自然资源部要求重点城市的住宅用地出让实施"两集中"，即集中发布出让公告、集中组织出让活动；同时，还要求 2021 年发布住宅用地公告不得超过 3 次。试点城市有 22 个，包括北京、上海、广州、深圳 4 个一线城市，以及南京、苏州、杭州、厦门、福州、重庆、成都、武汉、郑州、青岛、济南、合肥、长沙、沈阳、宁波、长春、天津、无锡 18 个重点城市。一年三次的土地集中出让，使融资能力强、资源调配余地大的大型企业和国有企业具有一定的相对优势，但对房地产企业的资金筹措、拿地策略、营销安排等也都提出了新的挑战。

（六）限购限贷限售可能误伤真实需求

住房限购政策最初出台于 2010 年，当前住房市场形势与限购政策刚出台的十一年前相比，已经有很大变化。当前，一二线城市陆续进入存量房市场，改善性需求已经取代首次置业成为市场交易的主体。限购、限售政策如果设计不够科学，很大程度上会把改善性需求、换房需求挡在门外。在新的住房市场形势下，不利于居民居住条件的持续改善，也不利于经济平稳运行。

虽然抑制住房投资投机已经成为各级政策制订者的共识，但是肩负稳定房价主体责任的地方政府，也很难对住房投资投机者作精准识别。为了实现短期内稳定市场的目标任务，最有效的办法还是通过严厉的限购限贷政策，控制市场交易。这不可避免要伤及部分真实需求，特别是改善性需求。而需求的累积释放，可能会造成房价的脉冲性上涨现象。

（七）以老旧小区改造为重点的城市更新，成为扩大内需的措施之一

2020年老旧小区改造与城市更新成为热点问题，相关政策措施接连出台。2020年4月，中共中央政治局会议提出，要积极扩大国内需求，实施老旧小区改造，加强传统基础设施和新型基础设施投资。7月，国务院办公厅出台《关于全面推进城镇老旧小区改造工作的指导意见》，提出了城镇老旧小区改造的工作目标：2020年新开工改造城镇老旧小区3.9万个，涉及居民近700万户；到2022年，基本形成城镇老旧小区改造制度框架、政策体系和工作机制；到"十四五"期末，结合各地实际，力争基本完成2000年底前建成的需改造城镇老旧小区的改造任务。11月，党的十九届五中全会审议通过的《中共中央关于制定国民经济和社会发展第十四个五年规划和二○三五年远景目标的建议》首次提出"实施城市更新行动"。12月，全国住房和城乡建设工作会议提出2021年工作总体要求和重点任务，首要任务便是，全力实施城市更新行动，推动城市高质量发展。"十四五"规划和2035年远景目标纲要中，进一步明确提出"加快推进城市更新，改造提升老旧小区、老旧厂区、老旧街区和城中村等存量片区功能"，将以老旧小区改造为重点的城市更新同推动城市空间结构优化和品质提升结合起来。城市更新不仅涉及住房与建筑本身，还涉及各类相连的基础设施，已成为扩内需、稳增长的政策措施之一。

（八）成交量进一步向核心城市群集中，核心城市群、都市圈将迎来新发展

在新冠肺炎疫情以及宏观经济环境不确定性加剧的影响下，房地产市场向中心城市与核心城市群进一步集中。京津冀、长江三角洲、珠江三角洲三大核心城市群的商品住宅销售额占全国的比例由2019年的37.3%上升到2020年的39.7%，商品住宅销售面积占全国的比例也由2019年的22.3%上升到2020年的23.5%（见表2），这说明市场成交量进一步向核心城市群集中。关于城市群和都市圈的政策也相继出台：2020年4月，国家发展和改革委员会发布《2020年新型城镇化建设和城乡融合发展重点任务》，提出要加

快发展重点城市群,大力推进都市圈同城化建设,推动建设用地资源向中心城市和重点城市群倾斜;2020年11月,《中共中央关于制定国民经济和社会发展第十四个五年规划和二〇三五年远景目标的建议》提出要发挥中心城市和城市群带动作用,实施区域重大战略,建设现代化都市圈,形成一批新增长极;2021年3月,《中华人民共和国国民经济和社会发展第十四个五年规划和2035年远景目标纲要》进一步提出要以城市群、都市圈为依托促进大中小城市和小城镇协调联动、特色化发展,使更多人民群众享有更高品质的城市生活;以中心城市和城市群等经济发展优势区域为重点,增强经济和人口承载能力,带动全国经济效率整体提升。关于核心城市群的发展则被寄予了更高的期望,如"十四五"规划中提出要以京津冀、长三角、粤港澳大湾区为重点,提升创新策源能力和全球资源配置能力,加快打造引领高质量发展的第一梯队。在这样的市场背景和政策背景下,核心城市群、都市圈将迎来新发展。

表2　核心城市群商品住宅销售情况

区域	2019 年				2020 年			
	商品住宅销售额		商品住宅销售面积		商品住宅销售额		商品住宅销售面积	
	绝对值（亿元）	全国占比（%）	绝对值（万平方米）	全国占比（%）	绝对值（亿元）	全国占比（%）	绝对值（万平方米）	全国占比（%）
京津冀城市群	8225	5.9	5805	3.9	8959	5.8	6173	4.0
长三角城市群	30464	21.8	20390	13.6	36290	23.5	22304	14.4
珠三角城市群	13373	9.6	7166	4.8	16121	10.4	7845	5.1
合计	52062	37.3	33361	22.3	61370	39.7	36322	23.5

注:京津冀城市群数据包括北京、天津、石家庄、唐山、保定、秦皇岛、廊坊、沧州、承德和张家口的城市数据;长三角城市群数据包括上海、南京、无锡、常州、苏州、南通、盐城、扬州、镇江、泰州、杭州、宁波、嘉兴、湖州、绍兴、金华、舟山、合肥、芜湖、马鞍山、铜陵、安庆、滁州、池州、宣城的城市数据;珠三角城市群数据包括广州、深圳、佛山、东莞、中山、珠海、肇庆、惠州的城市数据。

资料来源:城市数据来自CREIS(中指数据),全国数据来自国家统计局官网。

三　2021年房地产市场展望

（一）国际国内宏观经济背景

2020年，全球经济遭受新冠肺炎疫情重创。2021年全球经济的恢复程度和增速反弹力度取决于新冠肺炎疫情的发展趋势，全球产业链和价值链的调整，美国政府的对外经济政策，各国财政货币政策的力度和效果，以及全球金融市场的稳定性等一系列关键的因素。2021年1月25日，联合国《世界经济形势与展望》报告指出，2020年全球经济萎缩4.3%。尽管2021年世界经济仍处在新冠肺炎疫情阴影之下，但经济活动随着疫情的缓和逐渐恢复，各国经济增速有着明显反弹。对此，该报告预测，全球经济复苏仍不稳定，2021年全球经济将反弹4.7%。而根据IMF预计，2020年发达经济体GDP将下降4.9%，2021年将增长4.3%。

2021年，全球经济仍将继续处于低利率和流动性相对充裕的环境下，短期难以改变。美国等发达经济体短期内尚未摆脱经济复苏对流动性的依赖，因此充裕的外部资金在一定程度上会对国内流动性回归中性形成回补，从而缓和国内流动性边际收紧的压力。联合国《世界经济形势与展望》进一步指出，各国在疫情期间采取了大规模的经济刺激措施，总计投入12.7万亿美元，防止了经济全面崩溃，避免了一场大萧条。虽然刺激性支出保护了各国的就业和消费需求，但同时也助长了全球范围内的资产价格泡沫。2021年，全球经济最大的"灰犀牛"就是通胀，美联储有可能会迫于通胀的压力，提前结束量化宽松政策，全球其他国家也将被迫进入加息周期。

面对严峻复杂的国际形势、艰巨繁重的国内改革发展稳定任务特别是新冠肺炎疫情的严重冲击，2020年，中国经济取得了举世瞩目的成就。2021年疫情变化仍存在高度不确定性，全球经济恢复和政策转向节奏仍不明朗，如何防控疫情反弹二次影响经济增长，如何稳定就业岗位、保持居民收入持续稳定增长，如何权衡稳杠杆与防风险，如何有效应对全球流动性泛滥的溢出效应，是中国面临的主要风险与挑战。2020年第4季度，中国GDP增速反弹到6.5%，全年增速为2.3%，中国是全球唯一实现正增长的主要经济体。据此，多家机构预测中国 2021 年经济增速在 8% 以上，如国际评级机构惠誉（Fitch）预测，2021 年，中国 GDP 增速将达到 8.4%，美国 GDP 增长 6.2%，欧元区的 GDP 将增长 4.7%。CMF 中国宏观经济分析与预测报告（2020～2021）《迈向双循环新发展格局的中国宏观经济》，预测 2021 年中国 GDP 增速为 8.1%，等等。

（二）房地产调控政策回顾与展望

2020 年，中央继续坚持"房住不炒、因城施策"的政策主基调，强调落实城市主体责任，实现稳地价、稳房价、稳预期长期调控目标，促进房地产市场平稳发展，房地产政策表现出前松后紧的明显特征。上半年，受疫情影响，经济下行压力较大，中央加大逆周期调节力度，强调积极的财政政策要更加积极有为，提高赤字率，稳健的货币政策要更加灵活适度，运用降准、降息、再贷款等手段，保持流动性合理充裕，引导贷款市场利率下行。央行三度降准两度下调 LPR 利率中枢，货币环境整体表现较为宽松。下半年，部分热点城市的楼市热度上升，房价、地价上涨预期加大，中央多次召开会议强调不将房地产作为短期刺激经济的手段，确保房地产市场平稳健康发展。一方面，央行设置"三道红线"分档设定房企有息负债的增速阈值，并压缩、降低融资类信托业务规模，倒逼房企去杠杆、降负债，另一方面，持续开展 30 多个重点城市房地产贷款专项检查，加大对"首付贷"、消费贷资金流入房市的查处力度，落实省级监控和指导责任，加强对辖区内城市房地产市场监测和评价考核。房地产金融监管整体呈现逐渐收紧态势。总体来看，房地产政策集中体现以下特点。

第一，强调房地产行业仍是中国经济的压舱石和稳定剂。疫后房地产行业韧性十足，商品房销售、房地产开发投资皆快速复苏，助力中国经济迅速走出疫情阴霾。"十四五"规划建议明确提出，要推动金融、房地产同实体经济均衡发展，促进住房消费和房地产市场平稳健康发展。坚持房地产业发展不能脱离实体经济，未来要同城市所承载的产业和人口共兴衰，是国民经济良性循环、构建新发展格局的重要一环。同时，充分肯定住房消费对构建新发展格局的积极作用。

"十四五"时期城镇化依然是支持中国经济内需和经济发展的重要引擎，对房地产行业高质量发展起到积极的推动作用，具体表现在以下几个方面。一是实施城市更新行动，加强城镇老旧小区改造和社区建设。二是完善土地出让收入分配机制，支持利用集体建设用地按照规划建设租赁住房，扩大保障性租赁住房供给。三是充分发挥中心城市和城市群带动作用，建设现代化都市圈，推进以县城为重要载体的城镇化建设。四是发展绿色建筑，为市场提供更多满足美好生活需要的绿色健康居住产品。

第二，坚持"稳"字当头的政策调控基调。继续坚持"房住不炒、因城施策"的政策主基调，更好地落实稳地价、稳房价、稳预期的长期调控目标。一方面，热点城市继续坚持"房住不炒"和"三稳"调控目标不动摇，一旦市场出现过热的征兆，短期内城市房价过快上涨，必将通过行政性调控政策抑制过热的市场需求，维持房地产市场价格稳定和健康发展。另一方面，由于宏观经济受疫情冲击和影响较大，经济完全恢复需要更长一段时间，当前稳住经济基本盘，做好"六稳""六保"仍是下一阶段的政策主线，预计二三线城市有望从保市场主体出发为市场减压、为企业纾困。

就具体的政策内容而言，核心一二线以及强三线城市更可能升级限购、限售政策，涉及限购区域扩容，延长住房持有年限，将二手房纳入限购、限售范围，强化购房资格管控等，变相打压投资、投机性需求，维稳房地产市场。那些人口长期净流出、市场需求较弱的弱三四线城市或将在需求层面予以刺激，购房补贴、税费减免等优惠政策均有可能根据当地市场实际情况适时推出，直接拉动当地市场需求。而那些供地整体过剩或者房地产库存压力高企的城市仍需调降供地指标，以期缓解房地产市场供求压力。适度调降土地出让价格，尤其要增加平价地以及低价地供应，给予开发企业一定的利润空间。支持刚需购房，调降无房家庭、进城农民等刚需客群置业门槛。

第三，调控政策措施趋向精细化、完备化。由于我国房地产市场区域差异较大，2018年中央经济工作会议明确提出"因城施策、分类指导，夯实城市政府主体责任"，2019年陆续有城市宣布在进行"一城一策"试点，对政策进行微调。经过3年多的实践，政策更趋精细化，调控频率加大、区域更加细化、人群进一步细分，"一城一策"逐渐成为各省市楼市调控的关键词。这在近期热点城市的调控中已有体现。"十四五"时期，楼市调控政策将进入一个新阶段，即坚持住房制度改革，将"稳地价、稳房价、稳预期"作为调控的目标，重点在土地、金融、税收这三个工具上发力，并逐步向长效机制过渡。

对于热点城市，行政性的政策措施将继续采用，保持连续稳定。

长期以来，政府的限价政策主要是针对新房市场，结果是二手房市场价格倒挂，从而出现排队抢房的怪象。深圳住建局于 2021 年 2 月 8 日在官网发布关于二手房成交参考价格的三则通知，3 月 22 日，成都市发布了《关于进一步促进房地产市场平稳健康发展的通知》，提出建立二手住房成交参考价格发布机制，并引发各地的模仿。目前，一线城市基本就是二手房市场。深圳出台二手房指导价，标志着房地产调控政策逐渐走向精细化、完备化、体系化。其实，在德国，同样有类似深圳的住房指导价，不仅包括房价，还包括地价和房租。新加坡的楼市调控更是精细化到定位并监管每一套房源，高效准确地反映市场真实情况。这种模式的调控就是通过完备、成体系的措施增加买卖过程中的交易成本，减少交易，并通过法律压缩炒房的获利空间。

第四，租赁市场发展受到的政策关注程度进一步增强。2020 年召开的中央经济工作会议，在部署 2021 年的经济工作时明确指出：解决好大城市住房突出问题。住房问题关系民生福祉。要高度重视保障性租赁住房建设，加快完善长租房政策，逐步使租购住房在享受公共服务上具有同等权利，规范发展长租房市场。土地供应要向租赁住房建设倾斜，单列租赁住房用地计划，探索利用集体建设用地和企事业单位自有闲置土地建设租赁住房，国有和民营企业都要发挥功能作用。要降低租赁住房税费负担，整顿租赁市场秩序，规范市场行为，对租金水平进行合理调控。2021 年"两会"期间发布的政府工作报告，再次明确了这一点：通过增加土地供应、安排专项资金、集中建设等办法，切实增加保障性租赁住房和共有产权住房供给，规范发展长租房市场，降低租赁住房税费负担，尽最大努力帮助新市民、青年人等缓解住房困难。

随着政策端租赁供地单列的进一步明确，大城市的土地供给将会进一步向租赁性住房倾斜，如自然资源部提出 22 个热点城市单列的租赁用地占比不低于 10%；在公共服务端推动"租售同权"。"十四五"规划提出，逐步使租购住房在享受公共服务上具有同等权利。随着落户门槛逐步降低，"十四五"期间，租房落户，并入读公办学校有望逐步实现，这将在我国城镇化进程中具有标志性的意义；土地端通过政府提供政策扶持，充分发挥市场的积极作用，多渠道筹集，包括自持用地、企业自有用地、集体土地建设，商业办公改租赁，支持集体用地和企业单位闲置用地兴建租赁住房；还有在税收端对租赁住房给予减免优惠，出台《中华人民共和国契税法》《契税暂行条例》等；市场端推进"住房租赁条例"实施，2020年已经发布了征求意见稿，2021年有望发布实施。

第五，房地产金融监管将持续强化。长期以来，房地产金融化趋势明显，房地产与金融业深度关联。通过消费贷、经营贷、银行理财和委托贷款等方式，银行信贷资金很大一部分最终流向了房地产市场，房地产相关贷款占银行业贷款的比重持续提升。截至2020年三季度，全国房地产贷款余额高达48.8万亿元，占各项贷款余额的比重多达28.8%，房地产相关贷款（含以房地产作为抵押、担保）占比更是接近40%。房地产市场风险是现阶段我国金融风险方面最大的"灰犀牛"。2020年下半年开始，房地产金融政策持续收紧，控制居民过高加杠杆、控制资金违规流入房地产，就成为房地产金融监管重点。并从供、需两端全面压缩、降低房地产信贷规模，在供应端通过实行房地产贷款集中度管理，在需求端通过设置"三道红线"，倒逼房地产行业去杠杆。

为了应对疫情恢复经济，各国不同程度进行货币大放水，这造成全球流动性泛滥。为了应对全球资产价格上涨预期，要建立起资金和楼市的防火墙，引导资金流向实体经济。央行自上年下半年开始，不断强化房地产融资监管，推进金融供给侧结构性改革，引导金融机构增加对制造业、民营企业中长期融资的支持力度，这也是近年来房地产调控的主旋律；在需求侧不断加大对"首付贷""消费贷""经营贷"资金流入房市的查处力度，引导银行资金重点支持棚户区改造等保障性民生工程和居民合理自住购房需求。当然，资金管控强化并非为了打压房地产，而是规范资金和房地产的对接渠道。房地产金融长效管理机制继续加快建立，房地产金融监管的持续强化，其目的是防止房地产市场过度金融化，防范化解系统性金融风险。

（三）房地产市场趋势的总体判断

展望全年，在"三道红线"政策出台后，房企整体的融资环境收紧；房贷集中度管理制度则限定了不同档次银行的房地产贷款占比和个人住房贷款占比上限。同时，各地纷纷加大对信贷违规资金进入楼市的查处力度，2021年房地产市场整体融资环境持续收紧。在行业整体降杠杆的背景下，未来房地产融资调控预估短期内持续从严。但是，房地产行业事关民生消费和投资发展，是中国经济的压舱石和稳定剂。疫后房地产行业韧性十足，商品房销售、房地产开发投资皆快速复苏，助力中国经济迅速走出疫情阴霾。房地产政策层面依然坚持"稳"字当头，继续坚持"房住不炒、因城施策"的政策主基调，强化并落实稳地价、稳房价、稳预期的调控目标，促进房地产市场健康平稳发展。总体来看，2021年房地产市场将呈现出几个突出特征。

第一，市场风险不断加大，分化趋势明显，房地产开发市场面临重新洗牌。2021年以来，全球经济逐渐恢复，在流动性宽松的环境下，部分新兴市场率先出现了不同程度的通胀压力，货币贬值压力不断加大。3月17日、18日、19日，巴西、土耳其、俄罗斯央行纷纷宣布加息。而美元加息预期和全球通货膨胀必然会进一步加剧国内房地产市场价格波动风险。自2020年下半年，房地产金融政策持续收紧，多部委密集发声，直指房地产是现阶段我国金融风险方面最大的"灰犀牛"。突出表现在：一方面是个人住房贷款余额快速增长，尤其是经营贷入市，导致居民杠杆率持续攀升，居民债务风险不断加码；另一方面，房企持续高杠杆、高负债、高周转运营，房企债务风险日渐高企。因此，"十四五"房地产行业将会转向全面去杠杆时期，并逐步形成长效机制。在"两集中"新政落地后，一二线城市和三四线城市土地市场将逐渐分化，企业在不同类型城市的投资策略、投资方式都将重新调整。随着监管收紧，房企获得资金难度加大，房企整体投资将更加谨慎，房企投资将明显集中。尤其是22城双集中供地政策落地之前，热点城市优质地块热度高居不下，投资主要集中高能级城市。土地供给侧的变革也将导致行业新一轮的洗牌，龙头房企优势将进一步放大，在旧改、收并购、合作拿地等方面有所布局的企业将会迎来新的机遇。

第二，受全球货币宽松和低利率政策影响，2021年房地产市场将面临较大的上涨压力。过去一年，全球大放水，带来的是全球资产价格的膨胀，一些国家股价、房价涨幅双双创出新高。土耳其、俄罗斯房价涨幅均超20%；美国、英国、加拿大、韩国等国家的房价整体涨幅也超过中国，资产泡沫全面膨胀。2020年，土耳其房价涨幅超过20%，位居全球第一，最大城市伊斯坦布尔房价涨幅超过30%，在全球主要城市里位居前列。根据凯斯恩席勒指数，2020年12月，美国20大城市房价同比上涨10.1%，创下2014年以来的最大升幅。美国房价已经超过2007年次贷危机之前的水平，相比2009年的低谷，接近翻倍。2020年，韩国首尔的房价首次超过每平方米1200万韩元（约合人民币7万元），韩国过去一年间的房价上涨20%，自2017年以来上涨74%。从2020年6月开始，人民币保持持续的单边升值趋势。2021年，中国经济增长预期较好，因此人民币汇率大概率会呈现升值趋势。10年期国债利率先于美国十年期国债收益率上涨，中美利差的扩大，必然导致资金持续不断地流入我们国债市场，必将会对房地产市场造成价格上涨的巨大压力。中国金融分析师、大华银行（UOB Group）经济学家Ho Woei Chen认为，中国消费者价格通胀预期将在2021年下半年强劲反弹。

第三，政策调控趋紧遏制市场过热，房地产仍是当前市场上最有价值的保值工具。自2020年下半年开始，伴随着市场过热，国内的房地产调控政策开始收紧。7月24日，住建部召开房地产工作座谈会，直指市场过热问题。8月20日，住房和城乡建设部、人民银行在北京召开重点房地产企业座谈会，会议形成了重点房企资金监测和融资管理的三档规则，即"三道红线"。"三道红线"主要约束房企行为，推动房地产行业降杠杆、控负债。房企"三条红线"的出台，意味着房地产企业凭借高杠杆进行快速扩张的时代正在走向终结。2021年2月18日，自然资源部发布住宅用地分类调控文件，文件要求22个重点城市住宅用地实现"两集中"。"两集中"出让新政全面考验房企综合实力，促进房企形成势力分布新格局，头部房企聚焦热门城市，中小房企向三四线城市转移。3月26日银保监会、住房和城乡建设部、人民银行三部门联合发文严查经营贷违规入市。地方调控政策主要涉及升级限购、限贷、限价、限售政策，以及增加房地产交易税费等相关内容。面对不确定性的市场环境，尤其是在全球流动性泛滥，通胀预期加持的情况下，中央坚守不发生系统性金融风险的底线，不断强化房地产市场监管，有序引导企业、居民杠杆率逐步回归到"安全线"以内。在全球经济不断恢复的情况下，房地产市场依旧稳健，或将再次成为资产的"避风港"。

第四，总体判断：2021年全年房地产市场将保持平稳发展态势。展望全年，"十四五"规划强调：房地产事关民生消费和投资发展，可以助力经济内循环。因此，政策基本面依然"稳"字当头，继续坚持"房住不炒、因城施策"的政策主基调，强化并落实稳地价、稳房价、稳预期的调控目标。中央经济工作会议中指出，2021年宏观政策要保持连续性、稳定性、可持续性，要保持对经济恢复的必要支持力度，政策操作上要更加精准有效，不急转弯，把握好政策时度效。预计 2021 年国内货币政策将在经济回升的过程中，逐步回归中性，整体流动性将保持稳定。房地产行业将转向稳杠杆乃至去杠杆，牢牢守住不发生系统性金融风险的底线。房企整体融资环境或将持续偏紧，"三道红线"将持续发力，房企去杠杆、降负债已是大势所趋。仍需稳杠杆，确保居民杠杆率和负债率不再继续上升。集中供地制度进一步规范土地市场发展，维持土地市场价格稳定。总之，全年房地产行业将继续保持平稳运行，商品房销售规模将再创新高，突破 18 亿平方米；土地购置面积小幅回落，土地成交均价将快速恢复到疫前水平；新开工面积预计创出历史新高，总量达 24亿平方米，但竣工面积较 2020 年略有下降；受疫后全球经济快速恢复影响，房地产开发投资将保持快速增长态势，全年预计保持 14% 左右的高速增长；销售均价全年保持万元以上新高度，全年预期实现 7.7% 的增长水平。一二线热点城市住房价格将保持平稳上行，限贷政策仍将持续，不排除进一步加码升级的可能性。购房资金监管继续加强，严查首付款资金来源，严防首付贷、消费贷、经营贷等用于购房消费；三四线城市面临较大的经济恢复压力，限贷政策或将适度放松，具有城市群和大都市圈概念的中小城市房地产市场将迎来新的机遇。

（四）政策建议

"房住不炒"包含"房子是用来住的"和"房子不是用来炒的"两方面的内容。但我们更多把它简单解读为打击住房投机，却对实际居住需求特别是改善性需求的关注不够。在稳定房价的前提下，房地产政策的最终目标，还是要不断提升居民的居住水平。

1. 适度降低房贷利率

在信贷市场整体利率大幅度下调的条件下，有必要适当调低自住性购房的按揭贷款利率，逐步促进房贷利率的市场化。既可以维持针对自住性购房的政策支持力度，降低居民家庭的购房负担；也可以降低商业性信贷和住房信贷市场的利率差，缓解各类信贷资金倒灌进入房地产市场的压力。

符合市场规律的房贷利率应低于一般商业性贷款利率。不能因担忧房价上涨，而人为将房贷利率控制在违背一般市场规律的水平，最终结果可能事与愿违。

2. 合理使用限购和限售政策，避免误伤真实住房需求

在准确识别购房目的的前提下，合理使用限购和限售政策，促进住房真实需求的平稳释放。避免采取"急刹车"或"一刀切"式购房限制政策。对于以居住为目的的购房换房需求，应给予充分的政策支持。这既有利于改善居民住房水平，也有利于促进经济增长。不能为了遏制投机，而使正常的购房特别是改善性购房或换房需求受到限制。

3. 全力加速推进租购房同权

租购同权是住房市场健康发展的基础性制度，也是住房长效机制的基石之一，同时也是社会公平的重要方面。为稳定住房市场、发展租赁市场，应克服困难和阻力，全力加速推进租购房同权。特别是在当前部分城市房价结构性上涨压力较大的背景下，推进租购同权可以缓解房价结构性上涨压力、保障居民住有所居。

4. 提高供给效率和交易效率

根据以往政策经验看，住房需求增长的韧性很大，单纯通过抑制需求来控制房价上涨很难有持续积极的作为。往往只是把房价的线性上涨，转变成了脉冲性上涨。在"房住不炒"的基础上，平抑房价的重点，应回归到提高供给效率和交易效率上来。具体包括：加快城乡土地市场改革，打破土地出让和住房开发垄断；完善住房融资体系，降低融资负担；降低交易税费，简化交易程序；推进与住房相关的公共服务的市场化改革，促使公共服务均等化。

5. 加强投资风险提示警示

对于改变用途将其他信贷资金挪入房地产市场、追涨杀跌、炒作概念性住房如"学区房"等行为，应及时提示警示其中可能存在的市场波动风险或政策风险。

参考文献

克而瑞研究中心：《2020年中国房地产总结与展望》，2020年12月22日。
中指研究院：《2021年一季度中国房地产市场总结与趋势展望》，2021年4月2日。

B.2
2021年中国房地产市场主要指标预测

张 智*

摘　要：　受新冠肺炎疫情冲击影响，2020年中国房地产领域各主要指
标变化趋势出现了显著分化。与2019年相比，投资环节增速
略有减缓，建设环节增速大幅下降，土地市场增速大幅上
升，销售环节增速略有上升，房价涨幅总体持平。根据时间序
列模型预测，2021年固定资产投资(不含农户)增速为11.7%，房
地产开发投资增速为14.6%，住宅开发投资增速为15.1%，房
地产企业到位资金增速为13.9%，土地购置面积、成交价款和
成交均价增速分别为 -18.5%、-48.3%和 -36.5%，房屋施工
面积、新开工面积和竣工面积增速分别为7.5%、-5.9%和
2.7%，商品房销售面积和销售额增速分别为5.5%和12.5%，
商品房销售均价为10511元/米^2，同比增长6.6%。预计2021年
将出现土地价格大幅回调和商品房销售均价小幅增长的
局面。

关键词：　房地产市场　指标预测　模型预测

2021 注定是特殊重要的一年，是建党百年、"十四五"开局和向"后疫
情"时期过渡的交会之年。全球经济社会形势瞬息万变，冲突、动荡和危机
时有发生，这对我国宏观经济管理和决策提出了更高要求，对宏观经济预测也
是一种全新的挑战。

---

* 张智：天津社会科学院研究员，研究方向为宏观经济预测，房地产经济、城市经济。

一 2020年中国房地产主要指标预测偏离度分析

突如其来的新冠肺炎疫情冲击对2020年宏观经济模型预测产生了显著影响。尽管2020年4月我们对《中国房地产发展报告（2020）》中的预测结果进行了一次修正，但全年主要指标统计值对于预测值的偏离度（以下简称偏离度或预测偏离度）仍然偏高。事实上，偏离度并非对预测模型精度的评价，偏离度所表达的是现实经济运行脱离"正常轨道"的程度，此处的"正常轨道"是指高精度计量模型的预测值，或称模型合理预期值。关于偏离度的计算公式与评价标准可参见《中国房地产发展报告（2018）》第42页。

表1列出2020年中国房地产主要指标预测偏离度和2020年与2019年累计增速及增速差。表中所示，20个独立建模预测指标平均偏离度为9.42%，即平均预测吻合度90.58%。其中偏离度小于5%的指标8项，大于5%小于10%的4项，大于10%小于20%的5项，大于20%的3项。如果剔除商品房销售环节4项指标，其余16项指标平均偏离度为7%，即平均预测吻合度93%。

表1　2020年中国房地产主要指标预测偏离度

环节	指标名称与单位	1~12月累计总额			1~12月累计增速		增速差
		统计值	预测值	偏离度（%）	2020年（%）	2019年（%）	（个百分点）
投资	固定资产投资（亿元）	518907	552852	-6.14	2.9	5.4	-2.5
	固定资产投资可比增速（%）	2.9	0.2	2.69	—	—	
	房地产开发投资（亿元）	141443	136244	3.82	7.0	9.9	-2.9
	#住宅（亿元）	104446	101549	2.85	7.6	13.9	-6.3
	企业到位资金（亿元）	193115	173991	10.99	8.1	7.6	0.5
建设	房屋施工面积（亿平方米）	926759	932883	-0.66	3.7	8.7	-5.0
	#住宅（亿平方米）	655558	641148	2.25	4.4	10.1	-5.7
	房屋新开工面积（亿平方米）	224433	200443	11.97	-1.2	8.5	-9.7
	#住宅（亿平方米）	164329	154509	6.36	-1.9	9.2	-11.1
	房屋竣工面积（亿平方米）	91218	97709	-6.64	-4.9	2.6	-7.5
	#住宅（亿平方米）	65910	64002	2.98	-3.1	3.0	-6.1

续表

环节	指标名称与单位	1～12月累计总额			1～12月累计增速		增速差
		统计值	预测值	偏离度（%）	2020年（%）	2019年（%）	（个百分点）
土地	土地购置面积（万平方米）	25536	26477	−3.55	−1.1	−11.4	10.3
	土地成交价款（亿元）	17269	14681	17.63	17.4	−8.7	26.1
	土地成交均价（元/米²）	6763	5545	21.97	18.7	3.1	15.6
销售	商品房销售面积（亿平方米）	176086	153128	14.99	2.6	−0.1	2.7
	#住宅（亿平方米）	154878	132868	16.57	3.2	1.5	1.7
	商品房销售额（亿元）	173613	141650	22.56	8.7	6.5	2.2
	#住宅（亿元）	154567	126394	22.29	10.8	10.3	0.5
	商品房销售均价（元/米²）	9860	9250	6.59	5.9	6.6	−0.7
	#住宅销售均价（元/米²）	9980	9513	4.91	7.5	8.7	−1.2

资料来源：统计值及增速为国家统计局数据，预测值为《中国房地产发展报告（2020）》第34～37、55～56页数据。

对表1中指标数据进行综合分析可以获得以下结论。

第一，投资环节总体平稳，企业资金来源较为充裕。2020年房地产开发投资增速7%，高于固定资产投资增速（2.9%）4.1个百分点。表面看2020年房地产投资增速较快，但比较2020年与2019年增速差可以发现，2020年固定资产投资增速和房地产开发投资增速分别比2019年下降了2.5和2.9个百分点，2019年的二者增速差为4.5个百分点，与2020年增速差4.1个百分点相比变化不大。即投资领域受疫情影响较小，且投资宏观结构稳定。企业到位资金偏离度为10.99%，说明资金状况明显好于模型预期，不仅好于预期，2020年企业资金增速甚至高于没有发生疫情的2019年0.5个百分点。其主要原因是政府为提振宏观经济，我国和世界主要经济体向社会释放了天量流动性，其中部分资金不可避免地流入房地产投资领域。

第二，建设环节总体平稳，建设工程面积增速比2019年有所下降。除房屋新开工面积指标偏离度（11.97%）偏高外，其他指标基本符合模型预期。从2020年和2019年指标增速差看，2020年的建设指标增速均有不同程度回落，其中房屋新开工面积及住宅新开工面积增速回落幅度最大。由于2020年竣工面积同比下降幅度略高于新开工面积的下降幅度，因此施工面积同比小幅上升。

第三，土地一级市场成交活跃，土地成交均价显著上升。除购置面积指标略低于模型预期外，成交价款和成交均价都大幅高于模型预期，指标偏离度分别达到17.63和21.96%。2020年指标增速比2019年也都有较大幅度的提高，其中成交价款增速差达到26.1个百分点。2020年购置面积同比小幅下降1.1%，成交价款同比大幅上升17.4%，导致成交均价比2019年上升18.7%。购置每平方米土地同比多支出1066元，如果按2020年购置面积25536万平方米计算，2020年土地价格比2019年价格共计多支出2723亿元。土地购置均价较快上升与地方政府供地筹资意愿较强及开发企业资金充裕有直接关系。

第四，商品房销售畅旺，价格稳定上升。表1中商品房及住宅销售面积与销售额指标偏离度分别超过10%和20%，从增速看2020年比2019年均有小幅提高，即疫情条件下2020年比2019年增速反而均略有提高。2020年商品房和住宅销售均价涨幅与2019年也相差不多。商品房销售市场的畅旺同样与流动性过剩有关。

综上，2020年房地产市场投资、建设平稳，土地与房屋销售畅旺，土地价格增速快于房屋价格增速。若土地购置成本持续上升，其压力必将向商品房二级市场传导，应给予必要的关注。需要说明，我们可以使用历年《中国房地产发展报告》中给出的月度预测结果，事后计算每个月份的指标偏离度，并根据偏离度大小分析当月的房地产市场运行状况，比如，7月份20项独立建模预测指标平均偏离度为4.92%，平均预测吻合度95.08%；小于5%的指标有12项，大于5%小于10%的有4项，超过10%的有4项。篇幅所限，此处不再列出每月的偏离度数据，有兴趣的读者可以自行计算、分析。本报告中的月度累计预测结果可以为社会各界提供全年逐月预测分析依据，读者可按需逐月参照使用模型预测结果。

二 预期2021年宏观经济运行谨慎乐观

受宏观经济运行状态和调控政策影响，充裕的流动性导致2020年部分房地产指标加速回升。显然，房地产市场预测不能脱离对宏观经济的整体认识，这里通过对我国宏观经济增长预期水平的讨论给出房地产市场指标预测的一个参照背景。2020年我国经受住新冠肺炎疫情和中美对抗等严峻考验，GDP成功实现2.3%的实际增长，2021年又将如何呢？表2将国内外9家权威组织机构发布的中国GDP增速预测值按大小排序，其预测值平均为8.1%。仅从数值看，其对2021年中国经济形势的看法是较为乐观的。

表2　国内外权威机构对2021年中国GDP增速预测结果汇总

单位：%

发布机构	预测值	资料来源	发布时间
中国社会科学院	7.8	《2021年中国经济形势分析与预测》（经济蓝皮书）	2020.12
经合组织	7.8	OECD Economic Outlook，Interim Report March	2021.3
世界银行	7.9	《全球经济展望（2021年1月）》	2021.1
东北财经大学	8.08	《中国宏观经济分析与预测报告（2021）》	2021.1
中国人民大学	8.1	《中国宏观经济分析与预测报告（2020~2021）》	2020.12
联合国贸发会议报告	8.1	《2020贸易和发展报告》	2021.3
国际货币基金组织	8.1	《世界经济展望》更新（2021年1月）	2021.1
上海财经大学	8.4	《中国宏观经济形势分析与预测年度报告（2020~2021）》	2020.12
中国科学院	8.5	《2021年中国经济增长速度的预测分析与政策建议》	2021.1

2021年我国政府工作报告给出的预期目标是GDP增长6%以上，这明显低于上述机构预测。有观点解读为6%是出于谨慎的考虑和淡化GDP导向，也有观点认为6%是在暗示宏观政策将回调或是出于防范系统性风险的考虑。

机构预测采用的方法虽有不同，但都属于利用建立在概率论基础之上的计量模型的方法，从原理上讲，其预测值更应该被看作是一种"理想值"或"理性预期值"。笔者根据2012年以来中国不变价季度GDP的对数序列建模，预测2021年GDP增速为6.9%，模型表达式如下：

$$D(\ln GDP_t) = 0.9559\ln GDP_{t-4} + v_t$$

从理论上讲，增长7%或8%以上的可能性都存在，但笔者认为增速在7%以下的可能性也很大。理由有三点：一是新冠肺炎疫情造成的不可逆影响尚未消除，其长期影响仍有待观察；二是经济社会结构性、深层次矛盾和问题仍然存在，其对增长的负面影响可能会增强；三是可预见的近期外部环境依然严峻，如2021年新冠肺炎疫情在许多国家仍将不同程度地存在、美国天量货币超发等。将发展预期目标设定为增长6%以上是妥当的，谨慎乐观看待2021年总体经济形势将有利于政府把握好政策的时度效，也为各市场主体提供了较客观的形势判断依据。

三 2021年中国房地产市场主要指标预测结果

为便于解读分析预测结果和形势预判，本节将中国房地产市场主要指标建模预测结果按照不同环节分为5组并编制和绘制图表。第一组为投资指标，包括固定资产投资（不含农户）、房地产开发投资和住宅开发投资。投资额数据列入表3，对应增速数据列入表4。第二组为土地指标，包括土地购置面积、土地成交价款和成交均价。面积、价款和均价数据列入表5，对应增速数据列入表6。第三组为建设指标，包括房屋施工面积、新开工面积和竣工面积。建设面积数据列入表7，对应增速数据列入表8。第四组为商品房销售指标，包括销售面积、销售额和销售均价。销售指标绝对数量值列入表9，对应增速数据列入表10。第五组为到位资金指标，包括开发企业到位资金总量及其增速，数据列入表11。为便于观察指标序列形态与变化趋势，根据表3~表11中相关数据分别绘制图1~图20。表中全部数据均为累计值，图中指标绝对量数据均为当月值，图中指标增速数据和均价数据均为累计值。表中数据序列2019年2月至2021年3月的为统计值，其资料来源均为国家统计局，2021年4月至2021年12月的数据为模型预测值。

表3 2019~2020年固定资产投资、房地产开发投资和住宅开发投资与2021年预测

单位：亿元

月份	固定资产投资（不含农户）			房地产开发投资			住宅开发投资		
	2019	2020	2021	2019	2020	2021	2019	2020	2021
2月	44136	33508	45236	12090	10115	13986	8711	7318	10387
3月	100292	84145	95994	23803	21963	27576	17256	16015	20624
4月	152535	136824	144111	34217	33103	40191	24925	24238	30111
5月	212587	199194	209562	46075	45920	54736	33780	33765	40999
6月	290612	281603	273530	61609	62780	73714	45167	46350	55070

续表

月份	固定资产投资（不含农户）			房地产开发投资			住宅开发投资		
	2019	2020	2021	2019	2020	2021	2019	2020	2021
7 月	334567	329214	315387	72843	75325	87757	53466	55682	65520
8 月	379974	378834	362283	84589	88454	102383	62187	65454	76399
9 月	433065	436530	414018	98008	103484	119112	72146	76562	88743
10 月	474747	483292	444937	109603	116556	133788	80666	86298	99551
11 月	486901	499560	460423	121265	129492	148446	89232	95837	110299
12 月	504283	518907	485325	132194	141443	162104	97071	104446	120183

注：表中 2021 年 4~12 月为预测值，下同。

表 3 数据显示，2021 年中国固定资产投资（不含农户）预期可达 48.5 万亿元；房地产开发投资可达 16.2 万亿元，其占固定资产投资比重将由 2020 年的 27.3% 提高到 33.4%；住宅开发投资可达 12 万亿元，其占房地产开发投资比重将由 2020 年的 73.8% 提高到 74.1%。

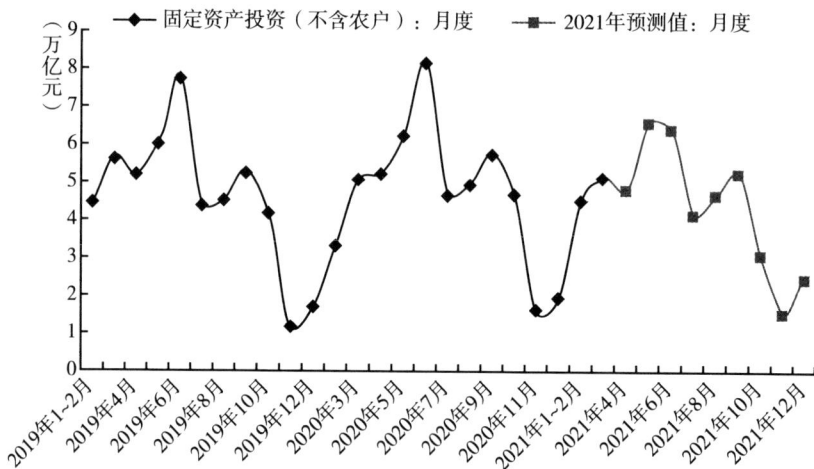

图 1　2019~2020 年固定资产投资（不含农户）与 2021 年预测月度曲线

从图 1~图 3 数据曲线可见，每年月度投资量最高值出现在 6 月，第 2 峰值出现在 9 月。从模型预测角度看，如果依据 6 月或 9 月统计值修正全年投资总量可大幅提高模型预测吻合度。

图 2 2019~2020 年房地产开发投资与 2021 年预测月度曲线

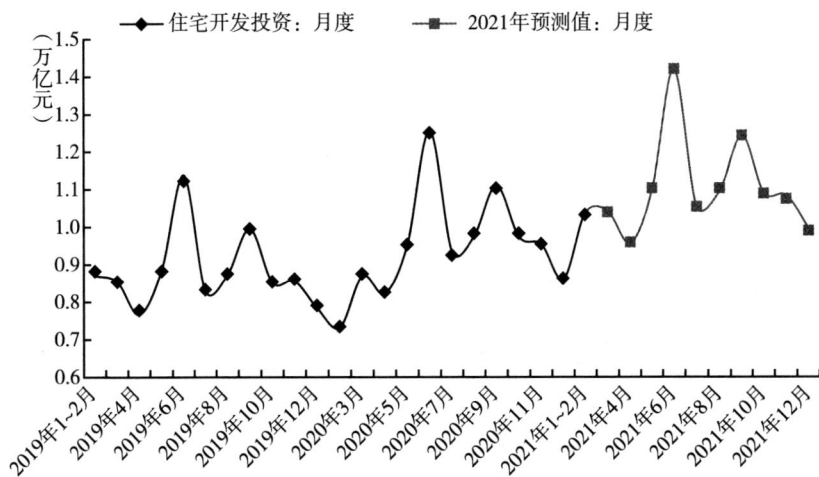

图 3 2019~2020 年住宅开发投资与 2021 年预测月度曲线

表4 2019~2020年固定资产投资、房地产投资和住宅投资增速与2021年预测

单位：%

月份	固定资产投资(不含农户)增速			房地产开发投资增速			住宅开发投资增速		
	2019	2020	2021	2019	2020	2021	2019	2020	2021
2月	6.1	-24.5	35.0	11.6	-16.3	38.3	18.0	-16.0	41.9
3月	6.3	-16.1	25.6	11.8	-7.7	25.6	17.3	-7.2	28.8
4月	6.1	-10.3	20.2	11.9	-3.3	21.4	16.8	-2.8	24.1
5月	5.6	-6.3	17.6	11.2	-0.3	19.2	16.3	0.0	21.4
6月	5.8	-3.1	15.5	10.9	1.9	17.4	15.8	2.6	18.8
7月	5.7	-1.6	14.6	10.6	3.4	16.5	15.1	4.1	17.7
8月	5.5	-0.3	13.8	10.5	4.6	15.7	14.9	5.3	16.7
9月	5.4	0.8	12.8	10.5	5.6	15.1	14.9	6.1	15.9
10月	5.2	1.8	12.3	10.3	6.3	14.8	14.6	7.0	15.4
11月	5.2	2.6	12.0	10.2	6.8	14.6	14.4	7.4	15.1
12月	5.4	2.9	11.7	9.9	7.0	14.6	13.9	7.6	15.1

注：固定资产增速为可比增速，其余为现价同比增速。

由表4可见，3项投资指标增速从年初的高位逐渐回落，受2020年增速偏低影响，2021年增速预期相对较高，3项投资指标分别增长11.7%、14.6%和15.1%。3项指标的累计月度增速曲线形态参见图4~图6。

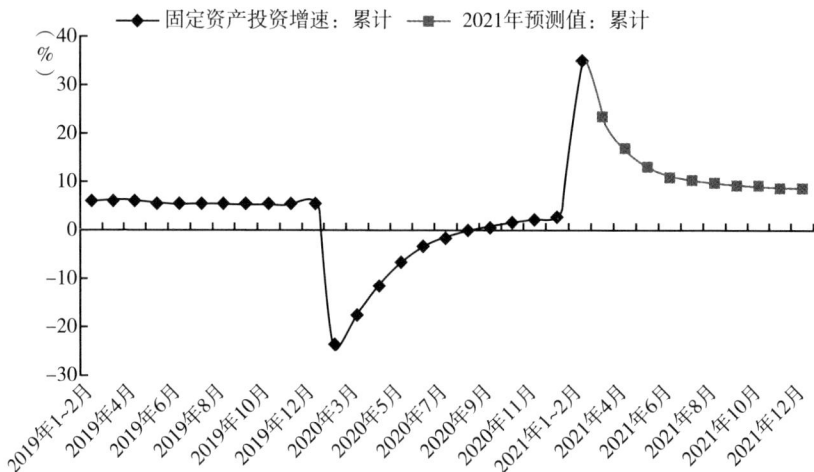

图4 2019~2020年固定资产投资增速与2021年预测累计月度曲线

图5 2019～2020年房地产开发投资增速与2021年预测累计月度曲线

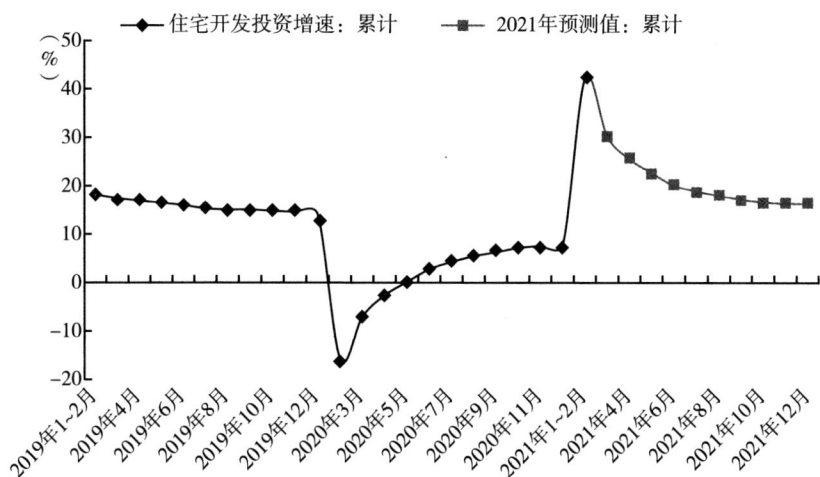

图6 2019～2020年住宅开发投资增速与2021年预测累计月度曲线

由表5和表6可见，2021年土地购置面积预期将达2.08亿平方米，其增速为同比下降18.5%；土地成交价款可达0.89万亿元，其增速预测为同比大幅下降48.3%；土地成交均价将降至4292元/米²，即增速预期同比大幅下降

36.5%。从图7和图8曲线形态看，土地购置面积和成交价款月度峰值出现在每年12月。由图9和图10可见，土地购置面积和成交价款同比增速均出现较大幅度的下降。

表5 2019~2020年土地购置面积、土地成交价款和成交均价与2021年预测

月份	土地购置面积（万平方米）			土地成交价款（亿元）			成交均价（元/米²）		
	2019	2020	2021	2019	2020	2021	2019	2020	2021
2月	1545.2	1092.0	1452.8	690.2	440.4	503.4	4467	4033	3465
3月	2543.3	1968.6	2301.0	1193.5	977.5	809.0	4693	4965	3516
4月	3582.3	3151.0	3447.7	1589.6	1699.4	1213.9	4437	5393	3521
5月	5169.8	4752.1	4725.3	2269.5	2429.5	1612.4	4390	5112	3412
6月	8035.3	7964.6	7228.0	3811.2	4036.1	2392.1	4743	5068	3309
7月	9761.2	9659.3	8615.9	4794.8	5382.0	3044.2	4912	5572	3533
8月	12236.1	11946.8	10430.6	6374.0	7087.8	3852.3	5209	5933	3693
9月	15454.0	15010.6	12816.3	8185.8	9315.5	4912.9	5297	6206	3833
10月	18382.8	17774.8	15038.0	9921.2	11386.5	5994.8	5397	6406	3986
11月	21719.7	20590.6	17214.2	11960.4	13890.3	7273.9	5507	6746	4226
12月	25822.3	25536.3	20807.4	14709.3	17268.8	8930.7	5696	6762	4292

表6 2019~2020年土地购置面积、土地成交价款和成交均价增速与2021年预测

单位：%

月份	土地购置面积增速			土地成交价款增速			成交均价增速		
	2019	2020	2021	2019	2020	2021	2019	2020	2021
2月	-34.1	-29.3	33.0	-13.1	-36.2	14.3	31.9	-9.7	-14.1
3月	-33.1	-22.6	16.9	-27.0	-18.1	-17.2	9.2	5.8	-29.2
4月	-33.8	12.0	9.4	-33.5	6.9	-28.6	0.4	21.5	-34.7
5月	-33.2	-8.1	-0.6	-35.6	7.1	-33.6	-3.5	16.5	-33.3
6月	-27.5	-0.9	-9.2	-27.6	5.9	-40.7	-0.1	6.8	-34.7
7月	-29.4	-1.0	-10.8	-27.6	12.2	-43.4	2.5	13.4	-36.6
8月	-25.6	-2.4	-12.7	-22.0	11.2	-45.6	4.8	13.9	-37.8
9月	-20.2	-2.9	-14.6	-18.2	13.8	-47.3	2.6	17.2	-38.2
10月	-16.3	-3.3	-15.4	-15.2	14.8	-47.4	1.4	18.7	-37.8
11月	-14.2	-5.2	-16.4	-13.0	16.1	-47.6	1.5	22.5	-37.4
12月	-11.4	-1.1	-18.5	-8.7	17.4	-48.3	3.1	18.7	-36.5

图7　2019~2020年土地购置面积与2021年预测月度曲线

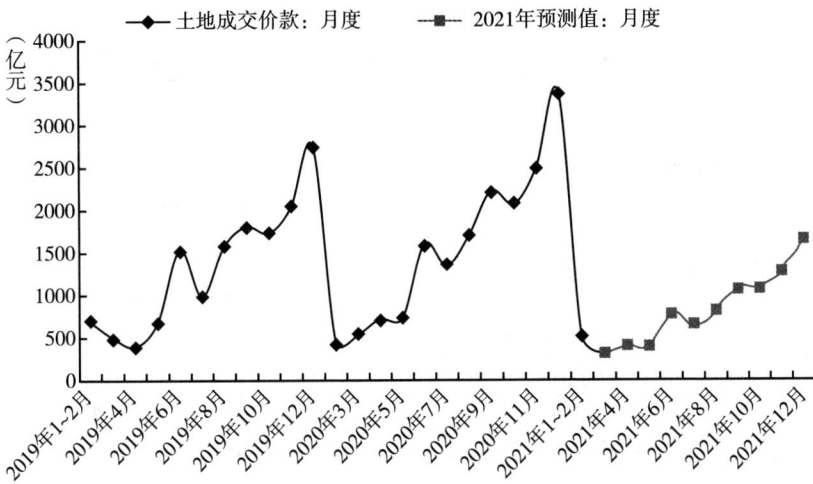

图8　2019~2020年土地成交价款与2021年预测月度曲线

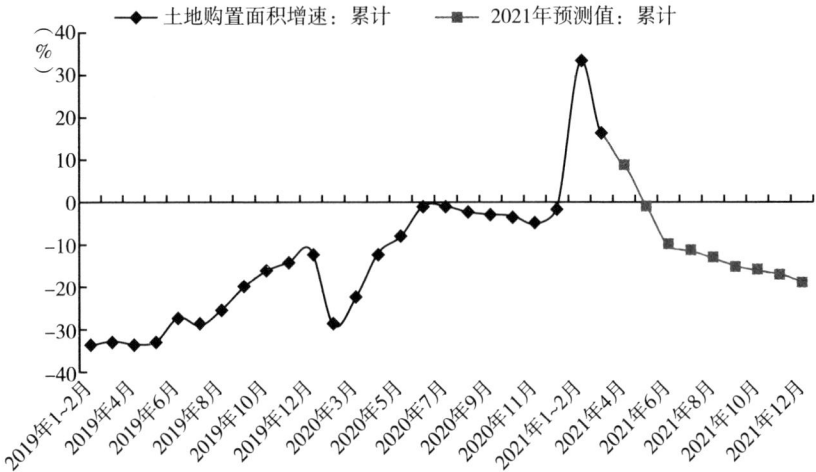

图9 2019～2020年土地购置面积增速与2021年预测累计月度曲线

图10 2019～2020年土地成交价款增速与2021年预测累计月度曲线

表7可见，2021年房地产施工面积预测将达到99.6亿平方米的历史高位，新开工面积预期以21.1亿平方米的总量出现小幅回落，竣工面积以9.4亿平方米较2020年有小幅上升。2021年预期施工面积增长7.5%，新开工面积同比下降5.9%，竣工面积预期增长2.7%。3项建设指标增速曲线形态参见图12。

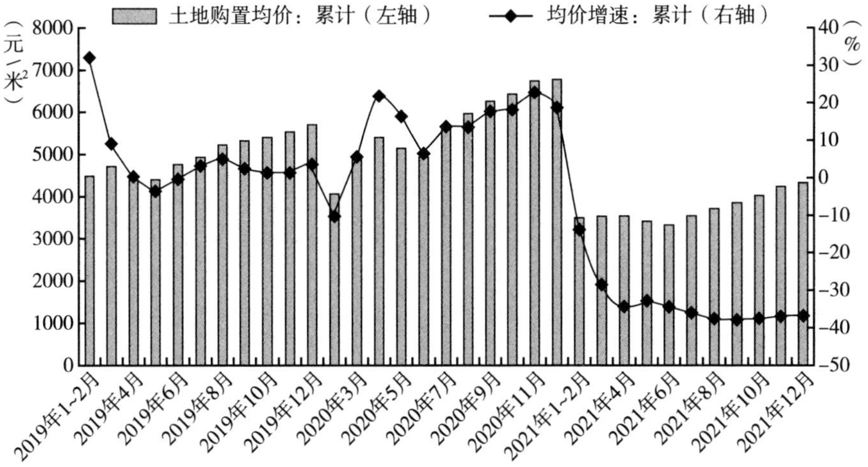

图11　2019～2020年土地成交均价及均价增速累计月度值与2021年预测

注：2021年4～12月为预测值。

表7　2019～2020年房地产施工面积、新开工面积和竣工面积与2021年预测

单位：万平方米

月份	房地产房屋施工面积			房屋新开工面积			房屋竣工面积		
	2019	2020	2021	2019	2020	2021	2019	2020	2021
2 月	674946	694241	770629	18814	10370	17037	12500	9636	13525
3 月	699444	717886	798394	38728	28203	36163	18474	15557	19122
4 月	722569	740568	818716	58552	47768	54535	22564	19286	23002
5 月	745286	762628	839014	79784	69533	71796	26707	23687	27411
6 月	772292	792721	865854	105509	97536	93157	32426	29030	32914
7 月	794207	818280	890663	125716	120032	113601	37331	33248	37410
8 月	813156	839734	911511	145133	139917	132756	41610	37107	41351
9 月	834201	859820	931049	165707	160090	153062	46748	41338	45905
10 月	854882	880117	950794	185634	180718	171273	54211	49240	53042
11 月	874814	902425	972485	205194	201085	190283	63846	59173	63575
12 月	893821	926759	996130	227154	224433	211099	95942	91218	93693

表8 2019～2020年房地产施工面积、新开工面积和竣工面积增速及2021年预测

单位：%

月份	房地产房屋施工面积增速			房屋新开工面积增速			房屋竣工面积增速		
	2019	2020	2021	2019	2020	2021	2019	2020	2021
2月	6.8	2.9	11.0	6.0	-44.9	64.3	-11.9	-22.9	40.4
3月	8.2	2.6	11.2	11.9	-27.2	28.2	-10.8	-15.8	22.9
4月	8.8	2.5	10.6	13.1	-18.4	14.2	-10.3	-14.5	19.3
5月	8.8	2.3	10.0	10.5	-12.8	3.3	-12.4	-11.3	15.7
6月	8.8	2.6	9.2	10.1	-7.6	-4.5	-12.7	-10.5	13.4
7月	9.0	3.0	8.8	9.5	-4.5	-5.4	-11.3	-10.9	12.5
8月	8.8	3.3	8.5	8.9	-3.6	-5.1	-10.0	-10.8	11.4
9月	8.7	3.1	8.3	8.6	-3.4	-4.4	-8.6	-11.6	11.0
10月	9.0	3.0	8.0	10.0	-2.6	-5.2	-5.5	-9.2	7.7
11月	8.7	3.2	7.8	8.6	-2.0	-5.4	-4.5	-7.3	7.4
12月	8.7	3.7	7.5	8.5	-1.2	-5.9	2.6	-4.9	2.7

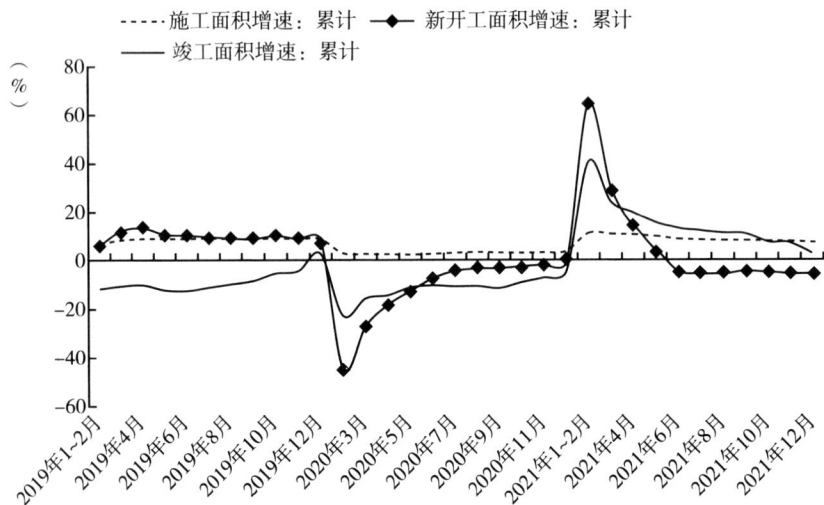

图12 2019～2020年施工面积、新开工面积和竣工面积增速与2021年预测累计月度曲线

从表9销售数据看，2021年商品房销售面积预期可达18.6亿平方米，销售额预期可达19.5万亿元，相应销售均价约10511元/米^2。3项销售指标形态参见图13～图15。

表9　2019～2020年商品房销售面积、销售额和销售均价与2021年预测

月份	商品房销售面积(万平方米)			商品房销售额(亿元)			商品房销售均价(元/米²)		
	2019	2020	2021	2019	2020	2021	2019	2020	2021
2月	14102.2	8475.0	17363	12803.3	8203.5	19151	9079	9680	11030
3月	29828.9	21978.3	36007	27038.8	20364.9	38378	9065	9266	10658
4月	42085.5	33972.6	50425	39140.9	31863.1	52576	9300	9379	10427
5月	55518.1	48703.0	64546	51772.8	46269.5	69162	9325	9500	10715
6月	75785.6	69403.7	84845	70698.1	66894.6	89614	9329	9638	10562
7月	88782.9	83631.4	98114	83162.4	81422.0	104321	9367	9736	10633
8月	101848.6	98486.0	111528	95373.0	96942.5	120466	9364	9843	10801
9月	119178.5	117072.7	129697	111491.3	115647.3	139572	9355	9878	10761
10月	133250.7	133293.8	145049	124417.2	131665.1	155686	9337	9878	10733
11月	148905.0	150834.5	162022	139005.8	148968.7	172918	9335	9876	10673
12月	171557.9	176086.2	185824	159725.1	173612.7	195318	9310	9860	10511

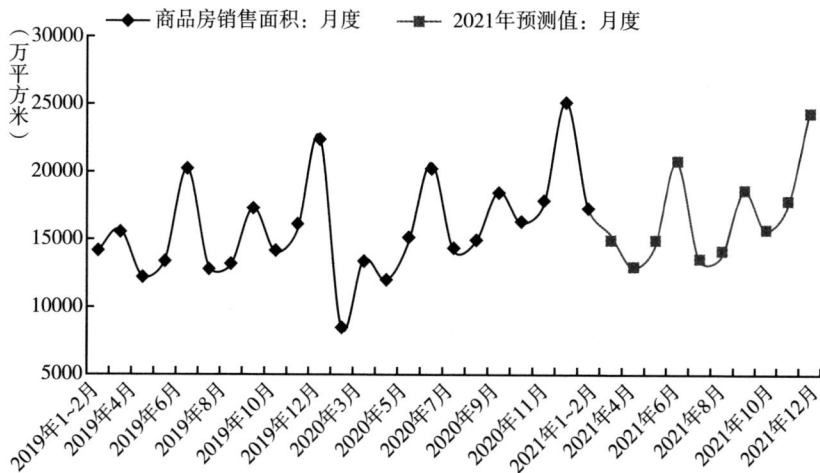

图13　2019～2020年商品房销售面积与2021年预测月度曲线

图 14   2019～2020 年商品房销售额与 2021 年预测月度曲线

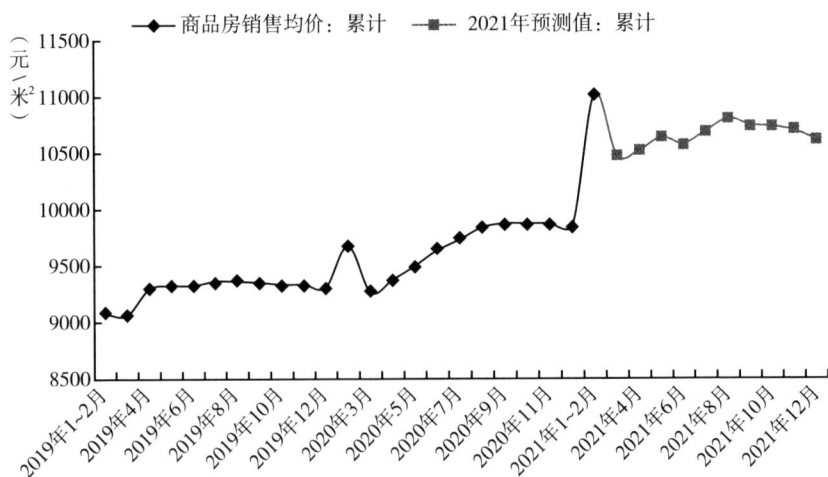

图 15   2019～2020 年商品房销售均价与 2021 年预测累计月度曲线

表10 2019~2020年商品房销售面积、销售额和销售均价增速与2021年预测

单位：%

月份	商品房销售面积增速			商品房销售额增速			商品房销售均价增速		
	2019	2020	2021	2019	2020	2021	2019	2020	2021
2月	−3.6	−39.9	104.9	2.8	−35.9	133.4	6.7	6.6	13.9
3月	−0.9	−26.3	63.8	5.6	−24.7	88.5	6.6	2.2	15.0
4月	−0.3	−19.3	52.5	8.1	−18.6	68.9	8.3	0.8	11.2
5月	−1.6	−12.3	22.9	6.1	−10.6	32.8	7.8	1.9	12.8
6月	−1.8	−8.4	2.3	5.6	−5.4	8.3	7.5	3.3	9.6
7月	−1.3	−5.8	0.7	6.2	−2.1	5.4	7.7	3.9	9.2
8月	−0.6	−3.3	0.9	6.7	1.6	4.9	7.3	5.1	9.7
9月	−0.1	−1.8	0.1	7.1	3.7	4.4	7.2	5.6	8.9
10月	0.1	0.0	3.0	7.3	5.8	8.1	7.2	5.8	8.7
11月	0.2	1.3	5.9	7.3	7.2	12.0	7.1	5.8	8.1
12月	−0.1	2.6	5.5	6.5	8.7	12.5	6.6	5.9	6.6

由表10可见，2021年新建商品房销售面积增速预期将达到5.5%，销售额增速预期可达12.5%，销售均价增长预期为6.6%。从2019年和2020年商品房销售均价增速分别为6.6%和5.9%看，2021年预计增长6.6%，将延续既有的小幅增长态势。土地成交均价回落与商品房销售价格小幅增长均有利于房地产市场的健康稳定发展。

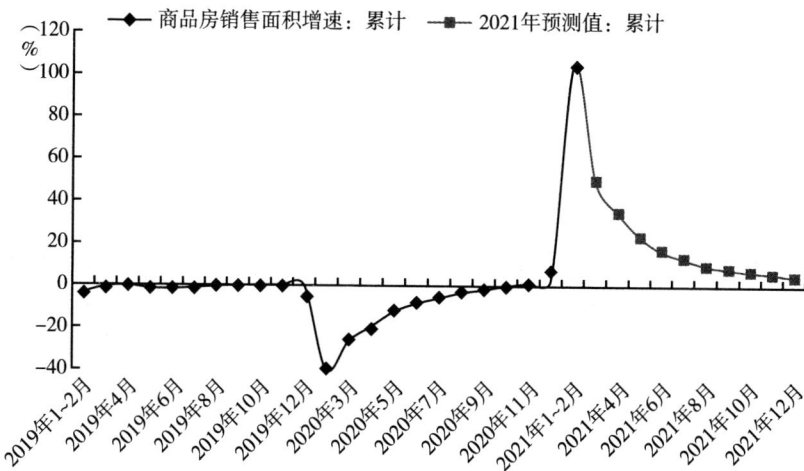

图16 2019~2020年商品房销售面积增速与2021年预测累计月度曲线

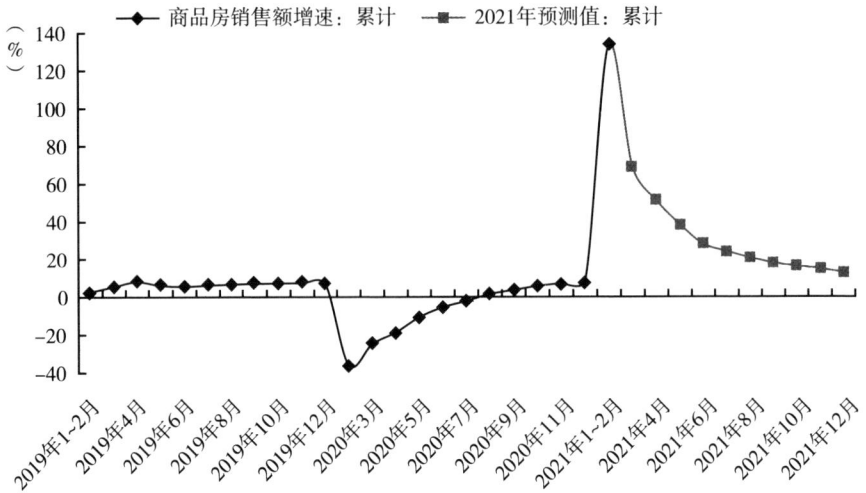

图 17　2019～2020 年商品房销售额增速与 2021 年预测累计月度曲线

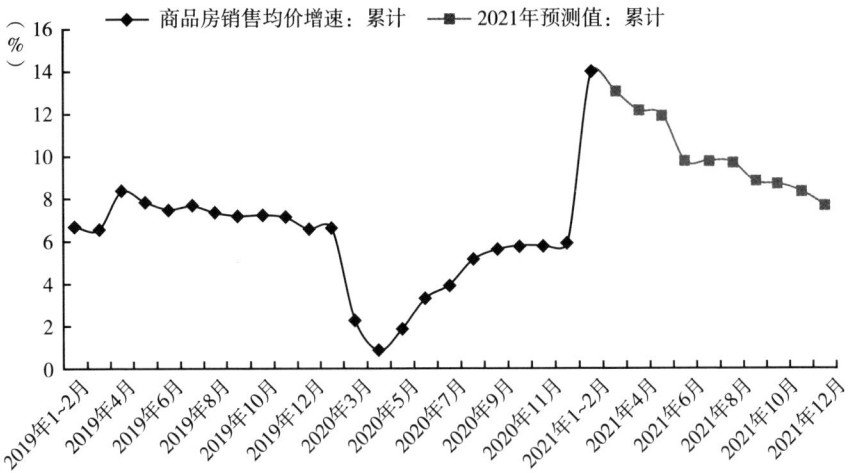

图 18　2019～2020 年商品房销售均价增速与 2021 年预测累计月度曲线

从表 11 企业到位资金及其增速数据看，2021 年企业到位资金预期将达 22 万亿元，增速预期达到 13.9%。企业到位资金指标数据形态参见图 19 和图 20。

表11 2019～2020年房地产开发企业到位资金及其增速与2021年预测

月份	房地产开发企业到位资金(亿元)			企业到位资金增速(%)		
	2019	2020	2021	2019	2020	2021
2月	24497.3	20209.9	30559.8	2.1	-17.5	51.2
3月	38948.1	33565.8	47465.0	5.9	-13.8	41.4
4月	52466.4	47003.7	63035.5	8.9	-10.4	34.1
5月	66688.6	62653.9	80395.5	7.6	-6.1	28.3
6月	84965.5	83344.4	102860.2	7.2	-1.9	23.4
7月	99800.5	100625.0	121193.3	7.0	0.8	20.4
8月	113723.7	117091.9	138783.1	6.6	3.0	18.5
9月	130570.7	136376.5	159388.7	7.1	4.4	16.9
10月	145150.6	153069.7	177624.3	7.0	5.5	16.0
11月	160531.2	171099.4	196957.1	7.0	6.6	15.1
12月	178608.6	193114.9	219931.6	7.6	8.1	13.9

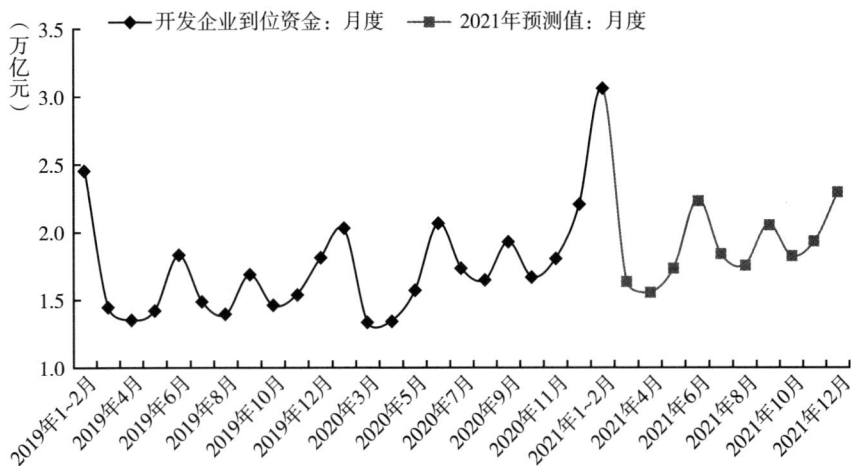

图19 2019～2020年房地产开发企业到位资金与2021年预测月度曲线

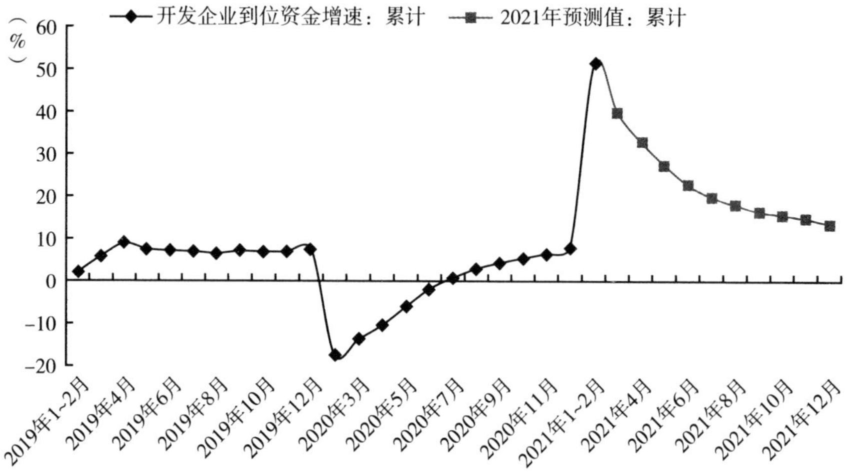

图 20 2019～2020 年房地产开发企业到位资金增速与 2021 年预测累计月度曲线

分　报　告
Sub-Reports

B.3
2020年全国城市地价动态监测分析报告

中国国土勘测规划院　全国城市地价监测组*

摘　要： 2020年，全国主要监测城市各用途地价增长率持续放缓，商服、工业地价增长率均降至近十年内的最低点，商服地价首次出现负增长。三大重点经济区域中，各用途地价增长率以降为主，环渤海与京津冀地区商服、住宅地价增长率处于三大区域首位。在国内疫情防控取得重大战略成果、主要经济指标持续稳定恢复的背景下，全国主要监测城市建设用地供应总量增长率由负转正，且主要监测城市住宅用地市场量价增速反向变动。2021年，我国宏观经济仍处于不稳定、不确定的国际发展环境中，国内经济结构问题仍需解决。在宏观政策预期稳定、连续，房地产调控总体趋紧的基调下，预计商服、住宅地价稳中有升，重点区域房地产市场发展将延续分化；在振兴实体经济的战略目标指引下，转型升级将对产

---

* 执笔人：赵松，中国国土勘测规划院地价所所长，研究员，研究方向为土地经济、土地评价评估。

业用地布局提出新的要求，产业集群发展水平不断提升，有助于集聚区域内工业地价的稳步上涨。

关键词： 城市地价　动态监测　土地供应

一　2020年全国主要监测城市①地价状况分析

（一）三大重点区域商、住楼面地价水平高于全国均值；除粤港澳大湾区外，其余区域楼面地价延续商住倒挂现象

2020年，全国主要监测城市商服、住宅楼面地价水平值分别为7140元/米²、8640元/米²，工业地面地价水平值为834元/米²。重点区域商服、住宅楼面地价均高于全国主要监测城市，其中商服楼面地价呈现粤港澳大湾区最高、长江三角洲地区次之、环渤海与京津冀地区最低的格局；住宅楼面地价的区域间差异相对较小。粤港澳大湾区工业地面地价居三大重点区域之首，其余两区明显较低，环渤海与京津冀地区工业地面地价略低于主要监测城市均值。

长江三角洲、环渤海与京津冀两区依然延续住宅楼面地价高于商服楼面地价的特征，且环渤海与京津冀地区商、住地价差值较2019年继续上升，长江三角洲地区二者差值有所降低（见图1）。

（二）主要监测城市各用途地价年度增速持续放缓，商服地价首次出现负增长

2020年，全国主要监测城市各用途地价年度增长率持续放缓，除住宅外，其他用途地价增长率均降至近十年内的最低点。综合、商服、住宅、工业地价增长率较上年分别降低2.02、2.89、1.86、1.65个百分点。其中商服地价近十年内首次出现负增长，增长率为 −0.11%（见图2）。

---

① 全国主要监测城市指105个城市；重点监测城市指其中的直辖市、省会城市和计划单列市，共36个。

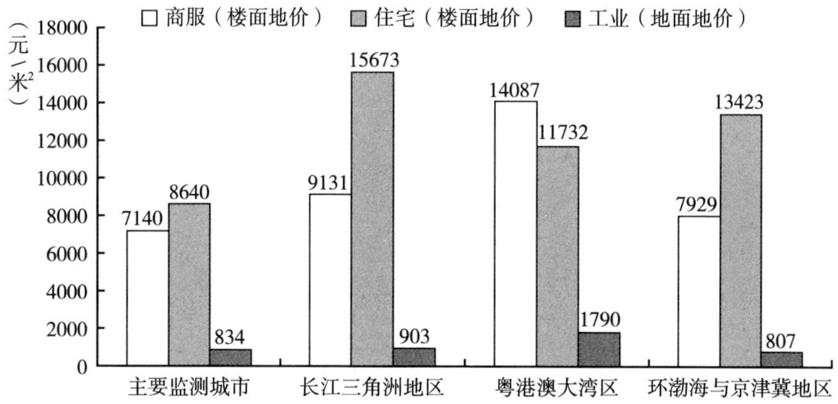

图1 2020年主要监测城市和三大重点区域地价水平值

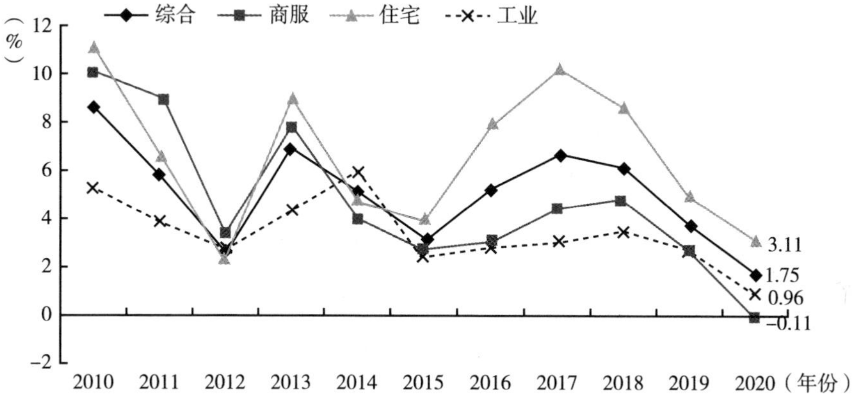

图2 2010~2020年全国主要监测城市各用途地价增长率

（三）主要监测城市综合、住宅和工业地价环比增长率逐季回升，商服地价环比增长率先降后升

2020年，全国主要监测城市综合、住宅和工业地价环比增长率均呈现逐季回升的趋势，第一季度地价环比增长率为近四年最低值，分别为0.09%、0.34%和-0.08%；第四季度地价环比增长率升至年内最高值，分别为0.63%、0.96%和0.40%。商服地价环比增长率第一季度为负，并于第二季度继续降至-0.26%，第三季度逐渐回升，第四季度增至0.24%（见图3）。

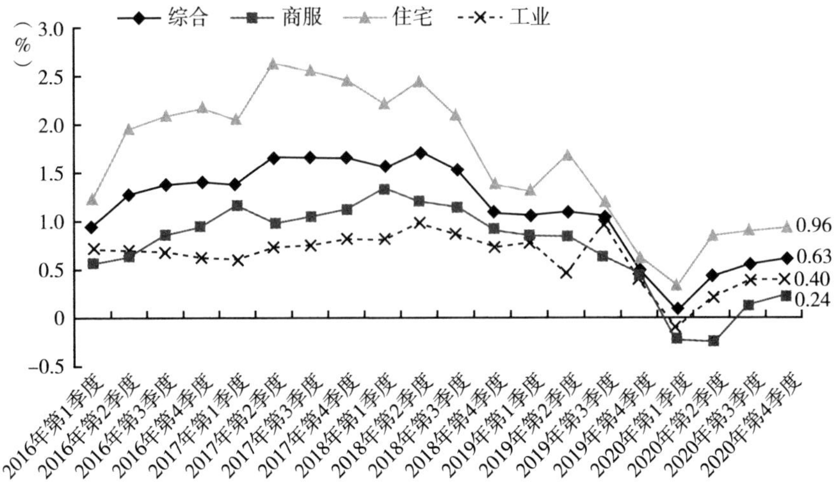

图3　2016～2020年全国主要监测城市各用途地价季度环比增长率

（四）一线、三线城市商服地价近五年内首次出现负增长；除一线城市住宅地价外，各类型城市各用途地价增速均有所放缓

2020年，商服、住宅地价增速呈二线城市最高、三线城市次之、一线城市最低的格局，其中一线、三线城市商服地价均出现负增长，年度增长率分别为－1.05％和－0.65％。工业地价增长率呈现一线、二线、三线城市依次降低的格局。综合来看，除一线城市住宅地价增速略高于上年，其他各类型城市各用途地价增速均有不同程度放缓，其中，三线城市商服地价增速放缓最为明显，较上年下降3.09个百分点（见图4）。

（五）环渤海与京津冀地区商服、住宅地价增长率处于三大区域高值；除长江三角洲地区住宅地价外，其他各区域各用途地价增长率均明显下降

2020年，三大重点区域商服、住宅地价增速延续环渤海与京津冀地区、粤港澳大湾区、长江三角洲地区依次降低的格局。其中，粤港澳大湾区和长江三角洲地区商服地价均出现负增长，增长率分别为－0.88％和－1.40％，均低于主要监测城市平均水平。工业地价增速呈现出粤港澳大

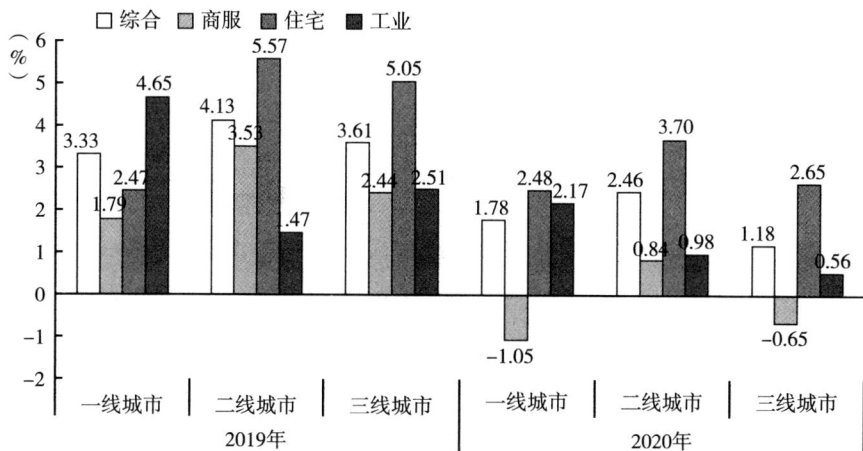

图4 2019～2020年一、二、三线城市各用途地价增长率比较分析

湾区最高、长江三角洲地区次之、环渤海与京津冀地区最低的格局（见图5）。

图5 2020年主要监测城市和三大重点区域各用途地价增长率

从地价增速变动方面来看，除长江三角洲地区住宅地价增速较2019年增加0.39个百分点，其他各重点区域各用途地价增速均不同程度回落。粤港澳大湾区住宅地价增速降幅明显，较上年降低4.33个百分点。环渤海与京津冀地区商服和工业地价增速显著下降，分别较上年降低3.85和7.65个百分点（见表1）。

表1　2020年主要监测城市和三大重点区域各用途地价增速同比变动情况

单位：百分点

地区	综合	商服	住宅	工业
主要监测城市	-2.02	-2.89	-1.86	-1.65
长江三角洲	-0.85	-2.49	0.39	-0.80
粤港澳大湾区	-3.77	-3.49	-4.33	-3.12
环渤海与京津冀	-3.90	-3.85	-0.98	-7.65

（六）22个重点关注城市中，13个城市住宅地价年度增长率回落；多数城市住宅地价季度环比增长率全年为正，少数城市于下半年由负转正

2020年，全国22个重点关注城市①中有13个城市住宅地价增长率较2019年回落（见图6），其中，沈阳市降幅最为显著，较上一年降低7.30个百分点。同时，苏州市、福州市、天津市和青岛市均出现住宅地价负增长。其余城市中，上海市住宅地价增速提升最为显著，由2019年的-0.12%升至2020年的3.09%，增幅达3.21个百分点。

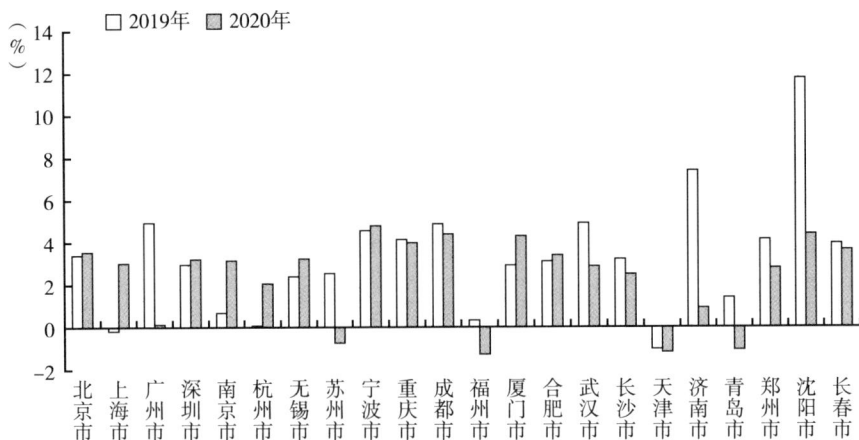

图6　2019~2020年22个重点关注城市住宅地价增速变化情况

---

① 22个重点关注城市指北京、天津、济南、青岛、郑州、沈阳、长春、上海、南京、杭州、宁波、福州、厦门、广州、深圳、合肥、武汉、长沙、重庆、成都、无锡、苏州。

22 个重点监测城市中，仅有深圳市年内住宅地价环比增速持续下降；上海市、广州市、杭州市、重庆市、成都市、天津市和青岛市 7 个城市住宅地价环比增速逐季上升。22 个重点监测城市中，有 9 个城市第一季度住宅地价环比增速为负值，其中，上海市、广州市、杭州市、成都市、武汉市等 5 个城市自第二季度起转为正向增长（见表 2）。

表 2 2020 年全国重点关注城市各季度住宅地价环比增速及变动趋势

单位：%

城市	2020 年第一季度	2020 年第二季度	2020 年第三季度	2020 年第四季度	2020 年各季度变动趋势
北京市	0.21	0.50	0.49	2.35	
上海市	−0.51	0.39	1.22	1.97	
广州市	−0.95	0.10	0.32	0.74	
深圳市	2.34	0.44	0.38	0.09	
南京市	0.05	0.96	1.25	0.90	
杭州市	−0.01	0.52	0.57	1.03	
无锡市	0.47	1.80	0.07	0.88	
苏州市	−0.48	0.05	−0.05	−0.20	
宁波市	0.50	2.51	1.52	0.26	
重庆市	0.37	1.14	1.22	1.23	
成都市	−0.48	0.73	1.06	3.13	
福州市	−0.15	−0.72	0.07	−0.47	
厦门市	0.99	2.09	1.01	0.17	
合肥市	0.02	0.67	1.68	1.06	
武汉市	−0.37	0.14	2.04	1.13	
长沙市	0.43	0.82	0.82	0.43	
天津市	−0.96	−0.26	0.01	0.06	
济南市	0.56	0.27	−0.01	0.17	
青岛市	−0.92	−0.16	0.02	0.05	
郑州市	0.28	0.29	1.13	1.06	
沈阳市	1.16	1.75	0.74	0.72	
长春市	0.57	0.90	0.87	1.31	

二 2020年全国主要监测城市土地供应状况分析

（一）主要监测城市建设用地供应总量增长率由负转正；除工矿仓储用地外，各用途土地供应量增长率均有所上涨

2020年，全国主要监测城市建设用地供应量增长率由负转正，增长率较上年上涨13.81个百分点。各用途土地供应量增长率均为正值。除工矿仓储用地供应量增长率由上年的10.34%下降至7.70%外，各用途土地供应量增长率均有所上升。其中，包括基础设施、公共设施等在内的其他用地供应量增长率提升最多，提升量达23.01个百分点。保障性住房用地供应增长率由负转正，增长率较上年提升了22.07个百分点（见图7）。

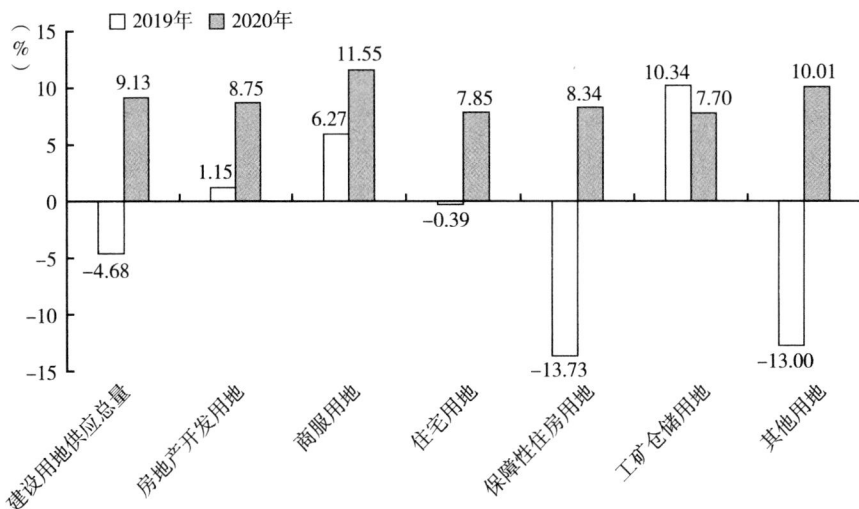

图7 2019～2020年全国主要监测城市各用途土地供应量增长率比较

资料来源：各用途土地供应资料来源于土地市场动态监测与监管系统。

（二）主要监测城市住宅用地市场量价增速反向变动，住宅用地出让面积增速回升，住宅地价增速降至近八年最低值

2020年，全国主要监测城市住宅用地出让面积为5.69万公顷，增长率近

四年来首次回升，由上年的 5.40% 回升至 10.18%，上涨 4.78 个百分点；住宅地价增长率则持续下降，并降至近八年来最低值 3.11%，打破了近年来住宅用地市场量价增速同向变化的趋势（见图8）。具体来看，住宅用地量价增速持续多年同向变动，2017～2019 年三年间，住宅用地出让面积增长率与住宅地价增长率之间的差距由 2017 年的 14.05 个百分点缩小至 2019 年的 0.43 个百分点，市场呈现量价增速逐步趋同的走势。2020 年一季度，受新冠肺炎疫情影响，土地市场成交热度跌至谷底；第二季度各地为稳经济、稳财政，加大了优质土地的供应，企业拿地意愿提高，土地市场热度回升；第三季度各地房地产调控政策收紧，房地产金融监管趋严，导致企业拿地热情有所回落。综合因素影响下，住宅用地市场量价增速呈反向变动特征。

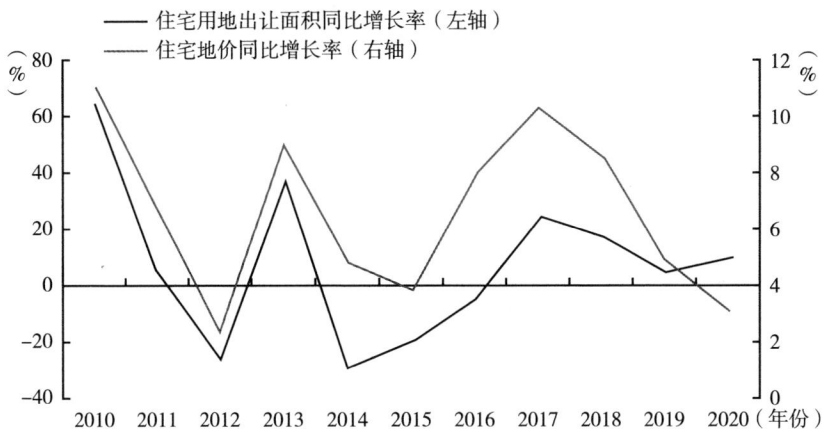

图8　2010～2020 年全国主要监测城市住宅用地出让面积同比增长率和住宅地价同比增长率变化情况

（三）一、二、三线城市住宅用地出让面积增长率大幅上升；一线城市住宅用地出让面积增长率转负为正，二、三线城市住宅用地增速表现为量升价跌

2020 年，一、二、三线城市住宅用地出让面积增长率均大幅上升。一线城市住宅用地出让面积增长率由上年的 -6.23% 升至 12.26%，较上年扩大 18.49 个百分点，在不同类型城市之间提升最为显著。一线城市住宅地价增长

率与上年相当，仅提高 0.01 个百分点；二、三线城市住宅用地出让面积增长率分别上升 5.04、3.72 个百分点，但住宅地价增长率分别较上年收窄 1.87、2.40 个百分点。综合来看，一线城市住宅用地出让面积显著增加，住宅地价增长率微幅上涨，而二、三线城市住宅用地市场增速量升价跌现象较为显著（见图 9）。

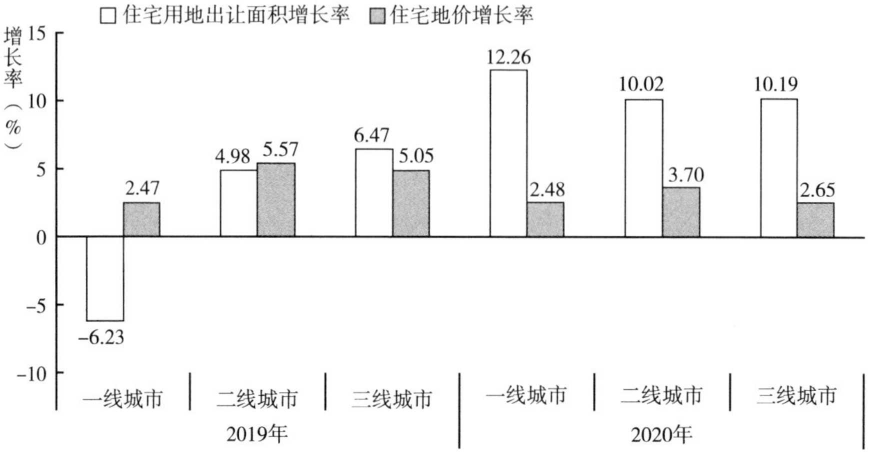

图 9　2019、2020 年全国主要监测城市中一、二、三线城市
住宅用地出让面积与住宅地价增长率

资料来源：住宅用地出让面积资料来源于土地市场动态监测与监管系统。

（四）主要监测城市建设用地供应来源中新增与存量之比约为 1:1，存量盘活呈现地区差异

2020 年，全国主要监测城市建设用地供应总规模达 29.94 万公顷，来源于农用地转用的新增建设用地占 26.61%，存量建设用地占 26.47%，其他来源①占比为 46.92%。主要监测城市与东、中、西部地区存量建设用地供应占比均较上年有所提升。其中，以东部地区最为明显，较上年提高 3.11 个百分点。存量盘活的土地供应方式出现地区分异，呈现出东部地区最高、中部地区次之、西部地区最低的格局（见图 10）。

---

①　其他来源是指建设用地供应总量中除新增建设用地和存量建设用地以外的其他来源。

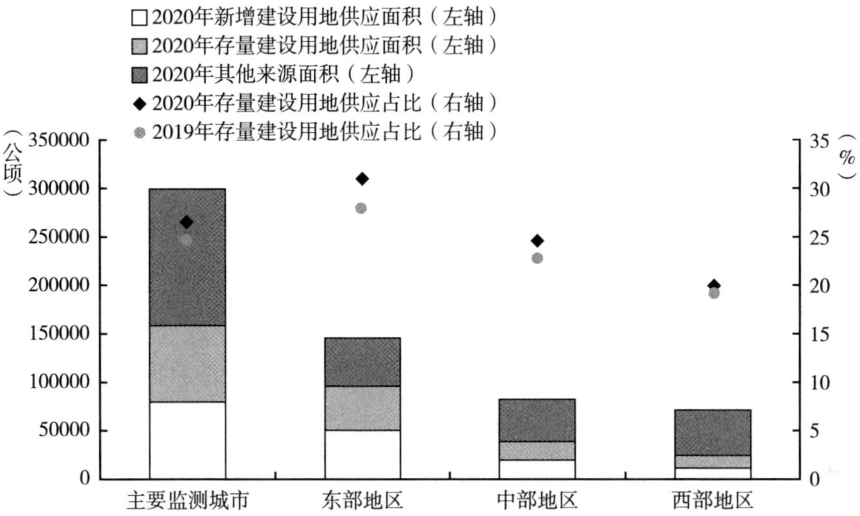

图10 2020年主要监测城市和东、中、西部地区建设用地供应情况

三 2020年全国城市地价与房地产市场关系分析

（一）全国重点监测城市住宅地价房价比均值持续上升，租价比均值持续下降；各指标的空间分布格局基本稳定，数值微幅变化

2020年，重点监测城市住宅地价房价比平均值和中位数分别为39.54%、41.17%，较上年分别上升0.31和1.16个百分点；住宅物业租价比平均值、中位数分别为3.77%、3.50%，平均值较上年下降0.02个百分点，中位数较上年上涨0.24个百分点。分区域来看，东、中、西各区域近两年来住宅地价房价比相对稳定，2020年平均值分别为49.43%、34.37%和31.05%，相较于2019年，仅东部地区微幅上涨。2020年，东、中、西各区域住宅物业租价比的平均值分别为3.04%、4.06%和4.47%，与住宅地价房价比的区域格局反向。相较于2019年，2020年东部地区住宅物业租价比平均水平未发生改变，中部地区微涨，西部地区微跌（见图11）。

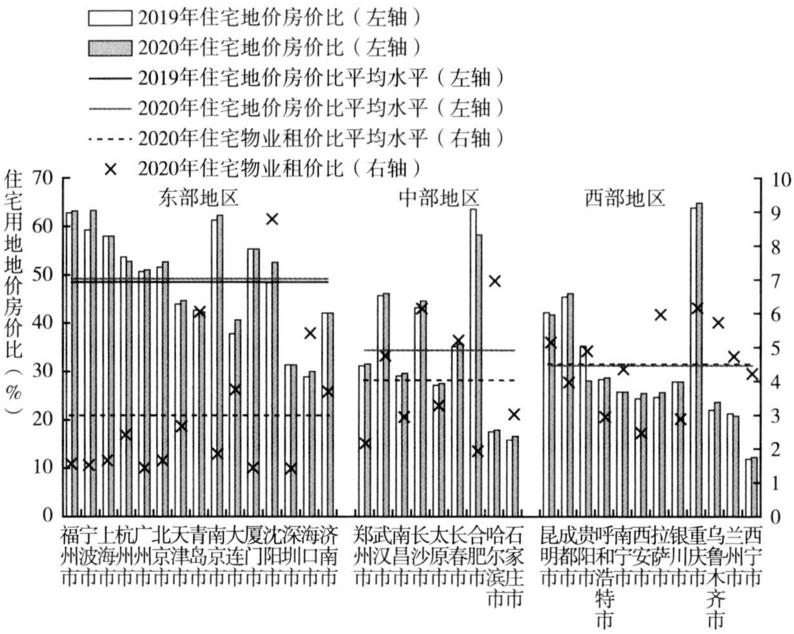

图11 2019年和2020年重点监测城市住宅用地地价房价比与住宅物业租价比

（二）房地产开发投资增速与房地产投资国内贷款增速均在年内由负转正，土地购置面积降幅明显收窄，年内综合地价同比增速转降为升

2020年，全国房地产开发投资累计增速于第一季度呈现出断崖式下跌，由上年末的9.9%下跌至 -7.7%，跌幅扩大至17.6个百分点，近五年来房地产开发投资额持续上涨的趋势发生改变；第二季度由负转正，持续提升，第四季度累计增速达7.0%，较上年同期下降2.9个百分点。房地产投资国内贷款累计增速第一季度跌至 -5.9%，较上年年末回落11个百分点，自第二季度起转为正值并持续提升，第四季度房地产投资国内贷款累计增长率达到5.7%，高于上年同期0.6个百分点。房地产业土地购置面积累计增速第一季度下跌至 -22.6%，较上年末回落11.2个百分点，随后降幅于第二季度迅速缩小，第三、四季度小幅变化，年末累计增速为 -1.1%。年内前三季度综合地价同比增速持续为正并逐季放缓，年末回落至1.75%，较上年同期下降2.02个百分点（见图12）。

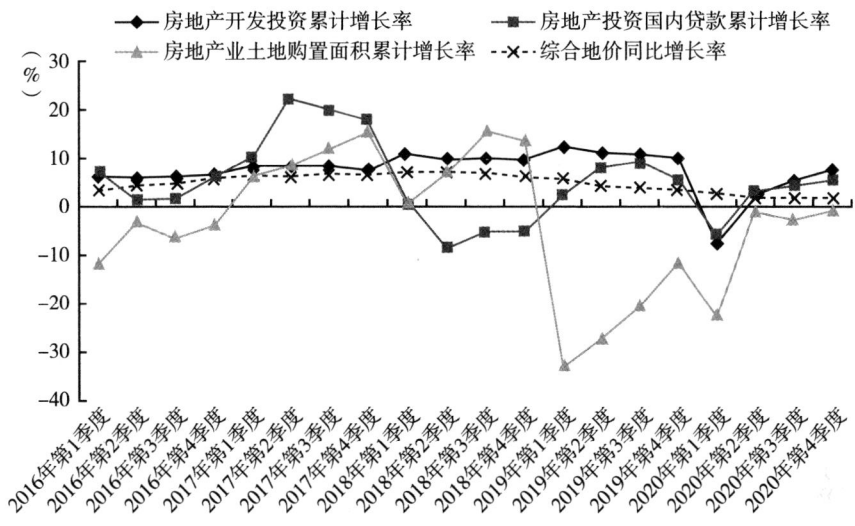

图12 2016～2020年各季度房地产开发投资、土地购置面积和房地产投资国内贷款累计增长率与全国主要监测城市综合地价季度同比增长率比较

资料来源：房地产开发投资、房地产投资国内贷款和房地产业土地购置面积累计增长率资料来源于国家统计局。

（三）商品住宅销售、投资指标由负转正，商业营业用房相关指标降幅收窄；住宅地价同比增速年末回升，商服地价同比增速逐季放缓

2020年，前三季度商品住宅销售面积累计增长率均为负值，于第四季度由负转正，达到3.2%，较上年同期扩大1.7个百分点。商品住宅销售额累计增长率于第三季度由负转正，第四季度扩大至10.8%，高于上年同期0.5个百分点。房地产住宅投资累计增长率第一季度下跌至－7.2%，第二季度增速回升至2.6%，随后呈持续上涨趋势，但各季度增速均低于上年同期水平。全国主要监测城市住宅地价同比增速前三季度持续逐季放缓，第四季度同比增速小幅回升（见图13）。

2020年，商业营业用房销售面积累计增速、销售额累计增速均于第一季度大幅下跌至－35%以下，创近五年来的历史新低；第二、三、四季度降幅逐季收窄，但年内各期指标均处于负值区间。商业营业用房投资累计增速变动趋

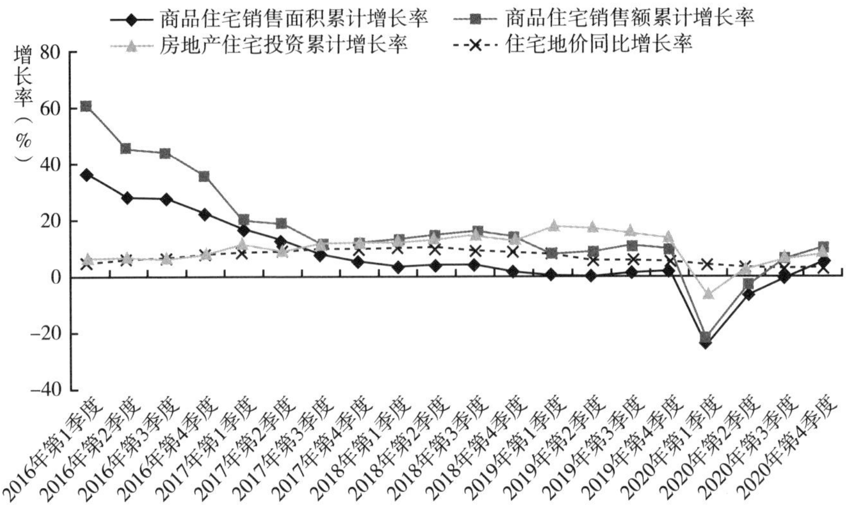

图 13　2016～2020 年各季度商品住宅销售情况、房地产住宅投资
累计增长率与全国主要监测城市住宅地价季度同比增长率比较

资料来源：商品住宅销售面积、商品住宅销售额和房地产住宅投资累计增长率资料来源
于国家统计局。

势类同。全国主要监测城市商服地价同比增速自 2019 年第二季度以来连续七
个季度持续放缓，第四季度首次跌至零下，较上年同期回落 2.89 个百分点
（见图 14）。

四　地价变化的宏观背景与影响因素分析

（一）国内疫情防控取得重大战略成果，主要经济指标持续稳定恢复，综合地价小幅上涨，涨幅有所回落

2020 年，新冠肺炎疫情在全球蔓延，世界经济陷入深度衰退。国内疫情
防控取得重大战略成果，前三季度经济增速由负转正，供需关系逐步改善。经
过初步核算，全年国内生产总值达 1015986 亿元，按可比价格计算，同比增长
2.3%，增速较上年下跌 3.8 个百分点。随着我国对疫情的有效防控，主要经
济指标在不同程度恢复。投资方面，1～12 月全国固定资产投资（不含农户）
518907 亿元，同比增长 2.9%，增速较上年放缓 2.5 个百分点，但比 1～11 月

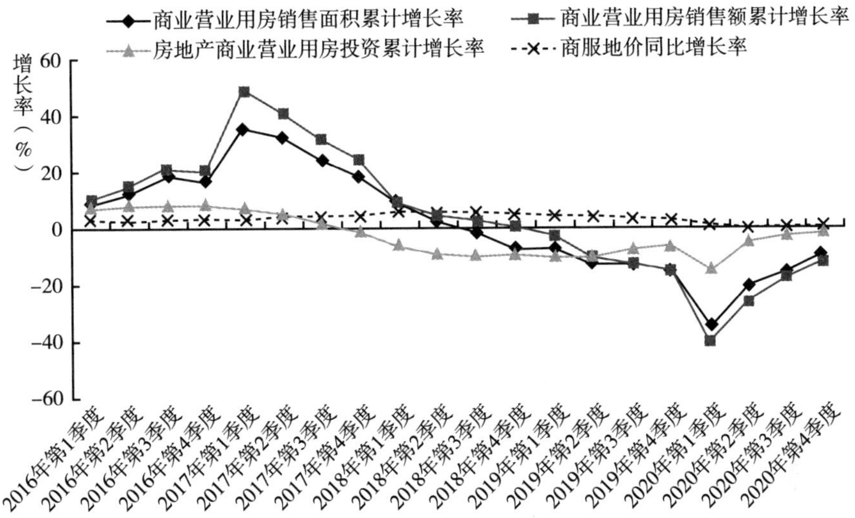

图14　2016～2020年各季度商业营业用房销售情况、房地产商业营业用房投资累计增长率与全国主要监测城市商服地价季度同比增长率比较

资料来源：商业营业用房销售面积、商业营业用房销售额和房地产商业营业用房累计增长率资料来源于国家统计局。

份提高0.3个百分点；消费方面，全年社会消费品零售总额391981亿元，比上年下降3.9%；出口方面，全年货物贸易出口总额为17.93万亿元，同比增长4.0%，增长率较上年下降1个百分点。在经济基本面的支撑下，全国主要监测城市综合地价小幅上涨，增速较上年同期收窄2.02个百分点（见图15）。

（二）疫情未改楼市调控总基调，政策环境先松后紧，住宅地价增速回落明显

2020年，在新冠肺炎疫情带来较大冲击的背景下，我国的经济韧性凸显。在"房住不炒"的总体定位下，为防止房地产市场对经济造成进一步冲击，上半年，有关部门从供需两端出台减免税费、延期缴纳出让金、加大购房补贴等多项扶持政策，营造了较为宽松的政策环境。随着经济逐步复苏，新建商品住宅价格整体稳中有升，商品住宅成交规模基本恢复。针对部分城市市场趋热的苗头，下半年房地产调控政策有所收紧，中央多次召开会议强调不将房地产作为短期刺激经济的手段。7月以来，多地先后采取紧缩型调控措施，积极因

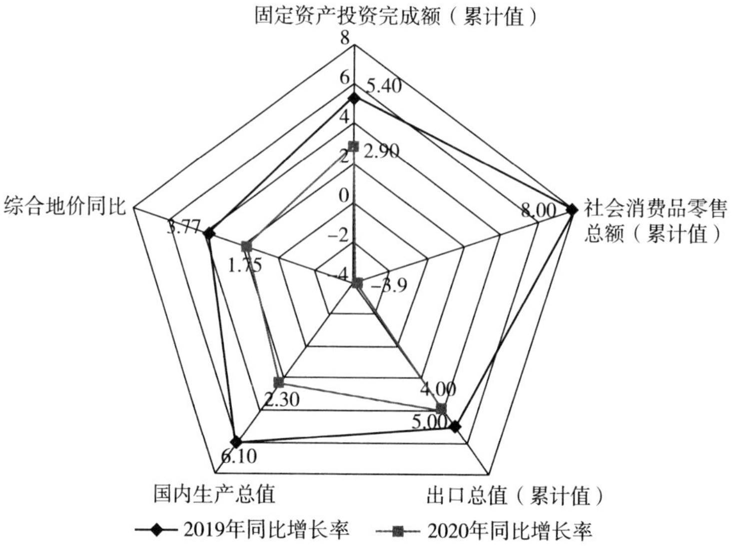

**图15 2019、2020年主要宏观经济指标与全国
主要监测城市综合地价同比增长率比较**

资料来源：固定资产投资完成额、社会消费品零售总额、国内生产总值和
出口总值资料来源于国家统计局。

城施策，稳定市场预期。房地产市场调控基调的持续性与政策的灵活性共同作
用，全国主要监测城市住宅地价平稳上升，增速较上年明显回落。

（三）货币环境相对宽松，房地产金融审慎管理制度促进市场预期回归理性，商服地价首次下降、住宅地价平稳上涨

面对经济的下行压力，中央加大逆周期调节力度，强调积极的财政政策要
更加积极有为，稳健的货币政策要更加灵活适度，保持流动性合理充裕。在多
次降准降息下，货币环境整体表现较为宽松。2020年12月末，金融机构人民
币贷款余额同比增长12.8%，增速变化相对平稳，较上年同期上涨0.5个百
分点；狭义货币（M1）供应量同比增长8.6%，较上年同期大幅提升4.2个百
分点；广义货币（M2）供应量同比增长10.1%，较上年同期提升1.4个百分
点；M2增速快于M1增速，但二者差值较2019年大幅缩小（见图16）。

2020年2月21日，人民银行召开2020年金融市场工作电视电话会议，要求

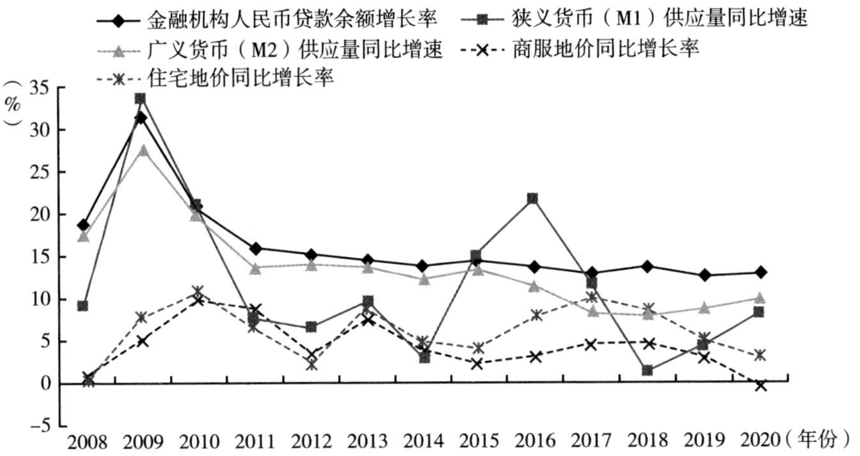

图16　2008～2020年全国主要监测城市商服地价、住宅地价、金融机构人民币贷款余额、狭义货币供应量（M1）及广义货币供应量（M2）同比增长率比较

资料来源：金融机构人民币贷款余额和货币供应量增长率资料来源于中国人民银行。

2020年保持房地产金融政策的连续性、一致性和稳定性，继续"因城施策"，落实好房地产金融长效管理机制。二季度，疫情控制叠加宽松的金融环境，土地市场热度逐步恢复。下半年房地产金融监管趋严。8月20日，住房和城乡建设部与人民银行召开重点房地产企业座谈会，首次提及"重点房地产企业资金监测和融资管理规则"，严格把控房企的净负债率、资产负债率、现金短债比等财务指标。2020年实际到位房地产投资资金累计值达265345.79亿元，较上年上涨8.0%。投资资金来源中本年资金与上年结余资金之比约为7∶3。"三道红线"新规试点作为房地产金融审慎管理制度的重要组成部分，加大了房企资金压力，提高了拿地和融资难度，有助于促进土地市场上的竞价热度回归理性。

在积极的财政政策及房地产金融审慎管理的影响下，全国主要监测城市商服地价增速近十年来首次跌破零值，商服地价水平有所下降；住宅地价持续平稳上涨，增速相对较低。

（四）工业生产逐步恢复，企业利润保持上行，工业地价增速小幅回落

2020年初，疫情导致的停工停产及复工延迟等因素对我国实体经济造成

了一定冲击。在疫情得到控制及一系列经济刺激政策下，工业生产逐步走出低谷阶段，工业增加值同比增速自第三季度起由负转正，整体延续回升态势。第四季度工业增加值同比增速为2.6%，较上年同期下降3.1个百分点。2020年全国规模以上工业企业实现利润总额64516.1亿元，比上年增长4.1%。未来一段时间，随着供需两端持续向好，经济增长动力切换进一步推进，工业企业利润累计增速仍将继续保持上行。2020年12月，中国制造业采购经理指数（PMI）为51.9%，高于上年同期1.7个百分点，表明制造业恢复性增长有所加快，显示出经济活动回升的强劲势头。在此影响下，第四季度工业地价同比增速有所提升，改变了前三季度持续下跌的趋势，较上年同期回落1.65个百分点。

五　2021年城市地价变化趋势分析

（一）宏观政策凸显连续性、稳定性与可持续性，经济形势与调控政策的有效契合将促进全国地价总体平稳，局部波动可控

2020年以来，受新冠肺炎疫情影响，世界经济严重衰退，产业链、供应链循环受阻，国内消费下滑。面对严峻复杂的国内外形势，2020年中央经济会议明确指出，下一年宏观政策将会凸显连续性、稳定性和可持续性的特点，继续实施积极的财政政策和稳健的货币政策，保持对经济恢复的必要支持力度。2021年是"十四五"规划的开局之年，也是我国现代化建设进程中具有特殊重要性的一年，宏观政策将坚持稳中求进总基调，以供给侧结构性改革为主线，加大"六稳"工作力度，落实"六保"工作要求。然而，当前外部环境和海内外新冠肺炎疫情形势仍不明朗，全球新增病例尚未出现拐点，外需增长面临压力。国内虽然有力有效地统筹了疫情防控与经济社会发展，生产面恢复不断扩展，经济运行稳步态势得到巩固，但各领域、各行业发展并不平衡，内外环境叠加产生的问题或不利因素仍然较多。在上述背景下，全国土地市场仍面临一定程度的不确定性，经济形势变化与调控政策的有效契合将有利于全国地价总体平稳上行、局部波动可控。

（二）"房住不炒"仍为发展总基调，长效管理机制建设加快落实，市场变化节奏趋稳，商住地价小幅上涨，分化态势持续

2021年，房地产业仍处在不确定、不稳定的国际发展环境及不平衡、不

充分的国内经济结构之中，但"房住不炒"仍为发展的总基调。未来五年，房地产市场调控政策仍将保持连续性和稳定性。《中共中央关于制定国民经济和社会发展第十四个五年规划和二〇三五年远景目标的建议》中对房地产市场格局的新常态做出了战略部署，明确"房住不炒"总基调不变，促进住房消费健康发展，着重推动金融、房地产同实体经济均衡发展。2020年中央经济会议将解决好大城市住房突出问题提升到重要战略地位，强调因地制宜、多策并举。同时，房地产金融长效管理机制继续加快建立，以"三道红线"为重要举措的房地产金融监管将持续强化。在此背景下，房地产市场整体变化节奏趋缓，土地市场预期及有效需求在多重因素影响下趋于理性，商服、住宅地价将保持平稳、小幅上涨态势，区域和城市间的市场分化延续。

（三）实体经济成为"十四五"时期经济发展着力点，转型升级进程中，产业集群区域内工业地价的上升具备支撑条件

党的十九届五中全会提出，坚持把发展经济着力点放在实体经济上，进一步明确了"十四五"时期振兴实体经济对全面建设社会主义现代化强国的重大战略意义。"十四五"规划指出，我国将进一步提升产业链供应链现代化水平，促进产业在国内有序转移，优化区域产业链布局，支持老工业基地转型发展；同时，发展战略性新兴产业。在这样的宏观背景下，实体经济转型升级也对产业用地布局提出新的要求，同时影响其价格变动。从产业布局的角度出发，东部仍是制造业核心承载区，部分产品产能出现由中心城市向周边扩张、转移趋势，中西部地区工业地价有望稳中有升。与此同时，我国产业集群发展提质升级，产业集聚水平不断提高。2019～2020年，我国已支持培育40余个先进制造业集群[①]，覆盖领域日趋多样，地区辐射范围不断扩大。产业集聚促进人口、资本和企业的进一步集中，有助于聚集区域工业地价的稳步上涨。

---

① 中国信息通信研究院：《中国工业经济发展形势展望（2020年）》。

B.4
2020年全国房地产投融资分析与2021年展望

刘　琳[*]

摘　要：　2020年，新冠肺炎疫情暴发并在全球蔓延，在超宽松货币政策和其他抗疫政策的作用下，房地产开发投资在年初下降后持续快速回升，全年实现7%增长。其中，住宅投资增长最快。房地产融资增幅高于房地产开发投资增幅，房地产企业资金充裕度有所改善。在房地产融资结构中，国内贷款、销售回款均较快增加，房地产债券发行量增加，但房地产信托资金减少。各项应付款数量大、增速快需要引起必要重视。2021年，超宽松货币政策回归正常，房地产金融政策持续收紧，房企还债压力大，预计房地产开发投融资增速将回落。

关键词：　房地产　投融资　金融政策

　　2020年，新冠肺炎疫情暴发并在全球蔓延，受全球超宽松货币政策和其他抗疫政策的综合影响，全年房地产市场运行状况大大好于预期，投资和销售均出现超预期增加。2020年中开始房地产行业政策逐步收紧，中国人民银行先后出台针对房企融资的"三条红线"规则和针对银行的房地产贷款集中度管理规定，收紧货币闸门。伴随2021年超常规货币政策逐步回归，预计房地产投融资增速回落。

---

* 刘琳，博士，中国宏观经济研究院研究员，主要研究方向为房地产经济学。

一 2020年房地产投资形势

（一）房地产开发投资年初下降后持续快速回升

受年初疫情暴发影响，2020年1~2月房地产开发投资大幅度下降，降幅达到16.3%，3月开始房地产投资增速逐月快速回升，6月起房地产开发投资增速由负转正。全年房地产开发完成投资14.1万亿元，同比增长7%（见图1），比上年增幅减少2.9个百分点，比同期固定资产投资增幅高4.1个百分点；商品房施工面积92.7亿平方米，同比增长3.7%。全年房地产开发投资对固定资产投资增长贡献率约为60%，房地产投资和建设指标表现均好于预期，为经济恢复稳定增长做出主要贡献。

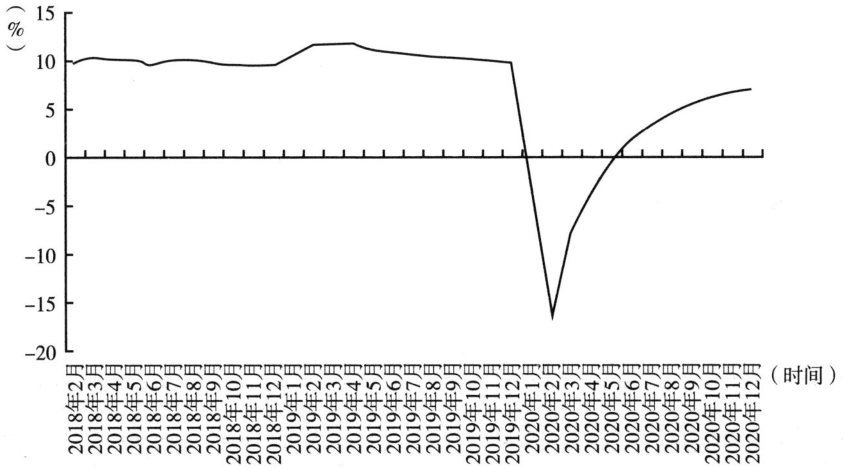

图1　2018~2020年房地产开发投资增速变化

资料来源：国家统计局。

（二）商品房新开工和购置土地面积负增长

2020年，商品房新开工面积22.4亿平方米，同比减少1.2%。其中，商品住宅新开工面积16.4亿平方米，同比减少1.9%；办公楼新开工面积0.66

亿平方米，同比减少6.8%；商业用房新开工面积1.8亿平方米，同比减少5%。商品房和商品住宅新开工面积均为近5年以来的首次负增长，商业用房新开工面积已经连续7年负增长，办公楼新开工面积7年中有5年时间为负增长。

2020年，房企购置土地面积25536万平方米，同比减少1.1%，降幅比上年同期收窄10个百分点，连续两年负增长；土地成交价款1.73万亿元，同比增加17.4%。分月度数据看，购置土地面积各月均为负增长，2月份降幅最高（29.3%），上半年降幅逐月收窄，9月后降幅较快增加。可见，受"三线四挡"房企融资政策规则影响，9月后房地产企业购置土地意愿有所下降。

（三）住宅库存下降推动商品住宅投资增速增加

2020年，商品住宅完成投资10.4万亿元，同比增长7.6%，比房地产投资增速高0.6个百分点；办公楼开发投资完成0.64万亿元，同比增长5.4%；商业营业用房开发投资1.3万亿元，负增长1.1%。房地产投资增速回升主要来源于住宅投资增长贡献。

从销售市场看，商品住宅销售带动商品房销售面积创出历史新高。2020年，商品房销售面积176086万平方米，同比增加2.6%，其中，商品住宅销售面积154878万平方米，同比增加3.2%。受商品房销售面积增加和新开工面积减少影响，商品房库存下降，全年商品房库存4.8亿平方米，同比减少13%，其中商品住宅库存0.95亿平方米，同比减少45%，住宅库存下降推动了商品住宅投资增长。而办公楼和商业用房销售面积连续三年负增长，库存压力大，制约了办公楼和商业用房投资增长。

（四）一线城市和三大城市群房价上涨表现突出，带动这些区域投资增速增加

由于新房有限价政策影响，二手住房价格市场化程度较高。2020年，一线城市二手住房价格涨幅大幅度增加，远高于二线、三线城市。其中，一线城市二手住房价格环比上涨8.2%，二线城市和三线城市二手住房价格分别环比上涨2.4%和1.5%（见图2）。

分城市群看，2020年长三角（6.4%）、珠三角（3.1%）、成渝（4.5%）

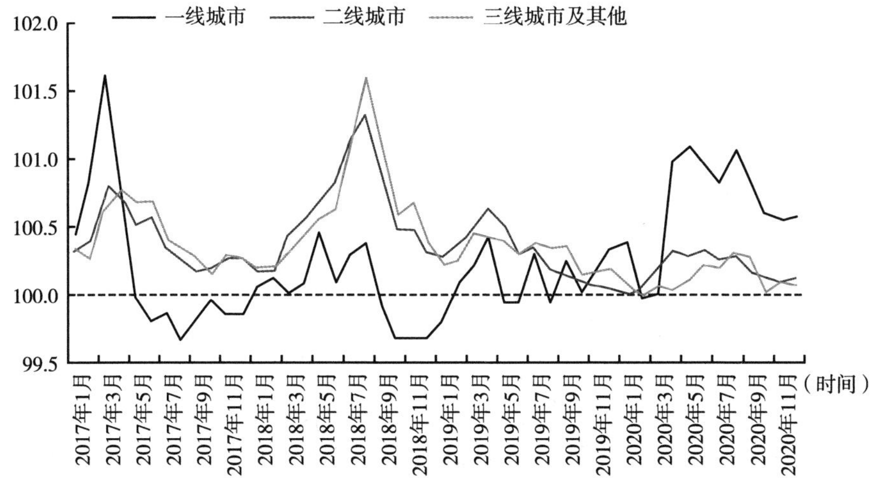

图2　2017～2020年各线城市二手住房价格环比指数变化

资料来源：国家统计局。

三大城市群二手住房价格涨幅均高于全国平均水平（2.2%），表现突出；京津冀城市群（2.2%）二手住房价格涨幅与全国水平持平；长江中游城市群（1%）二手住房价格涨幅低于全国平均水平（见图3）。

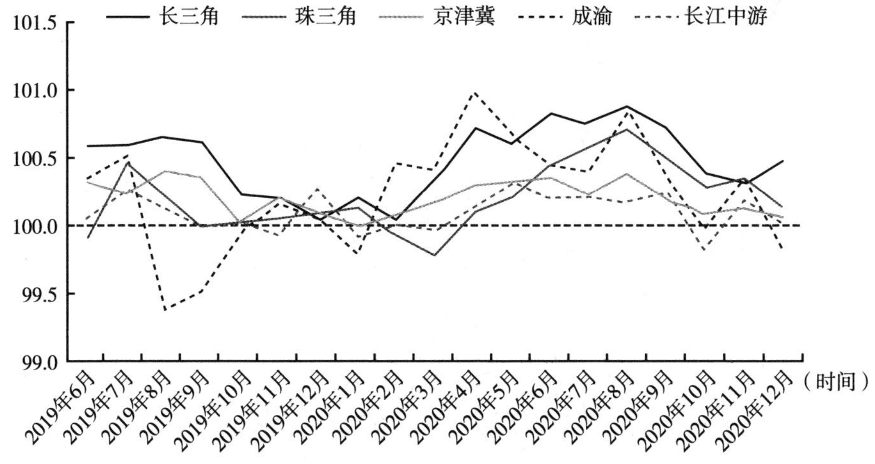

图3　2019～2020年五大城市群二手住房价格环比指数变化

资料来源：国家统计局。

房价涨幅高的地区意味着房地产市场需求旺盛，库存去化快，会带动这些区域房地产投资增速增加。

二 2020年房地产融资状况

（一）房地产融资增加受益于超宽松货币政策

2020年初，新冠肺炎疫情在全球蔓延，全球经济陷入衰退，各主要经济体均采取了宽松货币政策，向经济体注入大量流动性。3月，为应对疫情冲击，我国M2增幅快速增长至10.1%，4月进一步增加至11.1%，是2017年以来的最高值。7月，M2增幅小幅收窄至10.7%，至年底仍保持10.1%增幅，为近年高位水平。2020年3~5月，社会融资规模增量增幅快速增加至45%，全年新增社会融资规模34.86万亿元，同比增长36.3%，比上年增加了23个百分点。

2020年，受益于应对疫情的超宽松货币政策，房地产开发企业资金来源为19.3万亿元，同比增长8.1%，比同期房地产开发投资增幅高1个百分点。其中，国内贷款、定金及预收款、个人按揭贷款分别同比增长5.7%、8.5%、9.9%。2020年房地产开发"本年资金来源/开发投资完成额"为1.37，高于2019年，意味着房地产企业的资金充裕度好于上年。

（二）房地产债券发行量增加，房地产信托融资额减少

2020年，房地产行业债券总发行量为7244亿元，比上年增加大约1000亿元。其中，疫情发生后的3月和4月房地产债券融资规模大幅度增加，其中3月发行量超过1000亿元，7~9月房地产债券发行量也较大，其他月份房地产债券发行量在500亿元左右，高于上年同期（见图4）。

2020年，信托业投向房地产的资金总额为7565.93亿元，同比减少24%（见图5）。分月度看，1~2月受疫情影响房地产信托融资额分别为567亿元和277亿元，为较低水平；3~8月房地产信托融资额受益于货币宽松政策，月度融资额均在700亿元以上，其中6月信托融资额达到973亿元；9月以后，房地产信托月度融资额下降至600亿元左右，其中10月份只有314亿元。

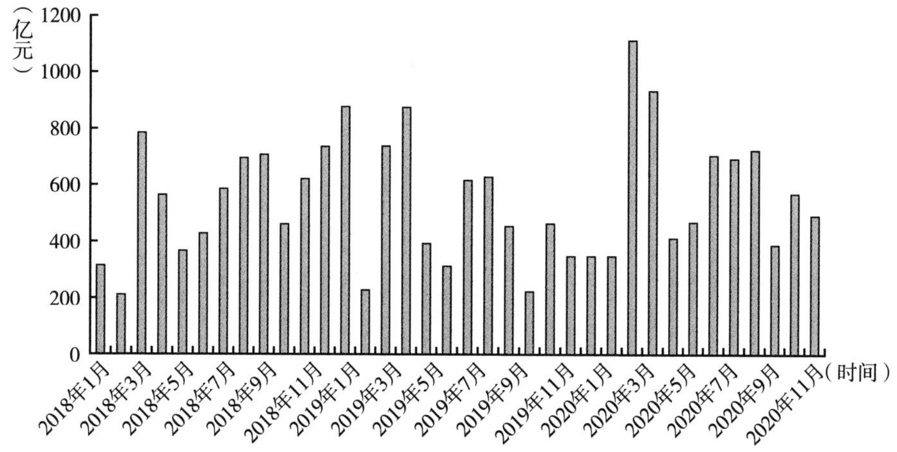

图4 2018~2020年房地产行业债券总发行量

资料来源：wind数据库。

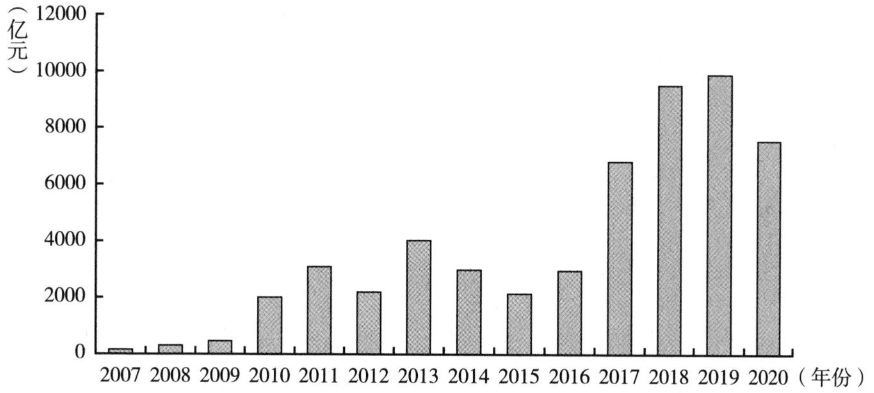

图5 2007~2020年房地产行业信托融资情况

资料来源：用益信托网。

（三）房地产开发资金来源结构与上年基本相同

2020年，房地产开发资金来源中，国内贷款、利用外资、自筹资金、定金及预收款、个人按揭贷款、其他占比分别为13.8%、0.1%、32.8%、34.5%、15.5%、3.3%，各项占比与上年基本相同。

与2010年相比，房地产开发资金来源中房屋销售回款占比有较大幅度上

升，国内贷款占比下降，自筹资金占比也有所下降。2010 年房屋销售回款
（定金和预收款、个人按揭贷款之和）占比为 39%，2020 年增加至 50%；
2010 年国内贷款占比为 17.2%，2020 年减少至 13.8%；2010 年自筹资金占比
为 36.5%，2020 年下降至 32.8%（见图 6）。房地产开发资金来源结构的变
化，说明房地产开发企业资金越来越倚重房屋销售。

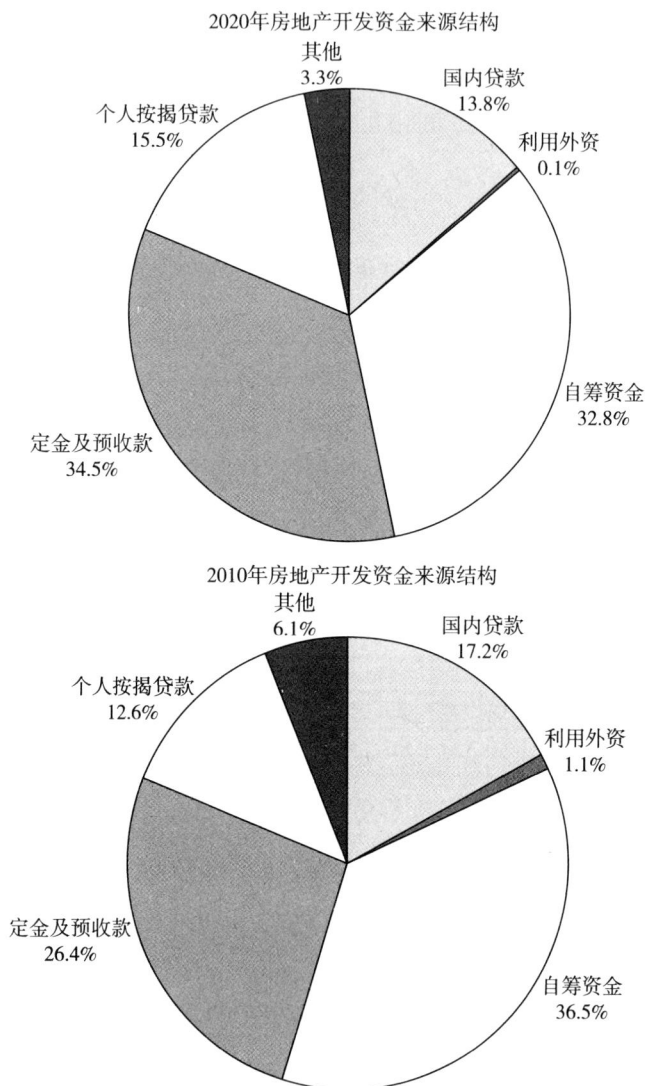

图 6　2010 年、2020 年房地产开发企业资金来源构成对比

资料来源：国家统计局。

（四）房地产企业各项应付款持续较快增加

2020 年，房地产企业各项应付款 4.8 万亿元，同比增长 14.1%，增幅比上年提高 1.7 个百分点；房地产企业各项应付款额相当于房地产开发资金来源的 24.7%，比上年提高 1.2 个百分点。2018 年开始，房地产企业各项应付款连续三年较快增加，增幅均超过 10%，房地产企业各项应付款占房地产开发资金来源比例持续上升（见图 7）。

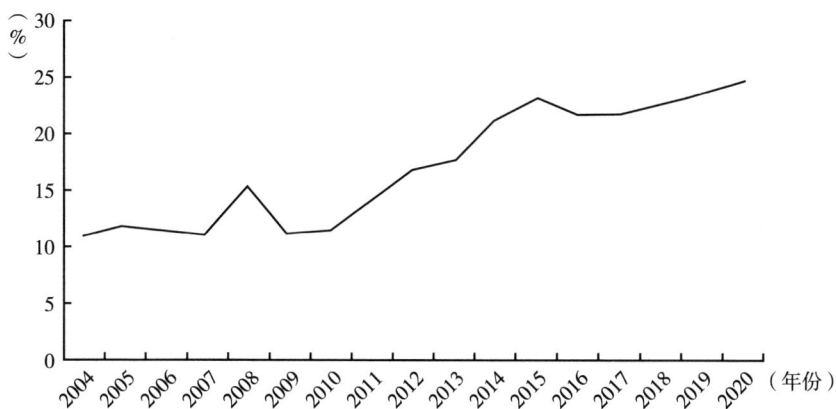

图 7　2004 ~ 2020 年房地产企业各项应付款占房地产开发资金来源比例变化

资料来源：国家统计局。

2020 年，房地产企业各项应付款中应付工程款为 2.7 万亿元，占比为56%。2019 ~ 2020 年，房企应付工程款均超过 2 万亿元，年均增速分别达到18% 和 16.9%。近两年房企应付工程款数量大、增速快，应引起必要重视。

三　2021年房地产投融资形势展望

（一）房地产融资政策收紧

2020 年中国人民银行出台了两则房地产融资新规，收紧房地产融资，旨在去房地产金融化。

一是 2020 年 8 月，监管部门为控制房地产企业有息债务规模，设置了"三道红线"：剔除预收款后的资产负债率大于70%；净负债率大于100%；现金短债比小于1倍。按照规则："三线"均超出阈值为"红色档"，有息负债规模以2019年6月底为上限，不得增加；"二线"超出阈值为"橙色档"，有息负债规模年增速不得超过5%；"一线"超出阈值为"黄色档"，有息负债规模年增速不得超过10%；"三线"均未超出阈值为"绿色档"，有息负债规模年增速不得超过15%。按照2019年年报计算，100家上市房企红、橙、黄、绿色档的数量分别为22、36、28、14家，其中86家上市房企需要逐步降杠杆。

二是2020年12月31日，央行、银保监会等下发《关于建立银行业金融机构房地产贷款集中度管理制度的通知》。根据银行业金融机构的资产规模、机构类型等因素，分五档设置银行房地产贷款余额占比和个人住房贷款余额占比两个上限，共计10条红线（见表1），并做出了过渡期安排。其中，2020年12月末，银行业金融机构房地产贷款占比、个人住房贷款占比超出管理要求2个百分点以内的，需自通知实施之日（2021年1月1日）起2年内完成调整。

表1　房地产贷款集中度管理要求

银行业金融机构分档类型	房地产贷款占比上限	个人住房贷款占比上限
第一档:中资大型银行		
中国工商银行、中国建设银行、中国农业银行、中国银行、国家开发银行、交通银行、中国邮政储蓄银行	40%	32.5%
第二档:中资中型银行		
招商银行、农业发展银行、浦发银行、中信银行、兴业银行、中国民生银行、中国光大银行、华夏银行、进出口银行、广发银行、平安银行、北京银行、上海银行、江苏银行、恒丰银行、浙商银行、渤海银行	27.5%	20%
第三档:中资小型银行和非县域农合机构[1]		
城市商业银行[2]、民营银行	22.5%	17.5%
大中城市和城区农合机构		
第四档:县域农合机构		
县域农合机构	17.5%	12.5%
第五档:村镇银行		
村镇银行	12.5%	7.5%

注: 1. 农合机构包括：农村商业银行、农村合作银行、农村信用合作社。
　　2. 不包括第二档中的城市商业银行。

（二）经济增速大幅度增加，超常规货币政策逐步退出

2020年第一季度受新冠肺炎疫情冲击，我国经济增速骤降至 −6.8%，此后逐季恢复，第二季度、第三季度、第四季度GDP同比增速分别为3.2%、4.9%和6.5%，全年经济增速达到2.3%。由于2020年受疫情影响基数低，预计2021年第一季度经济增速会达到10%左右，第二季度可能为8%左右，第三季度、第四季度约6%，全年经济增速估计在7%~8%。

2020年12月16~18日中央经济工作会议指出，2021年宏观政策要保持连续性、稳定性、可持续性。要继续实施积极的财政政策和稳健的货币政策，保持对经济恢复的必要支持力度，政策操作上要更加精准有效，不急转弯，把握好政策时度效。稳健的货币政策要灵活精准、合理适度，保持货币供应量和社会融资规模增速同名义经济增速基本匹配，保持宏观杠杆率基本稳定，处理好恢复经济和防范风险关系。预计2021年货币政策回归稳健灵活，疫情期间超常规货币政策将逐步退出。

（三）房地产投资增速下降

预计2021年房地产开发投资增速降至5%左右，低于2020年7%的投资增速。主要理由如下。

一是2021年房企还债压力大。2020年末，房地产开发贷款余额大约为13万亿元，2018~2020年房地产债券发行增加了大约2万亿元，2019~2020年信托投向房地产行业的资金总量大约为1.7万亿元。按照房企债务融资的平均还款期推算，预计2021年房企仍然处于还债高峰时期。

二是2020年中开始的从紧房地产调控将持续。2020年7月以来，中央反复强调"房住不炒"，主管部门连续两次约谈房价上涨较快城市。7月以后，30多个城市收紧房地产调控政策，包括东莞、杭州、宁波、深圳、南京、无锡、沈阳、银川、常州、唐山、长沙、武汉、西安等城市。2021年全球新冠肺炎疫情的影响还在延续，各国货币宽松政策难以全部退出，货币流动性总体应较为宽松，资产价格上涨压力仍较大。十九届五中全会明确，坚持不将房地产作为短期刺激政策工具，坚持"房住不炒"定位，中央经济工作会议再次明确，要解决好大城市住房突出问题。预计因城施策背景下热点城市将会坚持

房地产调控政策不放松。

三是 2021 年房地产市场供求下降。2021 年超常规货币政策逐步退出，热点城市房地产政策从紧将持续，预计 2021 年房地产市场需求稳中有降。2020 年 8 月"三线四档"新规实施后，房地产企业购地热情下降，在大部分房企需要降杠杆压力下，预计 2021 年房地产企业购置土地面积、商品房新开工面积延续负增长的可能性较大，房地产市场新增供给减少，带动房地产投资增速回落。

B.5
2020年全国房地产开发运营报告

回建强　李国彦　屈雁翎*

摘　要：　2020年，中央继续坚持"房住不炒""因城施策"的政策主基调，落实城市主体责任，稳地价、稳房价、稳预期。为缓解新冠肺炎疫情对经济发展的负面影响，二季度大部分城市加大了优质土地供应力度，市场热度明显提升，土地价格也有所升温。下半年，监管层密集出台调控政策，尤其是出台了针对开发企业的"三道红线"资管新规，防范房地产金融风险。受此影响，房企融资渠道被迫收窄，资金链承压，拿地热情降低，土地市场有所降温。从全年角度看，房地产市场在新冠肺炎疫情影响下短暂受挫后快速复苏，销售规模及销售金额再创历史新高，市场分化持续，资源继续向头部房企聚集。在"三道红线"资管新规影响下，房企开始积极降低杠杆水平。各企业负债水平不尽相同，龙头房企信誉较好，积极推动销售回款，风险管控能力较强；部分中小房企受融资渠道收紧、销售回款缓慢、前期拿地成本较高的影响，债务风险有所积累。

关键词：　房地产业　土地市场　房地产开发企业

---

* 回建强，北京中房研协技术服务有限公司研究总监，《中国房地产年鉴》副主编，研究方向为房地产政策与市场；李国彦，中国房地产业协会研究宣传培训部主任，副编审，研究方向为房地产政策；屈雁翎，北京中房研协技术服务有限公司测评研究中心研究员，研究方向为房地产企业与数据。

一 影响房地产开发企业运营的核心政策

（一）政策环境逐步收紧

2020 年，房地产企业面临的政策环境逐步收紧。一季度为应对疫情，中央出台一系列有针对性的行业扶持政策。二季度，中央层面一方面继续实施更加积极的财政政策和稳健的货币政策，另一方面明确提出坚持"房住不炒"政策基调不变。5 月李克强总理在《政府工作报告》中再次明确，坚持"房子是用来住的，不是用来炒的"定位，因城施策，促进房地产市场平稳健康发展。三季度，房地产融资环境持续收紧，住房和城乡建设部、中国人民银行召开重点房企座谈会，研究进一步落实房地产长效机制，并形成了重点房企资金监测和融资管理规则。四季度，政策环境由紧趋稳，"十四五"规划定调"房住不炒"仍为未来五年楼市调控主基调。随后召开的中央经济工作会议和全国住房和城乡建设工作会议均提出，2021 年要坚持"房住不炒"定位，因城施策，促进房地产市场平稳健康发展。

（二）主要政策解读

1. 对重点房企执行资金监测和融资管理

2020 年 8 月 20 日，住房和城乡建设部、中国人民银行在北京召开重点房地产企业座谈会，会议明确了重点房企资金监测和融资管理规则，简称"三道红线"资管新规：①房企剔除预收款后的资产负债率不得大于 70%；②房企的净负债率不得大于 100%；③房企的"现金短债比"小于 1。

监管部门对重点房地产企业执行资金监测和融资管理规则，是对中央坚持"房子是用来住的，不是用来炒的"调控精神的具体落实，从供给端着手调控，有助于实现"稳地价、稳房价、稳预期"的调控目标。"三道红线"资管新规，穿透式、全覆盖地给出指标限制，对融资激进的房企进行精准管控，防范经营风险，增强了房地产融资的市场化、规则化和透明度。这种直接针对房企的监管方式，表明监管层对资金违规进入房地产的容忍度越来越低，对爆发房地产金融风险的焦虑感越来越强，因此通过管控房地产企业有息负债的增长速度来降低房地产行业的杠杆水平，倒逼企业理性投资，推动行业健康发展。

2. 建立银行业金融机构房地产贷款集中度管理制度

央行、银保监会于2020年12月31日正式发布《关于建立银行业金融机构房地产贷款集中度管理制度的通知》：①对房地产贷款余额及个人住房贷款余额设置上限；②根据各地方具体情况，因地制宜设置管理要求，对银行进行分档分类；③对超出管理规定要求的银行分类设置过渡期以进行贷款规模调整；④租赁类贷款、资管新规过渡期内回表贷款不纳入管理范围。

房地产贷款集中度管理制度是继"三道红线"资管新规之后，中央强化房地产金融监管、防范系统性风险的又一重大举措。针对银行业金融机构，新制度通过设置房地产贷款占比和个人住房贷款占比上限，控制银行业金融机构房地产贷款总体规模，促使银行业金融机构资金投向趋于理性，避免房地产贷款过度集中，避免信贷资金过度流入房地产领域，防范潜在系统性金融风险。中国银保监会主席郭树清在《求是》杂志上发表文章指出，房地产泡沫是威胁金融安全的最大"灰犀牛"。存在2～4年的调整过渡期，短期内，新政对银行业金融机构开展房地产贷存在一定的负面影响，但影响有限。从长期来看，在房地产贷款比例受限的情况下，银行业金融机构投资重心将进一步向优势区域、优质企业倾斜。

3. 土地出让"两集中"

2021年2月26日，自然资源部自然资源开发利用司负责人表示，重点城市要对住宅用地集中公告、集中供应，即集中发布出让公告、集中组织出让活动。原则上发布出让公告全年不得超过3次，实际间隔时间和出让地块数量要相对均衡。实施"两集中"土地出让制度的22个重点城市，除北上广深4个一线城市外，还有南京、苏州、杭州、厦门、福州、重庆、成都、武汉、郑州、青岛、济南、合肥、长沙、沈阳、宁波、长春、天津、无锡18个二线城市。

综合来看，针对房企的"三道红线"资管规新、针对银行的信贷集中度管理制度与针对地方政府的供地"两集中"政策都属于房地产长效机制，且三大举措相互配合补位，综合施效，有利于促进房地产市场平稳发展。

土地出让"两集中"政策改变了政府的供地节奏，有利于增强地方政府对土地资源的统筹规划能力。"大卖场"式集中供应降低了单块土地的价格被操纵的机会，抑制高地价出现。资金充足、财务指标良好、负债率低且不踩红线的头部房企在拿地量和时间选择上有更大的调节空间和更强的竞争优势，也有利于龙头房企进一步提升市场占有率。土地出让新政，对房企项目规划能力、融资能力都提出了更高的要求，要求企业对市场及城市的发展有更加全面、深入的研判，精细化运营成为房企必选项。

二 土地市场以及企业拿地情况

（一）土地供应

2020 年全国 399 个市及县城①土地供应建筑面积总量为 35.93 亿平方米，同比增长 2.01%。1 月和 2 月受新冠肺炎疫情影响，政府着力于疫情防护，土地供应力度减弱，土地供应建筑面积同比分别减少 20.34% 和 24.42%；3 月随着疫情逐步得到控制，土地供应量回升，同比增长 26.99%；伴随优质土地集中入市，土地市场热度提升，上半年土地供应建筑面积同比增长 5.22%。下半年，多地发布紧缩政策，"三道红线"资管新规明显影响企业拿地的节奏，土地市场热度有所下降，下半年土地供应建筑面积同比下降 0.1%（见图 1）。

分能级来看，2020 年，一线、二线和三线及以下城市土地供应都同比增加，分别为 67.79%、3.18% 和 0.62%。一线城市土地供给同比大幅增长，只有 1 月供应建筑面积低于 2019 年同期，同比减少 21.75%，之后月供给规模皆同比增长，且 11、12 月供给建筑面积超过千万平方米。受新冠肺炎疫情影响，2020 年初多城市土地出让一度中止，而随着疫情逐渐得到控制，为了尽快让市场重回正轨，保障土地供应，一线城市率先供应了多宗优质土地，保持较快推地节奏，带动土地市场热度回升。具体来看，上海 2020 年供地规模明显增大，供给地块数最多，达到 295 幅；深圳供地规模

---

① CRIC 数据库监测样本为 399 个市及县城，其中一线城市包括：北京、广州、上海、深圳；二线城市是省会城市及直辖市；其余为三线及以下城市。

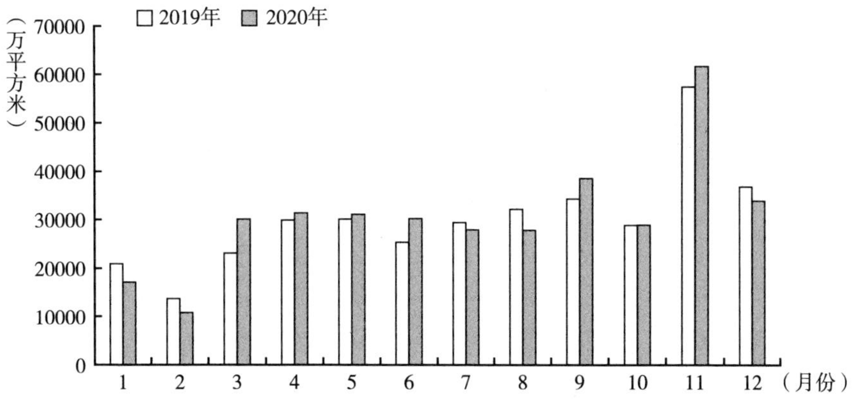

图1　2019～2020年月度土地供应建筑面积

资料来源：CRIC，中房研协整理。

最小，但增速最高，供地幅数同比增长80.00%，供地建筑面积同比增长55.61%，且出台了盘活存量用地相关政策；广州土地供应力度明显加大，在大湾区规划的带动下，土地市场热度较高；北京土地供应规模较上年小幅增长，但在结构上，加大了不限价地块供应量，限竞房地块减少，土地供应更为优质（见表1）。

表1　2019～2020年一线城市土地供应明细

城市	土地幅数（幅）			建筑面积（万平方米）		
	2019年	2020年	同比（%）	2019年	2020年	同比（%）
北京	56	62	10.71	700	754	7.75
上海	214	295	37.85	1706	2374	39.17
广州	126	182	44.44	2013	2648	31.57
深圳	30	54	80.00	473	736	55.61

资料来源：CRIC，中房研协整理。

二线城市土地供给较上年小幅增长，1月、2月土地供给建筑面积明显下滑，同比下降19.14%、47.21%。2月之后各地出台了"缓缴土地出让金、延长开竣工日期"等政策，房企融资环境也适度宽松，房地产市场热度明显上升。随着疫情逐步得到控制，3月二线城市土地供应建筑面积明显增加，上半年同比增长 2.00%。下半年土地市场热度保持，土地供应建筑面积同比增长 4.12%，全年同比增长 3.18%。

三线及以下城市土地供给较上年基本持平，与二线城市类似，1 月、2 月土地供给建筑面积明显下滑，同比下降 17.70%、14.50%，3 月土地市场回暖，为应对疫情政府大量发行专项债，同时加大土地供应力度，上半年土地供应建筑面积同比增长 5.32%。下半年，三线及以下城市的土地市场热度略逊于总体土地市场热度，土地供应建筑面积也相对减少，同比下降 2.29%，全年同比增长 0.62%。

（二）土地成交

2020 年 399 个市及县城土地成交量建筑面积同比增长 6.7%，成交总价同比增长 23.32%。上半年的 1 月、2 月和 3 月受新冠肺炎疫情影响，土地成交量同比分别下降 20.58%、11.08% 和 21.53%，成交总价同比下降 15.75%、6.06% 和 21.19%。从 4 月起，土地市场逐渐恢复，上半年成交建筑面积及成交总价接近 2019 年同期。下半年，随着房地产市场恢复、房企项目推盘以及顺利去化带来销售回款的增长，尽管"三道红线"资管新规出台，影响房企拿地积极性，但多数月份土地成交建筑面积高于 2019 年同期，成交总价同比增长明显，12 月单月成交建筑面积同比增长 14.37%，成交总价突破万亿元。

2020 年土地成交平均楼板价为 2530.71 元/米^2，延续了上年的上涨势头，同比增长 7.41%。从月度来看，除 5 月外，2020 年成交楼板价均高于 2019 年同期。地价的明显上涨，主要是高价优质地块成交占比显著提升所致。2020 年 3 月以来，为了提振市场信心，吸引房企拿地，北京、宁波多个城市推出大量优质土地入市，同时大部分城市上半年出让地块拿地门槛明显降低，三季度前房企融资环境也适度宽松，高价地块成交比例明显上涨，整体地价也因此被推高。环比来看，2020 年第三季度土地成交均价高位回落，一方面是受到热点城市高价优质地块成交减少的影响，另一方面"三道红线"资管新规出台，部分房企资金面承压拿地热情降低，土地市场有所降温（见图 2）。

从成交金额前十的城市来看，上海重回榜首，累计成交金额高达 3048 亿元，同比增长 52.24%；第二名是广州，成交金额 2548 亿元，同比增长

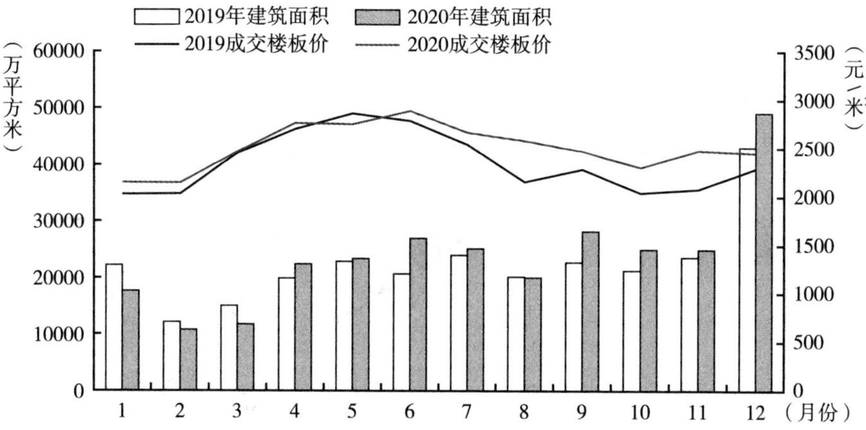

图2 2019～2020年土地成交建筑面积及成交楼板价

资料来源：CRIC，中房研协整理。

51.35%；第三名是杭州，成交金额达2484亿元；上年排名第四的北京2020年名次下调到第七，成交金额同比增长8.78%，上年排在第八位的重庆2020年排名第五，成交金额同比增长23.73%（见表2）。

表2 2020年土地成交金额十强城市

单位：亿元，%

城市	2019 年	2020 年	同比
上海市	2002	3048	52.24
广州市	1684	2548	51.35
杭州市	2781	2484	-10.68
南京市	1699	2089	22.99
重庆市	1601	1981	23.73
苏州市	1817	1974	8.67
北京市	1776	1932	8.78
武汉市	1730	1925	11.25
宁波市	1417	1781	25.70
成都市	1302	1468	12.79

资料来源：同花顺 Ifind，中房研协整理。

一线城市中，有北京、上海、广州三城市上榜，其中上海、广州受供地节奏加快、成交建筑面积激增的影响，成交金额涨幅均超过50%。深圳成交金额同比涨幅也比较突出，高达75.95%，但由于基数相对较低，2020年成交金额排名相对靠后，仅排在第十二位。

（三）土地流拍

从全国399个市县城土地流拍的年度情况来看，2020年流拍率为26.61%，较2019年下降3.96个百分点。月度土地流拍率则呈现出"两头高、中间低"的走势。2020年初，受新冠肺炎疫情的影响，全国土地市场流拍率居高不下；而在一季度末及二季度，为了减轻财政压力和新冠肺炎疫情对市场的不利影响，以北京、南京、杭州为代表的一、二线城市加大了优质宅地的供应力度，同时不少城市也出台了相关政策减轻房企拿地压力，土地市场流拍现象明显减少。由于地价持续走高，热点城市相继收紧调控政策并调整供应结构和出让规则，8月末"三条红线"融资规则、11月银保监会禁止险资直接投资房地产相关企业等一系列金融政策出台，收紧了房企的融资渠道，房企资金压力加大，四季度重点城市的流拍率均在25%以上，明显高于三季度（见图3）。

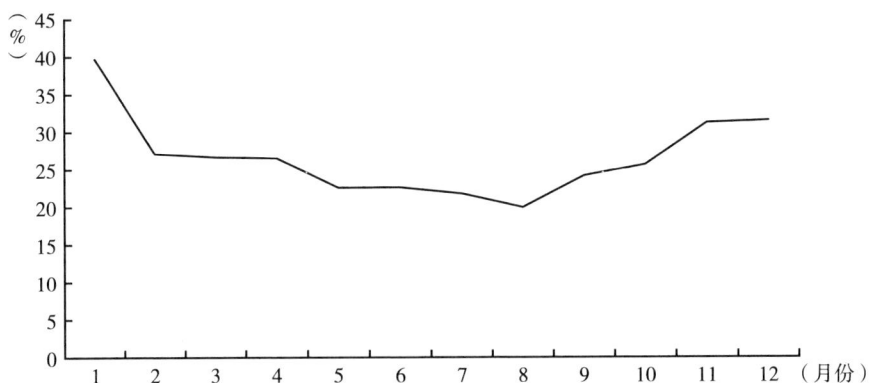

图3　2020年全国月度土地流拍率

资料来源：CRIC，中房研协整理。

分城市能级来看，2020年一线城市流拍率为10.69%，二线城市、三线及其他城市全年流拍率分别为14.49%、28.50%。一、二线城市土地流拍率下降，三线及以下城市流拍率有所上升，主要原因是部分三线及以下城市土地财政依赖较大，从而大量供应土地，在房企融资渠道逐步收紧的背景下，企业投资更加严谨，拿地力度有所下降，最终导致供大于求，流拍量增加，流拍率提升。

（四）典型企业拿地特征

据CRIC统计，截至2020年11月末，TOP100房企①拿地销售比②达到0.37，较2019年末上升0.03个点，低于2018年的0.38。与前三季度0.4的拿地销售相比，整体已有明显下降，严苛的金融监管政策对企业投资产生显著抑制作用。从各梯队表现来看，"强者恒强"的效应延续，30强房企占据百强新增土储货值的72%，其中TOP11-20、TOP21-30投资积极，拿地销售比分别为0.46和0.44，高过其他梯队（见表3）。

表3　2019~2020年TOP100新增货值集中度及拿地销售比情况

单位：%

新增货值集中度	2020年	2019年
TOP1-10	40	42
TOP11-20	21	18
TOP21-30	11	10
TOP31-50	14	13
TOP51-100	13	16
拿地销售比	2020年	2019年
TOP1-10	0.32	0.31
TOP11-20	0.46	0.43
TOP21-30	0.44	0.28
TOP31-50	0.35	0.34
TOP51-100	0.33	0.36

资料来源：CRIC，中房研协整理。

---

① TOP100房企指2020年操盘销售额排名前100的房企，具体名单见附表。

② 拿地销售比=拿地支出金额/销售收入金额。

城市布局上，二线城市投资占比近五成；中西部、长三角仍是主要分布区域。企业拿地态度逐渐谨慎，不再单纯追求数量，更加注重土地质量（见表4）。企业对部分核心区域城市优质地块的竞争相对激烈，尤其是长三角、粤港澳大湾区等地区。城市群中经济发展较优、需求充足、产业领先的三四线城市，也受到较多关注。典型房企如世茂地产储备了约2000亿元未来可售货值，其中大湾区、福建区、环渤海区、长三角区土地货值总计近1600亿元，一二线城市储备的可售货值占比达到87%以上。

表4　2020年部分房企土地投资策略

企业名称	土地投资策略
世茂集团	着力打造位于一二线城市核心地段、设计理念先进、品牌租户优质、投资回报良好、服务品质高端，且有能力斩获世界级大奖的城市地标项目
保利发展控股集团	坚持"中心城市＋城市群"深耕战略
阳光城集团	业务布局福建、长三角、珠三角、京津冀等区域的一二线城市和中西部核心二线城市
杭州滨江房产集团	聚焦杭州，深耕浙江，辐射华东，开拓粤港澳大湾区，关注中西部重点城市
中国海外发展有限公司	深耕一、二线主流城市，发挥财务资金及综合城市运营能力优势，获取超大型项目资源

资料来源：企业公告、中房研协整理。

三　开发企业经营情况

（一）销售情况

2020年上半年，在新冠肺炎疫情冲击下，全国商品房月度累计销售面积及销售金额一直处于同比负增长区间。进入下半年市场开始好转，全国商品房累计金额同比增速于8月末恢复正增长，全国商品房累计销售面积同比增速于10月末恢复到上年同期水平。在疫情受到控制、经济快速重启的情况下，全年商品房销售面积176086万平方米，同比增长2.6%，商品房销售金额173613亿元，同比增长8.7%，销售规模及销售金额再创历史新高（见图4）。

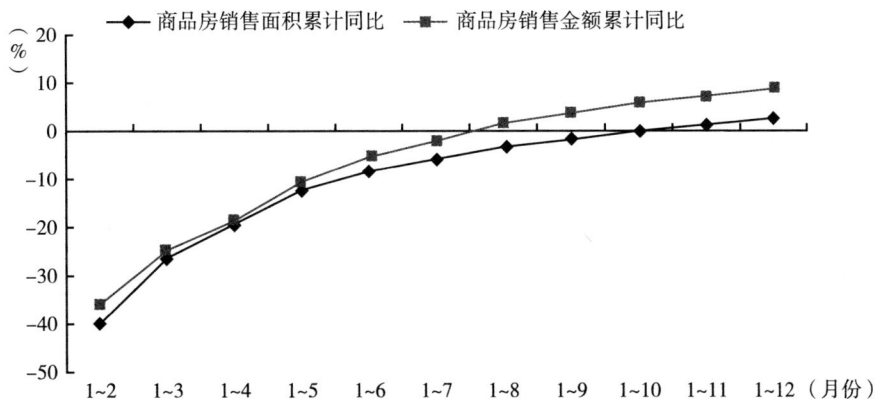

图4 2020年全国商品房销售面积及金额累计增速

资料来源：CRIC，中房研协整理。

第一季度销售金额① TOP100 房企整体的累计销售业绩规模同比下降20.1%，受新冠肺炎疫情影响最为显著。二季度，市场逐步恢复，百强房企的单月业绩同比在4月转正并稳步提升。下半年以来，随着项目施工进度加快、企业供应增加，规模房企去化成效显著。三季度的销售业绩同比增长28.5%，较一二季度有明显恢复，并在8月单月达到年内30.7%的高位。四季度的百强房企销售规模38813.0亿元，同比增长22.2%。三季度开始房企供货和销售节奏后移、供应量显著提升，四季度市场竞争压力明显上升、去化率承压，百强房企业绩同比增速相比三季度有所回落（见表5）。

表5 TOP100 房企季度销售金额

单位：亿元

季度	2019 年	2020 年	同比(%)
第一季度	18546.8	14819.9	− 20.1
第二季度	26913.4	30152.9	12.0
第三季度	24166.9	31053.6	28.5
第四季度	31771.8	38813.0	22.2

资料来源：CRIC，中房研协整理。

---

① 本节涉及开发企业的销售金额计算口径是企业实际主导开发的楼盘销售总额，包括占有全部股权的项目、合作开发的项目以及代建项目。

（二）到位资金

2020 年全年，房地产开发企业到位资金 19.31 万亿元，同比增长 8.1%。得益于积极的财政政策和稳健的货币政策，2020 年房企资金状况得到明显改善。从到位资金分项来看，定金及预收款、利用外资、自筹资金及个人按揭贷款皆同比增长。随着房地产市场的持续回暖，宏观经济的恢复给了消费者购房热情，预售资金缓解了企业资金压力（见图 5）。

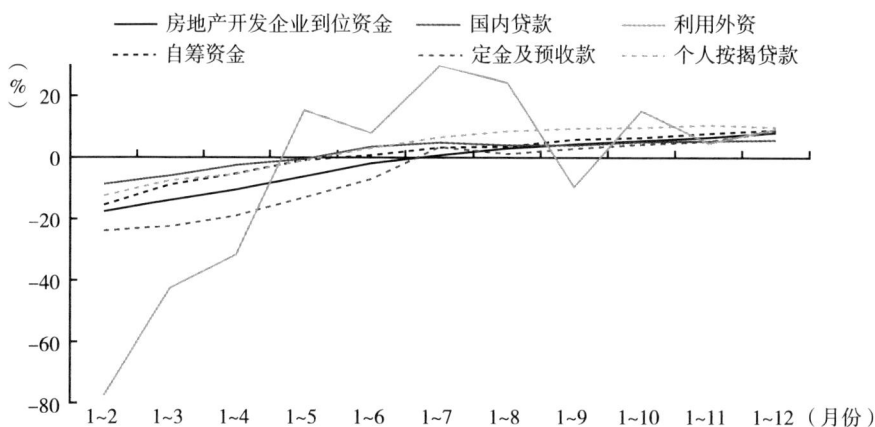

图 5　2020 年房地产开发企业到位资金增速

资料来源：国家统计局，中房研协整理。

2020 年定金及预收款在到位资金中的占比持续提升。随着下半年融资环境发生变化，"三道红线"资管新规、"信贷集中管理"等明确了相关标准，到位资金中国内贷款占比呈下行趋势（见图 6）。

（三）开发投资情况

2020 年全国房地产开发投资完成 141443 亿元，同比增长 7.0%（见图 7），较 2019 年回落 2.9 个百分点。其中住宅开发投资完成 104446 亿元，同比增长 7.6%，占房地产开发投资完成额的 73.8%。总体来看，房地产开发投资金额同比上升，开发投资增速连续 7 个月正增长，但未恢复至上年增速水平。

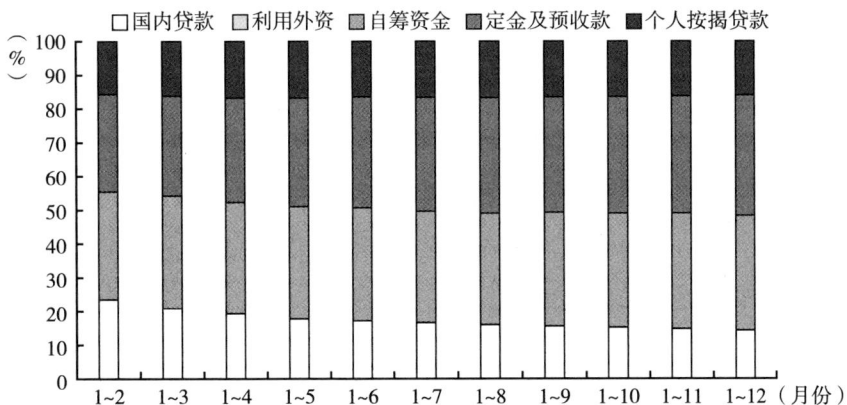

图6 2020年房地产开发企业到位资金来源占比

资料来源：国家统计局，中房研协整理。

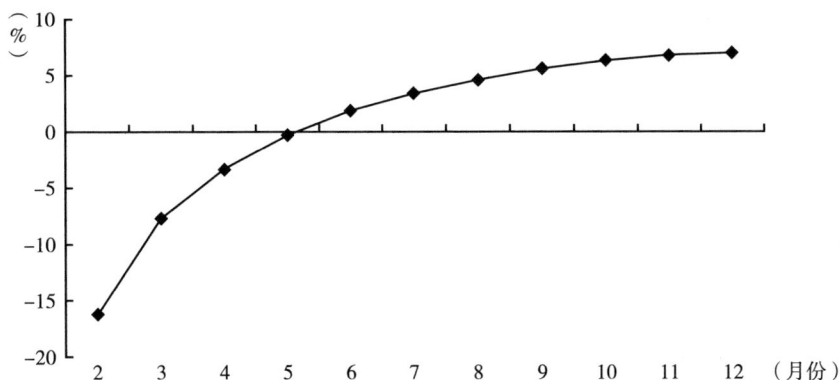

图7 2020年全国房地产开发投资累计同比增速

资料来源：国家统计局，中房研协整理。

（四）行业集中度及百强排名

2020年，TOP10房企销售金额集中度达26.49%，与上年基本持平。TOP30、TOP50、TOP100房企集中度较上年有明显增长，分别提升了1.24、2.12、2.67个百分点，这表明市场份额在继续向头部房企聚集。TOP11-30梯队房企销售金额集中度较上年明显提升，规模房企竞争优势进一步深化。

TOP51－100梯队房企的销售金额集中度也有一定提升。而随着企业梯队分化及行业竞争的加剧，TOP100之后房企的销售金额集中度未见明显增长。随着市场资源向优势企业集聚，中小规模房企的增长空间也进一步受限（见表6）。

表6 TOP100各梯队房企销售金额集中度

单位：%

梯队	2019 年	2020 年	集中度变动	梯队	2019 年	2020 年	集中度变动
TOP10	26.28	26.49	0.21	TOP10	26.28	26.49	0.21
TOP30	43.79	45.03	1.24	TOP11－30	17.50	18.54	1.04
TOP50	52.92	55.04	2.12	TOP31－50	9.13	10.01	0.88
TOP100	63.48	66.15	2.67	TOP51－100	10.56	11.11	0.55
TOP200	70.79	73.67	2.88	TOP101－200	7.31	7.53	0.22

资料来源：CRIC，中房研协整理。

（五）开发企业经营风险

2020年初，房地产行业融资环境因新冠肺炎疫情影响相对宽松，随着复工复产的推进，国内经济开始逐渐回归正常轨道，房地产行业也较快复苏，且重点城市市场出现过热迹象，融资政策逐步收紧。8月"三道红线"资管新规提出，房地产融资调控转向需求端，"红色档"房企有息负债规模以2019年6月底为上限，不得增加，"橙黄绿"三档房企，有息债务年增速不能超过5%、10%、15%，房企的融资监管进入了一个新的阶段，"去杠杆、降负债"成为房企的重要任务之一。

"三道红线"监管下，TOP500①房企杠杆率有所降低，降杠杆初显成效。长期偿债能力方面，TOP500房企2020年资产负债率均值为78.77%，较上年下降0.89个百分点，为2012年以来首次下降；净负债率均值为85.08%，较上年下降11.62个百分点，相比2019年也有大幅改善。短期偿债能力方面，

---

① 2021中国房地产开发企业综合实力TOP500房企。

2020 年 TOP500 房企短期偿债能力略有下降，流动比率均值为 1.40，较上年下降 0.05，速动比率均值为 0.49，与上年持平。2020 年在监管要求下，房企开始积极降低杠杆水平，但各企业负债水平不尽相同，龙头房企信誉较好，积极推动销售回款，风险管控能力较强，部分中小房企受融资渠道收紧、销售回款缓慢、前期拿地成本较高的影响，债务风险有所积累，需警惕资金链风险（见图 8）。

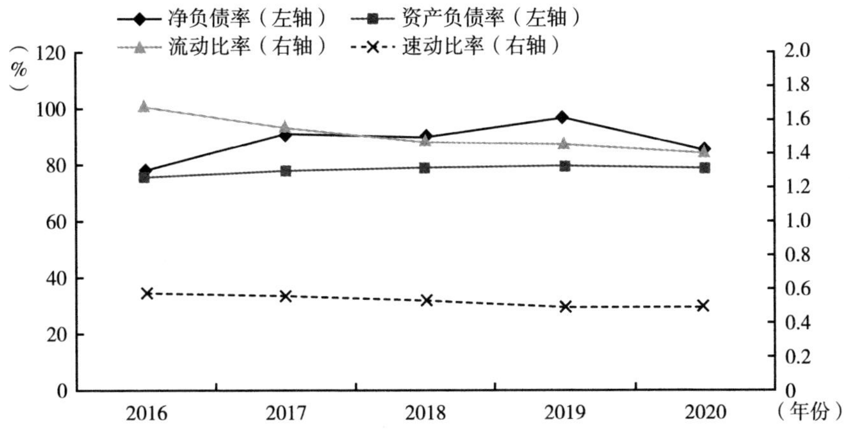

图 8 2016～2020 年 TOP500 房企偿债能力指标均值对比情况图

资料来源：Wind，中房研协整理。

从 TOP500 房企"三道红线"达标率来看，2020 年三季度达标率均有所上升，其中净负债率和现金短债比达标企业数量有明显增加。部分房企通过打折促销等方式加速去化，短期内在带动销量提升业绩的同时有效补充流动资金，对净负债率及现金短债比的改善均起到关键作用，后期仍需要继续改善财务情况，调整负债结构及资本结构以改善剔除预收款后的资产负债率。

四 市场发展及企业经营趋势

（一）市场发展趋势

虽受新冠肺炎疫情干扰，但 2020 年商品房市场销售面积和销售金额顽强实现了同比正增长。我国依然处在城镇化的较快增长阶段，大量人口从农村向城市转移，名义城镇化率与实际城镇化都依然有较大的增长空间，人口的流动与聚集必然伴随大量的居住需求出现。在经济双循环格局下，海外人才、资本逐步回流国内。尤其是美国实施史无前例的货币宽松政策，导致全球通胀压力加大，居民买房以求资产保值的需求明显。内外双重因素决定了中国房地产市场依然会在高位运行。应注意到，房地产需求总量获得支撑，并不意味着每一个地方的市场都能均衡发展，区域间分化、城市间分化、城市内不同板块分化将是未来常态。预计 2021 年商品房销售面积整体维持高位、局部分化的特征将延续。房企在资金压力下对销售回款需求迫切，2021 年或将继续加大营销力度，商品房成交金额可能会有较大幅度上升。如果没有进一步政策干预，全国商品房销售均价也可能有较大上涨。

（二）企业经营趋势

在当前的行业竞争格局下，大型房企发展速度主动或被动放缓，尽可能降低负债，增加现金持有比例，增加经营安全垫厚度，以应对政策监管及行业波动等。随着市场资源向优势企业集聚，中小规模房企的增长空间也进一步受限、规模竞争压力提升，预计 2021 年企业规模扩张的动能将有所降低。房企整体战略以谨慎、防范风险为主，积极适应新的政策与市场环境。随着不同城市市场分化加剧，企业或将需要制定更具针对性的销售策略，在一线和热点二线城市积极供货推盘、提升周转效率。房企拿地投资能力也将进一步分化，一方面，在"三道红线"资管新规政策下，与红色、橙色两档房企对比，黄色档和绿色档房企面临的增速限制相对较小，有一定的优势；另一方面在土地出让"两集中"新政落地后，房企资金、研判和营运等综合实力将备受考验，现金充裕、财务稳健的房企将有望获得更多优质的市场资源和发展机遇。

附表 2020年房地产企业销售榜 TOP100

单位：亿元

排名	企业名称	销售金额	排名	企业名称	销售金额
1	碧桂园	7494	29	华发股份	1121
2	中国恒大	6965	30	中国铁建	1120
3	万科地产	6921	31	滨江集团	1093
4	融创中国	5463	32	奥园集团	1073
5	保利发展	4576	33	雅居乐	1050
6	中海地产	3453	34	建业地产	1039
7	绿地控股	3389	35	祥生集团	1011
8	绿城中国	2892	36	时代中国	949
9	华润置地	2428	37	华夏幸福	949
10	世茂集团	2404	38	远洋集团	947
11	金地集团	2384	39	蓝光发展	927
12	招商蛇口	2221	40	越秀地产	849
13	龙湖集团	2196	41	卓越集团	833
14	中南置地	2068	42	新力地产	804
15	旭辉集团	2010	43	金辉集团	786
16	中国金茂	2003	44	海伦堡	763
17	新城控股	1992	45	中骏集团	754
18	阳光城	1919	46	禹州集团	733
19	金科集团	1788	47	仁恒置地	730
20	富力地产	1445	48	融侨集团	722
21	龙光集团	1422	49	万达集团	699
22	荣盛发展	1250	50	俊发地产	670
23	建发房产	1232	51	宝龙地产	669
24	正荣集团	1232	52	合景泰富	652
25	中梁控股	1216	53	首开股份	599
26	美的置业	1208	54	大悦城集团	597
27	融信集团	1193	55	金隅集团	572
28	佳兆业	1175	56	华侨城	558

排名	企业名称	销售金额	排名	企业名称	销售金额
57	新希望地产	548	79	阳光大地	324
58	首创置业	533	80	力高集团	324
59	路劲集团	520	81	华宇集团	317
60	大华集团	509	82	合生创展	303
61	隆基泰和	501	83	中天城投	283
62	敏捷集团	495	84	佳源国际	274
63	电建地产	492	85	康桥地产	272
64	花样年	484	86	中昂集团	271
65	三盛集团	484	87	大唐地产	262
66	红星地产	481	88	泰禾集团	260
67	保利置业	480	89	彰泰集团	254
68	弘阳地产	467	90	领地集团	253
69	石榴集团	450	91	中冶置业	253
70	中交房地产	450	92	景瑞地产	251
71	正商集团	424	93	珠江投资	250
72	朗诗绿色地产	411	94	复地集团	246
73	东原地产	391	95	实地集团	243
74	当代置业	372	96	华鸿嘉信	230
75	德信地产	360	97	儒辰集团	224
76	星河地产	349	98	恒泰集团	222
77	金融街	349	99	上坤集团	221
78	联发集团	330	100	海尔产城创	221

资料来源：克而瑞研究中心。

B.6
2020年全国商业地产市场分析及2021年市场预测

杨泽轩　姜星狄*

摘　要：　2020年新冠肺炎疫情为中国商业不动产市场带来沉重打击，
　　　　　虽然国家积极出台政策刺激消费，同时构建"双循环"发展
　　　　　格局，目前国内疫情已然得控，但商业不动产市场完全复原
　　　　　仍需时日。购物中心市场存量增速继续下降、空置率全面攀
　　　　　升。办公楼市场供应高峰叠加需求不振，导致空置率走高、
　　　　　租金大规模下调。酒店市场受旅游业停摆冲击较大，行业整
　　　　　合再加速。公寓市场迎来洗牌调整期。展望2021年，市场仍需
　　　　　时日消化疫情影响，预计购物中心压力犹存，短期空置率恐
　　　　　难出现全面性改善；办公楼市场面临大量新增供应去化的课
　　　　　题，但空置率有望回落或带动租金回升；酒店市场将随旅游
　　　　　业回暖而逐步回暖，差异化经营将成行业趋势；长租公寓进
　　　　　入沉淀期，"稳租金"将成市场关键词。

关键词：　商业不动产　购物中心　办公楼　酒店　长租公寓

一　2020年中国商业不动产发展总览

2020年突如其来的新型冠状病毒疫情（以下简称"新冠肺炎疫情"），

---

* 杨泽轩，万商俱乐部创始人，上海万茂网络科技创始人，MBA；姜星狄，瑞麒玮资产管理执
行总裁兼首席策略分析师，MBA；尹骁协助资料搜集、数据整理、绘图制表。

给国内经济与社会活动强制按下"暂停键"。尽管早在 4 月份，国内疫情已基本受到控制，然而，由于新冠肺炎疫情在欧美及新兴国家的大规模暴发，国内在防止疫情反弹之际，还要严防境外疫情的输入，大大增加了疫情防控的不确定性。而在新冠肺炎疫情发展初期所发生的"三个超预期"（疫情防控力度强于预期、复工复产时间长于预期、疫情趋缓速度快于预期）和"三个不可控"（疫情扩散范围不可控、疫情后续冲击不可控、疫情结束时间不可控），对宏观经济、商业不动产与实体商业造成前所未见的严重冲击，使得后疫情时期，复原所需时间和支持力度，都比原先预期来得长和大。

（一）商业政策

为减缓新冠肺炎疫情对国内民生经济带来的负面影响，初期政府积极出台各项扶持政策，为受影响企业纾困，政策力度特别向中小微企业倾斜；在疫情缓和向好后，政策多集中在复工复产、复商复市、保障民生就业、促进内需消费上；进入后疫情时期，政策则强调要加快构建以"国内大循环"为主体、"国内国际双循环"相互促进的新发展格局。相关政策见表 1。

表 1　2020 年商业不动产相关政策

时间	发布部门	文件名称	主要内容
2/28	国家发改委等 23 个部门	《关于促进消费扩容提质加快形成强大国内市场的实施意见》	大力优化国内市场供给；重点推进文旅休闲消费提质升级；着力建设城乡融合消费网络；加快构建"智能 +"消费生态体系；持续提升居民消费能力；全面营造放心消费环境
4/22	商务部	《关于统筹推进商务系统消费促进重点工作的指导意见》	提高站位，加强谋划部署；推动复工复业提速扩面；促进城市消费回补升级；补齐乡村消费短板弱项；激活传统商品消费热点；着力恢复扩大服务消费；加快培育发展新型消费；积极有序活跃消费市场；促进外贸出口产品内销；发挥政策资金促进效应；强化消费促进基础支撑

续表

时间	发布部门	文件名称	主要内容
7/14	商务部等7个部门	《关于开展小店经济推进行动的通知》	主要任务:完善小店经济基础设施;推动集聚发展转型升级;"以大带小"促进共赢发展;倡导小店先进文化理念;夯实小店经济工作基础
9/21	国务院办公厅	《关于以新业态新模式引领新型消费加快发展的意见》	大力推动线上线下消费有机融合;加快新型消费基础设施和服务保障能力建设;优化新型消费发展环境;加大新型消费政策支持力度;优化社区便民服务设施;强化组织保障
9/25	国家发改委	《关于促进特色小镇规范健康发展意见的通知》	主要任务:准确把握发展定位;聚力发展主导产业;促进产城人文融合;突出企业主体地位;促进创业带动就业;完善产业配套设施;开展改革探索试验
10/23	文化和旅游部等3部委	《关于开展文化和旅游消费试点示范工作的通知》	主要任务:强化政策保障,构建文化和旅游消费良好政策环境;增强供给能力,提高文化和旅游产品、服务供给质量;优化消费环境,提高文化和旅游消费便捷程度;创新业态模式,拓展文化和旅游消费新空间新时间
10/29	国家发改委会同财政部等13个部门	《近期扩内需促消费的工作方案》	推动线下服务消费加速"触网",充分释放线上经济潜力;在做好常态化疫情防控基础上,开辟服务消费新模式;实施促进实物消费政策,畅通供需更高水平良性循环;更好运用内外要素和资源,加大对制造业企业支持力度

资料来源:各政务公开网站,万商俱乐部、瑞麒玮资产管理公司整理。

(二)投资、供需与价格

1. 商业营业用房投资连续四年负增长

商业营业用房(简称"商用房")投资自2017年起出现负增长。商用房开发投资持续下降,开发投资额自2019年1.32万亿元降至2020年1.31万亿元,同比减少1.1%,虽为连续第四年负增长,但与2019年同比 -6.7% 相比降幅收窄(见图1)。

图1 商业营业用房开发投资完成额

资料来源：国家统计局，万商俱乐部、瑞麒玮资产管理公司整理。

2. 商用房新开工面积连续六年负增长

商用房新开工面积自2014年起逐年下降，2020年受新冠肺炎疫情影响再创新低，新开工面积1.8亿平方米，同比下降4.9%，但跌幅较2019年同比（-5.6%）略有收窄；全年商用房施工面积9.32亿平方米，同比下降7.2%；2020年商用房竣工面积0.86亿平方米，同比（-20.3%）出现大幅下滑（见图2、3）。

3. 消费动能走弱、经济增速放缓，商办销售面积创四年新低

商用房需求与商业零售业的发展息息相关，受新冠肺炎疫情影响，2020年我国批发零售业增加值同比下跌1.3%，2020年商用房销售面积达0.93亿平方米，同比下跌8.7%，与2019年相比降幅有所收窄，显示政府出台的一系列刺激消费措施，对于零售商业仍有一定程度的支持效果（见图4）。

4. 商用房售价继续承压

2020年商用房供需两端同步减弱，并且继续呈现供大于求的现象，为售价增长带来压力。2020年末商用房销售价自2019年末1.1万元/米^2，降至1.07万元/米^2（见图5）。

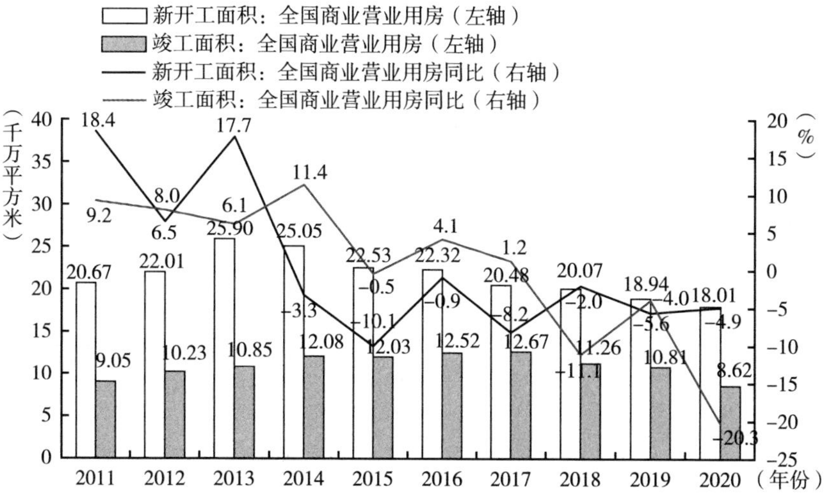

图2 商业营业用房新开工面积、竣工面积

资料来源：国家统计局，万商俱乐部、瑞麒玮资产管理公司整理。

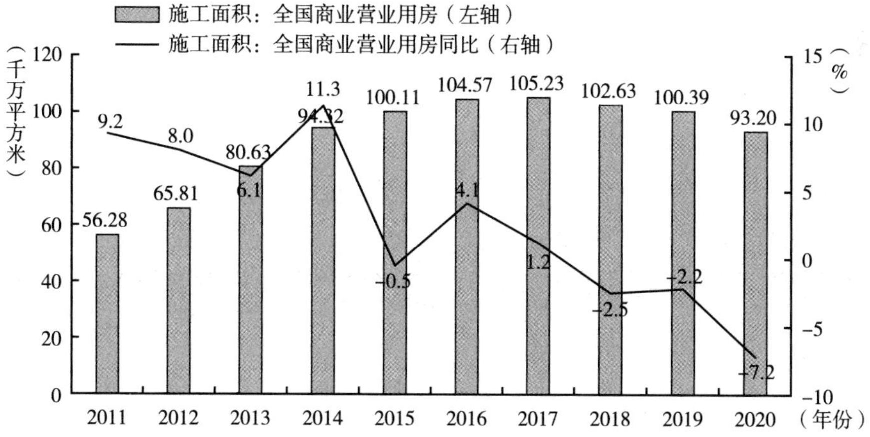

图3 商业营业用房施工面积

资料来源：国家统计局，万商俱乐部、瑞麒玮资产管理公司整理。

图例：
- 商品房销售面积：商业营业用房（左轴）
- 商品房销售额：商业营业用房（左轴）
- 商品房销售面积：商业营业用房同比（右轴）
- 商品房销售额：商业营业用房同比（右轴）

图4　商业营业用房销售面积、销售额

资料来源：国家统计局，万商俱乐部、瑞麒玮资产管理公司整理。

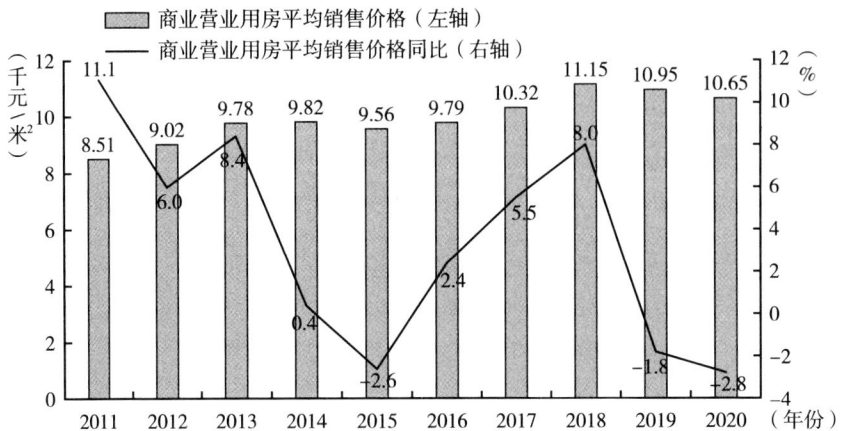

图例：
- 商业营业用房平均销售价格（左轴）
- 商业营业用房平均销售价格同比（右轴）

图5　商业营业用房平均销售价格

资料来源：国家统计局，万商俱乐部、瑞麒玮资产管理公司整理。

（三）资本市场

1. 大宗交易热情回落，但仍维持较高水平

随着新冠肺炎疫情防控进入常态化，2020年下半年进入后疫情时期，早先受疫情"按下暂停键"和国内外经济增速放缓等多重因素冲击，一度显得萎靡的国内商业不动产市场，逐渐出现复苏态势。据仲量联行数据，2020年全年国内大宗交易投资市场，有2038亿元人民币的成交金额，与2019年的历史高点相比，全年交易金额下跌28%，但仍和2016~2018年年度平均2000亿元左右的成交金额大致持平。

表2　2020年大宗收并购部分交易明细①

所在城市	收购方	被收购方	收购标的	物业类型	交易金额（亿元）
北京	GIC	LG	LG 双子座大厦	综合体	80.50
	中国长江三峡集团有限公司	石榴集团	成大广场	综合体	61.56
	弘毅投资、AEW 资本	顺德公园合生发展集团	合生国际大厦	商办	45.00
	颢腾投资、GIC、AEW	国美	悦秀城	零售	40.00
	北京植属云厦物业管理有限公司	中弘	北京中弘大厦	商办	33.00
	华润置地	华润集团	北京、深圳、沈阳、宁波的四大购物中心及一个住宅大厦	零售	25.57
	翰德集团	中国民生银行总行	比如世界购物中心	零售	9.00
	迁安市九江线材有限责任公司	景瑞控股	北京东直门商业物业	零售	4.76
上海	建信人寿	绿地控股	绿地外滩中心 T4	商办	55.50
	上海银行	绿地集团	绿地外滩中心 T2	商办	49.00

---

① 温家琛、苏珊：《2020大宗交易市场大变：内资狂揽近九成商业物业，钱袋子却收紧》，赢商网，[2021－01－04]，http://news.winshang.com/html/068/0158.html，最后检索时间：2021年3月20日。

续表

所在城市	收购方	被收购方	收购标的	物业类型	交易金额（亿元）
上海	平安保险	歌斐资产	歌斐中心	综合体	42.76
	信达资产	上海大新华实业	上海航海大厦	综合体	36.00
	大地保险	中华企业	中企滨江金融中心1号楼	商办	30.00
	外资	长城资管	上海长城金融大厦	综合体	28.00
	亚腾资产管理公司、Straits Real Estate、工银国际	信城不动产、印力集团（万科）	三林印象城	零售	26.10
	首创置业、合纵人寿、龙马资本合伙企业	上海首杨	天阅滨江商业	综合体	25.36
	远洋集团	光大安石	越虹广场	商办	19.67
	创邑	供销社	昊元生活广场	综合体	7.13
	领寓国际	旭辉控股	九亭时代中心8号楼	商办	2.20
	瑞威资产	云都企业	云都虹桥大厦裙房	零售	0.72
广州	富力集团	黑石集团	广州国际机场富力综合物流园	工业	44.10
	广州市城兴贸易有限公司	珠光控股集团	花城御景花园	综合体	29.8
	凯德商用中国信托	—	乐蜂广场	零售	19.00
	某本地企业	广州建筑集团	钢铁博汇A4-A7栋底商	零售	6.40
	同熙实业	万科	万科世博汇喜街	零售	2.90
	某本地企业	合景泰富	汇峰苑底商	零售	2.00
	某银行	保利	保利国际金融中心	零售	1.70
	时代中国	岑钊雄家属	越秀区东风路410号2601室继2602室的商业物业	零售	0.30
深圳	深圳市华晖集团有限公司	深圳赛格斯城市建设发展有限公司	赛格斯城市广场	综合体	12.80
	私人投资者	万科	第五园万科里	零售	3.40
	个人买家	深圳金城伟业投资公司	鹏益花园裙楼底商	零售	1.20

续表

所在城市	收购方	被收购方	收购标的	物业类型	交易金额（亿元）
重庆	恒大人寿保险有限公司	重庆中渝物业发展有限公司	恒大中渝广场	零售	13.17
	重庆百货	步步高	合川步步高广场、步步高中煌自持物业	零售	6.56
成都	程度朝樾企业管理有限公司	成都凯迪置业有限公司	城北大丰项目	综合体	0.24
佛山	大信商用信托	大信置业	大信新都汇顺德店和坦背店	零售	19.46
	中海地产	新加坡丰树集团	南海怡丰城购物中心	零售	—
海口	中国人寿	富力集团	海口富力首府柏丽广场	商办	—
杭州	基汇资本	建工房地产	杭州欧美金融城T6办公楼	综合体	—
昆明	金科地产	红星美凯龙	昆明爱琴海购物公园	零售	—
南京	南京诚盛商管（中信证券）	招商局置地	花园城商场	综合体	7.93
	华侨城	深康佳	江北新区研创园云飞街以南、浦滨路以东地块	综合体	4.71
厦门	鲁能集团	厦门源生置业	厦门国际中心	综合体	29.10
天津	瑞安建业	本盈、才辉	天津威尼都	零售	2.43
武汉	湖南爱尔物业投资发展有限公司	湖北保利置业	武汉保利文化广场	零售	6.70
西安	王府井集团	陕西荣奥房地产开发有限公司	荣华奥特莱斯项目	零售	8.00
新乡	王府井集团	炀玖置业	河南新乡奥特莱斯项目	零售	3.50
郑州	丹尼斯集团	凯德集团	凯德广场·二七项目	零售	8.50

资料来源：赢商网不完全统计，万商俱乐部、瑞麒玮资产管理公司整理。

2. 疫情无碍资产证券化继续推进，国内 REITs 发展迈向新纪元

2020 年，已发行商业不动产类 REITs 产品总规模 382.66 亿元（不含储架规模），共计 22 只。其中以商业物业占比最大，共计发行 11 只，发行规模 201.585 亿元，占比约 52.7%；其次则为酒店/长租公寓类物业，共计发行 4 只，发行规模 60.7 亿元，占比约 15.9%（见表 3）。

表 3 2020 年商业不动产资产证券化（REITs/CMBS）部分发行明细①

起息日	所在城市	项目名称	发行金额（亿元）	支持物业	类型
2/18	重庆	金茂华福－重庆金茂珑悦资产支持专项计划	4.00	金茂重庆珑悦社区商业	商业物业
4/28	广州	中联开源－科学城大湾区租赁住房第一期资产支持专项计划	10.10	科通大厦	商业物业
5/28	南京	平安汇通－平安不动产朗诗租赁住房 2 期资产支持专项计划	3.26	朗诗寓南京天隆寺地铁站店	酒店/长租公寓
7/09	上海	招商财富－华泰－虹桥世界中心资产支持专项计划	10.65	虹桥世界中心	商业物业
8/27	杭州	光大保德信－东兴企融－野风现代中心资产支持计划	5.50	野风现代中心	商业物业
9/16	深圳	信达－深圳益田假日广场资产支持专项计划	68.00	深圳益田假日广场	商业物业
9/24	西安	光证资管－光控安石商业不动产第 3 期西安大融城资产支持专项计划	17.20	西安大融城	商业物业
9/29	绍兴、芜湖	华能信托－世茂酒店物业权益型资产支持专项计划	6.50	世茂集团旗下的五星级酒店	酒店/长租公寓

① 《商业向左，产业向右：2021 开启类 REITs/公募 REITs 双赛道时代》，商业与地产 Sean，[2021 - 01 - 18]，https://baijiahao.baidu.com/s? id = 1689238129662875743&wfr = spider&for = pc，最后检索时间：2021 年 3 月 20 日。

起息日	所在城市	项目名称	发行金额（亿元）	支持物业	类型
10/27	南京	中信金石-招商蛇口1期资产支持计划	7.95	南京马群花园城购物中心	商业物业
10/29	杭州	光大天风-光控安石绿城尊蓝酒店资产支持专项计划	9.48	杭州绿城尊蓝钱江豪华精选酒店	酒店/长租公寓
11/03	珠海、武汉	中联前海开源-华发租赁住房1号第3期资产支持专项计划	23.07	珠海风尚城市花园、华发睿谷项目、武汉华发峰尚	商业物业
11/13	深圳	招商创-天虹（2期）资产支持专项计划	14.50	深南天虹新店	商业物业
12/02	深圳	申万宏源-招商蛇口-泰格明华资产支持专项计划	41.50	泰格公寓及明华中心	酒店/长租公寓
12/11	武汉	申万宏源-电建南国疫后重振资产支持专项计划	18.10	泛悦汇·昙华林	商业物业
12/29	宁波、石家庄、长沙	中联天风-保利发展商用物业第1期资产支持专项计划	22.52	慈溪保利MALL、石家庄保利广场、长沙保利广场	商业物业

资料来源：商业与地产、不完全统计，万商俱乐部、瑞麒玮资产管理公司整理。

　　2020年4月30日，证监会与国家发改委联合发布《关于推进基础设施领域不动产投资信托基金（REITs）试点相关工作的通知》，意味着中国内地基础设施领域公募REITs试点的正式起步。由于REITs能够有效盘活存量资产、提升直接融资比重、降低企业杠杆率，同时，具有流动性高、收益稳定、安全性强等特点，若接下来公募REITs试点得以进一步扩大至商业不动产项目领域，则将有助商业不动产企业降低杠杆率，并拓宽社会资本的投资渠道。

表4　2020年不动产投资信托基金（REITs）相关政策

时间	发布机构	文件名称	主要内容
4/24	中国证监会、国家发改委	《关于推进基础设施领域不动产投资信托基金（REITs）试点相关工作的通知》	正式启动基础设施领域的公募REITs试点工作
8/03	国家发改委	《关于做好基础设施领域不动产投资信托基金（RETIs）试点项目申报工作的通知》	对基础设施REITs试点项目的申报工作涉及的重点、要点做说明
8/07	中国证监会	《公开募集基础设施证券投资基金指引（试行）》	标志着中国内地基础设施公募REITs试点有了法律政策支持
9/04	上海证券交易所深圳证券交易所	《上海证券交易所公开募集、深圳证券交易所就基础设施领域不动产投资信托基金（REITs）相关配套业务规则公开征求意见的通知》	两大证券交易所公开向社会征求意见
9/22	中国证券业协会	《公开募集基础设施证券投资基金网下投资者管理细则（征求意见稿）》	就投资者管理发布征求意见通知
9/23	中国证券业协会	《公开募集基础设施证券投资基金尽职调查工作指引（试行）（征求意见稿）》《公开募集基础设施证券投资基金运营操作指引（试行）（征求意见稿）》	就尽职调查和运营操作向行业机构公开征求意见
9/28	北京市发改委等6部门	《关于支持北京市基础设施领域不动产投资信托基金（REITs）产业发展的若干措施》	围绕产业要素、产业生态、政策保障3个方面提出12条政策措施

资料来源：REITsForum，万商俱乐部、瑞麒玮资产管理公司整理。REITsForum：《年终盘点REITs政策篇那些假期前发布的业务规则》，［2021－02－06］，最后检索时间：2021年3月20日。

二　零售商业市场分析

（一）消费形势

1. 国民收入仍呈正增长，消费水平十年来首度下跌

2020年，我国GDP超过100万亿元，再创历史新高，按照可比价格核算，

同比增速2.3%，成为新冠肺炎疫情肆虐下，全球唯一正增长的主要经济体。同时，预计我国对全球经济增长的贡献率，可望在2019年30%的基础上，更进一步提高；人均GDP则连续第二年超过1万美元。受新冠肺炎疫情影响，2020年社会消费品零售总额出现十年来首次负增长，较2019年下滑3.9%，为39.2万亿元；2020年城镇居民人均可支配收入同比增长3.5%，为近十年间增速低谷，城镇居民人均消费性支出同比则下跌3.8%（见图6、图7）。

图6　2011~2020年社会消费品零售总额

资料来源：国家统计局，万商俱乐部、瑞麒玮资产管理公司整理。

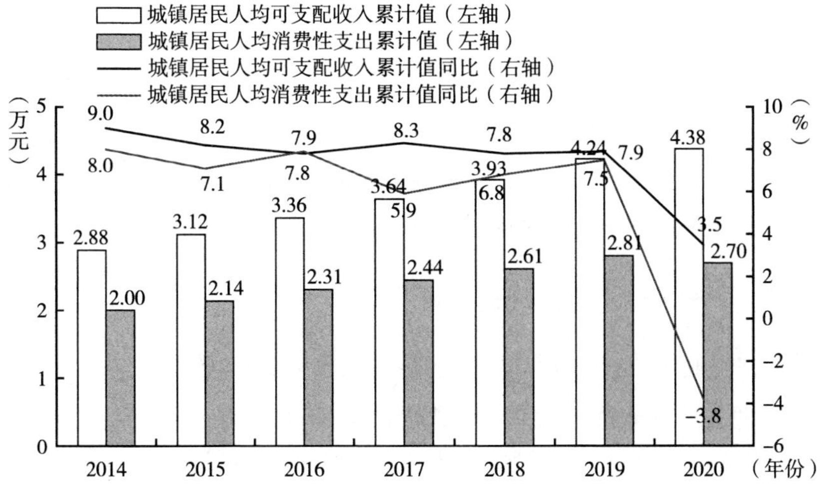

图7　城镇居民人均可支配收入、城镇居民人均消费性支出

资料来源：国家统计局，万商俱乐部、瑞麒玮资产管理公司整理。

2. 食品烟酒、居住等必要性支出占比上升

2020 年，全国居民人均消费性支出占比中，食品烟酒、居住比重攀升。在新冠肺炎疫情防控下，民众外出意愿降低，在家办公成为首选，使得衣着类非必要性消费缩减；出行受阻，令交通通信支出占比有所下滑；此外，线上教育用户大幅增加，部分降低文娱教育成本，则使得该项支出占比亦出现下滑（见图 8）。

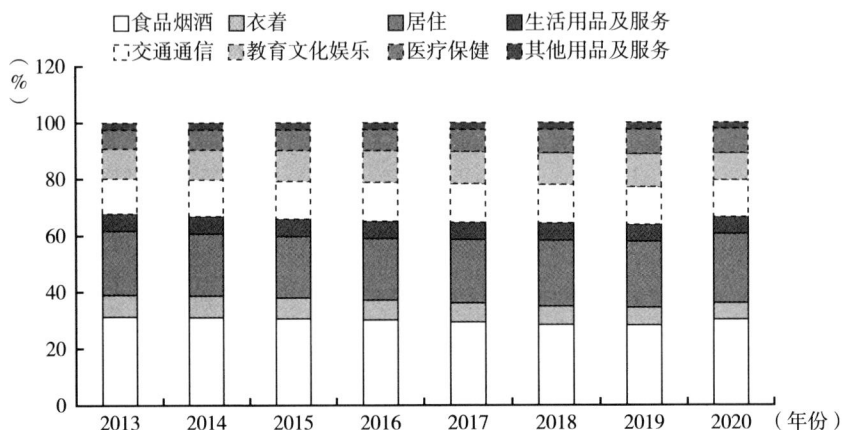

图 8　全国居民人均消费性支出构成

资料来源：国家统计局，万商俱乐部、瑞麒玮资产管理公司整理。

3. 网上实物销售比重攀升，占比达近1/4

新冠肺炎疫情防控下，出行受到一定程度的限制，线上销售渠道因而受惠。2020 年，实物商品网上零售额占社会消费品零售总额比重较 2019 年进一步上升，占比达 24.9%，已接近 1/4 的水平（见图 9）。

（二）购物中心市场分析

1. 头部企业抗风险能力凸显，疫情令行业集中度加速提高

2020 年，11 家头部主流商业不动产企业（G11）在购物中心份额上，出现大幅提高的现象，主因新冠肺炎疫情造成部分中小型商业不动产项目无以为继，项目转让、停业、歇业的数量明显增加。反观头部企业由于实力雄厚、资金相对充裕，不仅展现出对疫情冲击的抵御能力，并且逢低介入、抢占市场版

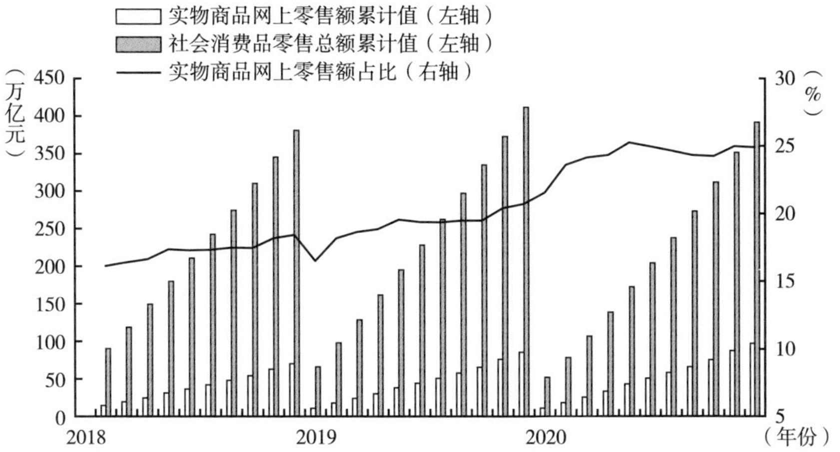

图9 实物商品网上零售额及占社会消费品零售总额比重

资料来源：国家统计局，万商俱乐部、瑞麒玮资产管理公司整理。

图。随着疫情逐渐向好，经营情况趋于稳定，预计2021年购物中心行业集中度将较2020年有所回落，但整体来看，新冠肺炎疫情对于购物中心行业的集中整合，确实起到关键的催化作用（见图10）。

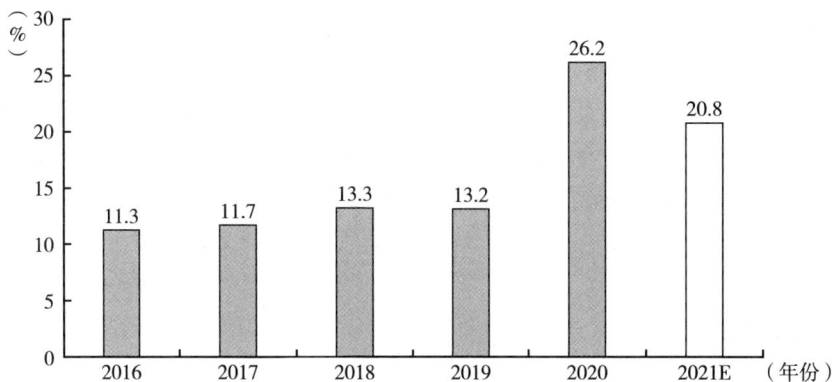

图10 11大头部主流房企购物中心行业集中度

资料来源：赢商大数据，万商俱乐部、瑞麒玮资产管理公司。

注：统计范围覆盖全国商业面积3万平方米以上购物中心，假设2021年全国项目开业率为50%、G11为100%。G11代表11家头部主流商业不动产开发商，含：华润置地、大悦城、大连万达、龙湖、新城、爱琴海、恒隆置地、太古、新世界、新鸿基、九龙仓。

2. 市场饱和叠加疫情冲击，存量增速降至十年低谷

近三年，购物中心已逐渐迈入存量市场，加之疫情影响下的客流萎缩，使得行业竞争程度进一步加剧。2020 年新开业的购物中心，多集中在年初新冠肺炎疫情暴发前，以及下半年疫情受到控制后。截至 2020 年末，全国购物中心体量存量增至 4.53 亿平方米，同比增速则降至 10% 以下，为近十年来最低（见图 11）。

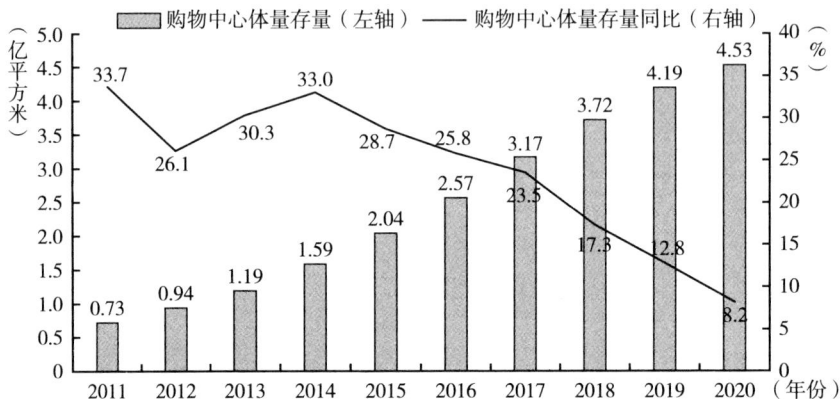

图 11　全国购物中心体量存量

资料来源：赢商大数据，万商俱乐部、瑞麒玮资产管理公司，统计范围覆盖全国商业面积≥3 万平方米购物中心。

3. 商铺承租压力大，主要城市空置率普遍升高

新冠肺炎疫情打压实体商业消费动能持续走弱，令商铺经营承压，同时降低其承租意愿及承租能力，致使购物中心空置率攀升。据仲量联行数据，2020 年三季度国内平均商业物业空置率较 2019 年同期有所提高，南方城市商业物业的商铺空置率多明显低于北方城市。其中，广州购物中心空置率为全国最低，仅 6.2%；其次则为南京，为 6.7%（见图 12、图 13）。

4. 需求端受阻，有效租金全面下跌

新冠肺炎疫情冲击居民消费水平明显下滑，需求端动力不足、商铺经营承压，加上疫情暴发初期，部分头部商业不动产商提出减租措施，使得 2020 年购物中心有效租金大面积下跌。其中，北京为唯一有效租金在每月每平方米 1000 元以下的一线城市，下跌幅度超过 5%；南京、西安、杭州下跌幅度较小，均在 0.5% 及以内（见图 14）。

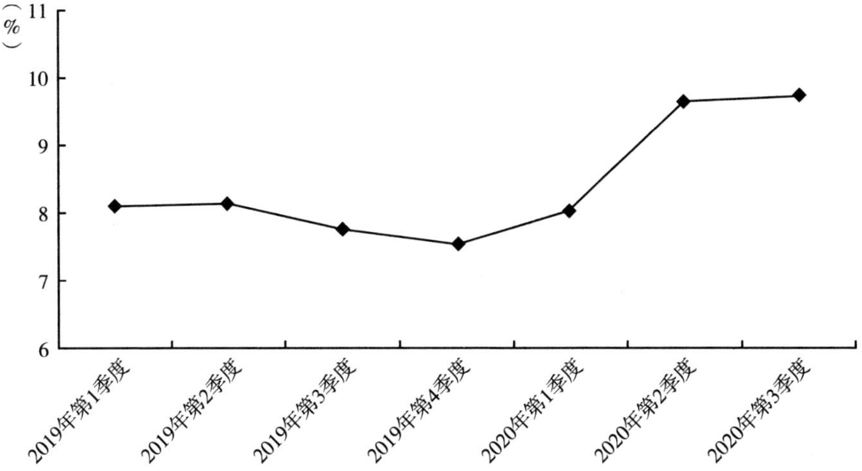

图12 2019年第一季度到2020年第三季度全国优质商业物业
（购物中心）平均空置率

资料来源：仲量联行，万商俱乐部、瑞麒玮资产管理公司整理。仲量联行：《2020年第三季度大中华区物业摘要》，［2020－12－16］，https：//finance. sina. com. cn/tech/2020－12－16/doc－iiznctke6707515. shtml，最后检索时间：2021年3月20日。

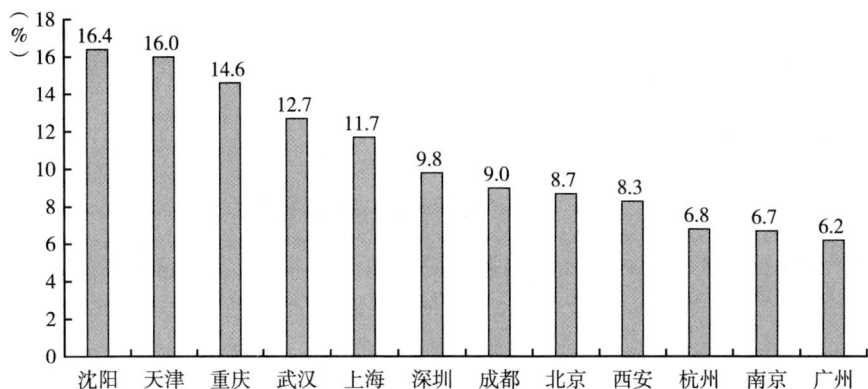

图13 2020年第三季度重点城市优质商业物业（购物中心）平均空置率

资料来源：仲量联行，万商俱乐部、瑞麒玮资产管理公司整理。奇点商业不动产：《中国城市购物中心租金、空置率排名！》，［2021－02－25］，https：//new. qq. com/omn/20210225/20210225A0BUA800. html，最后检索时间：2021年3月20日。

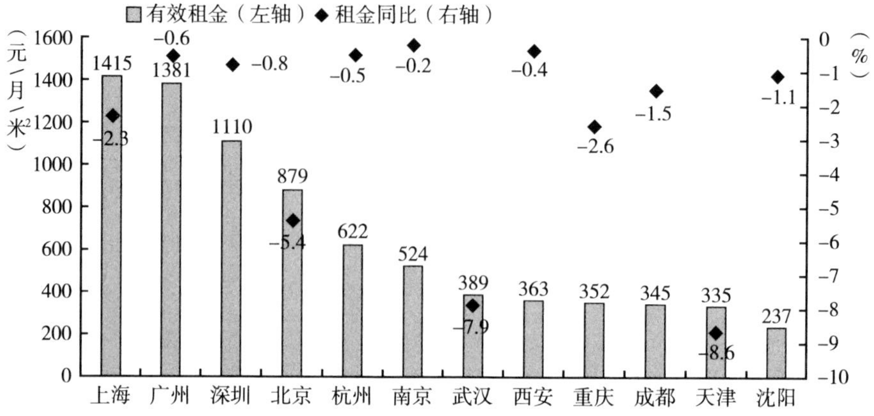

图14　2020年第三季度重点城市优质商业物业（购物中心）有效租金及其同比变动

资料来源：仲量联行、万商俱乐部、瑞麒玮资产管理公司整理。奇点商业不动产：《中国城市购物中心租金、空置率排名！》，［2021－02－25］，https://new.qq.com/omn/20210225/20210225A0BUA800.html，最后检索时间：2021年3月20日。

5. 民众出国消费渠道遭到限制，国内高端奢侈品商场动力十足

多年蝉联销售榜首的北京SKP，2020年再夺桂冠，且销售额再创新高，由2019年的150亿元增加至177亿元；南京德基广场业绩也迎来大幅成长，一举突破150亿元、迈上新台阶；武汉在历经新冠肺炎疫情后展现强悍韧性，商业迅速复苏，武商摩尔城首次跻身前三名，销售额迈入100亿元大关（见表5）。

表5　2020年全国部分标杆商场销售业绩统计

所在城市	项目名称	商业建筑面积（万平方米）	2020年销售额（亿元）
北京	SKP	18	177
南京	德基广场	15	156
武汉	武商摩尔城	45	100
杭州	杭州大厦	14	80
成都	远洋太古里	11.4	73
郑州	丹尼斯大卫城	23	70
杭州	湖滨银泰in77	24	65

所在城市	项目名称	商业建筑面积 （万平方米）	2020年销售额 （亿元）
杭州	万象城	80	60 +
南京	中央商场新街口店	—	55.4
深圳	深圳壹方城	36	50

资料来源：赢商大数据，万商俱乐部、瑞麒玮资产管理公司整理。何丽思、余淑娴：《全国260家商场2020销售额曝光，实体商业真的"打不死"!》，赢商网，[2021-01-04]，http://news.winshang.com/html/068/1953.html，最后检索时间：2021年3月20日。

三 办公楼市场分析

（一）新冠肺炎疫情冲击企业经营能力，办公楼市场需求整体下滑

据仲量联行报告，2020年全年，北京、上海、广州、深圳全年净吸纳量共计146万平方米。其中，深圳贡献66万平方米，占比45%；北京全年净吸纳量为6.9万平方米，其中超过80%是发生在第四季度（见图15）。

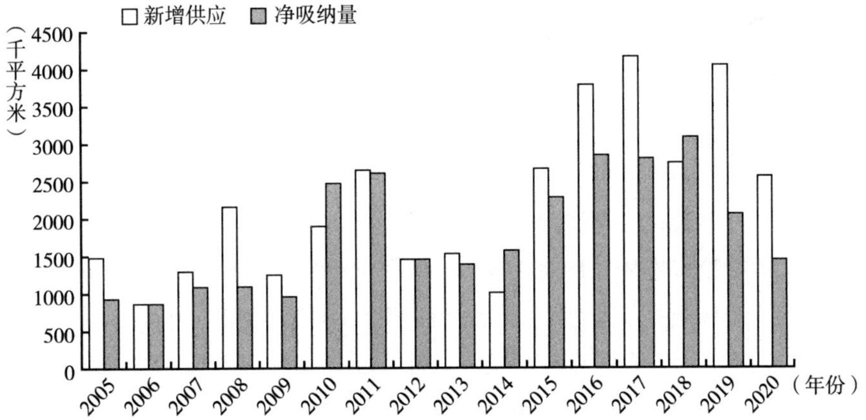

图15 2005～2020年一线城市办公楼市场供需

注：一线城市包括北京、上海、广州、深圳。

资料来源：仲联量行。仲量联行：《带你看中国丨2020年办公楼市场全年概览》，[2021-01-26]，https://www.163.com/dy/article/G19JBNJI05159OAM.html，最后检索时间：2021年3月20日。

新一线城市及二线城市办公楼市场需求，在2020年末显著回温，全年净吸纳量为133万平方米，其中又以四季度贡献近6成比例。而在武汉，四季度单季即贡献全年所有净吸纳量，新入市项目净吸纳量占比60%，存量项目占40%（见图16）。

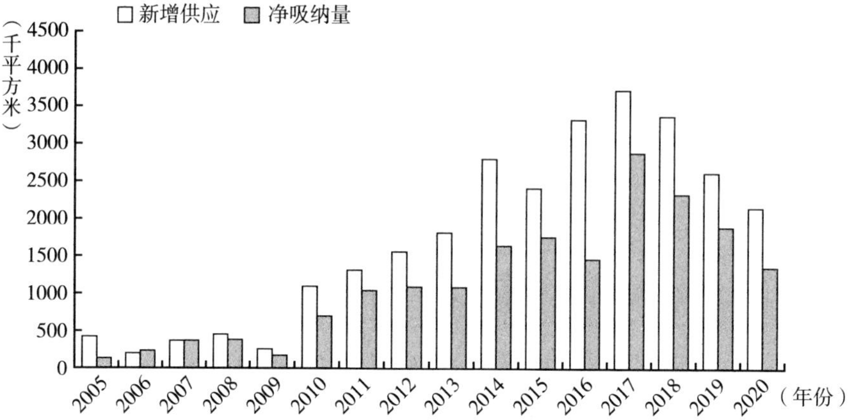

图16 2020年新一线及二线城市办公楼市场供需

注：新一线及二线城市包括成都、重庆、武汉、南京、杭州、苏州、西安、天津、青岛、大连、沈阳、郑州、无锡、宁夏、长沙、厦门。

资料来源：仲联量行。仲量联行：《带你看中国｜2020年办公楼市场全年概览》，［2021－01－26］，https：//www.163.com/dy/article/G19JBNJI05159OAM.html，最后检索时间：2021年3月20日。

纵观2020年办公楼市场，可看出市场供需两端均明显衰减、压力较大，主因新冠肺炎疫情影响仍在持续，部分企业经营仍未走出困境，压抑其续租、扩租意愿，令办公楼需求受到影响。然而，从第四季度市场表现来看，一方面国内经济运行稳步恢复，带动企业运行渐回正轨，全国各主要城市办公楼市场在年末表现出稳健复苏态势；另一方面，疫情防控改变固有生活及工作模式，无接触、远程办公、在线教育、线上消费等需求激增，促使相关行业得以迅速扩张，对办公楼的扩租和搬迁需求也被激发出来，尤其是游戏、电商、线上教育等领域，企业租赁需求尤为突出，在多个城市都有亮眼表现。

（二）供应扩容、需求不振，空置率提升

供需同时承压，市场去化速度减缓，净吸纳量下降，致部分城市整体空置

率攀升。据仲量联行数据，2020年第四季度11个重点城市平均空置率为27.35%，较2019年同期上涨0.14个百分点。分城市来看，仲量联行数据显示，2020年第四季度，一线城市北京、上海甲级办公楼空置率分别为15.4%、21.0%，较2019年的空置率12.7%、17.5%均有上升，深圳空置率超过25%，广州仍为四个一线城市中空置率最低城市，但其空置率也从2019年7%上升至10%（见图17）。

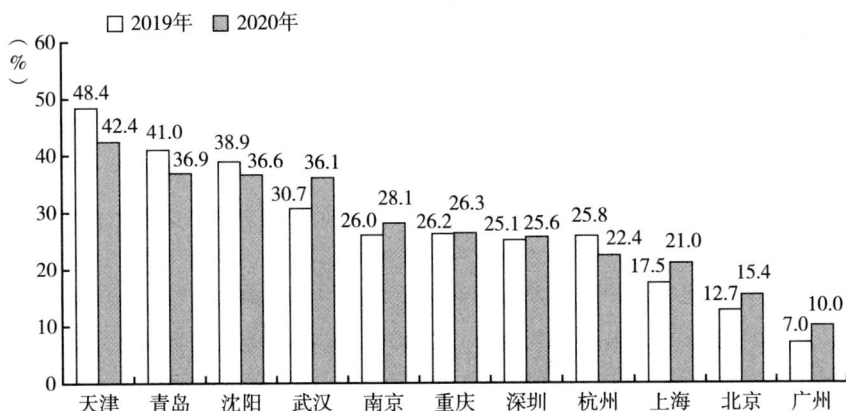

图17　2019年、2020年第四季度全国主要城市甲级办公楼空置率情况

资料来源：仲量联行，万商俱乐部、瑞麒玮资产管理公司整理。仲量联行：《带你看中国 | 2020年办公楼市场全年概览》，［2021－01－26］，https://www.163.com/dy/article/G19JBNJI05159OAM.html，最后检索时间：2021年3月20日。

（三）疫情叠加供应高峰，全国租金大规模下调

疫情冲击叠加存量市场供应高峰，导致了近年来全国范围内最大规模的租金下调，所有主要城市的租金均在2020年出现同比下降。四个一线城市中，北京、上海和深圳租金降幅均超过7%。截至2020年底，北京租金已连续八个季度下跌。广州甲级办公楼租金在2020年上半年也出现明显下跌，但随着疫情得到控制，国内经济形势向稳，2020年下半年租金跌幅较上半年有所收窄，同比跌幅仍为四个一线城市最小（见图18）。

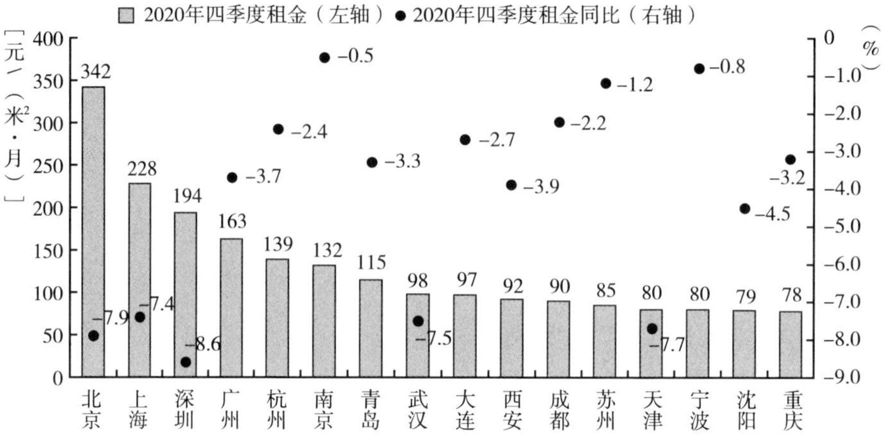

图 18　2020 年第四季度中国主要城市甲级办公楼净有效租金表现

资料来源：仲量联行，万商俱乐部、瑞麒玮资产管理公司整理。仲量联行：《带你看中国｜2020 年办公楼市场全年概览》，［2021 - 01 - 26］，https：//www. 163. com/dy/article/G19JBNJI05159OAM. html，最后检索时间：2021 年 3 月 20 日。

四　酒店市场分析

（一）疫情限制旅游出行，国内游人数及消费均受冲击

旅游业的发展对酒店业具有积极推动效应，据文化和旅游部数据，2020 年国内旅游人数仅有 28.8 亿人次，同比下降 52%；国内旅游总花费为 22285 亿元，同比下降 61%（见图 19）。

据 STR 统计数据，2020 年中国内地酒店全年入住率水平达到近 50%，同比下降 25.4 个百分点。但随着疫情防控的放松，入住率指标自 2020 年下半年起持续提升，7 月以来每月入住率基本维持在 60% 左右。

（二）长途客流受阻，中高端酒店开业数量锐减

受新冠肺炎疫情影响，2020 年居民收入下降、消费能力下滑，加之出行管制影响，短途便捷型、经济型酒店从疫情中恢复的速度较快，但以商务客流为主的高端酒店则恢复较慢，开业数量明显下滑（见图 20）。

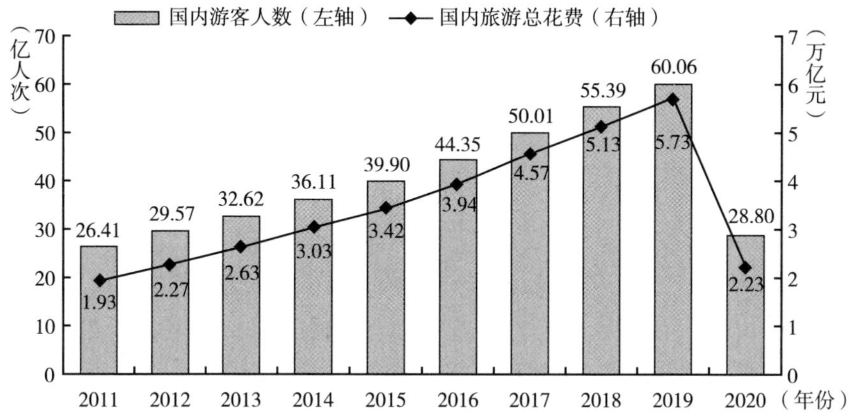

图19　2011~2020年国内游客人数及国内旅游总花费

资料来源：国家统计局，万商俱乐部、瑞麒玮资产管理公司整理。

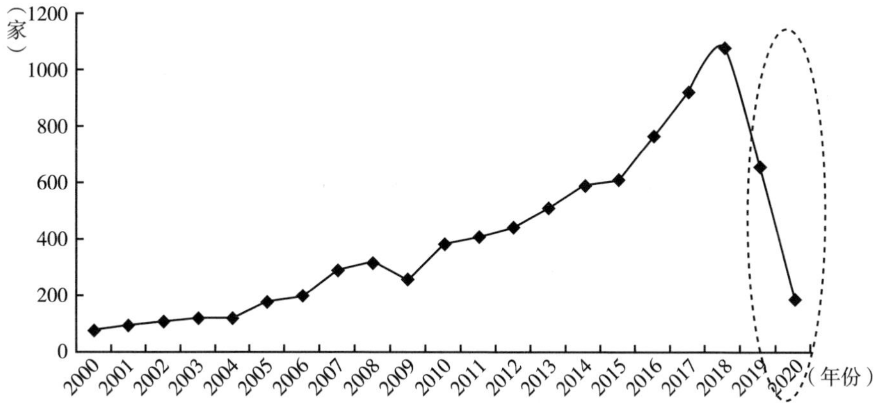

图20　2000~2020年中高端酒店开业数量走势

资料来源：迈点研究院。迈点研究院：《50个城市中高端酒店竞争力报告（2019~2020）》，［2020－12－11］，https：//www.meadin.com/report/222479.html，最后检索时间：2021年3月20日。

（三）疫情加速行业整合，连锁化水平稳步提升

2020年疫情的发生，推动酒店市场合并及收购交易，头部企业通过扩大经营规模、提升自身抗风险能力，进一步加速了行业的整合。当前我国平均连锁化水平已超过40%，其中以上海、合肥、南京居前三位（见图21）。

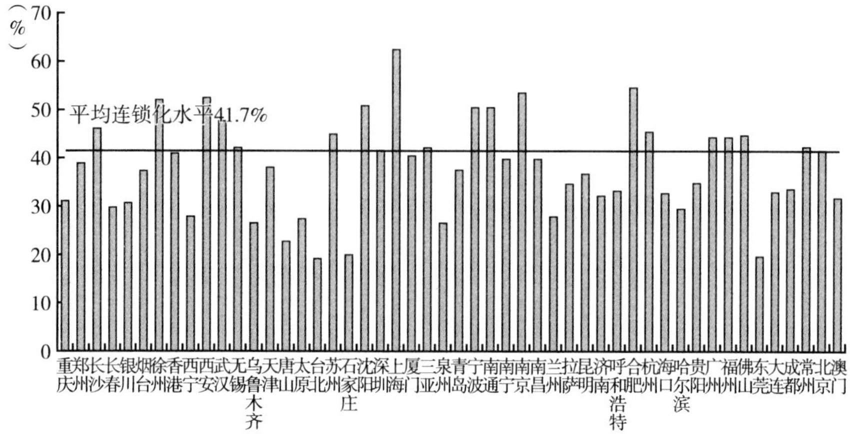

图 21 2020 年城市中高端酒店连锁水平

注：酒店连锁化水平，某城市连锁酒店体量/该城市酒店总体量。

资料来源：迈点研究院。迈点研究院：《50 个城市中高端酒店竞争力报告（2019 ~ 2020）》，[2020 - 12 - 11]，https：//www. meadin. com/report/222479. html，最后检索时间：2021 年 3 月 20 日。

（四）行业集中头部集团，中档连锁酒店领跑酒店市场

锦江、华住、首旅如家三大酒店集团仍是国内酒店市场三大巨头，竞争格局较稳定，市场集中率较高。从酒店品牌来看，中低档、经济型酒店更受市场喜爱（见表 6）。

表 6 中国 10 大酒店品牌市场占有率

酒店名称	所属集团	酒店定位	市场占有率(%)
维也纳酒店	维也纳酒店集团	中档精品商务连锁酒店	5.9
汉庭酒店	华住酒店集团	标准化经济型连锁酒店	5.0
如家酒店	如家酒店集团	经济型连锁酒店	4.8
7 天酒店	锦江国际集团	经济型连锁酒店	4.3
格林豪泰	格林酒店集团	中端商务连锁酒店	3.8
锦江之星	锦江国际集团	快捷连锁酒店	2.8
全季酒店	华住酒店集团	中档连锁酒店	2.3

酒店名称	所属集团	酒店定位	市场占有率(%)
尚客优连锁酒店	青岛尚美生活集团	中小规模连锁酒店	2.2
城市便捷酒店	城市便捷酒店集团	精品快捷连锁酒店	1.9
都市118连锁	山东星辉盈联酒店投资有限公司	轻商务型连锁酒店	1.8

资料来源：中国饭店协会、前瞻产业研究院、万商俱乐部、瑞麒玮资产管理公司整理。前瞻经济学人：《十张图了解2020年中国酒店集团市场现状及竞争格局　分析豪华酒店迎来小幅增长》，[2020 - 12 - 25]，https：//baijiahao. baidu. com/s？ id = 1680713175499067444&wfr = spider&for = pc，最后检索时间：2021年3月20日。

五　公寓市场分析

（一）行业迎来洗牌调整期，政府积极规范市场

2020年受新冠肺炎疫情冲击，长租公寓"高收低租""租金贷"等风险爆发，部分公寓运营出现重大困难，长租公寓市场频频"爆雷"。为防范风险、规范市场，中央及地方政府不断出台新的政策，一方面在财政、立法、土地等方面予以支撑，另一方面对行业的管理也更加严格。市场整体进入了调整洗牌期（见表7）。

表7　2020年中央层面住房租赁政策相关一览

时间	政策详情
3/06	住建部部长王蒙徽发文称，要加快推动住房保障体系与住房市场体系相衔接,大力发展政策性租赁住房;进一步培育机构化、规模化租赁企业,加快建立和完善政府主导的住房租赁管理服务平台
4/09	发改委督促城区常住人口300万以下城市,全面取消落户限制,进一步促进劳动力和人才社会性流动;推动城区常住人口300万以上城市,基本取消重点人群落户限制
5/24	发改委副主任宁吉喆在新闻发布会上称,要大力推动商品消费优化升级:大力发展住房租赁市场,加大城市老旧小区适老化、便民化的改造力度,使居民住得舒心
7/24	财政部和住建部发布2020年中央财政支持住房租赁试点名单,天津、石家庄、太原、沈阳、宁波、青岛、南宁、西安8个城市入围

时间	政策详情
9/07	住建部对"住房租赁条例"公开征求意见
12/03	韩正在住建部召开座谈会强调,坚定不移落实房地产长效机制,有效扩大保障性租赁住房供给

资料来源:中指研究院、万商俱乐部、瑞麒玮资产管理公司整理。中指研究院:《2020 年长租公寓市场年报》,[2021 – 02 – 05],http://finance.sina.com.cn/wm/2021 – 02 – 05/doc – ikftpnny4865889.shtml,最后检索时间:2021 年 3 月 20 日。

(二)需求端受阻,供大于求拉低租金价格

受疫情影响,租户平均收入相对减少,不但租金交付出现问题,还拉低市场需求,使得租金在 2020 年 3、4 月出现较大幅度下滑,但到了 5、6 月已开始回温(见图 22)。

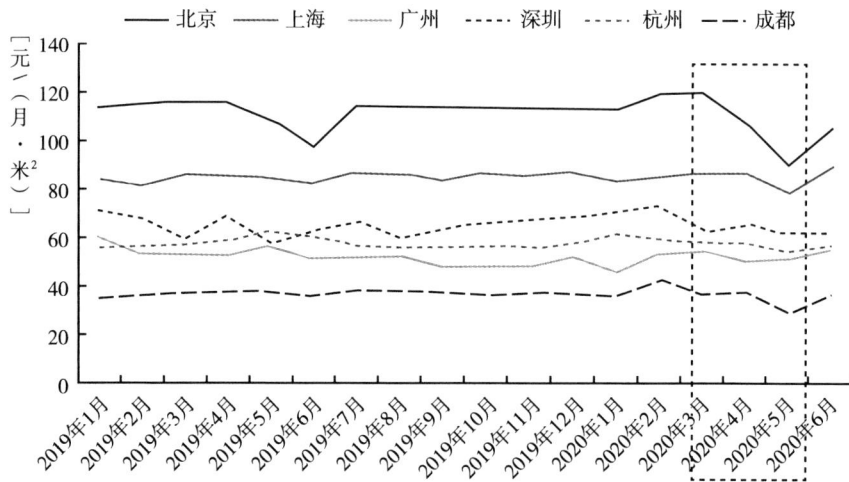

图 22 2019 年 1 月至 2020 年 6 月部分城市租金走势

资料来源:迈点研究院:《2019 ~ 2020 长租公寓品牌发展报告》,[2020 – 07 – 23],https://www.meadin.com/report/217042.html,最后检索时间:2021 年 3 月 20 日。

（三）创业系占据半壁江山，房企国企依次入局

长租公寓自 2017 年起开始崭露头角，加之近年来国家政策的扶持，一时成为创业风口，且涌现出了一批知名品牌，如自如、蛋壳等。至 2020 年，在头部长租公寓品牌中，创业系背景的品牌仍占据了半壁江山。但随着疫情对行业洗牌和调整的推进、行业对参与者风险抵御能力的要求进一步提高，预计市场结构也将不断调整，具备传统房企、国企背景的长租公寓品牌或将抢占更多市场份额（见图 23）。

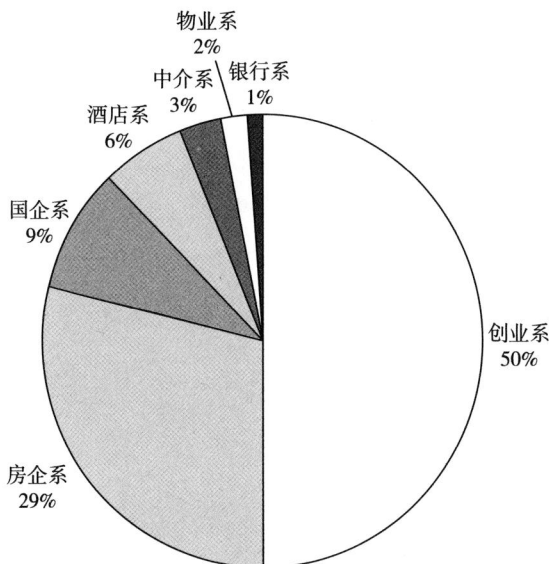

图 23　MBI Top120 集中式长租公寓品牌背景分布

资料来源：迈点研究院、万商俱乐部、瑞麒玮资产管理公司整理。
迈点研究院：《2019～2020 长租公寓品牌发展报告》，［2020－07－23］，https：//www.meadin.com/report/217042.html，最后检索时间：2021 年 3 月 20 日。

六　2021年商业不动产市场展望

2021 年不仅是"十四五"的开局之年，也是第二个百年奋斗目标新征程

的开启之年。现如今,国内商业虽已逐渐走出新冠肺炎疫情造成的伤害和冲击,然而,疫情确实已对消费行为和商业模式带来根本性的改变。为了不仅仅是活下去,还要活得好,国内商业不动产企业在经营上,除了勤练内功,更要拥抱变化,以适应后疫情时代下消费行为与模式的改变。

(一)零售商业市场预测

2020年新冠肺炎疫情的暴发,使得商业项目开业时间普遍推迟6~9个月,预计2021年购物中心市场增量可望迎来短暂爆发期。据统计,2021年全国拟开业购物中心将逾千座,总体量接近1亿平方米,主要集中在一线、新一线的经济发达城市(见图24)。其中,社区型购物中心、存量旧改项目,在一二线城市势头十足;三四线城市则以中大型购物中心为主流。境外疫情输入、新冠病毒在世界各地不断变异,疫情防控难度提高,对民众外出意愿形成一定程度的制约,使得部分业态商铺经营压力犹存,短期内购物中心空置率恐难出现全面性改善。

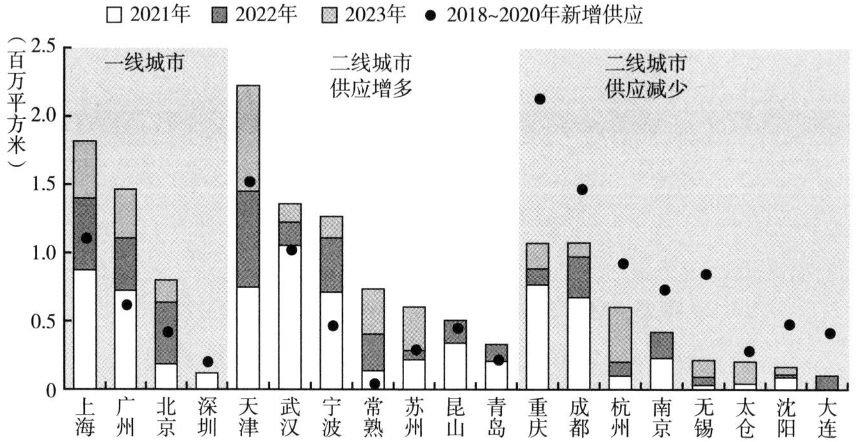

图24 全国主要19个城市办公楼新增供应比较(未来3年对比过去3年)

资料来源:世邦魏理仕研究部:《2021年中国房地产市场展望》,[2021 - 2 - 04],http://cbre.vo.llnwd.net/grgservices/secure/2021%E5%B9%B4%E4%B8%AD%E5%9B%BD%E6%88%BF%E5%9C%B0%E4%BA%A7%E5%B8%82%E5%9C%BA%E5%B1%95%E6%9C%9B_CHN_V4_FINAL.pdf?e = 1616240722&h = a8e3db01cd57f34d09fd302f3ca427b5,最后检索时间:2021年3月20日。

（二）办公楼市场预测

2021 年，办公楼市场仍旧绕不开大量新增供应去化的问题，然而，即便供给压力犹存，实体办公依然有其不可取代性。在核心商务区供应相对有限的情况下，空置率可有望回落，带动租金回升。另外，疫情对"共享办公"形成一定程度的利好，2020 年 11 月底优客工场通过 SPAC 的方式登陆美股，正式超越 WeWork 成为"联合办公第一股"；万科、普洛斯、金茂、恒隆、恒基兆业也相继推出办公产品，包括万科旗下的牛小时 Office、物流地产之王普洛斯旗下的 GWS 普隆空间、金茂的 J SPACE 等，显示行业复苏态势正逐渐向好，但是高品质的生存（活得好），则是接下来行业发展的核心。

（三）酒店市场预测

展望 2021 年，即便新冠肺炎疫情对国内旅游与酒店行业带来前所未见的严峻冲击，并重新定义人们的出行习惯，不过随着疫情的有效防控，国内旅游市场回暖，仍将带动酒店市场动能增温；此外，海外旅游受限，为国内高端旅游市场创造良好的机会，度假游、豪华游将带动高端酒店的复苏。无论是经济型酒店还是高端酒店，面临激烈的竞争都要逐步脱离"标准化、规范化、程序化"的产品及服务，在酒店产品的设计上有所创新、打造特色主题酒店产品，走差异化发展的道路。消费者需求的升级，产品、文化与服务的精选和融合，将成为酒店行业下一阶段发展趋势。

（四）公寓市场预测

2020 年 12 月的中央经济工作会议中首次提到"对租金水平进行合理调控"，可以预见，"稳租金"将成为 2021 年租赁市场的关键词，预计各地将陆续响应，对于租金的指导价和涨幅等，出台相关指导意见政策。同时，政府对长租公寓市场的监管力度也将不断增强。经历 2020 年的动荡调整，长租公寓将在 2021 年迎来沉淀期，从公寓类型来看，以企业端为主的蓝领公寓抗压能力更强，其客源、租约等皆较以 C 端客户为主的白领公寓来得稳定。

B.7
2020年全国存量房市场分析及2021年展望

许小乐[*]

摘　要：　2020年全国存量房市场整体量增价涨，主要是在逆周期调节下购房信贷环境宽松，居民加杠杆购房，同时改善型需求集中释放三方面原因带动。2020年存量房市场区域分化特征显著，珠三角、长三角城市群等南方城市经济、人口等基本面较好，市场预期强，带动市场上行；京津冀、山东半岛城市群等北方城市基本面较弱，市场整体下行。展望2021年，在货币政策稳健中性、房地产金融降杠杆持续深化的背景下，预计存量房市场成交规模稳中有升、房价涨幅收窄、城市分化加剧，房地产市场存量化程度将加深。

关键词：　房地产　存量房市场　房价

一　2020年：整体量增价涨，区域显著分化

（一）在信贷环境宽松下居民加杠杆购房，改善型需求释放，带动整体市场上行

1. 市场表现：2020年存量房市场量增价涨

2020年在新冠肺炎疫情冲击下，存量房市场韧性复苏，全年市场成交

---

*　许小乐，贝壳研究院首席市场分析师，清华大学中国社会经济数据研究中心兼职专家，研究方向为住房政策与房地产市场。

量增价涨。根据贝壳研究院测算，2020 年全国存量房成交套数约 420 万套，同比下降 1%；成交面积约 3.96 亿平方米，同比增长 1%；成交总额 7.3 万亿元，同比增长 8%；成交均价 1.8 万元/米^2，同比上涨约 7%（见图 1）。

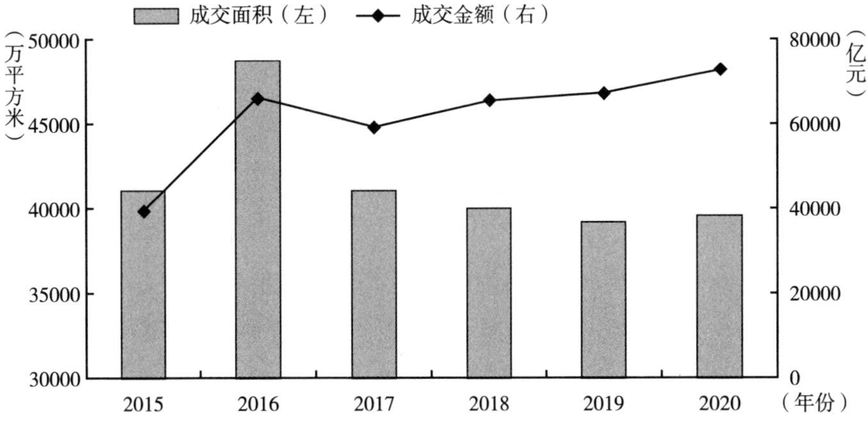

图 1　2015～2020 年全国存量房成交面积与成交金额走势

注：报告中存量房市场指二手住宅市场，新房市场指新建商品住宅市场。
资料来源：贝壳研究院测算。

2020 年新冠肺炎疫情对存量房市场的成交节奏产生短暂影响。2020 年 2 月 85 个代表城市存量房成交套数同比下降 78%；随着疫情逐步被控制，被积压的购房需求得到释放，成交套数同比降幅逐步收窄，到 6 月成交套数同比增长，此后同比增速逐渐扩大，至 12 月成交套数同比增长 23%；2020 年全年累计成交套数与 2019 年基本持平（见图 2）。

存量房市场与新房市场的对比方面，2020 年全国存量房成交面积占新房市场的 26%，存量房成交金额占新房市场的 47%，存量房成交价格是新房的 1.8 倍（见表 1）。

从具体城市看，全国 30 个重点城市中，10 个城市存量房成交套数超过新房；8 个城市存量房成交金额超过新房（见表 2）。

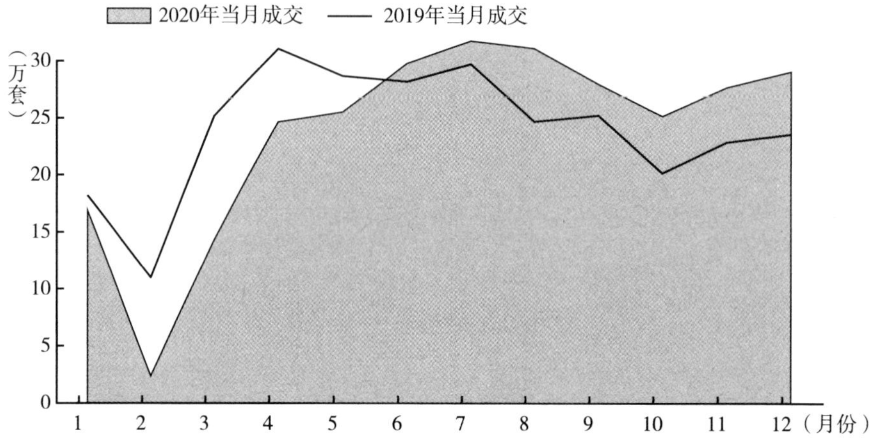

图 2　2019 年与 2020 年 85 个代表城市存量房成交套数月度走势

注：85 个代表城市覆盖 4 个一线城市、36 个二线城市及 45 个重点三四线城市。

85 个代表城市具体包含：宝鸡、保定、北海、北京、长春、长沙、常州、成都、大连、东莞、佛山、福州、赣州、广州、贵阳、桂林、哈尔滨、海口、邯郸、杭州、合肥、衡水、呼和浩特、湖州、淮安、惠州、吉林、济南、济宁、嘉兴、金华、昆明、兰州、廊坊、连云港、柳州、洛阳、马鞍山、绵阳、南昌、南充、南京、南宁、南通、宁波、秦皇岛、青岛、泉州、日照、三亚、汕头、上海、绍兴、深圳、沈阳、石家庄、苏州、宿迁、台州、太原、泰安、泰州、唐山、天津、威海、温州、乌鲁木齐、无锡、芜湖、武汉、西安、西宁、厦门、新乡、徐州、烟台、盐城、扬州、宜昌、银川、张家口、镇江、郑州、重庆、珠海。

资料来源：贝壳研究院整理。

表 1　2015～2020 年全国存量房同新房市场成交面积与成交金额对比

年份	成交面积(亿 m²)			成交金额(万亿元)			成交均价(元/米²)		
	存量房	新房	存量房/新房	存量房	新房	存量房占比	存量房	新房	存量房/新房
2015	4.1	11.2	37%	3.9	7.3	54%	9602	6473	1.5
2016	4.9	13.8	35%	6.6	9.9	67%	13620	7203	1.9
2017	4.1	14.5	28%	6.0	11.0	54%	14477	7614	1.9
2018	4.0	14.8	27%	6.6	12.6	52%	16418	8553	1.9
2019	3.9	15.0	26%	6.8	13.9	48%	17219	9287	1.9
2020	4.0	15.5	26%	7.3	15.4	47%	18424	9971	1.8

资料来源：国家统计局，贝壳研究院测算。

表2　2020年30个重点城市存量房与新房市场对比

城市	成交套数比	成交金额比	成交价格（元/米²）		成交价格比
			存量房	新房	
北京	2.7	2.9	60288	42658	1.4
深圳	2.3	1.2	65160	56844	1.1
上海	1.8	2.4	53167	36741	1.4
南京	1.8	1.2	32493	25175	1.3
大连	1.8	1.0	14613	13501	1.1
厦门	1.7	1.3	42125	33779	1.2
西安	1.4	0.4	14974	13623	1.1
合肥	1.2	0.7	16897	15267	1.1
广州	1.2	1.4	30117	27112	1.1
天津	1.1	1.2	22264	16354	1.4
长春	0.9	0.8	10575	9126	1.2
成都	0.9	0.6	15548	13231	1.2
苏州	0.8	0.4	23818	18518	1.3
重庆	0.8	0.4	12717	8872	1.4
中山	0.7	0.6	11146	13152	0.8
无锡	0.7	0.4	15895	16013	1.0
烟台	0.7	0.3	11898	8531	1.4
昆明	0.6	0.3	12328	12259	1.0
沈阳	0.5	0.5	11453	11617	1.0
南昌	0.5	0.2	12581	10866	1.2
济南	0.5	0.5	16879	12282	1.4
武汉	0.5	0.5	18126	14672	1.2
杭州	0.5	0.7	31438	27614	1.1
宁波	0.5	0.6	23205	17718	1.3
佛山	0.5	0.4	14837	14570	1.0
东莞	0.5	0.4	21177	24005	0.9
郑州	0.5	0.2	13995	9845	1.4
青岛	0.5	0.6	19604	14201	1.4
长沙	0.4	0.2	10407	9112	1.1
惠州	0.2	0.2	10980	11783	0.9

注：成交套数比＝存量房成交套数/新房成交套数，成交金额比＝存量房成交金额/新房成交金额，成交均价比＝存量房成交均价/新房成交均价。

资料来源：国家统计局、贝壳研究院。

2. 原因分析：信贷宽松下居民加杠杆购房，改善型需求集中释放

（1）逆周期调节下购房信贷环境相对宽松

2020 年初新冠肺炎疫情暴发，为应对疫情对经济的冲击，央行加大逆周期调节力度，综合运用降息、降准、中期借贷便利、再贴现等工具投放中长期流动性，引导货币市场利率下行。央行分别于 2020 年 2 月、4 月两次下调贷款市场报价利率（LPR），1 年期 LPR、五年期 LPR 累计下调幅度分别为 30 个、15 个基点（见图 3）。

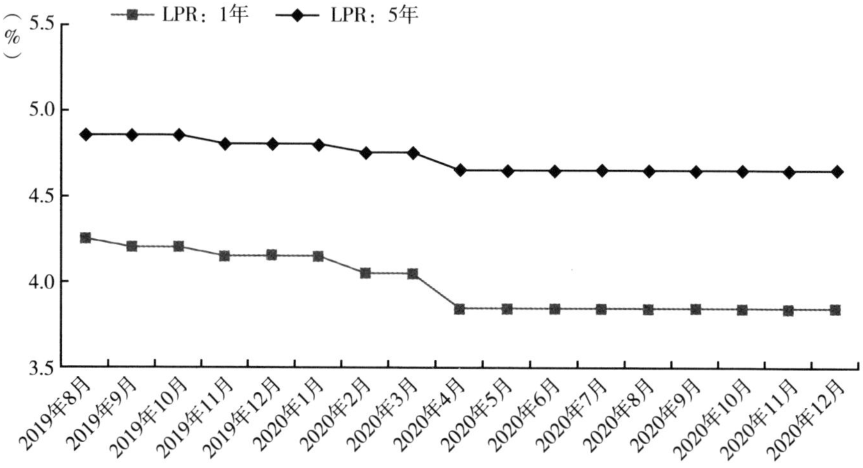

图 3　2019 年 8 月至 2020 年 12 月贷款市场报价利率（LPR）走势

资料来源：中国人民银行。

LPR 下降带动购房利率整体向下调整。贝壳 36 个城市主流房贷利率显示，首套主流房贷利率从 2020 年 1 月的 5.56% 下降到 12 月的 5.22%，累计降低 34 个基点；二套主流房贷利率从 1 月的 5.89% 下降到 12 月份的 5.51%，累计降低 38 个基点（见图 4）。

贝壳 36 城市平均房贷放款周期显示，2020 年进入二季度重点城市房贷放款周期呈现逐月缩短走势，7 月降至 38 天，较 3 月的高点缩短 32 天，8 月起房贷放款周期呈企稳回升态势，12 月回升至 48 天（见图 5）。

（2）居民加杠杆购房

2020 年购房信贷环境相对宽松下，居民加杠杆购房，购房杠杆率提升。

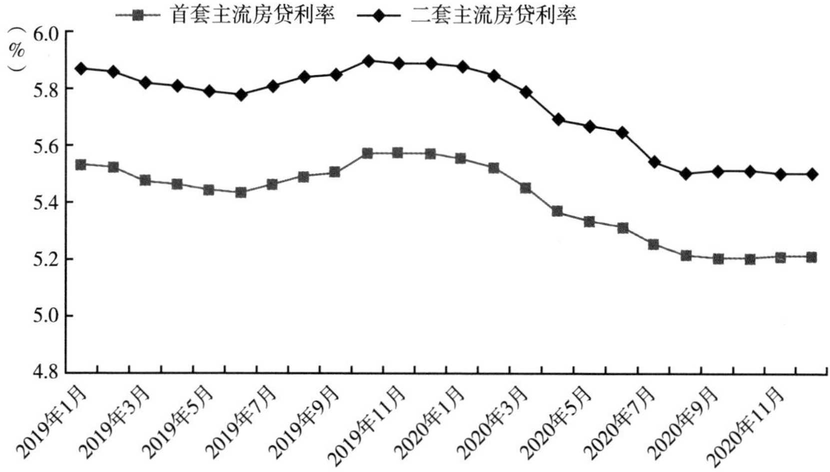

图4 2019年1月至2020年12月贝壳36城主流房贷利率

注：主流房贷利率指统计期内房贷成交最集中的利率点位。36城包含北京、上海、广州、深圳、成都、大连、东莞、佛山、哈尔滨、杭州、合肥、惠州、济南、昆明、廊坊、南昌、南京、南通、宁波、青岛、厦门、沈阳、石家庄、苏州、太原、天津、无锡、武汉、西安、烟台、银川、长春、长沙、郑州、中山、重庆。

资料来源：贝壳研究院监测。

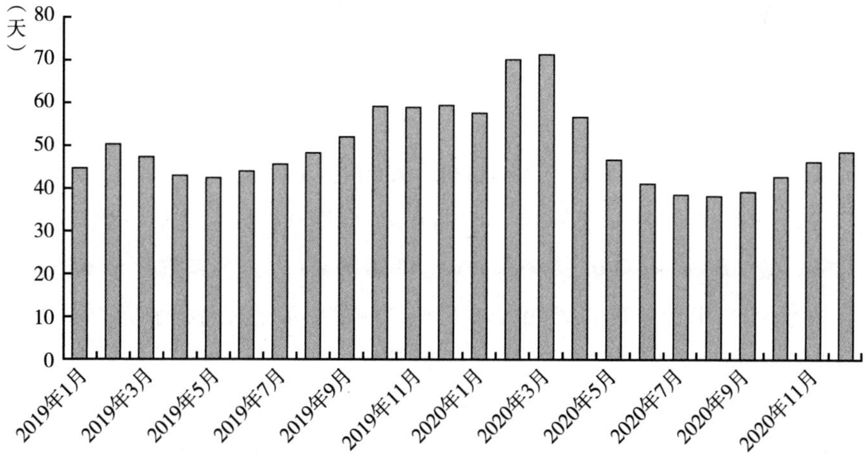

图5 2019年1月~2020年12月贝壳36城平均房贷放款周期

注：房贷放款周期指签订贷款合同到最终放款的自然日数。36城同图4。

资料来源：贝壳研究院监测。

存量房购房杠杆率为存量房客户的房屋贷款金额占房屋总成交金额的比重。2020年贝壳重点52城综合购房杠杆率月平均值为42.97%，较2019年有所提升（见图6）。

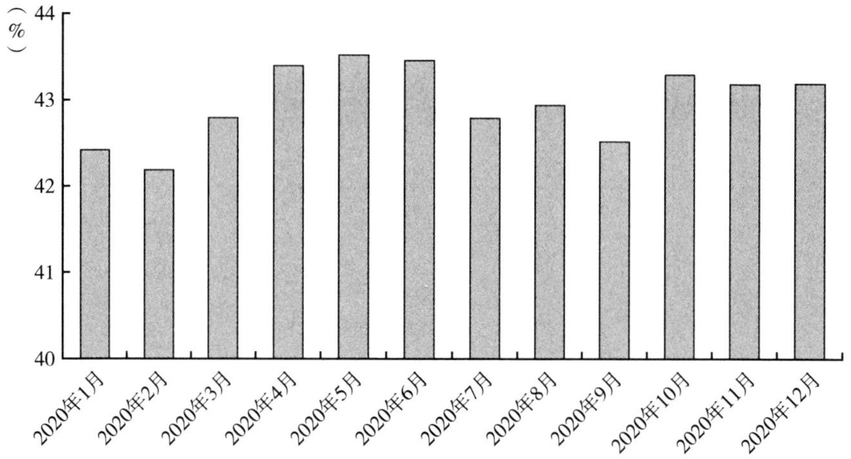

图6 2020年1～12月贝壳重点52城综合购房杠杆率走势

注：重点52城包含北京、上海、天津、厦门、南京、杭州、济南、苏州、南充、无锡、合肥、南通、徐州、温州、青岛、广州、成都、深圳、福州、武汉、大连、安庆、常州、沈阳、哈尔滨、绍兴、廊坊、烟台、西安、绵阳、南昌、石家庄、宁波、兰州、襄阳、昆明、太原、洛阳、长沙、惠州、长春、咸阳、银川、珠海、重庆、郑州、东莞、佛山、贵阳、开封、中山、临沂。

资料来源：贝壳研究院。

购房杠杆为商业贷款和公积金贷款。2020年贝壳重点52城商业贷款杠杆率月平均值为38.48%，较2019年提高0.48个百分点；公积金贷款杠杆率为4.92%，较2019年提高0.12个百分点。2020年12月，贝壳重点52城商业贷款杠杆率为38.47%，为2020年下半年以来的最高水平；公积金贷款杠杆率为4.72%，较10月、11月有所下降（见图7）。

不同城市间存量房购房者对于购房贷款的使用程度存在明显差异。贷款成数为使用按揭贷款的购房客户贷款额与其房屋成交额的占比。2020年贝壳重点52城平均贷款成数为57.05%，较2019年56.67%的贷款成数略有上升，但城市间分化明显。从城市群来看，2020年珠三角城市群的贷款成数最高，在60%左右，较2019年有所上升；长三角城市群列第三，平均贷款成数为

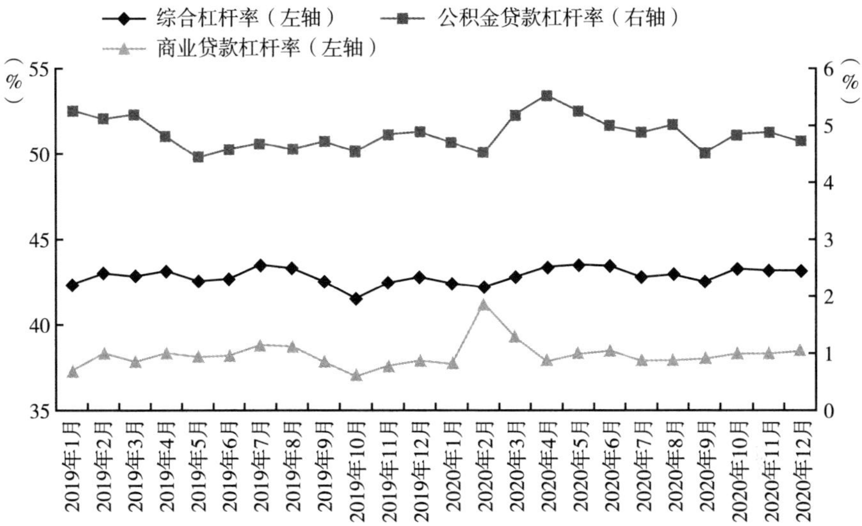

图7 2019年1月至2020年12月贝壳52城购房杠杆率

资料来源：贝壳研究院。

52.78%，较2019年52.46%的贷款成数略有上升；京津冀城市群最低，平均贷款成数为50.15%（见图8）。

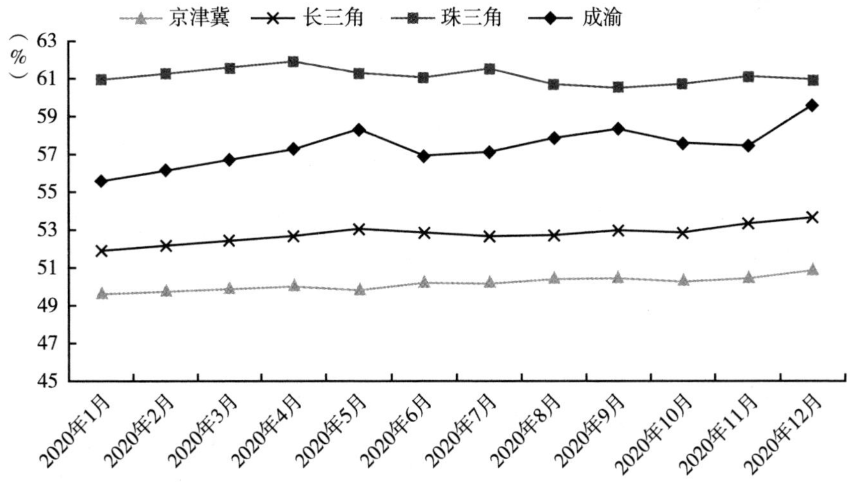

图8 2020年1~12月不同城市群存量房客户贷款成数走势

资料来源：贝壳研究院。

141

全款比例为购房客户中全款方式购买房屋的成交金额在当月房屋总成交金额中的占比。2020 年贝壳重点 52 城平均全款比例为 24.24%，较 2019 年的 24.58% 略有下降。从城市群来看，珠三角城市群的全款比例最低，为 19.62%，与其较高的贷款成数相对应；成渝城市群的全款比例最高，为 34.27%；京津冀次之，2020 年平均全款比例为 28.40%，较 2019 年 26.92% 的全款比例提高 1.48 个百分点（见表 3）。

表 3　2019～2020 年贝壳重点 52 城及不同城市群全款比例

单位：%

范围	2019 年	2020 年
贝壳重点 52 城	24.58	24.24
成渝城市群	40.53	34.27
京津冀城市群	26.92	28.40
长三角城市群	21.42	22.75
珠三角城市群	18.05	19.62

资料来源：贝壳研究院。

（3）改善型需求加快释放

贝壳研究院数据显示，疫情过后大户型高端改善房源月度成交套数环比增速明显高于其他面积段的房源。2020 年贝壳重点 18 城市 180 平方米以上房源成交套数同比增幅为 32%，141～180 平方米的中高端改善房源成交套数同比增幅为 21%，高于其他小面积房源的同比增速（见图 9）。大面积高端改善房源的价格涨幅也超过其他房源，如 141～180 平方米的房源价格同比涨幅为 9%，在所有面积段房源中涨幅最大，180 平方米以上的房源成交均价同比涨幅也相对较大（见图 10）。

城市内部不同区域市场成交均价的变化特征也能反映改善型需求在加快入市。从具体城市不同城区来看，2020 年核心区域存量房高单价房源价格同比涨幅较大。以一线城市为例，2020 年广州的越秀区、深圳的宝安区、北京的海淀区及上海的黄浦区等核心区域存量房价格同比涨幅在各区域房价涨幅排名中居前位（见表 4）。

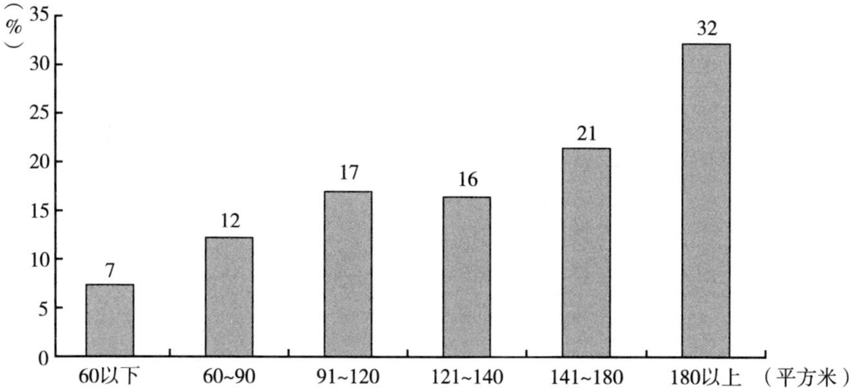

图9　2020年重点18城市不同面积段房源成交套数同比增速

注：重点18城市包含北京、上海、深圳、广州、大连、天津、廊坊、西安、济南、青岛、烟台、武汉、南京、合肥、杭州、长沙、成都、重庆。

资料来源：贝壳研究院。

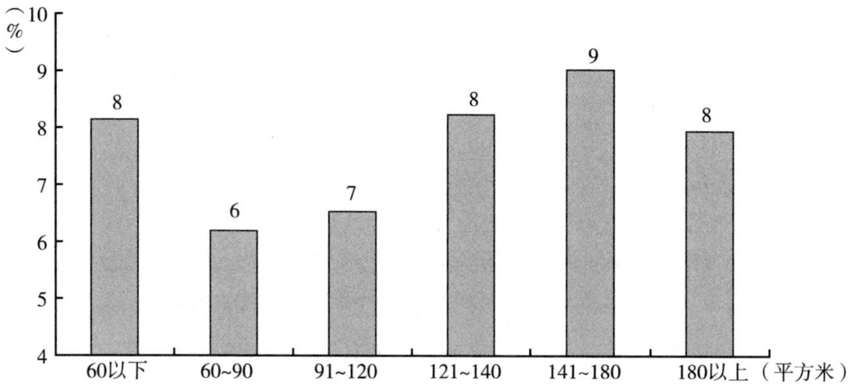

图10　2020年重点18城市不同面积段房源成交均价同比变化

注：重点18城市包含范围同图9。

资料来源：贝壳研究院。

表4 2020年北京、上海、广州、深圳不同区域存量房成交均价及同比变化

单位：元/m²，%

城市	区域	成交均价	同比涨幅
广州	越秀区	47521	7
	黄埔区	32609	6
	天河区	53977	1
	海珠区	39893	0
	荔湾区	35712	0
	白云区	30721	−2
	番禺区	26441	−2
	花都区	15526	−6
	增城区	18640	−6
深圳	宝安区	77887	34
	南山区	99405	29
	福田区	85527	29
	龙华区	62607	24
	罗湖区	58931	15
	龙岗区	45581	14
	盐田区	46924	7
北京	海淀区	80975	2
	西城区	111113	0
	东城区	89843	−1
	朝阳区	63362	−1
	昌平区	41443	−2
	丰台区	53802	−2
	石景山区	49323	−2
	房山区	32687	−2
	大兴区	39779	−3
	顺义区	36600	−3
	通州区	41474	−6
上海	黄浦区	94826	8
	闵行区	50612	7
	徐汇区	74472	7
	虹口区	68024	7
	浦东新区	55119	5
	宝山区	43977	5

续表

城市	区域	成交均价	同比涨幅
	静安区	75511	5
	杨浦区	64715	5
	长宁区	71063	4
上海	普陀区	60845	4
	嘉定区	37914	4
	松江区	35915	3
	青浦区	32925	3
	奉贤区	21658	0

资料来源：贝壳研究院。

　　2020年消费者更加注重居住空间的改善，数据表现为大户型改善房源成交占比提升。2020年贝壳重点18城市三居室户型房源成交占比为27%，较2018年提高3个百分点；四居室及以上的房源成交占比为5%，较2018年提高1个百分点；二居室户型房源成交占比降至50%以下，一居室户型房源成交占比较2018年下降3个百分点（见表5）。

表5　2018~2020年贝壳重点18城市不同居室户型房源成交占比

单位：%

时间	一居室	二居室	三居室	四居室及以上
2018年	23	50	24	4
2019年	21	49	26	4
2020年	20	49	27	5

注：重点18城市包含城市同图9。
资料来源：贝壳研究院。

　　除了居住空间的改善，消费者也更加注重居住环境的改善，具体表现在2020年不同楼龄房源成交占比的变化上。2020年贝壳重点18城市存量房成交房源中，楼龄在5年以下的房源成交占比为7%，较2018年提高3个百分点；楼龄在5~10年的房源成交占比为22%，较2018年提高1个百分点；楼龄在11~20年的房源成交占比为37%，较2018年降低4个百分点（见表6）。

表6 2018～2020年贝壳重点18城市不同楼龄房源成交占比

单位：%

时间	5年以下	5～10年	11～15年	16～20年	21～30年	30年以上
2018年	4	21	24	17	23	12
2019年	7	22	21	16	23	11
2020年	7	22	21	16	23	11

注：重点18城市包含城市同图9。

资料来源：贝壳研究院。

（二）城市基本面差异导致存量房市场南北分化

1. 市场表现：南方城市市场上行，北方城市明显降温

2020年，长三角、珠三角、成渝、关中平原等城市群内核心一二线城市存量房成交套数同比增长较快，如一线城市中上海、深圳、广州同比增速均在20%以上，二线城市中如杭州同比增幅超过40%，西安、成都等城市同比涨幅在30%～40%，增速超过其余多数二三线城市。2020年珠三角、长三角城市群存量房成交均价同比涨幅普遍较大，如东莞、深圳、宁波、上海存量房成交均价同比涨幅均等于或超过10%（见表7）。

表7 2020年不同城市群代表城市存量房成交套数与成交均价同比

单位：%

城市群	城市	城市等级	成交套数同比	成交均价同比
珠三角城市群	东莞	二线城市	−19	15
	深圳	一线城市	23	11
	惠州	三线城市	−11	7
	广州	一线城市	23	1
	中山	三线城市	5	0
	佛山	二线城市	7	−1
长三角城市群	宁波	二线城市	−3	11
	上海	一线城市	22	10
	无锡	二线城市	3	6
	南京	二线城市	29	5

续表

城市群	城市	城市等级	成交套数同比	成交均价同比
长三角城市群	杭州	二线城市	45	3
	苏州	二线城市	−40	−6
成渝城市群	成都	二线城市	32	5
	重庆	二线城市	−7	−2
关中城市群	西安	二线城市	37	5
长江中游城市群	武汉	二线城市	−13	2
	合肥	二线城市	18	3
	长沙	二线城市	21	2
	南昌	二线城市	−20	−1

资料来源：贝壳研究院。

与长三角、珠三角城市群等南方城市表现不同，2020年北方城市存量房市场呈现不同程度的降温，如京津冀城市群的北京、天津、廊坊，山东半岛城市群的青岛、济南、烟台及中原城市群的郑州等城市存量房成交均价较2019年有不同程度的下跌（见表8）。

表8　2020年不同城市群代表城市存量房成交套数与成交均价同比

单位：%

城市群	城市	城市等级	成交套数同比	成交均价同比
京津冀城市群	北京	一线城市	14	−1
	天津	二线城市	−12	−4
	廊坊	三线城市	7	−11
辽中南城市群	沈阳	二线城市	−25	4
	大连	二线城市	−8	5
哈长城市群	长春	二线城市	−10	−2
	哈尔滨	二线城市	−37	10
山东半岛城市群	青岛	二线城市	19	−6
	济南	二线城市	17	−5
	烟台	二线城市	−12	−1
中原城市群	郑州	二线城市	12	−3

资料来源：贝壳研究院。

从贝壳二手房价格指数月度走势看，2020 年东莞、深圳、上海等南方城市存量房房价持续上涨，而天津、青岛等北方代表城市存量房房价呈现逐步向下的走势（见图 11、图 12）。

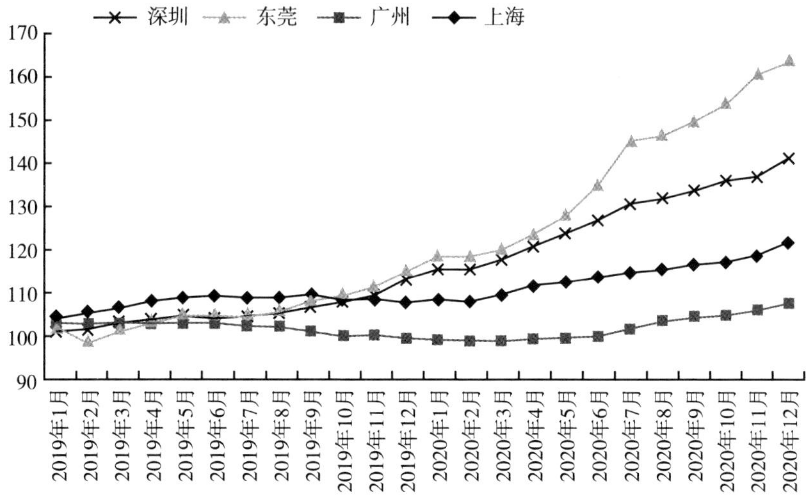

图 11 2019 年 1 月至 2020 年 12 月南方部分代表城市二手房价格指数走势

注：贝壳二手房价格指数是在城市选择固定样本小区，以真实的二手房成交数据为基础，利用重复交易法编制而成。2019 年 1 月为基期，基期值 = 100。

资料来源：贝壳研究院。

南北城市的市场差异也体现在存量房成交节奏的变化上。

从具体城市看，上海、深圳、东莞等长三角、珠三角城市群热点城市房源成交周期缩短，而京津冀城市群的廊坊、石家庄及山东半岛城市群的烟台、青岛等城市，2020 年存量房的房源成交周期多在 150 天以上，较 2019 年延长幅度较大，其中廊坊 2020 年房源成交周期较 2019 年延长 62 天，在代表城市中延长天数最多（见表 9）。

2. 原因分析：在城市基本面差异下市场预期不同

珠三角、长三角城市群等城市近年经济发展速度加快，人口持续流入，带动市场购房需求充足。如深圳在粤港澳大湾区及先行示范区双重利好加持下，楼市预期加强，市场上行；深圳作为珠三角城市群的核心城市，进一步带动东莞、惠州等周边城市市场发展。长三角的上海、杭州等核心一二线城市也长期

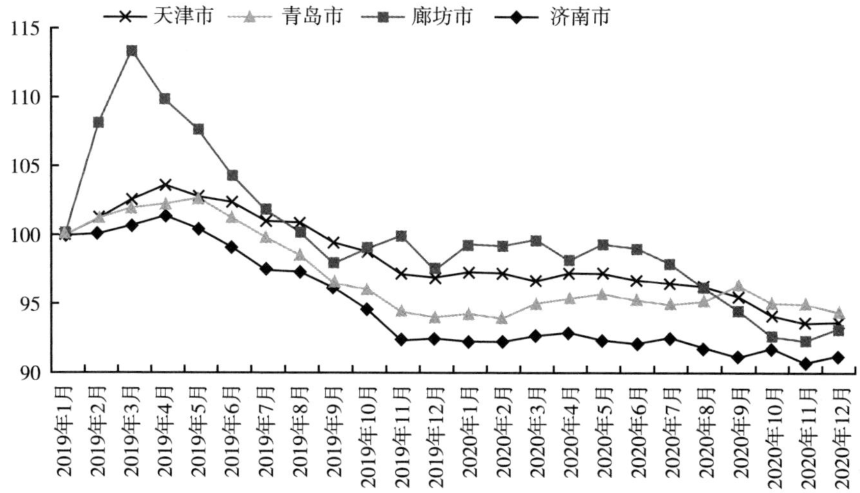

图12 2019年1月至2020年12月北方部分代表城市二手房价格指数走势

注：2019年1月为基期，基期值=100。

资料来源：贝壳研究院。

受益于经济增长、人口流入的红利。而与之形成鲜明对比的是，北方城市如京津冀城市群、山东半岛城市群特别是东北地区等多数城市，经济增长动力较弱，在常住人口流出压力下住房需求不足，房地产市场预期较弱，导致存量房市场量价下行。

表9 2019年、2020年部分城市房源成交周期

单位：天

城市	房源成交周期		
	2019年	2020年	较2019年变化
廊坊	88	150	62
烟台	116	167	51
石家庄	106	156	50
青岛	117	166	49
重庆	94	139	45
武汉	114	158	44
济南	117	159	42
天津	120	161	41

续表

城市	房源成交周期		
	2019 年	2020 年	较 2019 年变化
沈阳	93	132	39
大连	115	143	28
北京	102	130	28
上海	114	102	-12
深圳	131	118	-13
东莞	108	80	-28

资料来源：贝壳研究院。

二 2021年：稳中有升，分化加剧

（一）货币政策稳健中性，房地产金融降杠杆持续深化

1. 货币政策将保持稳健中性

2020 年下半年，我国经济持续修复，货币政策逐步回归常态化，截至 2021 年 1 月 LPR 利率连续 9 个月保持不变。2020 年四季度中央高层及央行三季度货币政策报告多次释放"特殊时期政策退出""把好货币供应总闸门"等信号，表明高层态度已经逐步从阶段性容忍杠杆率提升向稳杠杆转移。但货币政策尚不存在全面收紧的基础：①国内经济尚未恢复到潜在增速水平，消费仍有待恢复，投资增速不及预期；②高杠杆率下我国金融系统较脆弱，货币政策收紧存在可能刺破债务泡沫的风险；③国际疫情仍在蔓延，全球经济衰退大势难改，国际范围内极度宽松的货币政策将持续，国内收紧货币政策会加速人民币升值，导致国际热钱涌入，进一步造成输入性通货膨胀。2020 年 12 月召开的中央经济工作会议强调宏观政策要保持连续性、稳定性、可持续性。要继续实施积极的财政政策和稳健的货币政策，保持对经济恢复的必要支持力度，政策操作上要更加精准有效，不急转弯，把握好政策时度效。因此 2021 年货币政策将保持稳健中性、灵活适

度，强调结构性货币政策工具对于实体经济的精准滴灌。预计2021年LPR继续下行的可能性较低，房贷利率存在波动调整的可能。

2. 房地产金融降杠杆持续深化

2020年中央经济工作会议及《中共中央关于制定国民经济和社会发展第十四个五年规划和二〇三五年远景目标的建议》中，均提到"要坚持房子是用来住的、不是用来炒的定位，因地制宜、多策并举，促进房地产市场平稳健康发展"，表明2021年房住不炒、因城施策的调控基调保持不变，调控着力点是支持基本自住购房需求、抑制投资性需求、遏制投机炒房。

房地产金融降杠杆将是2021年市场调控的重心。供应端，"三道红线"融资新规将逐步落地并在规模以上房企实行。需求端，2020年12月31日央行发布《关于建立银行业金融机构房地产贷款集中度管理制度的通知》，综合考虑银行业金融机构的资产规模、机构类型等因素，分档设置房地产贷款余额占比和个人住房贷款余额占比两个上限，对超过上限的机构设置过渡期，并建立区域差别化调节机制。这意味着，2021年银行等金融机构对于个人住房贷款的利率、购房资格、放款周期等方面的监管将更加严格；在房贷余额占比上限的约束下，购房信贷资源将更多向核心城市大中型银行倾斜。针对抵押经营贷等资金违规进入房地产市场的现象，地方政府也将出台监管收紧政策。

（二）2021年市场规模稳中有升，区域分化加剧

景气指数可以反映市场预期。截至2020年12月，贝壳35城二手房景气指数为33，较2020年1月提高5（见图13）。市场景气度保持高位的背景下，预计2021年存量房市场整体呈平稳向上走势。根据贝壳研究院预测，2021年全国存量房市场整体成交套数接近2020年水平，成交金额同比小幅增长，价格同比涨幅从7%收窄到5%左右。

分不同等级城市看，截至2020年12月一线城市二手房景气指数为45，预计2021年市场上行动力大；二线城市、三线城市景气指数为23、20，预计2021年市场整体表现平稳（见表10）。

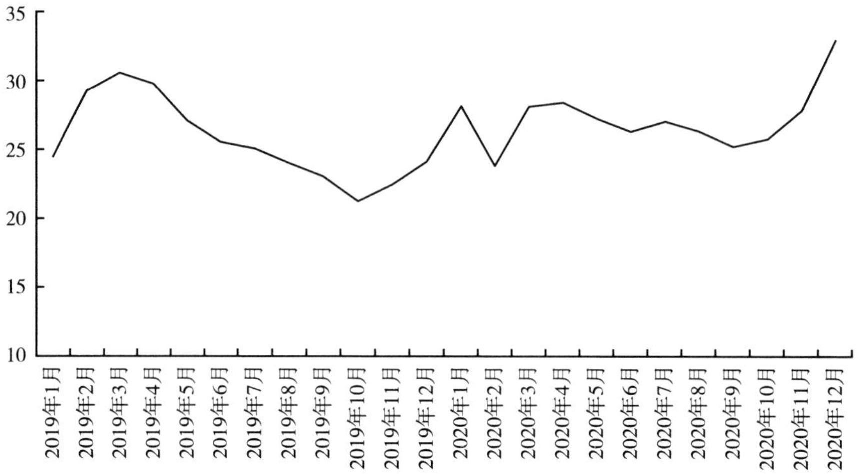

图13 2019年1月至2020年12月贝壳35城二手房景气指数走势

注：①景气指数：基于贝壳平台上业主挂牌和调价行为数据，计算挂牌房源调价中调升的次数比例，景气指数用于反映当前市场预期，并能预测未来短期房价走势。该指数稳定在某一区间越久，价格预测准确性越高。景气指数不同范围指数值的意义如下。

景气指数	市场景气度
20以下	低迷
20～40	平稳
40以上	景气

②贝壳35城包含：北京、上海、广州、深圳、成都、大连、东莞、佛山、杭州、合肥、济南、南京、青岛、厦门、沈阳、石家庄、苏州、天津、无锡、武汉、西安、烟台、长沙、郑州、重庆、长春、昆明、南昌、宁波、哈尔滨、南通、惠州、廊坊、中山、太原。

资料来源：贝壳研究院。

分不同城市群看，2020年12月长三角、珠三角城市群二手房景气指数为46、47，市场热度较高，预计2021年房价存在上涨动力；京津冀城市群二手房景气指数为16，市场景气度较低，预计2021年存量房市场存在下行压力（见表10）。

表10　2020 年 1～12 月贝壳 35 城景气指数及不同等级、
不同城市群景气指数变化

日期	35 城景气指数	一线城市	二线城市	三线城市	长三角城市群	珠三角城市群	成渝城市群	京津冀城市群
2020 年 1 月	28	28	29	26	31	46	20	14
2020 年 2 月	24	21	27	23	25	41	21	10
2020 年 3 月	28	29	28	23	32	45	20	13
2020 年 4 月	29	33	25	22	33	44	19	16
2020 年 5 月	27	31	24	22	31	41	20	17
2020 年 6 月	26	30	23	23	30	43	20	14
2020 年 7 月	27	32	23	24	31	49	20	13
2020 年 8 月	26	32	22	27	32	44	21	13
2020 年 9 月	25	31	20	22	31	41	20	12
2020 年 10 月	26	33	20	21	33	40	18	12
2020 年 11 月	28	36	21	21	37	43	18	13
2020 年 12 月	33	45	23	20	46	47	19	16

资料来源：贝壳研究院。

将时间节点推近至 2020 年 1 月可以更细致地观察具体城市的市场预期。2021 年 1 月的具体城市的二手房景气指数短期变动显示，上海、深圳、东莞及广州景气指数高企，且呈现急升走势，市场快速升温（见表11）。针对市场快速升温的情况，2020 年 1 月上海、深圳均已出台调控收紧政策，通过限购升级、提高增值税免征年限、优先方式购买的房屋限售 5 年等调控政策打击投资性购房需求；同时上海出台加强个人住房信贷管理工作的调控政策，严格收紧个人购房信贷（见表12）。广州、东莞等城市也释放银行信贷额度收紧、放款周期延长等房贷收紧的信号。此外 2021 年 1 月 25 日，住房和城乡建设部副部长倪虹带队赴上海、深圳等城市调研督导房地产市场情况。预计后期对于市场快速升温的城市，中央及地方政府将快速出台相关政策进行调控，防止市场过热。在市场景气度高企而调控收紧的背景下，预计长三角、珠三角城市群城市房价涨幅将收窄。

与长三角城市群、珠三角城市群形成明显对比的是，石家庄、廊坊、长春、哈尔滨等北部城市存量房景气度持续在低位（见表11），预计 2021 年存量房市场量价仍面临一定的向下调整的压力。

表11 2021年1月具体城市二手房景气指数及较2020年12月的变化值

城市景气度	冷 (20以下)	温 (21~30)	较热 (31~40)	高热 (40以上)
急升(6以上)		沈阳(30,6) 成都(28,6) 北京(28,10) 苏州(24,6)	杭州(38,7) 合肥(34,6)	上海(81,15) 深圳(71,12) 东莞(71,10) 广州(41,8)
上升(3~5)	天津(16,4) 青岛(18,3) 济南(18,3) 武汉(17,3)	西安(30,4) 佛山(30,3) 南京(27,5)	厦门(39,5) 大连(36,5)	宁波(81,15) 合肥(42,3)
平稳(0~2)	长沙(20,2) 重庆(18,3) 郑州(17,2) 太原(13,2) 烟台(18,1) 昆明(19,1) 长春(15,1) 哈尔滨(15,0)	中山(27,2) 惠州(26,1) 南昌(21,0)		
下降(0以下)	廊坊(15,-1) 石家庄(10,-2)	南通(27,-4)		

资料来源：贝壳研究院。

表12 2021年1月重点城市调控政策汇总（不完全统计）

时间	城市	政策内容
2021年1月20日	深圳	居民家庭购房只能登记在具有购房资格的成员名下
2021年1月21日	上海	增值税免征年限由2年提高至5年;离婚3年内双方拥有住房套数均按离异前家庭总套数计;控制个人房贷节奏和增速;严防信用贷、消费贷、经营贷等资金违规流入楼市;新房摇号向刚需倾斜;增加住宅用地供应
2021年1月22日	合肥	对存量房业主、网络平台、房产中介及房企行为进行规范,并制定查处规则
2021年1月23日	深圳	严审购房人资格,如对偿债收入比例不符合要求的购房人,房地产开发企业和房地产经纪机构适当评估风险,采取劝退等方式处理

时间	城市	政策内容
2021年1月25日	上海	将法拍房纳入限购范围
2021年1月25日	北京	将开展打击恶意炒作和违规资金进入楼市专项行动，整顿房地产市场秩序
2021年1月底	上海、深圳	住建部赴沪深调研，督导落实城市主体责任
2021年1月27日	杭州	落户未满5年限购一套；赠予房产者限购三年，受赠人须符住房限购政策；中签率在10%以下的房源限售5年；增值税免征年限由2年提高至5年；人才优先购房需追溯三年无房记录等
2021年1月29日	上海	要求严格管理房贷占比，特别是个人房贷占比；严格控制借款人住房贷款的月房贷支出与收入比、月所有债务支出与收入比，核实借款人真实收入水平；加强限购、限贷资格特别是离异后限贷资格的认定；重点支持借款人购买首套中小户型自住住房的贷款需求；防止消费类贷款、经营性贷款等信贷资金违规挪用于房地产领域

资料来源：贝壳研究院整理。

2021年城市内部的市场分化也将继续。随着人口数量红利向人口质量红利转变，中高收入群体扩大，消费者对房屋品质和居住综合环境提出更高要求，带来改善住房需求增长。品质住房不仅仅是居住面积的扩大，并且对产品质量高、配套设施全、社区服务好都有更高的需求。从2021年趋势上看，一方面，首次改善、再次改善以及旅居需求将逐步成为"新刚需"；另一方面，一二线重点城市进入"换房"阶段，消费者通过城市存量房市场完成"以小换大""以老换新""以远换近"，由此带动城市内部存量房市场的分化。

此外，2021年房地产市场的存量化程度将加深。一方面，一二线城市尤其是核心区域增量住房开发空间收窄，消费者追求区位、配套改善的住房需求将更多在存量房市场上得到满足。另一方面，2021年政府大力推进城镇老旧小区改造，存量住宅的居住品质将得到明显提升，进一步存量房相对于新房的竞争力也得到提升，带动存量房市场成交规模在整体交易中的占比提升。

B.8
2020年全国个人住房信贷市场
分析及2021年展望

蔡真　崔玉*

摘　要: 尽管宏观经济受到新冠肺炎疫情冲击，但中央层面依然坚持了"房住不炒"的调控总基调，银行信贷部门较好地落实了这一精神。从存量情况来看，截至2020年末，我国个人住房贷款余额的规模为34.44万亿元，同比增速持续下降。从利率情况来看，2020年全国首套、二套个人住房贷款的平均利率呈持续小幅下降态势。从风险来看，受益于较高的首付比例、较低的LTV，我国个人住房贷款抵押物保障程度较高，个人住房贷款整体风险可控；但当前我国住户部门债务收入比达到139.98%，已处于较高水平，需引起警惕。展望2021年，我们倾向于认为个人住房贷款余额增速仍将继续保持缓慢下行趋势，全年增幅可能会在13.5%左右；在LPR短期稳定、央行货币政策重回中性与"紧平衡"以及银行业金融机构房地产贷款集中度管理制度全面实施的影响下，个人住房贷款利率的实际平均水平可能会有所上升，预估上升幅度在5~25个基点；风险方面，由于数量调控的作用，预计个人住房贷款不良率以及新增LTV不会显著上升，而住房贷款收入比仍会延续2020年的趋势继续小幅上升。

---

* 蔡真，中国社会科学院金融研究所副研究员，国家金融与发展实验室房地产金融研究中心主任，主要研究方向为房地产金融和风险管理；崔玉，国家金融与发展实验室房地产金融研究中心助理研究员，主要研究方向为房地产金融。

关键词： 个人住房 信贷市场 贷款利率 风险状况

一 个人住房贷款市场运行情况

（一）存量情况

个人住房贷款，通常也被称为个人住房按揭贷款，指商业银行等金融机构用信贷资金向在城镇购买、建造、大修各类型住房的自然人发放的贷款，借款人必须以购买、建造或已有的住房产权为抵押物或其他抵押、质押、保证、抵押加阶段性保证等担保方式提供担保。我国境内第一笔个人住房按揭贷款是由中国建设银行深圳分行在1985年向南油集团职工发放的，而个人住房贷款的大发展在1998年住房制度改革之后。1998年国务院下发了《国务院关于进一步深化城镇住房制度改革加快住房建设的通知》（国发〔1998〕23号），通知要求各省、自治区、直辖市从1998年下半年开始停止住房实物分配，并逐步实行住房分配货币化。该政策的核心目标是发展住房交易市场。与此同时，住房买卖配套的金融支持政策也得以落实，文件第二十条要求"扩大个人住房贷款的发放范围，所有商业银行在所有城镇均可发放个人住房贷款。取消个人住房贷款的规模限制，适当放宽个人住房贷款的贷款期限。"这些措施使得个人住房贷款快速增长，仅1998年当年就实现了271.58%的增长。经过20多年的发展，我国金融机构个人住房贷款余额从1998年底的约700亿元，迅速增长至2020年末的34.44万亿元，增长了约491倍，年均复合增长率约为32.5%。与此同时，个人住房贷款在银行贷款中的地位也不断上升，1998年个人住房贷款余额占金融机构人民币各项贷款余额的份额不足1%，而2020年末这一比例已接近20%（见表1）。

表1 1998～2020 年个人住房贷款市场情况（年度）

单位：万亿元，%

年份	个人住房贷款余额	个人住房贷款余额同比增长率	金融机构各项贷款余额	个人住房贷款余额占总贷款余额百分比
1998	0.07	271.58	8.65	0.81
1999	0.14	94.05	9.37	1.49
2000	0.33	142.34	9.94	3.32
2001	0.56	67.47	11.23	4.99
2002	0.83	48.56	13.13	6.32
2003	1.20	45.28	15.90	7.55
2004	1.60	35.15	17.74	9.02
2005	1.84	15.00	19.47	9.45
2006	2.27	19.00	22.56	10.08
2007	3.00	33.60	26.17	11.46
2008	2.98	10.50	30.34	9.82
2009	4.76	43.10	39.97	11.91
2010	6.20	29.40	47.92	12.94
2011	7.14	15.60	54.79	13.04
2012	8.10	13.50	62.99	12.86
2013	9.80	21.00	71.90	13.63
2014	11.52	17.50	81.68	14.10
2015	14.18	23.20	93.95	15.09
2016	19.14	35.00	106.60	17.95
2017	21.90	22.20	120.13	18.23
2018	25.75	17.80	136.30	18.89
2019	30.07	16.70	153.11	19.64
2020	34.44	14.60	172.75	19.94

资料来源：《中国货币政策执行报告》、《中国人民银行金融机构贷款投向报告》、Wind。

　　住房市场的快速发展离不开金融机构的信贷支持，房价的涨跌趋势也与金融机构个人住房贷款余额同比增速表现出强相关性。从图1个人住房贷款余额增速情况来看，个人住房贷款余额同比增长较快的时间段，同时也是我国住房价格上涨较快的时间段，两者保持了较为一致的正相关关系①。自2016年9月

① 潘家华、王业强主编《房地产蓝皮书：中国房地产发展报告 No.16（2019）》，社会科学文献出版社，2019。

以来，中央层面保持了政策定力，坚持"房住不炒"的房地产调控的总基调不变，以稳地价、稳房价、稳预期为调控目标，强调通过因城施策、租购并举促进房地产市场平稳健康发展。住建部、央行、银监会、国土部等部门多次表态坚决贯彻和落实中央"房住不炒"要求，通过加强房地产金融审慎管理，抑制居民部门过度加杠杆购房，防范房地产金融化、泡沫化风险。同时，严查利用首付贷、个人消费贷款、个人经营性贷款的资金来购房的违规融资行为。

从个人住房贷款数据上来看，银行信贷部门较好地落实了"房住不炒"的精神。2016～2017年，个人住房贷款余额同比增速由38.1%大幅下降至22.2%，并在2017年二季度之后呈持续下降态势。2020年，这一下降趋势仍在持续，分季度来看，我国金融机构个人住房贷款余额第一、二、三、四季度的同比增速分别为15.9%、15.7%、15.7%和14.6%，较上年同期17.6%、17.3%、16.8%和16.7%的增速略有下降（见图1）。尽管个人住房贷款余额达到34.44万亿元，仍处于历史高位；但对于如此巨大的市场，增速的持续下降即意味着"刹车"行为，如果突然"刹车"至增速为零，则有"翻车"风险。从目前数据看，个人住房贷款较好地落实了"房住不炒"任务，目前进入相对稳定状态。

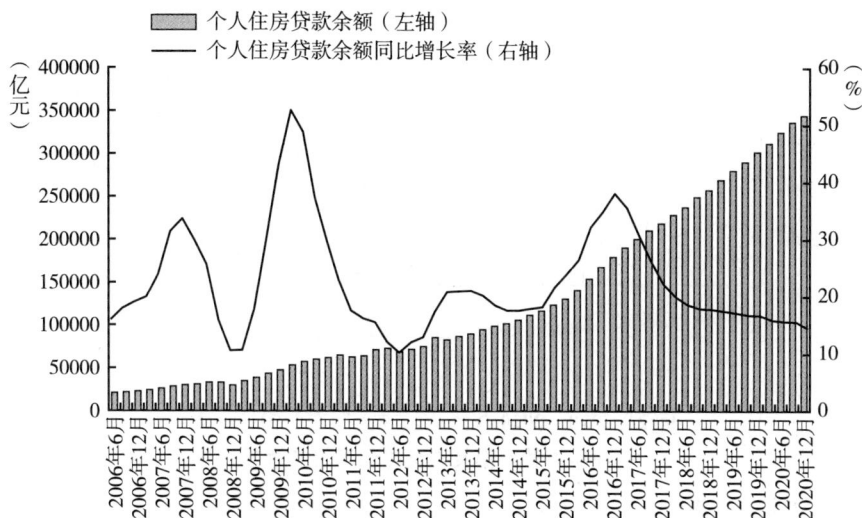

图1 2006～2020年个人住房贷款余额及增速情况（季度）

资料来源：Wind。

（二）市场结构

国有大型商业银行是个人住房贷款业务的开拓者和信贷供给主力军，我国最早一笔个人住房按揭贷款就是由中国建设银行发放。从上市银行公布的财报数据来看，截至 2020 年 6 月末，工、农、中、建、交和邮储①六家国有大型商业银行的个人住房贷款余额总和为 22.82 万亿元，占同期全国金融机构个人住房贷款余额的比例为 70.52%（见图 2）。从政策视角来看，要贯彻落实中央"房住不炒"的精神，实施房地产金融审慎管理制度应抓住中资大型商业银行这个"牛鼻子"。对于房地产市场过热城市，防范信贷资金违规流入房地产市场，可以先从核查所在城市的国有大型商业银行发放的个人消费贷款和个人经营性贷款是否合规着手。

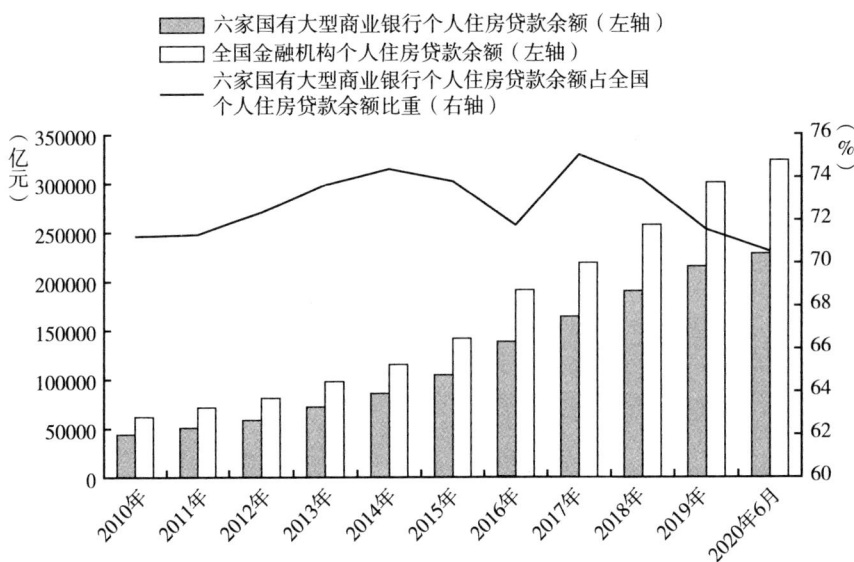

图 2　2010～2020 年六家国有大型商业银行个人
住房贷款余额及占全国住房贷款余额比重

资料来源：Wind。

---

① 自 2019 年起，中国邮政储蓄银行被纳入银保监会"商业银行"及"大型商业银行"统计口径。

工、农、中、建、交、邮储六家国有大型商业银行的年报和半年报财务数据显示，六家国有大型商业银行的个人住房贷款余额规模持续上升，从2010年末的4.42万亿元上升到2020年6月的22.82万亿元，年均复合增长率为18.87%；在房价上涨最快时期的2016年，六家国有大型商业银行的个人住房贷款余额同比增速高达31.23%。从银行业务的内部结构看，个人住房贷款占六家国有大型商业银行贷款总额的比重从2010年的17.08%上升到2020年6月的30.79%；2019年达到峰值，为31.46%（见图3）。个人住房贷款业务在商业银行中的地位日益凸显，其原因包括三个方面：第一，1998年的住房制度改革松绑了居民的住房购买约束，在经过了多年的市场培育后，居民的购房意愿成长起来。第二，经济增长和居民收入水平大幅提高，这使得居民购房能力得以提升，至少更接近首付款的门槛。第三，金融脱媒大背景下，银行向零售方向转型，个人住房贷款无疑是零售业务中最具价值的。因为个人住房贷款业务具有收益较为稳定、抵押物充足、风险相对小的特点，通过发放期限较长的个人住房贷款与借款者建立了长期业务关系，可以开展交叉销售。从六家国有大型商业银行的个人住房贷款余额增速来看，2017年开始呈持续下降的态

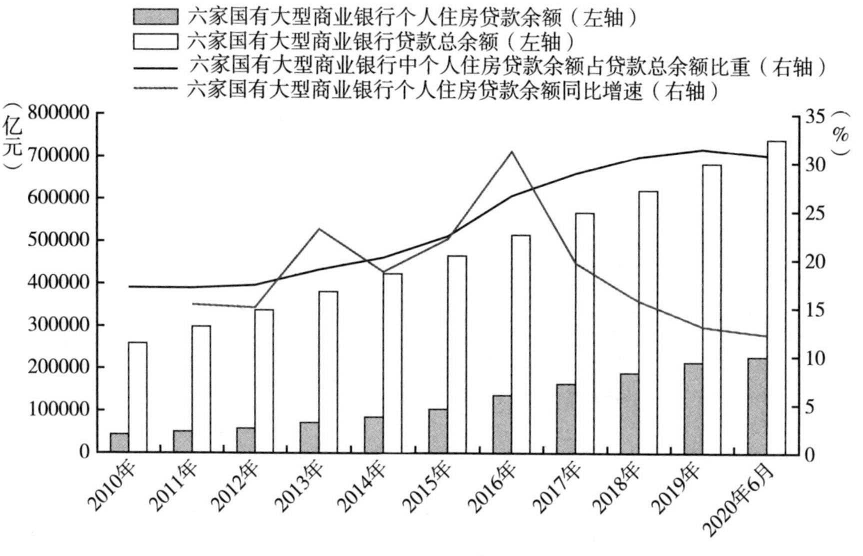

图3　2010～2020年六家国有大型商业银行个人
住房贷款余额及占其贷款总余额比重与增速

资料来源：Wind。

势且增速低于全国金融机构个人住房贷款余额的增速。2020 年，六家国有大型商业银行的个人住房贷款余额占贷款总余额比重近十年来首次出现拐点。这表明，房地产调控的信贷监管要求在六家国有大型商业银行得到了较好的执行，信贷资金开始从主要支持个人住房购买向支持实体经济倾斜。

从截面数据来看，六家国有大型商业银行 2020 年半年报显示，建行的个人住房贷款业务规模最大，余额为 5.65 万亿元，占该行贷款发放总量的 34.36%；工行的个人住房贷款余额为 5.49 万亿元，占该行贷款发放总量的 30.52%；农行的个人住房贷款余额为 4.42 万亿元，占该行贷款发放总量的 30.48%；中行的个人住房贷款余额为 4.23 万亿元，占该行贷款发放总量的 30.18%；交行的个人住房贷款余额为 1.20 万亿元，占该行贷款发放总量的 20.89%；邮储银行的个人住房贷款余额为 1.84 万亿元，占该行贷款发放总量的 33.64%。在六家国有大型商业银行贷款业务中，个人住房贷款业务的规模远远超过对制造业的贷款规模，长期处于贷款业务量第一的位置（见图 4）。根据央行和银保监会 2020 年 12 月 31 发布的《关于建立银行业金融机构房地产贷款集中度管理制度的通知》（银发〔2020〕322 号）要求，六家国有大型

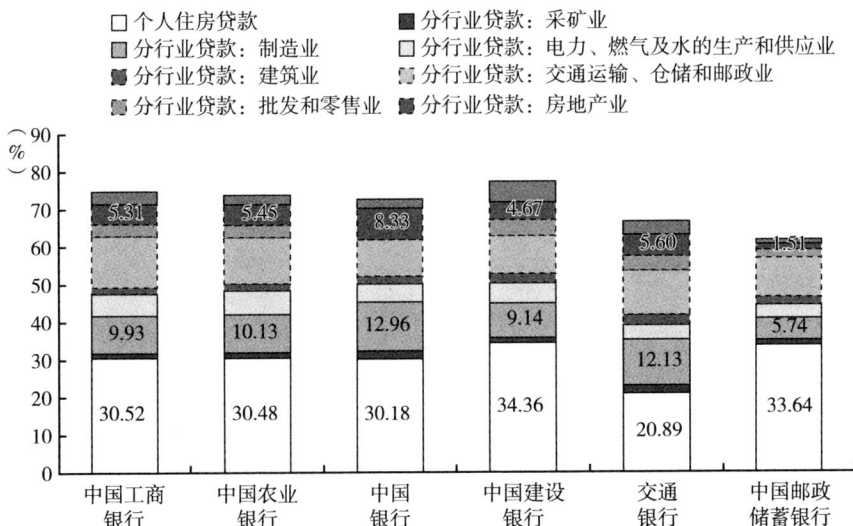

图 4　六家国有大型商业银行主要贷款业务百分比堆积图（2020 年半年报）

资料来源：Wind。

商业银行房地产贷款余额占比均低于监管要求的上限（40%），但中国建设银行和中国邮政储蓄银行的个人住房贷款余额占比超过监管要求的上限（32.5%）。在未来两年内，中国建设银行和中国邮政储蓄银行需降低个人贷款规模或个人住房贷款的增速来优化信贷结构，从而满足房地产金融审慎管理制度要求。

二　个人住房贷款利率走势

（一）全国住房贷款平均利率情况

全国首套住房贷款的平均利率，2020年呈持续小幅下降态势。2020年平均贷款利率为5.33%，截至2020年末全国首套住房贷款平均利率为5.23%〔为贷款市场报价利率（LPR）加58个基点〕，较上一年末下降了29个基点（见图5）。

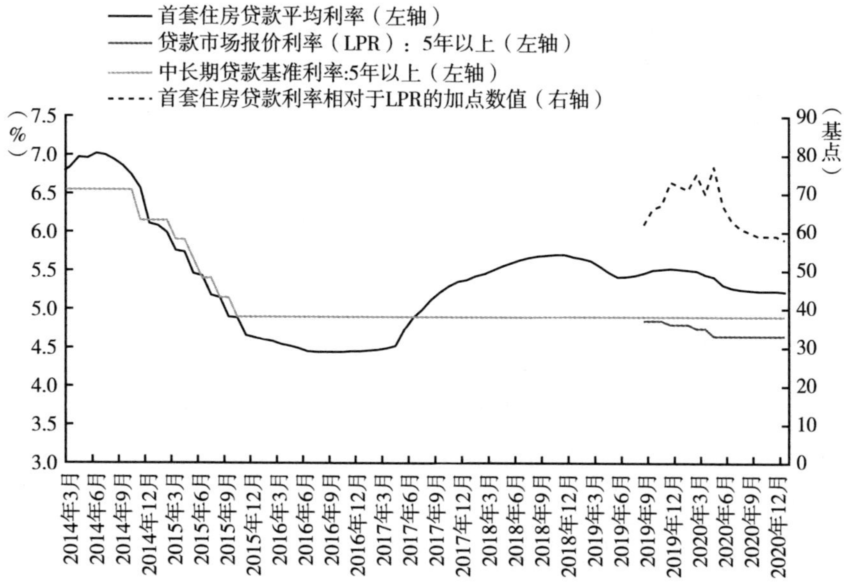

图5　2014~2020年全国首套住房贷款平均利率走势

资料来源：融360大数据研究院《中国房贷市场报告》，Wind。

从全国二套住房贷款的平均利率情况来看，2020 年二套房的利率走势几乎与首套房的利率走势一致，呈持续小幅下降态势。从二套住房贷款平均利率水平看，2020 年全年平均贷款利率为 5.64%，2020 年末全国二套住房贷款平均利率为 5.54%（为贷款市场报价利率 LPR 加 89 个基点），较上年同期下降了 30 个基点（见图 6）。

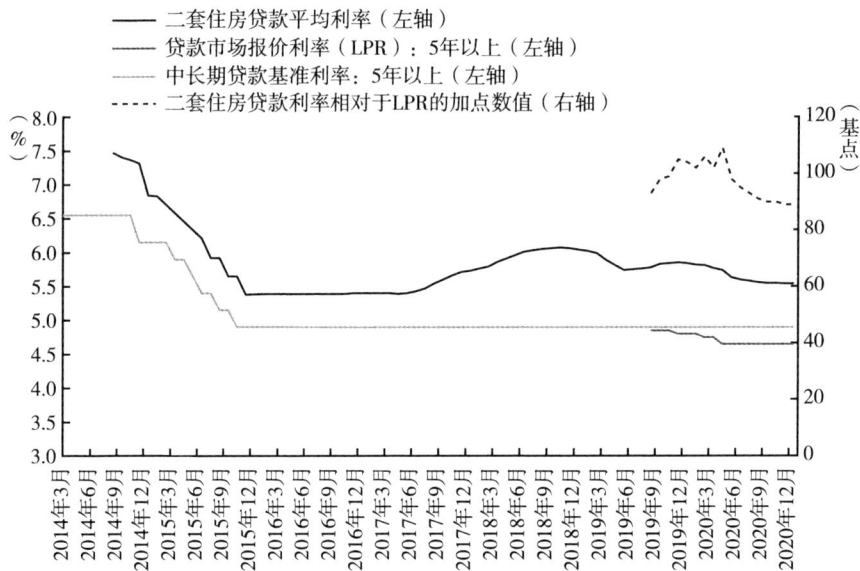

图 6　2014～2020 年全国二套住房贷款平均利率走势

资料来源：融 360 大数据研究院《中国房贷市场报告》，Wind。

全国个人住房贷款平均利率在 2020 年呈持续下降态势的原因包括两个方面：一是央行要求从 2019 年 10 月 8 日开始，商业银行新增个人住房贷款的利率需以最近一期相应期限的 LPR 为定价基准，由商业银行基于本机构经营情况、借款人信用情况、风险状况、抵押担保方式、贷款期限等因素，以 LPR 加点的形式与借款人协商确定个人住房贷款利率。2020 年 1～4 月，5 年期 LPR 三次下调，每次下调 5 个基点，LPR 的下调带动了个人住房贷款利率的随之下降。二是疫情之下，为应对新冠肺炎疫情冲击和国内外复杂经济形势，央行的货币政策相对宽松，银行体系流动性充裕，商业银行贷款利率明显下降，个人住房贷款利率也有所下降。这也是在从 2020 年 4 月开始 5 年期 LPR 连续

9个月保持不变的情况下，首套、二套住房贷款平均利率仍在延续下行趋势的主要原因。

从2020年个人住房贷款利率情况来看，差别化住房信贷政策在银行业金融机构层面得到了有效实施。根据中国人民银行公告〔2019〕第16号文的相关规定，"首套住房贷款的利率不得低于相应期限LPR，二套住房贷款的利率不得低于相应期限LPR加60个基点。"① 2020年各月份全国首套住房贷款的平均利率为5年期的LPR加58~77个基点，全国二套住房贷款平均利率为5年期的LPR加89~109个基点，均高于央行的住房信贷政策要求。

（二）部分城市住房贷款利率情况

从四个一线城市的个人住房贷款利率走势情况来看，2020年1~5月，四个一线城市首套、二套住房贷款利率走势与全国个人住房贷款平均利率走势一致，呈持续小幅下降态势；从6月开始，北京、上海、深圳个人住房贷款利率保持稳定，但广州仍继续小幅下降（见图7）。2020年末，北京首套、二套住房贷款利率分别为5.2%和5.7%，首套、二套住房贷款利差全年稳定在50个基

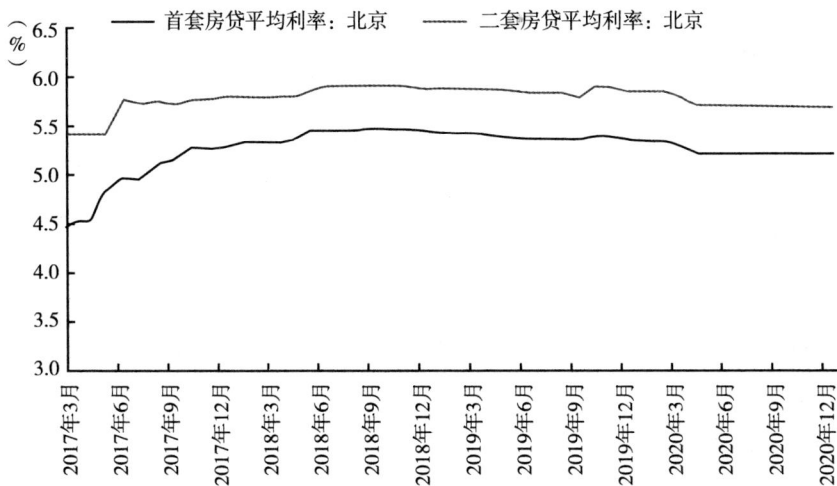

---

① 参见中国人民银行公告〔2019〕第16号，http：//www.pbc.gov.cn/goutongjiaoliu/113456/113469/3879648/index.html。

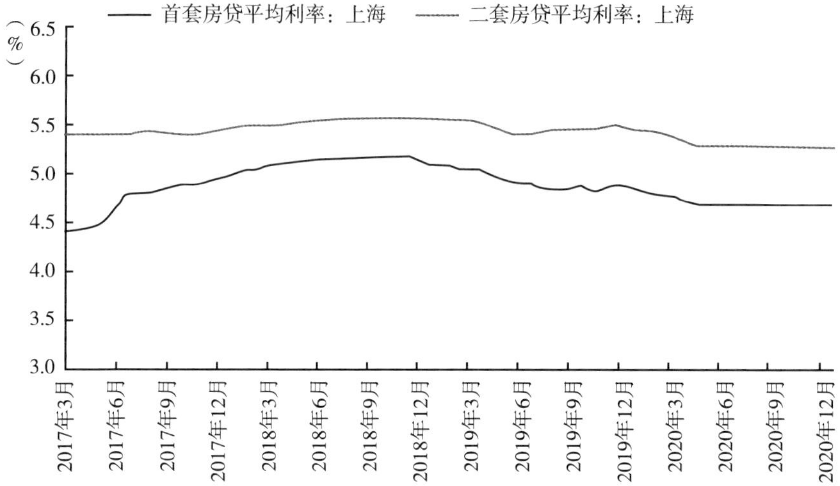
首套房贷平均利率：上海
二套房贷平均利率：上海
（%）
6.5
6.0
5.5
5.0
4.5
4.0
3.5
3.0
2017年3月
2017年6月
2017年9月
2017年12月
2018年3月
2018年6月
2018年9月
2018年12月
2019年3月
2019年6月
2019年9月
2019年12月
2020年3月
2020年6月
2020年9月
2020年12月

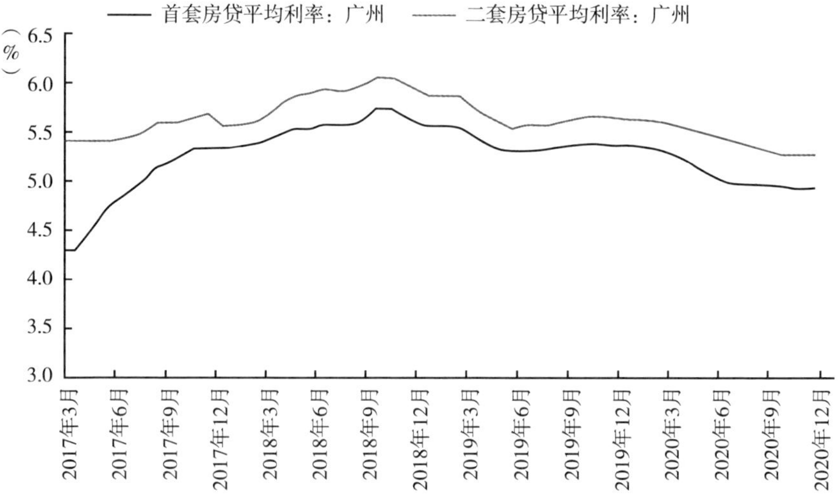
首套房贷平均利率：广州
二套房贷平均利率：广州
（%）
6.5
6.0
5.5
5.0
4.5
4.0
3.5
3.0
2017年3月
2017年6月
2017年9月
2017年12月
2018年3月
2018年6月
2018年9月
2018年12月
2019年3月
2019年6月
2019年9月
2019年12月
2020年3月
2020年6月
2020年9月
2020年12月

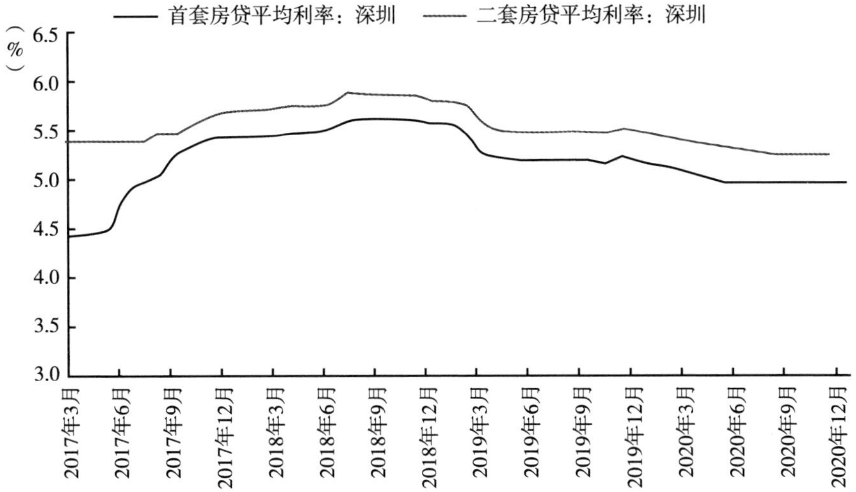

图7 2017～2020年四个一线城市个人住房贷款利率走势

资料来源：融360大数据研究院《中国房贷市场报告》，Wind。

点左右；上海的首套、二套住房贷款利率分别是为4.69%和5.28%，首套、二套住房贷款利差全年稳定在60个基点左右；广州首套、二套住房贷款利率分别为4.92%和5.26%，首套、二套住房贷款利差呈扩大趋势，从年初的29个基点扩大到年末的34个基点，这主要是首套房贷利率下降幅度更大造成；深圳首套、二套住房贷款利率分别为4.98%和5.25%，首套、二套住房贷款利差稳定在27个基点左右。

从四个一线城市的个人住房贷款的利率水平来看，除北京二套住房贷款利率略高于全国平均水平外，北京的首套住房贷款利率，上海、广州、深圳的首套、二套住房贷款利率均低于全国平均水平。低利率信贷是推动房价上涨的主要因素之一，低利率水平可以降低居民购买住房的成本，一定程度上促使部分居民能够将购房欲望转变为真实需求；而住房供给短期内缺乏弹性，市场需求的增加必然推动房价较大幅度的上涨。房抵经营贷利率与个人住房贷款利率倒挂，不少居民违规使用房抵经营贷买房，进一步推动了房价上涨。

（三）商业性个人住房贷款定价基准从基准利率转换为LPR

2019年8月17日，中国人民银行发布改革完善贷款市场报价利率（LPR）

167

形成机制①公告（中国人民银行公告〔2019〕第 15 号）②，推动商业银行贷款定价基准从中国人民银行不定期调整并公布的贷款基准利率向市场化程度更高的贷款市场报价利率（LPR）转换。中国人民银行公告〔2019〕第 16 号明确规定，从 2019 年 10 月 8 日起，商业银行新增商业性个人住房贷款的利率，应以最近一个月相应期限的 LPR 为定价基准，以 LPR 加点形成，加点数值应符合住房信贷政策要求，体现贷款风险状况，且加点数值在合同期限内固定不变。其中，要求首套住房贷款的利率不得低于相应期限 LPR，二套住房贷款利率不得低于相应期限 LPR 加 60 个基点。即自 2019 年 10 月 8 日开始，新增商业性个人住房贷款的定价基准从基准利率转换为 LPR，个人住房贷款利率由商业银行自主选择相应期限的 LPR（一般情况下，借款期限在 5 年及以下的个人住房贷款，商业银行会选择参考 1 年期 LPR 来定价；借款期限在 5 年以上的个人住房贷款，商业银行会选择参考 5 年期以上 LPR 来定价），基于当地区域差别化信贷政策规定的加点下限、本银行经营情况、借款人风险状况、借款期限等因素，由借贷双方在平等协商的基础上，确定个人住房贷款的具体加点数值，加点数值在贷款合同期内固定不变。

2019 年 12 月 28 日，中国人民银行就存量浮动利率贷款的定价基准转换为 LPR 有关事宜发布公告（中国人民银行公告〔2019〕第 30 号）③，明确存量浮动利率商业性个人住房贷款定价基准将从原先的基准利率转换为贷款市场报价利率（LPR），贷款利率由原先的"贷款基准利率×倍数"转换为"LPR 加点"形式。借款人可与商业银行协商将存量个人住房贷款的定价基准转换为以 LPR 为定价基准的浮动利率，或转换为固定利率；存量个人住房贷款只能转换一次

---

① 新的 LPR 形成机制主要包括如下内容：LPR 报价银行数量从 10 家增加到 18 家；报价利率在原只有 1 年期一个期限品种的基础上，新增 5 年期以上的期限品种；报价频率由原先的每日报价改为每月报价一次；报价方式以公开市场操作利率［主要指中期借贷便利（MLF）利率］形成的方式报价；各报价银行每月 20 日（遇节假日顺延）9 时前，根据本行对最优质客户执行的贷款利率情况向全国银行间同业拆借中心提交 LPR 报价；全国银行间同业拆借中心每月 20 日（遇节假日顺延）9 时 30 分，根据报价银行 LPR 报价，剔除最高和最低报价后，以算术平均的方式计算（向 0.05% 的整数倍就近取整）和发布新的 LPR。

② 参见中国人民银行公告〔2019〕第 16 号，http：//www.pbc.gov.cn/goutongjiaoliu/113456/113469/3876490/index.html。

③ 参见中国人民银行公告〔2019〕第 30 号，http：//www.pbc.gov.cn/goutongjiaoliu/113456/113469/3951207/index.html。

定价方式，转换之后不能再次转换。个人住房贷款，无论是转化为固定利率贷款，还是转换为以 LPR 为定价基准的浮动利率贷款，在转换时点，个人住房贷款利率水平保持不变。LPR 的期限品种依据原贷款合同的借款期限来确定；LPR 的具体加点数值由原贷款合同最近的执行利率和 2019 年 12 月相应期限 LPR 的差值来确定，且 LPR 的加点数值在贷款合同的剩余期限内应保持不变。借贷双方可继续执行原合同的重定价周期和重定价日，也可重新约定（重新约定的重定价周期最短为一年）。以上转换工作从 2020 年 3 月 1 日开始实施，原则上于 2020 年 8 月 31 日前完成。

相比于原先由中国人民银行不定期调整并公布的贷款基准利率（以 5 年以上贷款基准利率为例，其 2015 年 10 月以来未有变动），新的 LPR 市场化程度更高，更能反映市场供求的变化情况（以 5 年期 LPR 为例，其 2019 年 8 月以来，已调整三次，累计下调 15 个基点）。商业性个人住房贷款定价基准从基准利率转换为 LPR，对于固定利率个人住房贷款来说无任何影响，在合同期内贷款利率为保持不变的合同约定利率；对浮动利率个人住房贷款来说，贷款利率由 LPR 加点确定，贷款利率按照贷款合同约定的重定价周期进行调整，相应的个人住房贷款的利率水平会跟随重定价日最近一个月相应期限的 LPR 数值的变动而浮动；若重定价日最近一期的相应期限 LPR 下调，个人住房贷款利率水平会下降；LPR 上调，个人住房贷款利率水平上升。从现阶段来看，选择以 LPR 加点定价的浮动利率个人住房贷款，有助于降低借款人房贷支出。因为从中长期来看，在全球主要经济体均采用长期超低利率（甚至负利率）政策应对经济增速持续放缓等问题的情况下，我国中长期利率下行仍是大趋势（在不发生恶性通货膨胀的前提下）。

三 个人住房贷款风险状况分析

（一）个人住房贷款整体风险可控

贷款价值比（Loan to Value Ratio，简称 LTV）指贷款金额与抵押品价值（评估价值或交易价格中的较小者）的比例，是一个国际通用的抵押贷款风险评估指标，多见于抵押贷款，可以用于衡量金融机构抵押品价值对贷款的保障程度。相关研究表明，LTV 与个人住房贷款违约率呈显著正相关，即 LTV 越高，个人住房贷款的违约风险就会越大。原因是当住房价格大幅下降时，作为贷款抵押品的住房，当其市场价值小于借款人需偿还的个人住房贷款的金额时（即当住房贷款价值比大于 1 时），会对理性的借款人产生违约激励。在这种情况下，提供贷款的商业银行，其面临的贷款违约风险增加。LTV 除了作为风险监测的指标，它也是宏观审慎管理的政策工具之一，即通过提高首付比来降低 LTV，以此达到防范市场风险向信用风险传导的目的，降低个人住房贷款过度集中可能引发的金融系统性风险。

由于我们难以计算全部存量住房的价值，因而难以计算存量个人住房贷款的 LTV；但可以根据每年新增住房销售额和新增个人住房贷款计算新增住房贷款的 LTV，这一指标反映了当年居民部门在住房消费中使用杠杆的程度，也可以反映房价上升中银行杠杆资金的作用。我们对一线城市、部分二线城市新增个人住房贷款的 LTV 做了估算。2020 年，一线城市方面，北京新增住房贷款的平均 LTV 为 46.61%，处于合理水平；深圳的新增住房贷款价值比呈先上升后下降态势，拐点在 2020 年 6 月，这说明监管部门严查房抵经营贷违规入市的政策已经发挥作用，平均新增住房贷款价值比为 59.59%，随着信贷杠杆控制的加强，相信深圳房价泡沫将得到进一步控制；上海的新增住房贷款的平均 LTV 为 18.11%，风险相对较低；广州的新增住房贷款的平均 LTV 为 51.73%，处于合理水平。2020 年，二线城市方面，重庆的平均新增住房贷款价值比为 60.47%；南京新增住房贷款的平均 LTV 为 46.61%；厦门的平均新增贷款价值比为 46.87%；郑州新增住房贷款的平均 LTV 为 35.12%；武汉和天津新增住房贷款的平均 LTV 分别为 37.19% 和 33.83%（见图 8）。

受益于较高的首付比例、较低的 LTV，我国新增个人住房贷款抵押物保障程度较高，个人住房贷款整体风险可控。但从国家统计局的 70 城房价指数情况来看，我国不同城市间房价走势的分化在加剧。2020 年，在我国 70 个大中型城市中，新建商品住宅价格同比上涨超过 10% 的城市数量为 3 个，新建商品住宅价格同比下降的城市数量为 10 个；二手商品住宅价格同比上涨超过 10% 的城市有 1 个，二手商品住宅价格同比下降的城市数量为 26 个；其中，部分一线和二线热点城市后疫情时期房价上涨幅度较大，如深圳二手住房价格同比

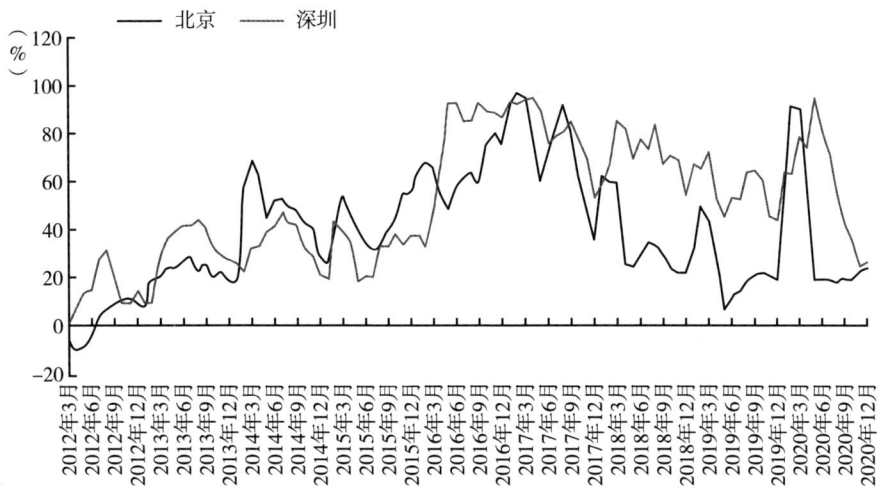

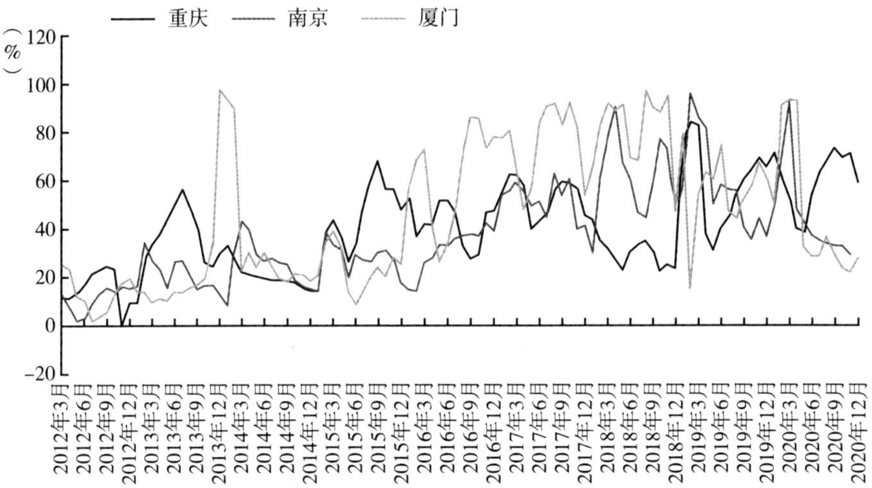

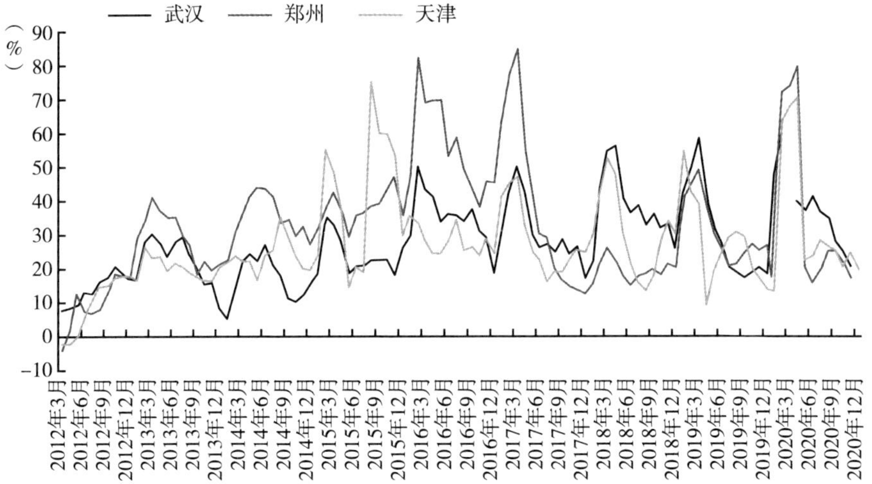

图8 2012～2020年一线和部分二线城市新增贷款价值比（3个月移动平均）①

资料来源：Wind，国家金融与发展实验室房地产金融研究中心估算。

---

① 理论上讲，贷款价值比（LTV）不应该超过70%。计算结果存在差异的原因是：第一，我们使用贷款月度余额之差表示新增量，两者之间存在差异；第二，由于不能直接得到个贷数据，我们使用总贷款数据或居民中长期贷款数据再乘以某一系数得到个贷数据。但是，我们保持单个城市在时间上的系数一致，以及不同城市在方法上的一致，因此数据依然具有参考意义。该指标出现负值的原因来自第一条。

上涨了 14.1%，银川新建住宅价格同比上涨 14.2%；部分城市价格则出现持续下跌，如牡丹江市的二手住宅价格同比下降了 10.0%，天津市的二手住宅价格同比下降了 4.0%。房价持续下降城市，部分存量个人住房贷款的房产抵押保障程度持续被削弱，贷款人违约意愿增加，个人住房贷款违约风险会大幅上升。在这种情况下，我们需要关注个人住房贷款违约风险区域分化的现象。以环京小镇燕郊为例，燕郊与北京通州仅相隔一条潮白河、距离国贸 CBD 仅 30 公里。2010 年之后，北京开始持续加码限购政策，具有独特地理位置的燕郊成为北京户籍及非户籍人口住房刚需、投资、投机的首选之地，燕郊的住房价格持续攀升。从安居客房价数据来看，燕郊住房每平方米均价从 2012 年 1 月的 7745 元迅速上涨至 2017 年 4 月最高点的 28611 元，部分楼盘的房价接近 4 万元。2017 年 4 月之后，受当地限购政策升级影响，燕郊住房需求大幅下降并持续低迷，住房价格持续下跌。2020 年末，燕郊住房每平方米均价下降至 16844 元，与 2017 年的高位相比下降了 41.13%，部分楼盘住房价格实际已经腰斩。住房价格大幅下跌且市场交易量低位运行，对于部分首付比例低于四成、个人住房贷款 LTV 高于 60% 的购房者而言，住房实质上已经成为"负资产"。在这种情况下，对于借款人来说，购房首付款及部分贷款还款额亏损殆尽，"弃房断供"意愿增强；对于商业银行来说，个人住房贷款违约率可能会上升，房产抵押保障程度大幅下降，违约贷款的回收率下降，存在贷款本金和利息损失的风险。

（二）住户部门债务收入比处于较高水平

住户部门债务收入比是指住户部门债务余额占可支配收入的比重，用于衡量住户部门的债务水平，是多数发达经济体和部分新兴市场经济体实施房地产宏观审慎管理的重要工具之一。从该指标的分子分母的含义来看，分子为住户部门债务（主要为住户部门的消费贷款和经营贷款），是一个存量指标；分母为可支配收入，它是一个流量指标。因为居民可支配收入是住户部门偿还债务的最主要资金来源，所以，住户部门的债务存量总额占居民名义可支配收入的比重可以作为反映住户部门债务负担水平的一个较好指标。

从住户部门的债务收入比数据来看，在 2008 年前，其上升速度相对较慢；但从 2008 年开始，住户部门的债务收入比快速上升，从 2008 年底的 43.17%

上升至 2020 年的 139.98%，共上升了 96.81 个百分点。个人住房贷款的快速增加，是住户部门债务收入比上升的主要原因。从房贷收入比（个人住房贷款余额占可支配收入的比重）数据来看，其从 2008 年的 22.04% 上升到 2020 年的 76.29%，共计上升了 54.25 个百分点（见图 9）。这里特别值得注意的是，在个人住房贷款余额增速及新增贷款价值比已经回落的情况下（见图 8），房贷收入比却依然呈上升趋势。导致这一现象的原因是：住房贷款余额增速尽管已从 2016 年 38.1% 的高位下降至 2020 年的 14.6%；然而这一增速依然远超过居民可支配收入的增速，2020 年我国居民人均可支配收入、城镇居民人均可支配收入增长率仅为 4.74% 和 3.48%。这说明当前我国居民债务负担依然较重，且债务规模仍在以较快的增速累积，住户部门房贷等债务的偿付压力快速上升。当前，我国住户部门债务收入比为 139.98%，处于较高水平，已经超过 1990 年日本房地产价格泡沫破灭前、2007 年美国次贷危机爆发前该指标的数值（120%、134.62%），需引起警惕。高债务、高杠杆是金融脆弱性的根源，住户部门杠杆还需进一步稳定。住户部门的债务收入比高企，不仅仅

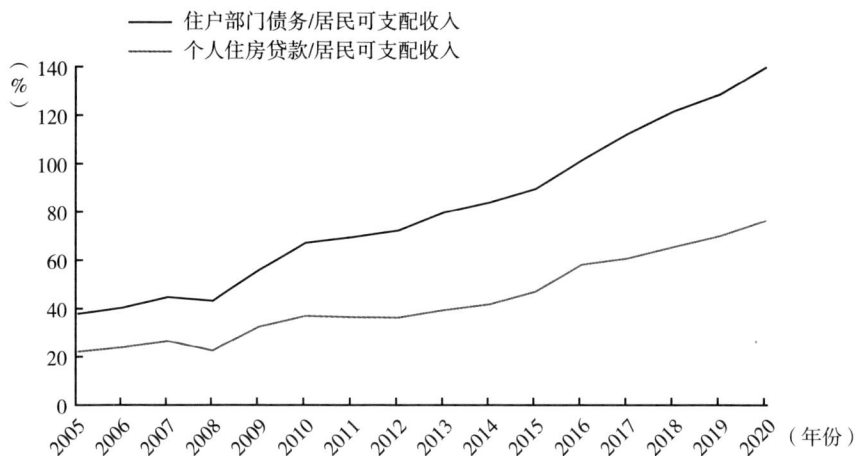

图 9　2005～2020 年我国住户部门债务收入比、房贷收入比情况

注：住户部门债务为居民贷款，数据来自中国人民银行《金融机构本外币信贷收支表》，包括消费贷和经营贷；个人住房贷款数据来自中国人民银行《金融机构贷款投向统计报告》；居民可支配收入数据采用国家统计局公布的年度人均可支配收入与年末总人口数量相乘而得（2020 年末人口数量尚未公布，采用 2020 年国民经济和社会发展统计公报名义国内生产总值与人均国内生产总值之比计算而得）。

资料来源：Wind、CEIC、国家统计局、人民银行。

意味着金融风险的积累，还意味着居民可支配收入更大的份额将被用于债务偿还，其将对居民消费产生更大的挤出效应。

（三）银行业金融机构房地产贷款集中度管理制度将有助于降低潜在的系统性风险

为防范金融体系涉房贷款过度集中带来的潜在系统性金融风险，央行和银保监会在2020年12月30日发布了《关于建立银行业金融机构房地产贷款集中度管理制度的通知》（银发〔2020〕322号）①，"根据我国银行业金融机构的资产规模、机构类型，对银行业金融机构分档设置了其房地产贷款余额占比、个人住房贷款余额占比②两个指标的上限"（见表2）。人民银行副省级城市中心支行以上分支机构会同所在地银保监会派出机构，视区域具体情况对第三、四、五档的要求上下浮动2.5个百分点。对于涉房贷款占比超出监管要求的银行业金融机构，央行设定了差别化过渡期，保证政策平稳实施。

房地产贷款集中度管理制度的建立与实施，通过引导银行业金融机构调整涉房贷款占比、优化信贷结构，有助于降低商业银行房地产贷款、个人住房贷款过度集中带来的潜在系统性金融风险。对于个人住房贷款市场的影响，从短期来看，少部分个人住房贷款余额占比超出监管要求的商业银行，在未来2~4年内面临调降压力，可能会收紧个人住房贷款额度，个人住房贷款审核趋严，发放周期增加，利率也会有所上行；对于大部分个人住房贷款余额占比未超出监管要求的商业银行，个人住房贷款的发放仍会保持稳定；从长期来看，个人住房贷款余额的增速会进一步下行，逐步趋于金融机构平均贷款余额增速。

---

① 参见《中国人民银行中国银行保险监督管理委员会关于建立银行业金融机构房地产贷款集中度管理制度的通知》，http://www.pbc.gov.cn/goutongjiaoliu/113456/113469/4156106/index.html。

② 房地产贷款占比和个人住房贷款占比计算公式如下：

$$房地产贷款占比 = \frac{房地产贷款余额}{人民币各项贷款余额} \times 100\%$$

$$个人住房贷款占比 = \frac{个人住房贷款余额}{人民币各项贷款余额} \times 100\%$$

表2 涉房贷款集中度分档管理要求

单位：%

银行业金融机构分档类型	房地产贷款占比上限	个人住房贷款占比上限
第一档:中资大型银行:中国工商银行、中国建设银行、中国农业银行、中国银行、国家开发银行、交通银行、中国邮政储蓄银行	40.00	32.50
第二档:中资中型银行:招商银行、农业发展银行、浦发银行、中信银行、兴业银行、中国民生银行、中国光大银行、华夏银行、进出口银行、广发银行、平安银行、北京银行、上海银行、江苏银行、恒丰银行、浙商银行、渤海银行	27.50	20.00
第三档:中资小型和非县域农合机构:城市商业银行(不包括第二档中的城市商业银行)、民营银行、大中城市和城区农合机构(农村商业银行、农村合作银行、农村信用合作社)	22.50	17.50
第四档:县域农合机构(农村商业银行、农村合作银行、农村信用合作社)	17.50	12.50
第五档:村镇银行	12.50	7.50

资料来源：中国人民银行。

四 2021年个人住房贷款市场展望

2021年的个人住房贷款市场运行状况与整个房地产市场的政策环境密切相关。展望2021年，我们认为"房住不炒"是一项长期政策，中央层面房地产调控政策总基调不会转变；房地产金融宏观审慎政策会进一步落实、房地产金融监管会持续强化。我们认为，为促进住房市场进一步向"居住属性"回归，确保住房市场的稳定健康发展，我国金融机构个人住房贷款余额增速在2021年仍将继续保持缓慢下行趋势，全年增幅在13.5%左右。价格方面（也即利率水平），在央行货币政策重回中性与"紧平衡"和银行业金融机构房地产贷款集中度管理制度全面实施的背景下，个人住房贷款利率可能会有所上升，上升幅度在 5~25 个基点。风险方面，由于数量调控的作用，我们预计个人住房贷款不良率以及新增 LTV 不会显著上升，而住房贷款收入比仍会延续 2020 年的趋势继续小幅上升。

B.9
2020年全国房地产经纪行业发展现状及2021年展望

程敏敏　王明珠*

摘　要：　2020年，受新冠肺炎疫情影响，上半年房地产经纪业务规模
收缩，下半年逐渐恢复，经纪服务模式有所创新；经纪机构
发展总体平稳；经纪机构在新房领域的渠道优势不断显现，
但同时也倒逼不同类型的机构强强联合，成立网络平台，进
一步加剧平台间的竞争。2021年，随着疫情不良影响的不断
消化，经纪行业规模将有所提升；党中央多次明确强化反垄
断和防止资本无序扩张，主管部门也将加大对经纪行业垄断
及资本无序扩张问题的调查和监管。

关键词：　房地产经纪行业　疫情冲击　垄断

　　房地产经纪俗称房地产中介，实质上是居住服务中的住房流通服务，为住
房需求者和供给者提供房源、客源、市场价格等信息，并提供住房交易咨询、
房屋状况查验、协商议价以及代办抵押贷款、税费缴纳、不动产登记等相关专
业服务。以往，房地产经纪机构以二手房交易服务为主，近年来，越来越多的
房地产经纪机构利用渠道优势进入新房领域，并发挥重要作用。房地产经纪行
业在保障住房交易安全、促进住房交易公平、提高住房交易效率、降低住房交
易成本、优化住房资源配置等方面的作用日益凸显。

---

* 程敏敏，中国房地产估价师与房地产经纪人学会研究中心业务主管、副研究员，研究方向为
房地产法；王明珠，中国房地产估价师与房地产经纪人学会研究中心助理研究员，研究方向
为房地产经济。

一 2020年房地产经纪行业发展基本情况

（一）房地产经纪机构情况

2020年房地产经纪机构发展变化情况与2019年基本保持一致，机构数量持续增长，一半以上的机构只有1家门店，经营年限超过5年的机构约占1/3，但新增机构注册资本相比2019年有所下降。

1. 机构数量持续增长

截至2020年12月底，全国在市场监管部门登记的房地产经纪机构共34.1万家，分支机构（门店）10.8万家（见图1）。其中，2020年新设经纪机构约7万家。从地域分布来看，经纪机构主要集中在江苏、广东、浙江、河北、山东、上海、四川、北京、安徽、辽宁等省市。其中，江苏、广东、浙江三省经纪机构数量均在3万家以上，反映出这些省份的经纪市场发展较为充分，竞争较为激烈。

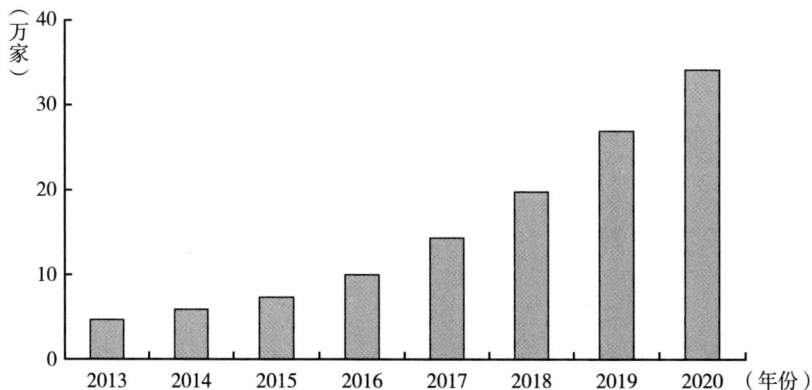

图1 2013～2020年全国房地产经纪机构规模情况

资料来源：中国房地产估价师与房地产经纪人学会房地产中介机构档案库。

2. 机构注册资本有所下降

2020年全国房地产经纪机构新增注册资本总额为659.6亿元，同比有所下降（见图2）。经纪机构注册资本以100万元以下为主，占经纪机构总数的84.3%，注册资本在500万元以上的占3.2%（见图3）。

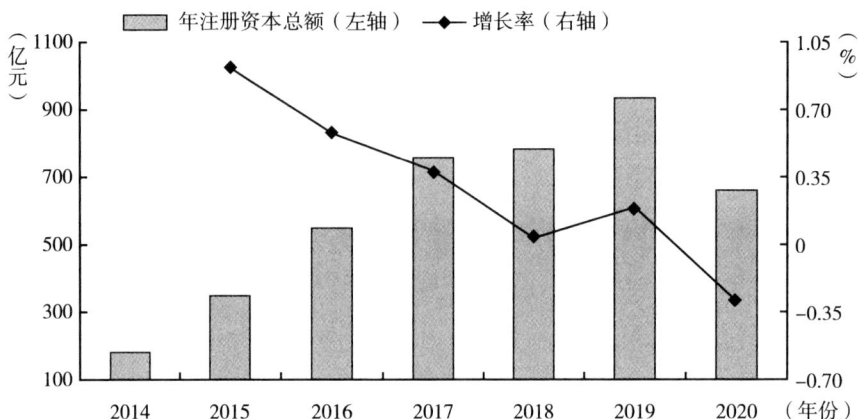

图2　2014～2020年全国新增房地产经纪机构注册资本总数及增长率

资料来源：中国房地产估价师与房地产经纪人学会房地产中介机构档案库。

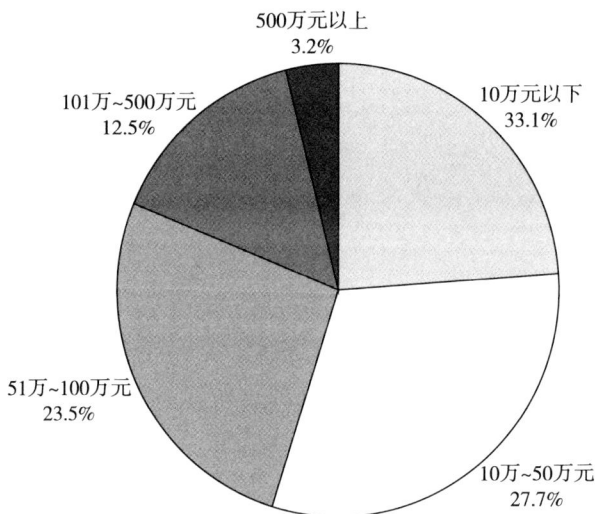

图3　全国房地产经纪机构注册资本分布情况（截至2021年3月底）

资料来源：中国房地产估价师与房地产经纪人学会房地产中介机构档案库。

3. 绝大多数机构为小机构

截至2021年3月底，房地产经纪机构中仅有1家门店的占53.7%，2～10家门店的占40.7%；拥有50家门店以上的占0.8%（见图4），小机构占绝大多数。

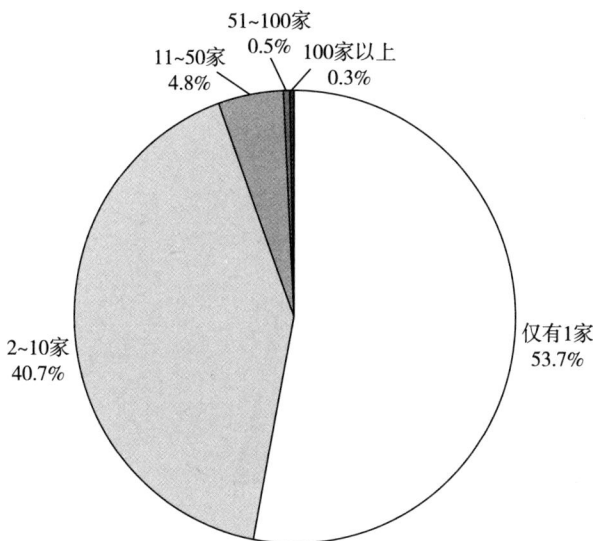

图4　全国房地产经纪机构门店数量分布情况（截至 2021 年 3 月底）

资料来源：中国房地产估价师与房地产经纪人学会房地产中介机构档案库。

4. 成熟机构占比约为1/3

从经营年限来看，全国房地产经纪机构大部分在 5 年以下。截至 2021 年 3 月底，经营年限大于 5 年的经纪机构占机构总数的 32.9%；经营 10 年以上的经纪机构数占机构总数的 15.4%（见图 5）。

（二）房地产经纪从业人员情况

近年来，房地产经纪从业人员规模持续扩大，但人员沉淀仍是难点，年轻化、流动性大、学历不高为行业从业人员的典型特点。受疫情影响，2020 年房地产经纪专业人员职业资格报考数量有所下降。

1. 从业人员数量持续增长

根据贝壳研究院测算，2020 年全国房地产经纪从业人员数量约 200 万人，而根据 2018 年全国经济普查数据，经纪从业人数为 158.3 万人，两年内行业新增从业人数约 40 万人，增幅超过1/4，从业人数保持增长态势（见图6）。

2. 从业人员以30岁以下"90后"年轻群体为主

据中国房地产估价师与房地产经纪人学会历年的问卷调查，一半以上的经

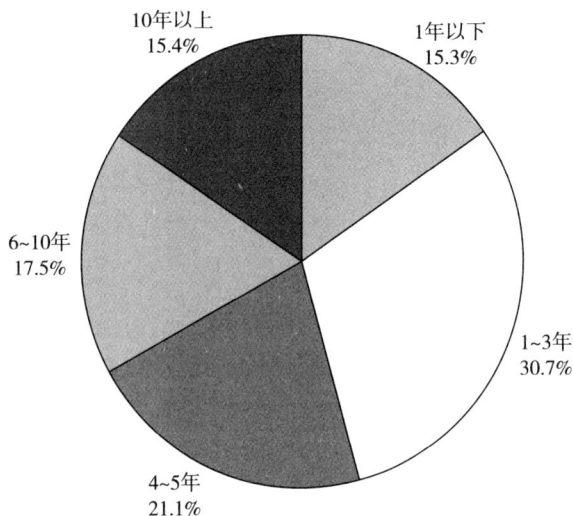

图 5　全国房地产经纪机构经营年限分布情况（截至 2021 年 3 月底）

资料来源：中国房地产估价师与房地产经纪人学会房地产中介机构档案库。

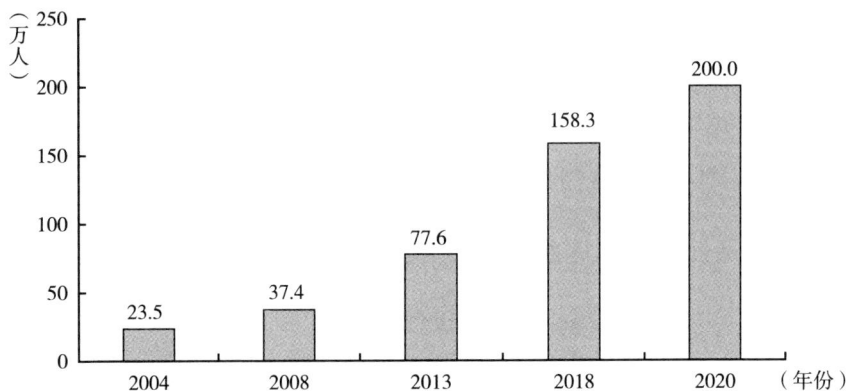

图 6　2004～2020 年全国房地产经纪从业人员数量情况

资料来源：2004、2008、2013、2018 年资料来自国家统计局公布的全国经济普查数据；
2020 年资料来源于贝壳研究院。

纪从业人员年龄在 30 岁以下。58 安居客房产研究院与 58 房产经纪大学 2020
年开展的联合调研还显示，门店管理者平均年龄高于普通经纪从业人员，但仍
以 30 岁以下的人群为主（见图 7）。

图7 2020年全国房地产经纪人员、门店管理者年龄情况

资料来源：58安居客房产研究院与58房产经纪大学联合调研。

3. 六成以上从业人员工作年限不足3年

据中国房地产估价师与房地产经纪人学会历年的问卷调查，六成以上经纪从业人员从业年限不足3年，在一个公司工作10年以上的不足5%。另外，根据58安居客房产研究院与58房产经纪大学2020年开展的联合调研，与2019年相比，2020年从业年限在3年以下的经纪从业人员占比增长超10个百分点（见图8），一定程度上反映出2020年从业年限较短的年轻经纪从业人员流动率有所增加。

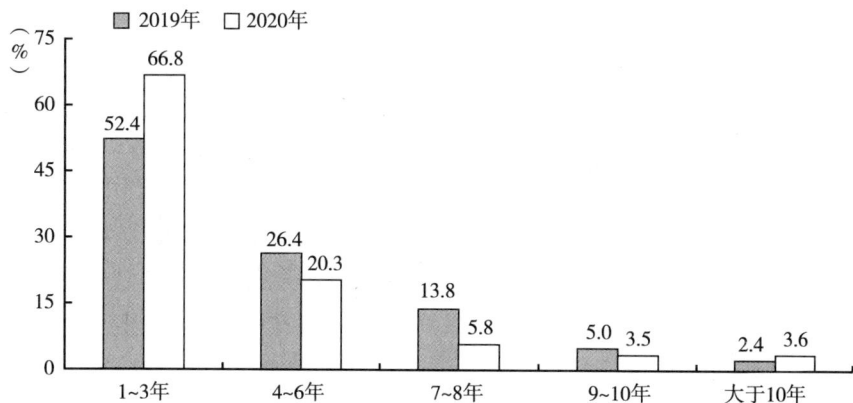

图8 2019年、2020年全国房地产经纪从业人员从业年限分布对比

资料来源：58安居客房产研究院与58房产经纪大学联合调研。

4. 大专及以下学历从业人员占比超九成

根据 58 安居客房产研究院与 58 房产经纪大学 2020 年开展的联合调研，2020 年全国房地产经纪从业人员大专及以下学历占比为 90.4%，高中、大专学历占比合计为 73.7%，本科生占比为 9.2%，研究生学历仅有 0.4%（见图9）。

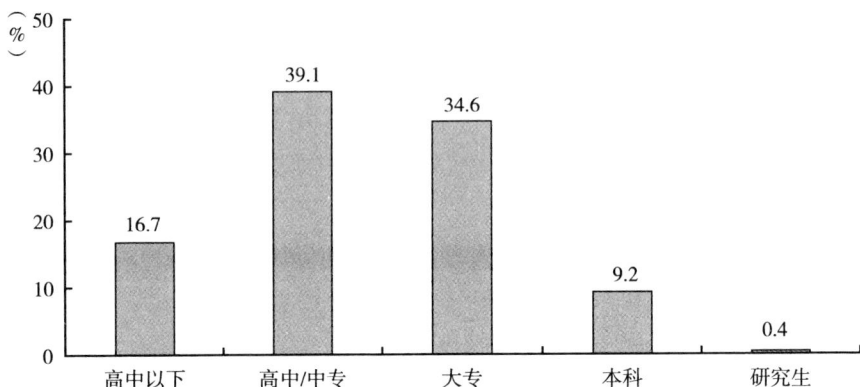

图9 2020 年全国房地产经纪从业人员学历情况

资料来源：58 安居客房产研究院与 58 房产经纪大学联合调研。

5. 职业资格报考人数有所减少

全国房地产经纪专业人员职业资格考试分为房地产经纪人和房地产经纪人协理两类。受疫情影响，2020 年上半年房地产经纪专业人员职业资格考试与下半年考试一并进行，且考试报名人数及合格人数有所减少。其中，房地产经纪人报名人数为 5.91 万人，同比下降 14.7%；考试合格人数 2.17 万人，同比增加 5.0%。房地产经纪人协理考试报名人数 5.93 万人，同比减少 22.3%；合格人数 3.03 万人，同比下降 21.4%（见图10、图11）。

二 行业政策及重要事件

（一）行业政策

2020 年，受疫情和经济形势下行压力影响，政策环境以减轻企业负担、促进企业有序复工复产为主。

图10　2016～2020年全国房地产经纪人考试报名人数及合格人数

资料来源：中国房地产估价师与房地产经纪人学会房地产经纪专业人员考试系统。

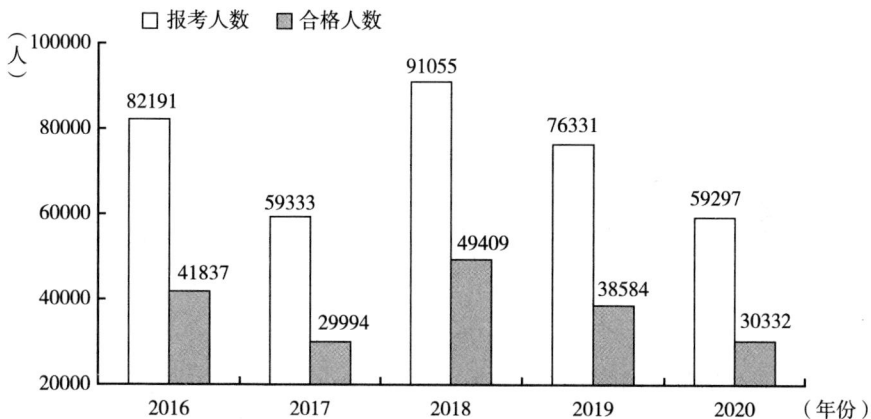

图11　2016～2020年全国房地产经纪人协理考试报名人数及合格人数

资料来源：中国房地产估价师与房地产经纪人学会房地产经纪专业人员考试系统。

3月26日，住房和城乡建设部办公厅印发《房地产企业复工复产指南》，积极推动房地产经纪机构等房地产企业复工复产。

3月26日，住房和城乡建设部发布《住房和城乡建设部关于提升房屋网签备案服务效能的意见》（建房规〔2020〕4号），明确要优化网签备案服务，地方主管部门应当将房屋网签备案端口延伸至房地产经纪机构等，方便房屋交易主体就近办理、当场办结。

5月28日，十三届全国人大三次会议表决通过了《中华人民共和国民法典》，将合同法中的"居间合同"改为"中介合同"，"居间人"改为"中介人"，第九百六十五条还明确"委托人在接受中介人的服务后，利用中介人提供的交易机会或者媒介服务，绕开中介人直接订立合同的，应当向中介人支付报酬。"业内认为，此条规定是对"跳单"行为的明文禁止，极大维护了房地产经纪机构和经纪人员的合法权益。

7月2日，住房和城乡建设部、最高人民法院、公安部等6部门联合发布《关于加强房屋网签备案信息共享提升公共服务水平的通知》（建房〔2020〕61号），指出部门间要加快共享房屋网签备案信息，以此为相关单位和个人办理商业贷款、住房公积金贷款和提取、房屋交易纳税申报等业务提供便捷服务，并进一步规定地方主管部门要按照建房规〔2020〕4号文件要求，将网签备案端口延伸至房地产经纪机构等，确保在签订房屋交易合同时即完成备案上传交易数据。

9月7日，《住房租赁条例（征求意见稿）》向社会公开征求意见。其中第四章经纪活动，对房地产经纪从业人员实名登记及业务承接、房地产经纪机构专业人员数量及经营场所信息公示、房源信息发布、机构及人员的禁止性行为、网络交易平台责任等内容进行了明确。

（二）重大事件

2020年，受疫情及其防控的影响，房地产经纪VR看房等线上服务方式增多。贝壳找房在资本市场上市，受社会广泛关注。新房项目去化难度加大，销售代理模式不断创新，头部企业加速布局线上业务、开展线上线下合作。

我爱我家加速数字化转型。受疫情影响，我爱我家加速向数字化、线上化转型，推出上VR看房、线上签约等新服务模式。

贝壳找房成功上市。8月13日，贝壳找房在纽交所成功上市。根据贝壳找房2020年财报，2020年全年GTV（总交易额）达3.5万亿元，总营业收入705亿元。其中，存量房业务GTV1.94万亿元，营业收入306亿元；新房业务GTV1.38万亿，营业收入379亿元；装修等新兴业务营收20亿元。截至2020年12月31日，贝壳找房链接的经纪门店数已超过4.69万家，链接的经纪从业人员超过49万人。对此，行业反响强烈，特别是贝壳找房进驻的城市，中小机构及区域型龙头房地产经纪机构普遍反映生存压力较大。

京东上线自营房产业务。5月22日，京东上线自营房产业务，并与中骏集团签署战略协议，中骏集团将在京东开设自营旗舰店，上线1000套专享房源。

易居中国与阿里巴巴达成战略合作关系。7月31日，易居中国宣布与阿里巴巴集团签署战略合作框架协议，双方将在线上线下房产交易、数字营销和交易后相关服务等领域展开深度合作。根据协议，易居中国将向阿里巴巴配售约1.18亿股公司股份，配售完成后阿里巴巴将持有易居中国约8.32%的股份；双方还签署了可转股票据认购协议，若该可转股票据全部转股，阿里巴巴持有易居中国股份比例将提升至13.26%；双方将成立由阿里巴巴控股的合资公司。9月16日，阿里巴巴旗下品牌天猫宣布正式成立房产部门，与易居中国联合推出的"天猫好房"平台上线，打造ETC协作机制，拟构建多方参与、高效协作的开放平台。

恒大地产布局线上交易服务。2月18日，恒大地产发布通知，全面实施网上销售活动，通过旗下平台"恒房通"提供网上看房、推荐及网上认购一站式服务；并推出"恒房通"兼职销售员重大奖励活动，即"全民经纪人"模式。12月30日，恒大地产宣布与全国152家房地产经纪机构重组成立房车宝集团股份有限公司，拟构建房产、汽车线上线下全渠道交易服务平台，具体分为房车宝全民经纪平台、房车宝平台、房车宝SaaS管理平台，分别针对买卖用户、经纪从业人员、线下门店等群体，业务涵盖新房、二手房以及家装家居等。

三 2020年房地产经纪行业发展特点

（一）受疫情影响明显

1.上半年经营收入受疫情冲击明显

据中国房地产估价师与房地产经纪人学会2020年问卷调查，受疫情影响，房地产经纪门店复工时间延迟，3月以前复工的门店仅占20.8%。调研同时显示，60%以上的受访经纪人员认为上半年经纪业务成交量同比缩减。但随着疫情影响的消减，经纪业务逐渐恢复。调研显示，70%以上的受访者认为2季度成交量环比回暖，且认为房地产市场将平稳或向好发展。以我爱我家为例，根据其公开发布的报告，疫情对其2020年度（特别是第一季度）经营活动造成重大影响，我爱我家2020年第一季度、上半年及前三季度、全年营业收入分别为12.8亿元、39.3亿元、67.5亿元、96.0亿元，同比分别下降50.6%、30.8%、22.3%、14.3%，降幅逐渐收窄。

2. 离职情况普遍

据中国房地产估价师与房地产经纪人学会2020年问卷调查，上半年没有经纪从业人员离职的门店仅有13.7%，离职率在10%以上的门店占比达57.9%。其中，离职率在10%~30%的占33.6%，高于50%的占10.3%（见图12）。

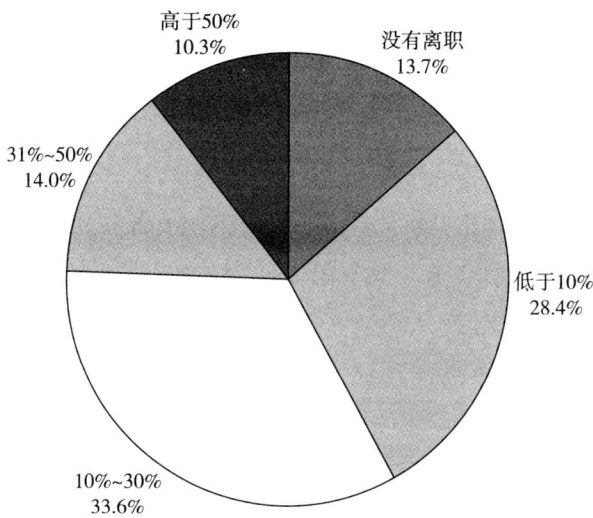

图 12　2020 年上半年门店离职率情况

资料来源：中国房地产估价师与房地产经纪人学会问卷调查。

3. 线上服务方式有所创新

疫情导致线下带看量骤减，倒逼房地产经纪机构创新服务方式，线下带看量减少的门店占45.2%，VR或直播看房、网上签约服务、贷款网上面签等线上经纪服务方式增加，约60%的门店新增VR或直播看房服务方式。同时，约一半的受访者表示微信、网站等在线咨询业务增加。根据我爱我家2020年半年报，疫情期间，选择 VR 看房的用户量增长明显，上半年 VR 房源带看量达到普通房源带看量的 1.5 倍。

（二）在新房交易中的渠道优势显现

贝壳研究院等多个研究机构的数据显示，我国存量房交易中房地产经纪渗透率在 85% 以上，新房交易渗透率不到 30%，房地产交易中经纪整体渗透率约 50%。随着一二手联动的逐步深入，房地产经纪在新房销售中的渠道优势日益显现。在与地方房地产经纪行业组织座谈时了解，全国新房销售中，通过渠道进行分销的占一半以上，部分城市甚至占 70%~80%。部分机构如贝壳找房，2020 年新房营业收入超过存量房。

（三）代表性房地产经纪机构平稳发展

2020 年大部分代表性房地产经纪机构发展较为平稳，也有部分头部企业如 21 世纪中国不动产规模逆势扩张，从业人员、门店数及进入城市数均有所增长。从规模情况来看，链家的经纪人员数量为 15 万人，远远高于其他头部企业；门店数量 5000 家以上的有德佑、21 世纪中国不动产、链家、儒房地产＋鲁房置换等；从进入城市数来看，儒房地产＋鲁房置换目前已进入 600 多个城市（见表 1）。

表 1 2020 年代表性房地产经纪机构人员、门店及进入城市数情况

序号	房地产经纪品牌	成立年份	经纪人员数（万人）	门店数（家）	进入城市数（个）
1	链家	2001 年	15	8000＋	131
2	德佑	2002 年	9	15000	100
3	21 世纪中国不动产	2000 年	6.8	9401	161
4	我爱我家	2000 年	5.5	3600	22
5	中原地产	1978 年	5.3	2400	61
6	麦田房产	2000 年	1.2	600	3
7	儒房地产＋鲁房置换	2009 年	——	7200	621

序号	房地产经纪品牌	成立年份	经纪人员数（万人）	门店数（家）	进入城市数（个）
8	乐有家	2008 年	3	5000	150
9	Q 房	2015 年	2.6	1100	20
10	到家了	2016 年	1.2	1000 +	3
11	美凯龙爱家	2019 年	0.8	600 +	7

备注：1. 进入城市数包括新房和二手房。

2. 21 世纪中国不动产于 2000 年进入中国市场；中原集团创始于 1978 年，1990 年首次涉足中国大陆市场，1994 年成立北京中原分公司。

3. 儒房地产 + 鲁房置换均为容客集团下的品牌经纪机构。

4. 资料来源：根据实际调研、公司官网、有关公开数据等整理。

（四）网络平台竞争激烈

房地产经纪机构在新房交易中发挥重要作用的同时，也影响了新房代理机构和房地产开发企业利润空间，倒逼不同机构发挥各自优势，强强联合成立网络平台，进一步加剧平台间的竞争，如易居中国与阿里巴巴合作，成立天猫好房，拟在新房、存量房、特价房和拍卖房交易中提供服务，实现线上看房、购房的全流程服务；恒大地产与全国 152 家经纪机构重组成立房车宝，打造线上线下交易服务平台。58 同城、房天下与贝壳找房间的竞争也日渐激烈。这些网络平台经营模式有所差别，如 58 同城、房天下、诸葛找房以提供房源发布服务，收取端口费（广告费）为主；而贝壳找房、房车宝、天猫好房、原萃既有线上平台，也有线下门店，且均提供交易服务。

从信息发布平台规模来看，根据极光大数据，2019 年、2020 年，58 同城和贝壳找房用户规模处于领先地位，58 同城借助生活综合服务类平台拥有庞大流量与数据资源优势，活跃度最高。从线上线下平台规模来看，贝壳找房链接的经纪品牌、门店数分别为 265 家、4.69 万家，进入城市数 103 个。房车宝发展迅速，截至 2020 年 12 月末，链接的经纪品牌、门店数分别为 152 家、3.06 万家，进入城市 170 多个。截至 2021 年 3 月底，房车宝链接的门店数量已达 4.3 万家，三个月新增门店 1 万余家。

四 2021年房地产经纪行业发展展望

2021年，疫情影响将不断减弱，加上房地产长效机制持续稳妥实施，房地产市场大概率将保持整体稳定，房地产经纪行业规模将有所提升。同时随着更多资本、技术进入，行业垄断及资本无序扩张问题将成为行业及监管部门关注的焦点。

1. 行业规模有所提升

2021年，随着新冠肺炎疫苗接种逐步展开，房地产经纪机构经营收入受疫情影响减弱，叠加房地产长效机制常态化、房地产金融监管持续加强等多重因素影响，房地产市场出现大波动的可能性不大，预计房地产经纪行业业绩将有所提升。根据贝壳找房上经纪机构2020年招聘情况，疫情缓解后机构整体入职人数呈上升态势，年底经纪从业人员数量达到近两年波峰。随着一二手联动逐步深化，经纪服务渗透率持续提升。

2. 行业垄断风险防范加强

2020年末的中共中央政治局会议和中央经济工作会议及2021年国务院政府工作报告，均提出要"强化反垄断和防止资本无序扩张"。针对反垄断，国家近期也发布系列政策文件，如1月31日，中共中央办公厅和国务院办公厅印发《建设高标准市场体系行动方案》；2月7日，国务院反垄断委员会制定发布《国务院反垄断委员会关于平台经济领域的反垄断指南》；3月15日，国家市场监督管理总局公布《网络交易监督管理办法》。近年来，随着房地产经纪行业集聚度不断提升，社会反映部分企业滥用经营者主体地位，抬高收费标准。同时，一些房地产经纪中小机构也反映，部分企业利用市场主体地位和业务优势，不断扩张，使中小机构难以存活。为促进公平竞争，主管部门将加强对行业垄断和资本无序扩张等风险防范力度。

3. 行业立法将进一步推进

据了解，目前住房和城乡建设部正在制定《住房销售管理条例》，其中将从机构和人员管理、信息发布和瑕疵信息披露、合同签订等方面对房地产交易中经纪服务进行规范，并加大对违法房地产经纪活动的处罚力度。这是继《住房租赁条例》以来，又一部规范经纪活动的行政法规，行业法制化建设进一步加强。

4. 行业标准体系进一步完善

近年来，国家非常重视标准化工作，出台了国家标准化体系建设规划，对标准化法进行了修订，并拟充分发挥行业协会作用，加强团体标准建设。目前，房地产经纪服务质量参差不齐，一些头部企业提出应建立健全房地产经纪行业标准体系建设，提升经纪服务质量和行业形象。民法典的出台，既有标准规范也亟须进行相应修订。全国性自律行业组织中国房地产估价师与房地产经纪人学会也将团体标准的制订、修订作为 2021 年的重点工作，房地产经纪服务规范化、标准化建设将得到进一步完善。

B.10
2020年全国物业管理行业发展报告

刘寅坤　王丽霞*

摘　要： 2020年是全面建成小康社会和"十三五"规划的收官之年，是
"十四五"规划的筹划之年。"十三五"期间物业管理行业产
业结构不断优化，行业产值持续提升，行业市场规模增势强
劲，行业从业人员稳定增长，行业得到蓬勃发展，呈现良好
发展态势。物业管理行业发展指数达到361.6，复合增长率达
13.6%。物业管理行业围绕"诚信建设年""质量提升年"
"标准建设年""能力建设年"等年度主题，深入开展供给侧
结构性改革实践，发展的政策制度环境不断完善、基层社会
治理作用日益凸显、社会舆论氛围不断优化、行业发展基础
逐步夯实。特别是在2020年新冠肺炎疫情防控期间，全国700
多万物业服务人员在社区党组织统一领导下，积极参与社区
联防联控，牢牢守住疫情防控的第一道防线。物业管理行业
已经成为不可或缺的新兴产业。

关键词： 物业管理　供给侧结构性改革　社区联防联控

2020年是全面建成小康社会和"十三五"规划的收官之年，是"十四
五"规划的筹划之年。"十三五"期间物业管理行业始终以习近平新时代中国
特色社会主义思想为指导，全面贯彻党的十九大和十九届二中、三中、四中、

---

* 刘寅坤，中国物业管理协会副秘书长，物业管理师，副研究员；王丽霞，中国物业管理协会
秘书长助理，物业管理师，助理研究员。

五中全会精神，统筹推进"五位一体"总体布局，协调推进"四个全面"战略布局，坚定践行创新、协调、绿色、开放、共享的新发展理念，深化服务业供给侧结构性改革，着力提高服务效率和服务品质，在创造和稳定就业岗位、维护小区安定有序、促进居民身心健康、提升房屋资产价值等方面发挥了重要作用。特别是在 2020 年新冠肺炎疫情防控期间，全国 700 多万物业服务人员在社区党组织统一领导下，积极参与社区联防联控，牢牢守住疫情防控的第一道防线。物业管理行业已经成为不可或缺的新兴产业。

一 "十三五"期间，物业管理行业发展的总体情况

我国物业管理行业从 1981 年起步，已经走过了 40 年的发展历程。在"十三五"期间，物业管理行业产业结构不断优化，行业产值持续提升，行业市场规模增势强劲，行业从业人员稳定增长，行业得到蓬勃发展，呈现良好发展态势。

（一）物业管理行业发展指数达到361.6，复合增长率达13.6%

经测算，2020 年物业管理行业发展指数[①]将达到 361.6，相比上年提高 32.8 点，同比增长 10.0%[②]。从 2016 年到 2020 年的"十三五"期间，物业管理行业发展指数提高 144.5，复合增长率达到 13.6%，保持了快速的发展态势（见图 1）。

（二）营业收入发展指数达到464.9，行业产值超过万亿元

经测算，2020 年物业管理行业营业收入发展指数为 464.9（见图 2），将达到 11800.3 亿元，同比增长 12.3%。物业管理行业营业收入的增长速度分别

---

① 物业管理行业发展指数（Property Management Industry Development Index）是以各地方物业管理行业协会申报数据和全国经济普查数据为基础，从物业管理行业的管理规模、营业收入等方面，对物业管理行业发展的基本状况进行量化评价，以测算物业管理行业发展指数的方式，来衡量行业发展的总体水平和发展态势。

② 2020 年物业管理行业发展指数为测算值，因受新冠肺炎疫情影响，对营业收入、管理规模等相关指标进行下调，增长速度降到 10%。

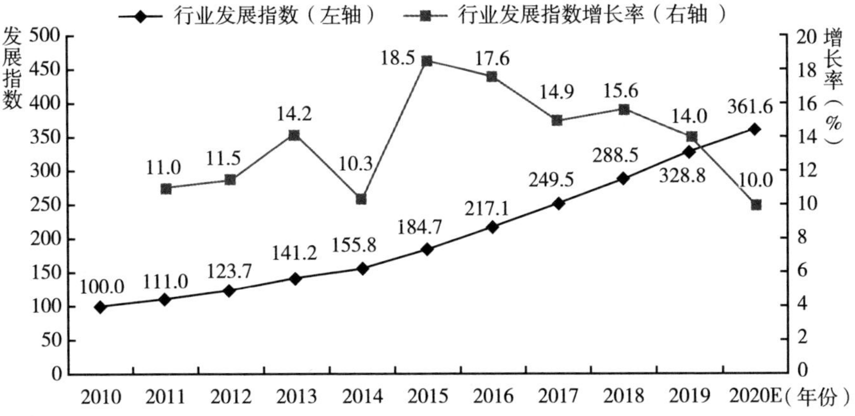

图1　2010～2020年物业管理行业发展指数情况

注："2020E"表示2020年预测的结果，其中"E"是Estimated的缩写。

资料来源：中国物业管理协会调查数据。

高于管理面积和从业人员5.7、4.4个百分点。"十三五"期间行业营业收入发展指数提高205.5，复合增长率达到15.7%，实现了高速增长。

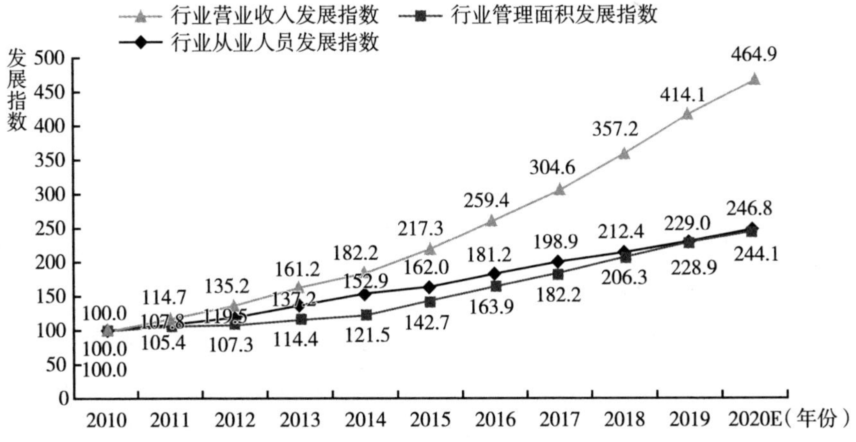

图2　2010～2020年物业管理行业营业收入、从业人员和管理面积发展指数情况

资料来源：中国物业管理协会调查数据。

（三）管理面积发展指数达到244.1，行业在管规模突破330亿平方米

经测算，2020年物业管理行业管理面积指数达244.1（见图2），管理面积达到330.4亿平方米，同比增长6.6%。"十三五"期间，物业管理行业管理面积发展指数提高80.2，复合增长率达10.5%，单位面积营业收入由每平方米29.7元提高到35.7元，人均管理面积由4084.2平方米提高到4463.7平方米。物业管理单位产值快速提升，人均管理效率稳步增长。

（四）从业人员发展指数达到246.8，每年新增就业岗位50万个

经测算，2020年物业管理行业从业人员发展指数达246.8（见图2），从业人员约740.2万人（不包含外包人员），增加53.6万人，同比增长7.8%。"十三五"期间，物业管理行业从业人员发展指数提高65.6，复合增长率达8.0%，人均营业收入由12.1万元/人提升到15.9万元/人，人均产值持续提升。

二 "十三五"期间，物业管理行业发展的环境

"十三五"期间，物业管理行业全面落实《住房城乡建设事业"十三五"规划纲要》提出的"以推行新型城镇化战略为契机，进一步扩大物业管理覆盖面，提高物业服务水平，促进物业管理区域协调和城乡统筹发展。健全物业服务市场机制，完善价格机制，改进税收政策，优化物业服务标准，强化诚信体系建设。建立物业服务保障机制，加强业主大会制度建设，建立矛盾纠纷多元调处机制，构建居住小区综合治理体系。完善住宅专项维修资金制度，简化使用流程，提高使用效率，提升增值收益。转变物业服务发展方式，创新商业模式，提升物业服务智能化、网络化水平，构建兼具生活性与生产性双重特征的现代物业服务体系"的重点任务，围绕"诚信建设年""质量提升年""标准建设年""能力建设年"等年度主题，深入开展供给侧结构性改革实践，取得了卓有成效的进步与发展。

（一）政策制度环境不断完善

2019年10月，国家发展改革委修订发布了《产业结构调整指导目录（2019年本）》，由鼓励、限制和淘汰三类组成，对加强和改善宏观调控，引导社会投资方向，促进产业结构调整和优化升级发挥重要作用。物业服务被列入鼓励类项目，可见行业对经济社会发展有着重要的促进作用，有利于满足人民美好生活的需要，并在提高现代服务业效率和品质、推动公共服务领域补短板、加快发展现代服务业等方面，被寄予了新的期望和使命。

2020年5月，《中华人民共和国民法典》第十三届全国人民代表大会第三次会议通过。《民法典》中物权编、合同编、侵权责任编等编章增设和修改了大量关于物业管理的内容，能够在国家基本法中对物业管理予以确认，正是因为我国物业管理经过四十年的快速发展，已经全面融入社会经济领域的方方面面，深刻改变了城镇居民生活的点点滴滴。

2020年8月，住房和城乡建设部等13部门联合发布《关于开展城市居住社区建设补短板行动的意见》，提出到2025年，基本补齐既有居住社区设施短板，新建居住社区同步配建各类设施，城市居住社区环境明显改善，共建共治共享机制不断健全，全国地级及以上城市完整居住社区覆盖率显著提升的工作目标。为解决居住社区存在规模不合理、设施不完善、公共活动空间不足、物业管理覆盖面不高、管理机制不健全等突出问题和短板，提供了政策指导和工作方向。"十四五"期间，物业管理行业将在配合完整居住社区建设，以及更好为社区居民提供精准化、精细化服务上发挥积极的作用。

2020年12月25日，住房和城乡建设部等10部门联合印发《关于加强和改进住宅物业管理工作的通知》，从融入基层社会治理体系、健全业主委员会治理结构、提升物业管理服务水平、推动发展生活服务业、规范维修资金使用和管理、强化物业服务监督管理6个方面对提升住宅物业管理水平和效能提出要求。

（二）基层社会治理作用日益凸显

新冠肺炎疫情防控期间，物业管理行业在街道社区等政府部门的组织协调下，积极融入社区联防联控工作，发挥了不可或缺的作用，成为社区公共卫生供给和应急管理体系的重要补充。在写字楼、城市综合体、产业园区等人员密集地方，在车站、机场、码头和高校等人员流动性大的场所，物业管理同样承担着疫情防控的工作职责，保障复工复产和生产生活。物业管理在基层社会治理体系中的重要作用，得到了社会各界的广泛认同。

2020年全国政协委员关于物业管理工作方面的提案达到32件（2018年13件，2019年15件），比2019年多了1倍。包括加强党的领导，发挥社区党组织引领作用，加强物业管理信用监管，调整业主大会投票比例，拓宽物业服务范围，调整物业管理行业分类、减免税费，实行政府购买服务、给予财政补贴等扶持政策。7月28日，全国政协第十五次重点关切问题情况通报会也把主题聚焦在了"加强社区物业管理完善基层社会治理"上，充分说明物业管理工作得到社会各界的关注，日益成为增强百姓"家门口的幸福感"的重要途径。

（三）社会舆论氛围不断优化

新华社中国经济信息社与中国物业管理协会联合发布《新冠肺炎疫情对物业管理行业影响调查报告》显示，36450名受访业主中，91%认为疫情中物业服务品质明显提升，94%认为小区物业防疫措施得当，98%认为物业在社区联防联控体系中很重要。《新闻联播》、人民日报、新华社等主流媒体多次报道物业服务企业和人员的先进事迹。4月16日，由中央电视台精编的《物业英雄》专题片，在《经济半小时》栏目播出，真实反映物业管理行业在疫情防控工作中的重要作用，记录物业管理从业人员在疫情防控岗位上的工作历程和感人故事，提升了社会各界对行业价值的认知。

在"五一"国际劳动节来临之际，习近平总书记给郑州圆方集团全体职工回信中，对他们一直坚守保洁、物业等岗位和主动请战驰援武汉等地抗击疫情的实际行动给予充分肯定。9月8日举行的全国抗击新冠肺炎疫情表彰大会上，物业管理行业周敬、高勇、白杨获得"全国抗击新冠肺炎疫情先进个人"称号，郑州圆方集团党委、武汉地产集团东方物业管理有限公司、北京国联同利物业管理中心荣获"全国抗击新冠肺炎疫情先进集体"称号，郑州圆方集团党委同时荣获"全国先进基层党组织"称号，这是对全国物业管理行业的巨大鼓舞。

（四）行业发展基础逐步夯实

规范服务有标准。全国物业服务标准化技术委员会和中国物业管理协会标准化工作委员会相继于 2015 年 11 月成立，开启物业管理行业标准化建设工作。2018 年，全国物业服务标准化技术委员会开始国家标准《物业服务安全与应急处置》《物业管理术语》《物业服务顾客满意度测评》的编撰工作；中国物业管理协会先后发布《中国物业管理协会团体标准管理办法》《物业服务示范项目服务规范》《白蚁防治机构服务能力评价规范》《物业管理员（师）职业能力评价规范》《物业管理区域新型冠状病毒肺炎疫情防控工作操作指引》等系列团体标准。物业管理行业标准体系架构和行业团体标准工作机制已基本建立。

人才培育有高度。人力资源是物业管理行业发展的根基。为弘扬工匠精神，筑牢基础服务技能，提高我国物业管理职业技能水平，行业于 2017 年、2018 年先后举办两届中国技能大赛——全国物业管理行业职业技能竞赛；中国物业管理协会与国家开放大学签署战略合作协议，合作物业管理行业学习成果认证、积累与转换项目，成立国家开放大学物业管理行业学习成果认证分中心，开展物业管理行业学分银行建设，合作成立国家开放大学现代物业服务与不动产管理学院。通过多种途径和方式，着力解决制约行业发展的人才短板和瓶颈，构建起物业管理行业终身学习"立交桥"。

研究工作有深度。"十三五"期间，中国物业管理协会围绕人才资源发展战略规划、团体标准发展规划、绿色建筑运行维护、中小企业发展、行业责任、基层社会治理等重点领域，累计开展研究课题 114 项，其中重点课题 25 项，出版发行《物业管理课题研究优秀成果汇编》；系统汇集物业管理行业年度重要文献资料，出版发行《中国物业管理行业年鉴》（2018、2019），用文字记载物业管理行业发展历程和发展成就。

扶贫攻坚有力度。物业管理行业积极贯彻落实《国务院办公厅关于深入开展消费扶贫助力打赢脱贫攻坚战的指导意见》，开展"社区的力量"消费扶贫攻坚战专项行动，通过公益宣传、社区活动、大型市集、平台运营、团购集采、县域考察、藏区青苗牵手计划等多种参与方式，动员全国物业管理行业凝聚起强大的扶贫工作合力。住房和城乡建设部扶贫办公室联合中国物业管理协会等 9 家建设领域协会发布《住房和城乡建设行业企业应对疫情灾情影响深入推进贫困劳动力稳岗就业的倡议书》，以实际行动助力打赢脱贫攻坚战。

三 "十三五"期间，物业管理行业发展存在的问题

（一）社会认知问题

社会对物业管理定位还存在一些不同认识：一是将物业管理等同于政府管理。物业服务企业被赋予管理者的角色，却没有执法权、强制权等公权力，管理职责难以落到实处。有些居民认为"进了小区门，就是物业事"，无论该问题是否属于物业服务合同约定事项，遇到问题都要求物业服务企业解决。对于小区内发生的违法违规行为，物业服务企业没有权限处理，需要向政府有关部门报告，由政府部门进行执法。二是将物业管理等同于公共服务。物业管理承担小区公共部位、共用设施设备的维护和管理责任，事关民生，服务于小区所有居民，具有"一对多"的特点，使得物业管理具备准公共性。但物业管理不等于政府提供的公共服务，公共服务体现的是公民权利与国家责任之间的公共关系。而物业管理是根据合同约定，由物业服务企业提供服务，业主支付相应费用，业主与物业服务企业之间属于民事关系。三是专业价值认知不足。《住房城乡建设事业"十三五"规划纲要》指出"构建兼具生活性与生产性双重特征的现代物业服务体系"，行业生活性的服务属性在疫情防控中得到具体体现，但生产性的服务属性还没有得到广泛认识，行业专业价值被严重低估。

（二）政策制度问题

近几年，物业管理市场主体、客体市场化程度显著增强，产业链布局和行业发展格局不断优化，但现行物业管理行业制度的顶层设计已落后于行业的发展。一是行业内外修订《物业管理条例》意愿强烈，亟须根据《民法典》的条款内容和行业发展新情况做相应调整。二是条例配套相关政策也需要进一步完善，物业管理招投标、物业承接查验、物业维修资金、业主大会和业主委员会等配套政策部分条款落地执行难，导致在现有制度体系下出现维修资金使用难、矛盾纠纷调解难、物业费调价难、业委会成立难等问题。三是企业资质和

物业管理师资格制度取消后，以信用为核心的市场监管体制尚需尽快建立。四是国家层面上缺少扶持物业管理行业持续健康发展，尤其是针对中小物业服务企业的优惠政策。五是"营改增"税收红利未惠及行业。依据2016年财政部、国家税务总局《营业税改征增值税试点有关事项的规定》，物业管理纳入商务辅助服务中的企业管理服务。而住宅物业服务未纳入生活服务类范畴，不能体现居民生活必需的属性，既不能享受家政服务、养老服务的低增值税率，也不能享受2020年2月6日财政部、税务总局出台《关于支持新型冠状病毒感染的肺炎疫情防控有关税收政策的公告》中的优惠政策。

（三）市场竞争问题

随着中国经济的高速发展，品质消费时代的到来，业主的维权意识和消费观念日益成熟，对服务的要求也越来越高。一是优质服务供给不足。近年来，随着供给侧结构性改革不断深化，物业服务低端化同质化服务供给过剩，高质量特色化服务供给相对短缺，物业服务供给质量和结构还有较大改进空间。二是人员成本不断上涨。根据中国物业管理协会发布的《全国物业管理行业劳动力市场价格监测报告》，物业一线操作人员到手工资为2784.4元/月，每年增幅为4.7%，管理成本不断上涨的压力明显。三是由于物业服务费合理调价机制缺失，部分地方政府指导价格一经发布长期不变，物业费上涨成为一道难以逾越的门槛，企业的利润空间正在一点一点被挤压，物业收费标准与社会经济发展水平和物业服务成本脱节。四是市场竞争主体快速增加。随着"放管服"政策的深入推进，"十三五"期间物业服务企业数量近年来呈现翻倍增长的情况，少数企业为争夺市场恶意压价的现象屡现，使得市场竞争更加激烈。

（四）人力资源问题

人才资源已经成为制约物业管理行业和企业发展的最大瓶颈。一是行业近700万从业人员中80%为一线操作人员，农村务工人员居多，本科生比例不足7%，从业人员素质较低。二是随着互联网和新技术的广泛应用，物业服务企业正在利用互联网思维，人工智能、物联网、大数据等技术对企业内部管理体系、业务服务模式进行创新，需要重构物业管理从业人员的思维方式和知识体系，吸纳大量的互联网、金融、资本、智能科技等跨界人才。三是物业管理行业正逐步从传统劳动密集型行业向知识密集型行业方向转变，但专业技术人员职业资格由政府认定改为实行社会化职业技能等级评价的政策和标准尚不完善，行业职业教育体系不健全、渠道不畅通。

四 "十四五"物业管理行业市场规模预测

本专题主要对物业管理行业市场规模可能产生影响的因素进行分析，并运用逐步回归分析方法确定影响行业市场规模的主要因素。逐步回归分析方法广泛应用于处理多个因素对目标值影响的情况具有独到优势，通过建立多元回归分析，得到现阶段物业管理行业管理规模与各项主要因素之间的回归模型，并利用回归模型对 2020～2025 年物业管理行业市场规模变化趋势进行预测，可以看到，房地产竣工面积和城镇人口对物业管理行业市场规模具有显著的影响，物业管理规模持续增加，预计 2025 年，物业管理行业的管理规模将超过400 亿平方米。

（一）物业管理行业市场规模影响因素背景分析

通过查阅资料发现，对物业管理行业管理规模影响因素尚没有系统化的学术论文和著作。从市场调查和物业管理行业发展的背景和基础来看，房地产与物业管理的发展密切相关。房地产开发在前，物业管理在后，作为物业管理行业的上游产业，房地产开发对物业管理具有引导作用，为物业管理提供了竣工面积保障。随着房地产政策改革的深入，房地产正逐步从增量市场向存量市场转变。近些年，房地产竣工面积每年有近 10 亿平方米的增量，房地产新开工面积每年有 17 亿平方米左右的新增量。竣工面积为行业管理规模的增加持续添砖加瓦，新开工面积与竣工面积之间的剪刀差则为竣工面积的持续稳定供给增加确定性。同时，自 2010 年，我国商品房销售面积每年均超过 10 亿平方米，2019 年商品房销售面积创新高，达到 17.16 亿平方米。房地产企业住宅物业销售高位稳定、新开工面积趋于稳定和房屋竣工交付加速等积极因素，从物业管理的供给端推动行业进入规模快速增长期。

同时，随着我国城镇化进程的推进，城镇人口和人均 GDP 的持续增加，人民生活水平不断提升，城乡居民消费能力增强、人均住房面积大幅增加，人民对居住条件改善需求提高。其中，2019年，全国人均可支配收入和人均居住消费支出分别超过3万元和2万元大关，城镇居民人均住宅建筑面积达到39.8平方米。居民的服务需求和服务意识不断提高，人民生活水平和消费能力的提升也反映出业主对美好生活环境的需求。

对物业管理行业来说，影响其市场规模的因素很多，回归物业管理的本源、物业管理的上下游链、经济发展水平和消费能力均对物业管理行业管理规模有显著影响。

（二）可能的影响因素资料来源、指标说明及方法确定

1. 资料来源和指标说明

根据国家统计局、全国第四次经济普查和2018、2019年《中国物业管理行业年鉴》等相关数据统计，综合考虑物业管理行业需求影响因素，并结合实际影响物业管理行业的上下游链及物业管理行业的现状，拟订从供给端（商品房销售面积、房屋竣工面积、房屋新开工面积）和需求端（城镇人口、人均GDP）5个指标，来测算"十四五"期间物业管理行业发展总体情况（见表1、表2）。

表1 对物业管理行业管理规模可能影响指标说明

指标		指标－解释	指标代码
供给端	房屋竣工面积	报告期内房屋建筑按照设计要求已全部完工，达到住人和使用条件，经验收鉴定合格或达到竣工验收标准，可正式移交使用的各栋房屋建筑面积的总和	x_1
	商品房销售面积	报告期已竣工的房屋面积中已正式交付给购房者或已签订（正式）销售合同的商品房面积。不包括已签订预售合同正在建设的商品房面积，包括报告期或报告期以前签订预售合同，在报告期已竣工的商品房面积	x_2
	房屋新开工面积	报告期内新开工的各幢房屋建筑面积，不包括上期开工跨入报告期继续施工和上期已停建而在本期的房屋建筑面积	x_3
需求端	城镇人口	是指居住在城镇范围内的全部常住人口	x_4
	人均GDP	是衡量各国人民生活水平的一个指标数据	x_5

表2 物业管理行业市场规模可能的影响因素原始数据

年份	房屋竣工面积（万平方米）x_1	商品房销售面积（万平方米）x_2	房屋新开工面积（万平方米）x_3	城镇人口（万人）x_4	人均GDP（万元）x_5
2008	66545	65970	102553	62403	2.41
2009	72677	94755	116422	64512	2.62
2010	78744	104765	163647	66978	3.08
2011	92620	109367	191237	69079	3.63
2012	99425	111304	177334	71182	3.99
2013	101435	130551	201208	73111	4.37
2014	107459	120649	179592	74916	4.72
2015	100039	128495	154454	77116	5.02
2016	106128	157349	166928	79298	5.41
2017	101486	169408	178654	81347	6.00
2018	94421	171465	209537	83137	6.60
2019	95942	171558	227154	84843	7.09

资料来源：国家统计局、全国第四次经济普查、《中国物业管理行业年鉴》（2018、2019）。

2. 方法确定

回归分析分为线性回归分析和非线性回归分析，线性回归分析又分为一元线性回归分析和多元线性回归分析。其中，多元线性回归分析是多元统计分析的各类方法中应用最为广泛的一种，是处理多个变量之间相互依赖关系的一种数理统计方法。多变量间的相互依赖关系在实际问题中是大量存在的，而回归分析正是研究这种相互依赖关系的有效数学方法之一。本研究将利用多元线性回归分析，来考察因变量 y 与多个自变量 x_j（$j=1$、2、3、4、5）间的相互依赖关系。

（三）用逐步回归分析确定影响物业管理行业市场规模的主要因素

1. 回归模型的初步建立

选取 $x_1 \sim x_5$ 五项指标作为初始自变量与物业管理行业管理规模 y 建立多元回归模型。多元回归模型形式常见的有线性函数和对数线性函数两种。从因变量 y 与各自变量 x_j（$j=1$、2、3、4、5）的散点图可以看出 y 的对数函数与多数的 x_j 的对数函数呈线性关系，本研究根据数据反映的情况，选用双对数线性函数模型作为本文回归模型的设定形式。初始模型建立如下：

$$Lny = \beta_0 + \beta_1 Ln\,x_1 + \cdots + \beta_5 Ln\,x_5 + \mu$$

其中，y 为因变量，即物业管理行业面积；β_0 为常规系数；$\beta_1 \sim \beta_5$ 称为回归系数；$x_1 \sim x_5$ 为自变量，分别为房屋竣工面积、商品房销售面积、房屋新开工面积、城镇人口和人均 GDP。

2. 数据的统计

表3　研究变量的原始数据统计

年份	物业管理面积（万平方米）y	房屋竣工面积（万平方米）x_1	商品房销售面积（万平方米）x_2	房屋新开工面积（万平方米）x_3	城镇人口（万人）x_4	人均 GDP（万元）x_5
2008	1254600	66545	65970	102553	62403	2.41
2009	1304200	72677	94755	116422	64512	2.62
2010	1353800	78744	104765	163647	66978	3.08
2011	1426600	92620	109367	191237	69079	3.63
2012	1453000	99425	111304	177334	71182	3.99
2013	1549000	101435	130551	201208	73111	4.37
2014	1645000	107459	120649	179592	74916	4.72
2015	1932000	100039	128495	154454	77116	5.02
2016	2219000	106128	157349	166928	79298	5.41
2017	2466500	101486	169408	178654	81347	6.00
2018	2793000	94421	171465	209537	83137	6.60
2019	3100000	95942	171558	227154	84843	7.09

资料来源：国家统计局、全国第四次经济普查、《中国物业管理行业年鉴》（2018、2019）。

3. 用 SPSS 进行回归分析和计算

在进行回归分析之前，首先对表中的原始数据取对数化处理，处理的结果如表4所示。

表4　研究变量的对数化处理

年份	Lny	$Ln\,x_1$	$Ln\,x_2$	$Ln\,x_3$	$Ln\,x_4$	$Ln\,x_5$
2008	14.04	11.11	11.10	11.54	11.04	0.88
2009	14.08	11.19	11.46	11.66	11.07	0.96
2010	14.12	11.27	11.56	12.01	11.11	1.13

年份	Lny	$Ln\,x_1$	$Ln\,x_2$	$Ln\,x_3$	$Ln\,x_4$	$Ln\,x_5$
2011	14.17	11.44	11.60	12.16	11.14	1.29
2012	14.19	11.51	11.62	12.09	11.17	1.38
2013	14.25	11.53	11.78	12.21	11.20	1.47
2014	14.31	11.58	11.70	12.10	11.22	1.55
2015	14.47	11.51	11.76	11.95	11.25	1.61
2016	14.61	11.57	11.97	12.03	11.28	1.69
2017	14.72	11.53	12.04	12.09	11.31	1.79
2018	14.84	11.46	12.05	12.25	11.33	1.89
2019	14.92	11.47	12.05	12.33	11.35	1.96

用 SPSS 24 软件对数据进行回归分析，结果如下（见表 5）。

4. 模型汇总

表 5　物业管理行业市场规模预测回归模型检验

模型	R	R^2	调整后的 R^2	标准估算的误差	德宾 – 沃森
1	0.996	0.993	0.987	0.036	2.578

从模型的拟合情况看：

模型的复相关系数 R，用来衡量自变量 X 与 Y 之间的相关度的大小。$R = 0.996$，表明 y 与 x 之间具有高度正相关。

判定系数 R^2，用来说明自变量解释因变量 Y 变差的程度，以测评因变量 Y 的拟合效果。$R^2 = 0.993$，说明两者的拟合效果较好，可以用因变量可解释因变量变化的 99.2%。

调整后的 $R^2 = 0.987$，说明自变量能说明因变量 y 的 98.7%，因变量 y 的 1.3% 要由其他因素来解释。

标准误差，用来衡量拟合程度的大小，也用于计算与回归相关的其他统计量，此值越小，说明拟合程度越好。

德宾 – 沃森（Durbin – Watson），用于检验自变量自相关性，一般来说越接近 2 越好，说明自变量的自相关性越不明显，模型设计得越好。

5. 方差分析表

表6　物业管理行业市场规模预测方差分析

项目	离差平方和 SS	自由度 df	均方 MS	F	显著性
回归	1.074	5	0.215	166.602	0.000002
残差	0.008	6	0.001	—	—
总计	1.082	11	—	—	—

根据方差分析计算结果，模型的统计量为166.602，显著性为0.000002，Y远小于显著性水平0.05，说明该回归方程回归效果显著，方程中至少有一个回归系数显著性不为0。

6. 回归系数

表7　物业管理行业市场规模预测回归参数估计

项目	未标准化系数		标准化系数	t	显著性	95.0% 置信区间		共线性统计	
	B	标准误差	Beta			下限	上限	容差	VIF
常量	−5.598	56.643	—	−0.099	0.924	−144.198	133.002	—	—
$Ln\ x_1$	−0.927	0.176	−0.458	−5.269	0.002	−1.358	−0.497	0.158	6.337
$Ln\ x_2$	0.072	0.293	0.066	0.247	0.813	−0.644	0.788	0.017	59.450
$Ln\ x_3$	−0.098	0.257	−0.072	−0.383	0.715	−0.727	0.530	0.033	29.959
$Ln\ x_4$	2.710	5.127	0.871	0.529	0.616	−0.9835	15.255	0.000	2278.663
$Ln\ x_5$	0.381	1.438	0.427	0.265	0.800	−3.137	3.899	0.000	2175.660

结果输出的系数表格中，显示共线性诊断的两个统计量为容差和 VIF（方差膨胀因子），一般认为如果容差 <0.2 或 VIF >10，则提示要考虑自变量之间存在多重共线性问题。本次回归结果中，五项指标的容差均小于0.2，除了房屋竣工面积对数这一指标，其他四项的 VIF 均大于10，表示五项指标中存在共线性问题，需要对选取的各项指标进行修正和优化。

7. 多重共线性的检验与修正

由上述回归分析结果，初步可以判断模型可能存在多重共线性，为进一步验证，使用简单相关系数法检验，由表8可以发现，一些自变量之间的相关系数很大，因此确定模型存在多重共线性（见表8）。

表8　物业管理行业市场规模预测相关系数矩阵

变量	$Ln\ x_1$	$Ln\ x_2$	$Ln\ x_3$	$Ln\ x_4$	$Ln\ x_5$
$Ln\ x_1$	1.000	-0.639	0.593	0.714	-0.726
$Ln\ x_2$	-0.639	1.000	-0.884	-0.900	0.871
$Ln\ x_3$	0.593	-0.884	1.000	0.943	-0.942
$Ln\ x_4$	0.714	-0.900	0.943	1.000	-0.997
$Ln\ x_5$	-0.726	0.871	-0.942	-0.997	1.000

对于模型存在的多重共线性，采用逐步回归法对多重共线性进行修正和消除。并在多重共线性消除后，得到 Lny 与 $Ln\ x_1$、$Ln\ x_2$、$Ln\ x_3$、$Ln\ x_4$、$Ln\ x_5$ 的回归方程。

通过逐步回归分析法，最终形成两种结果，模型1，因变量 y 与城镇人口强相关；模型2，因变量 y 与城镇人口和房屋竣工面积强相关。根据回归统计表，可以看到模型1和模型2的复相关系数 R、R^2 均较高，说明因变量和自变量之间存在高度正相关、两者的拟合效果较好，且模型2的值更高，相关度及拟合效果较模型1更好。模型2的标准误差相较模型1更小，拟合程度更好（见表9）。

表9　物业管理行业市场规模预测回归统计

模型	R	R^2	调整后的 R^2	标准误差	德宾－沃森
1	0.953	0.909	0.899	0.099	
2	0.996	0.993	0.991	0.030	2.550

根据方差分析计算结果，模型1和模型2的显著性均远小于显著性水平0.05，说明该回归方程回归效果显著，方程中至少有一个回归系数显著性不为0。

表10　物业管理行业市场规模预测方差分析

模型	项目	离差平方和 SS	自由度 df	均方 MS	F	显著性
1	回归	0.983	1	0.983	99.329	0.000002
	残差	0.099	10	0.010		
	总计	1.082	11			
2	回归	1.074	2	0.537	600.098	2.6476E－10
	残差	0.008	9	0.001		
	总计	1.082	11			

　　根据回归参数表，模型1和模型2的容差均大于0.2，VIF均小于10，说明自变量之间不存在多重共线性问题。

表11　物业管理行业市场规模预测回归参数

模型	项目	未标准化系数		标准化系数	t	显著性	95.0%置信区间		共线性统计	
		B	标准误差	Beta			下限	上限	容差	VIF
1	常量	－18.835	3.335		－5.649	0.000	－26.265	－11.405		
	Lnx_4	2.965	0.298	0.953	9.966	0.000	2.302	3.628	1.000	1.000
2	常量	－20.464	1.016		－20.150	0.000	－22.762	－18.167		
	Lnx_4	4.044	0.139	1.300	28.992	0.000	3.728	4.360	0.411	2.431
	Lnx_3	－0.915	0.091	－0.452	－10.080	0.000	－1.120	－0.710	0.411	2.431

　　综合上述回归分析的结果，模型2的拟合效果更好，因此，最终确定用城镇人口 x_4 和房屋竣工面积 x_1 来表现与因变量 y 的相关性关系。

（四）建立回归模型分析主要因素对物业管理行业规模的影响

　　由上述逐步回归的结果，最终确定对物业管理行业市场规模有显著影响的指标为供给端的房屋竣工面积，以及需求端的城镇人口数，最终，因变量 y（物业管理面积）对自变量城镇人口 x_4 和房屋竣工面积 x_1 的线性回归方程为：

$$Lny = -20.464 + 4.044Ln\,x_4 - 0.915Ln\,x_1$$

　　由方程可知，城镇人口的对数（ Lnx_4 ）每增加1%，物业管理面积（ Lny ）

将增加4.044%，由于所选时间较短，房屋竣工面积与物业管理面积增长呈现小幅的反比。

（五）物业管理行业市场规模预测结果

根据回归分析构建的物业管理行业市场管理规模预测模型，物业管理行业市场管理规模与需求端的城镇人口和供给端的房屋竣工面相关。因此根据这两个数据，可以预测未来几年物业管理规模。

1. 需求端：城镇人口

随着我国城镇化率增加，居民对住房的需求增加，消费能力增强，物业管理服务的需求激增。2019年，我国人口总规模14.00亿人，城镇人口规模为8.48亿人，城镇化率60.60%（见表12、图4）。根据世界银行公开数据，我国与发达国家城镇化水平（见图3）还有一定差距，具有较大的发展空间，预计2025年，我国城镇化率达到65.5%左右，城镇人口约9.44亿人。

表12　2005～2025年总人口和城镇人口规模①

年份	总人口（万人）	城镇人口（万人）
2005	130756	56212
2006	131448	58288
2007	132129	60633
2008	132802	62403
2009	133450	64512
2010	134091	66978
2011	134735	69079
2012	135404	71182
2013	136072	73111
2014	136782	74916
2015	137462	77116
2016	138271	79298
2017	139008	81347
2018	139538	83137
2019	140005	84843
2020	140690	86693

① 2005～2019年资料来源于国家统计局，2020～2025年数据根据一年的人口平均增速计算。

续表

年份	总人口（万人）	城镇人口（万人）
2021	141379	88418
2022	142071	90073
2023	142766	91656
2024	143465	93166
2025	144167	94429

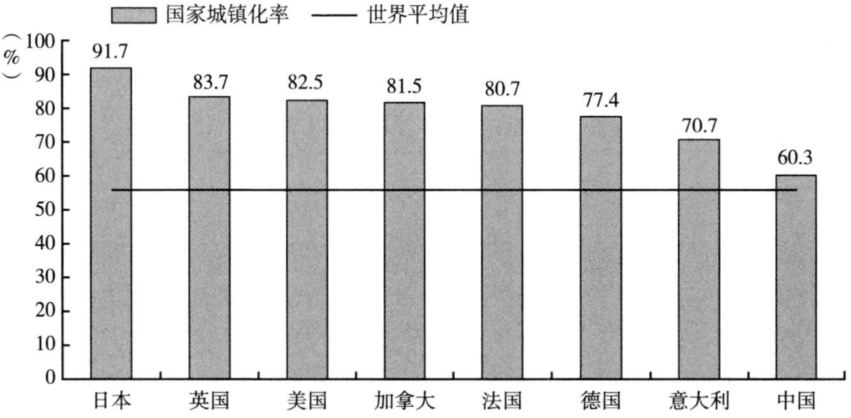

图3　2019年全球主要国家城镇化水平

资料来源：世界银行数据库。

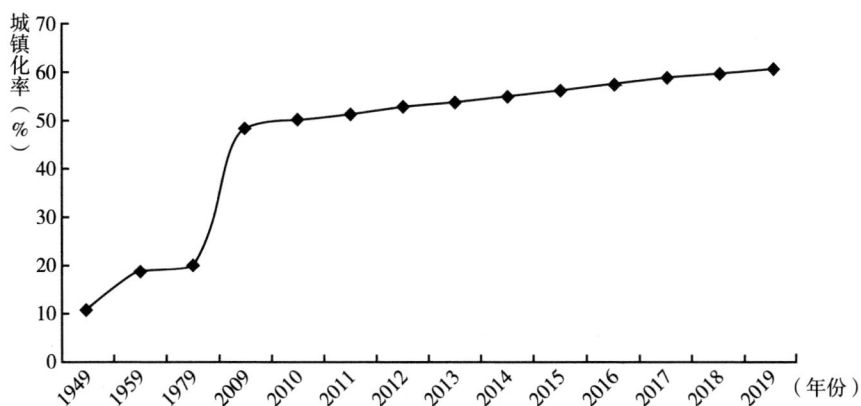

图4　1949～2019年中国城镇化阶段性进程

资料来源：国家统计局。

2. 供应端：房地产竣工面积

近几年，物业服务企业规模不断扩大，企业向多元化服务和业态拓展。房屋竣工面积将在未来2~3年转化成物业管理面积，每年近10亿平方米的增量，为未来物业管理面积的增加持续添砖加瓦。2019年，我国房屋竣工面积总值达9.59亿平方米。根据竣工面积增速的变化幅度，可以预测在未来的一段时间内，房屋竣工面积仍在10亿平方米左右，预计2025年，房屋竣工面积将达到10.61亿平方米，为物业管理面积的增加提供了稳定的基础（见表13）。

表13　2005~2025年房屋竣工面积①

年份	房屋竣工面积（万平方米）	年份	房屋竣工面积（万平方米）
2005	53417.04	2016	106127.71
2006	55830.92	2017	101486.41
2007	58235.88	2018	94421.15
2008	66544.80	2019	95941.53
2009	72677.40	2020（测算）	96969.43
2010	78743.90	2021（测算）	99024.83
2011	92619.94	2022（测算）	101373.26
2012	99424.96	2023（测算）	103052.79
2013	101434.99	2024（测算）	104042.57
2014	107459.05	2025（测算）	106081.03
2015	100039.10	—	—

3. 结果

根据城镇人口和房屋竣工面积预测以及回归模型，物业管理行业的管理规模将持续增加，预测2025年，物业管理行业的管理规模将达到430亿平方米，经营收入将超过2万亿元。根据物业管理从业人员9.12%的复合增长率计算，行业从业人员数量达到1077万人；而随着社会分工专业化的逐步提升，物业

① 2005~2019年资料来源于国家统计局，2020~2025年数据根据竣工面积增长率及平均增幅计算。

管理将拉动秩序维护、清洁保洁、绿化养护、设备维护等下游产业发展，也将带动就业人员达到 1065 万人。

五 结语

习近平总书记多次提到，当今世界正经历百年未有之大变局。"十四五"时期是我国实现第一个百年奋斗目标之后，乘势而上开启全面建设社会主义现代化国家新征程、向第二个百年奋斗目标进军的第一个五年，我国将进入新发展阶段。社会主要矛盾已经转化为人民日益增长的美好生活需要和不平衡不充分的发展之间的矛盾，人均国内生产总值达到 1 万美元，城镇化率超过 60%，中等收入群体超过 4 亿人，人民对美好生活的要求不断提高。进入新发展阶段的物业管理行业将面临新形势、新任务、新要求，我们要抓住新机遇，迎接新挑战，把握发展大势，善于主动求变，提升物业管理参与基层治理的社会化、法治化、智能化、专业化水平，打造共建共治共享的物业管理区域治理新格局，努力实现"十四五"期间更高质量、更有效率、更为安全、更可持续的发展。在国家"放管服"改革的大背景下，物业管理行业将打破原有传统的监管框架，沿着市场化发展方向创新物业管理体制和机制。当前，我国物业管理行业仍处于向现代服务业转型升级的发展初级阶段，物业管理行业要跟紧新型基础设施建设，普及和利用好新一代信息技术的广泛应用，促进要素资源的网络化共享、协同化开发和集约化利用，加速推动行业数字化转型。要大力推行节能减排为重点的绿色物业管理，引导企业在管理中积极使用新能源、新材料、新技术，通过抓好各个环节管控，达到节能、节水、节电以及节约养护材料，减少污染物排放量，避免污染、疾病等事件传播扩散，降低环境风险和环境维护运营成本，促进资源的循环利用和环境改善。物业企业在参与市场竞争中，也把重点逐渐从传统的资源、关系、成本、渠道等向知识、人才转移，将企业的知识资产积累和员工知识管理水平打造成为核心竞争力和重要驱动力。"十四五"期间，要着眼长远、把握大势、集思广益、开拓创新，从中国国情和行业实际出发走出一条具有中国特色的物业管理行业发展之路。

参考文献

沈建忠：《破局新生　行稳致远》，《中国物业管理》2020 年第 12 期。

王鹏：《开新局　育新机》，《中国物业管理》2020 年第 10 期。

2020年房地产估价行业发展
现状及2021年展望

宋梦美　刘朵*

摘　要：　2020年，房地产估价机构和人员规模继续壮大，但受新冠肺炎疫情及经济下行压力影响，一级估价机构平均营业收入略有下降，但头部企业未受太大影响；服务领域持续深化与拓展，相关咨询顾问业务积极开展。2021年，随着疫情不良影响逐渐减弱，房地产估价行业规模将持续扩大，房地产司法评估工作将日趋规范，住房租赁资产证券化领域评估有望进一步发展，房地产估价将呈现传统业务稳步推进和新兴业务积极拓展的局面。

关键词：　房地产估价行业　咨询顾问业务　房地产司法评估

　　房地产估价行业作为现代服务业和房地产业的重要组成部分，与经济社会发展和房地产市场密切相关，在促进房地产交易公平、保障金融安全、维护司法公正、保障社会稳定等方面发挥着非常重要的作用。近年来，随着经济下行压力加大，部分房地产估价机构忧患意识有所加强，不断创新估价服务，在经济社会发展中发挥的作用越来越大。

一　2020年房地产估价行业基本情况

　　2020年，房地产估价机构和人员规模继续壮大，一级估价机构平均营业

---

*　宋梦美，中国房地产估价师与房地产经纪人学会研究中心助理研究员，研究方向为房地产管理；刘朵，中国房地产估价师与房地产经纪人学会研究中心工程师，研究方向为房地产信息化。

收入有所缩减,头部企业保持平稳增长势头。估价机构积极开展咨询顾问业务,但仍以传统抵押估价、征收估价为主,新型业务增长缓慢。

(一)房地产估价机构情况

1. 规模情况

截至 2020 年底,全国共有房地产估价机构 5566 家,其中一级机构 826 家,二级机构 2415 家,三级机构 1323 家,一级机构分支机构 1002 家。与 2019 年底相比,一级机构增加 117 家,继续保持平稳增长势头(见图 1、图 2)。

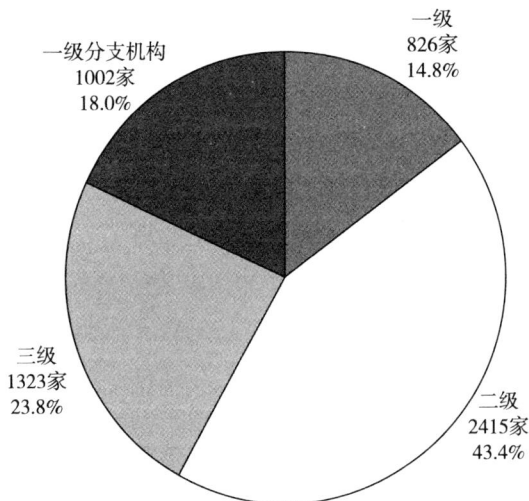

图 1 2020 年全国各等级房地产估价机构数量及分布情况

资料来源:房地产估价信用档案系统(gjxydaxt. cirea. org. cn)。

2. 地域分布情况

从地域分布来看,广东省、山东省、江苏省房地产估价机构数量位居前三,与经济体量排名基本一致。其中,一级房地产估价机构主要位于东南沿海、长三角等经济发达省市,广东省、江苏省、北京市一级估价机构数量位居全国前三(见图 3、图 4)。

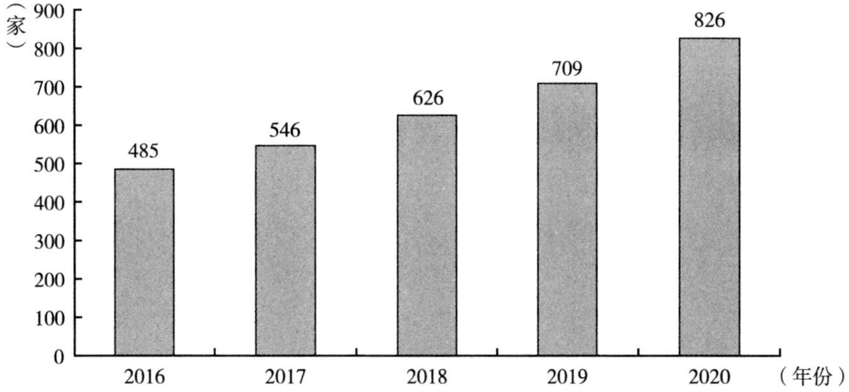

图 2　2016～2020 年全国一级房地产估价机构数量变化情况

资料来源：房地产估价信用档案系统（gjxydaxt. cirea. org. cn）。

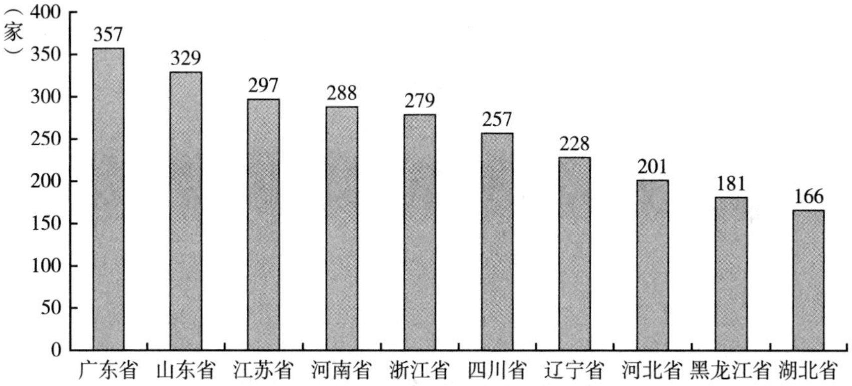

图 3　2020 年全国房地产估价机构数量前十的省份（不包含分支机构）

资料来源：房地产估价信用档案系统（gjxydaxt. cirea. org. cn）。

3. 经营年限情况

自脱钩改制算起，房地产估价行业至今发展了近 20 年。从经营年限来看，全国房地产估价机构平均经营年限约 13 年，经营年限超过 10 年的占比为 67.9%。其中，经营年限在 16～20 年的占比最多，为 38.1%；其次为 10 年及以下，占比为 32.1%。一级房地产估价机构平均经营年限约 17 年，经营年限超过 10 年的占比为 96.1%（见图 5、图 6）。

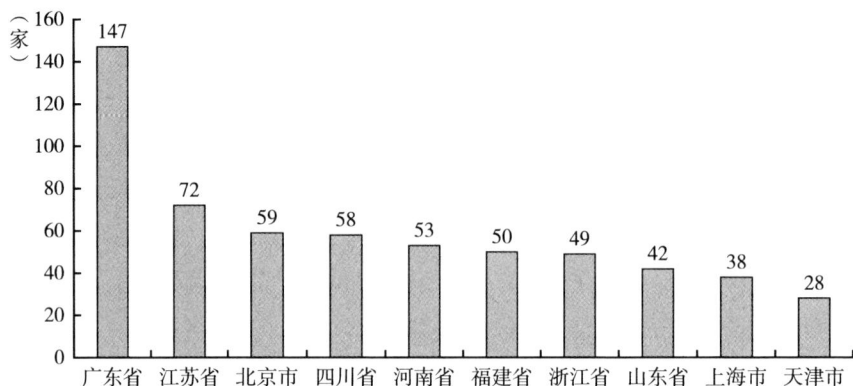

图4 2020年全国一级房地产估价机构数量前十的省份

资料来源：房地产估价信用档案系统（gjxydaxt. cirea. org. cn）。

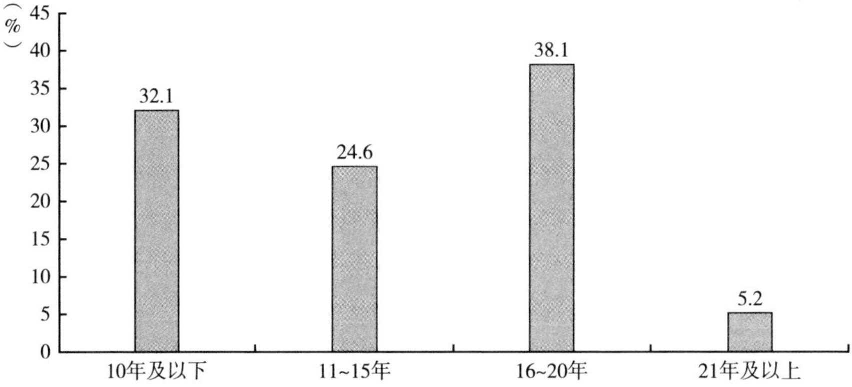

图5 2020年全国房地产估价机构经营年限情况

资料来源：房地产估价信用档案系统（gjxydaxt. cirea. org. cn）。

（二）人员情况

1. 注册房地产估价师人数持续增加

2020年，共16903人报名参加全国房地产估价师资格考试，实际参考人数为14254人，其中4432人考试合格取得房地产估价师资格证书，考试合格率达31.1%（见图7）。自1995年以来，共举办了24次全国房地产估价师资格考试，取得房地产估价师资格证书的人数达71368人。

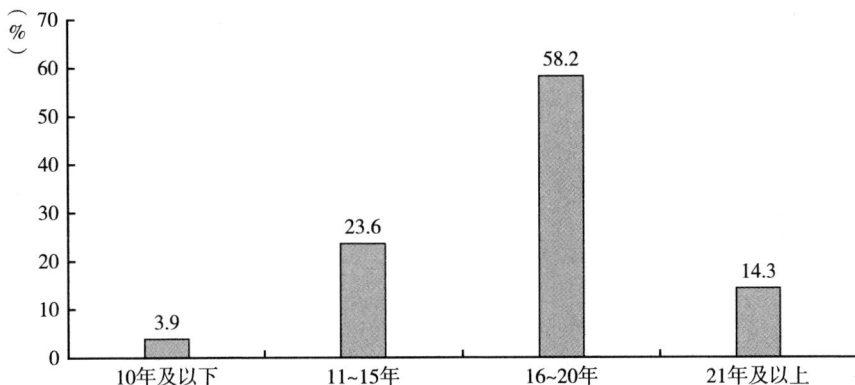

图6 2020年全国一级房地产估价机构经营年限情况

资料来源：房地产估价信用档案系统（gjxydaxt. cirea. org. cn）。

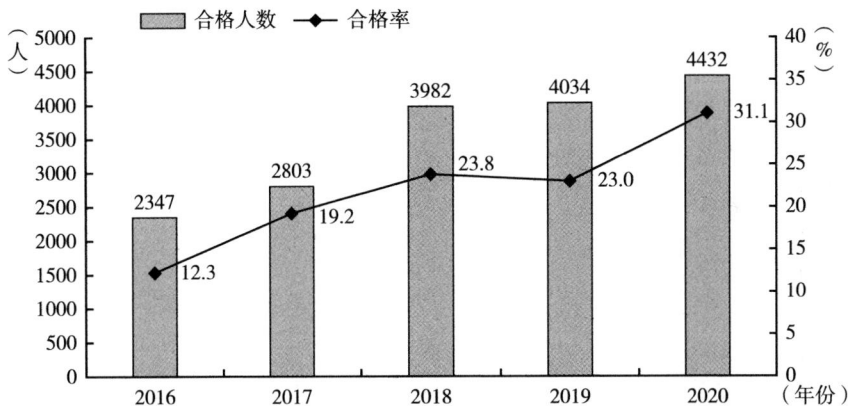

图7 2016～2020年全国房地产估价师考试合格人数和合格率情况

资料来源：中国房地产估价师与房地产经纪人学会统计数据。

从全国房地产估价师注册执业人数来看，2020年注册执业人数为4111人，同比增长8.4%，但增速较2019年有所下滑；2016～2020年注册执业人数保持增长态势，年均增长率13.8%（见图8）。截至2020年底，共有63772名房地产估价师注册执业。

2. 不同等级机构平均估价师人数

根据房地产估价信用档案系统数据，截至2020年底，一级房地产估价机

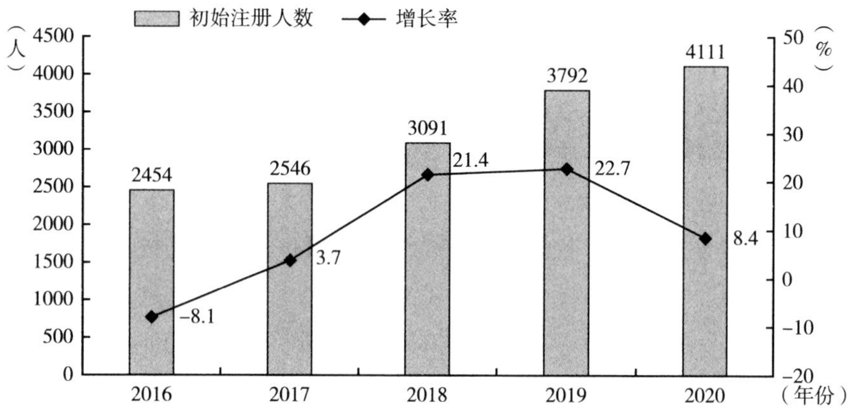

图8　2016~2020年全国房地产估价师初始注册人数和增长率情况

资料来源：房地产估价信用档案系统（gjxydaxt. cirea. org. cn）。

构平均注册房地产估价师人数近19人，二级房地产估价机构平均注册房地产
估价师人数近9人，三级房地产估价机构平均注册房地产估价师人数近5人，
一级房地产估价机构分支机构平均注册房地产估价师人数近4人（见图9）。

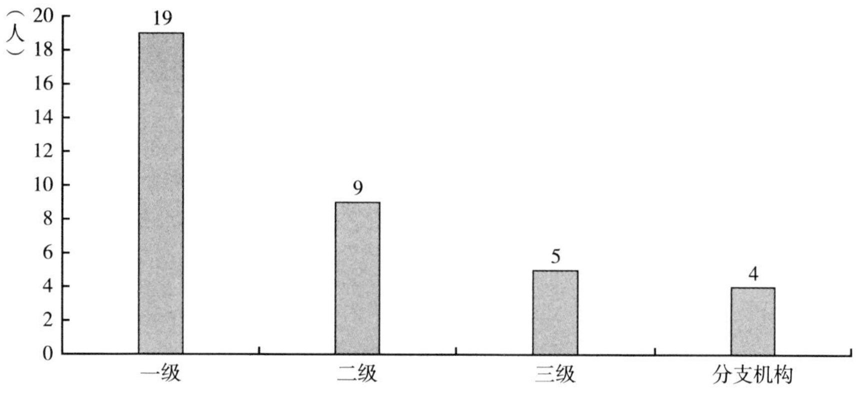

图9　2020年全国各等级房地产估价机构平均注册房地产估价师人数情况

资料来源：房地产估价信用档案系统（gjxydaxt. cirea. org. cn）。

3.35岁以下年轻群体呈上升趋势

根据房地产估价信用档案系统数据，截至2020年底，注册房地产估价师
平均年龄约为45岁。其中，年龄在46~50岁的人数最多，占比为26.4%。从
历年初始注册人数情况来看，35岁以下的房地产估价师注册人数从2016年的

1288 人增长到 2020 年的 2320 人，占比也由 2016 年的 52.8% 增加到 2020 年的 56.4%（见图 10、图 11）。

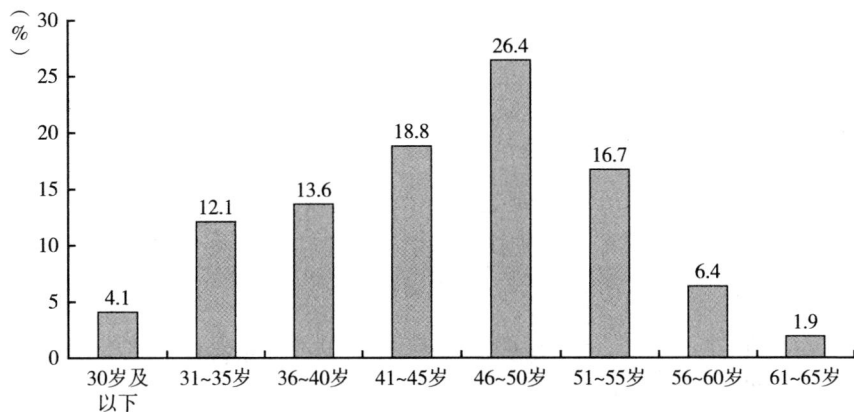

图 10　2020 年全国注册房地产估价师年龄结构

资料来源：房地产估价信用档案系统（gjxydaxt. cirea. org. cn）。

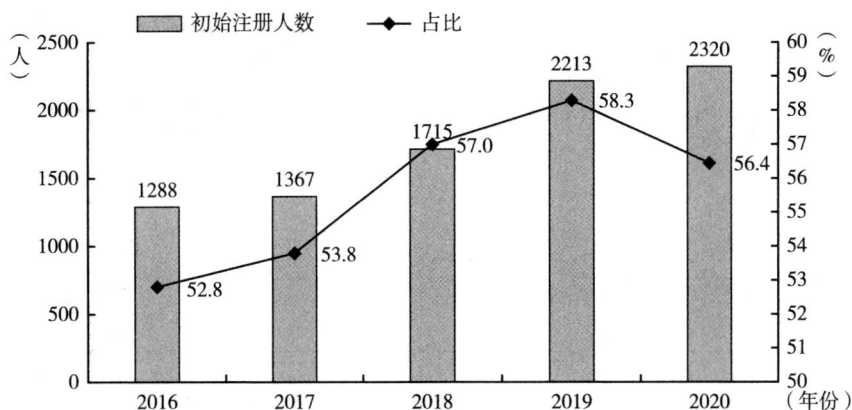

图 11　2016～2020 年全国注册房地产估价师 35 岁以下初始注册人数及占比情况

资料来源：房地产估价信用档案系统（gjxydaxt. cirea. org. cn）。

4. 本科及以上学历的估价师占比超六成

从学历情况来看，注册房地产估价师总体学历水平较高，截至 2020 年底，本科及以上学历占比为 65.2%。其中，本科占比为 57.8%，大专及以下占比为 34.8%，硕士和博士占比分别为 6.9% 和 0.5%（见图 12）。

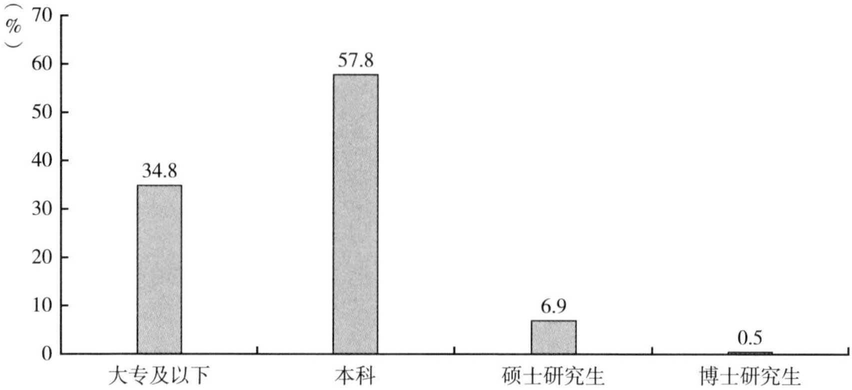

图12 2020年全国注册房地产估价师学历结构

资料来源：房地产估价信用档案系统（gjxydaxt. cirea. org. cn）。

5. 男性估价师略多于女性

从性别情况来看，截至2020年底，全国注册房地产估价师男性略多于女性，男性占比为58.6%，女性占比为41.4%。从历年初始注册人数情况来看，女性房地产估价师注册人数从2016年的1184人增长到2020年的2100人，占比也由2016年的48.6%增加到2020年的51.1%，男女比例逐渐平衡（见图13、图14）。

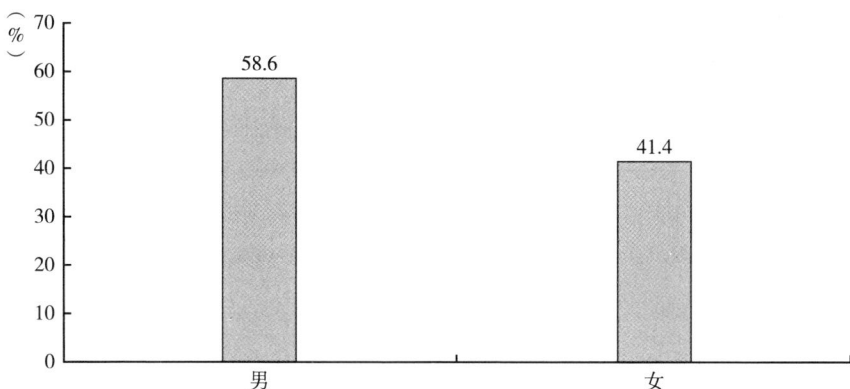

图13 2020年全国注册房地产估价师性别结构

资料来源：房地产估价信用档案系统（gjxydaxt. cirea. org. cn）。

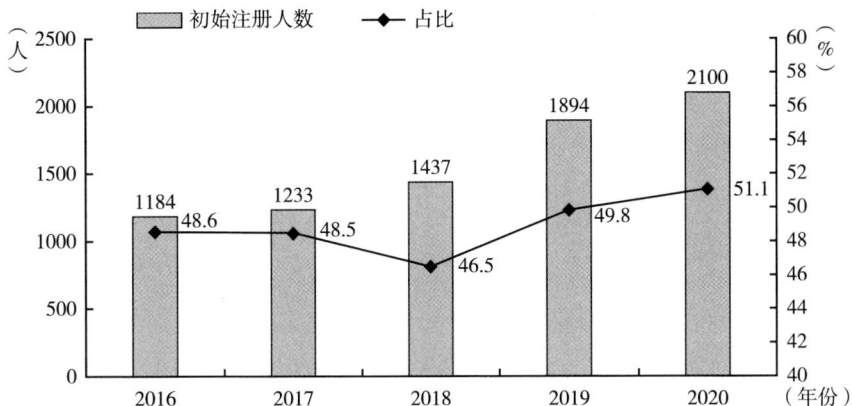

图14　2016～2020年全国注册房地产估价师女性初始注册人数及占比情况

资料来源：房地产估价信用档案系统（gjxydaxt. cirea. org. cn）。

6. 五成以上的估价师从业年限在10年以上

从从业年限来看（以估价师初始注册日期来计算从业年限），注册房地产估价师大多具有多年的估价经验，平均从业年限达11年，从业年限超过10年的注册房地产估价师占比为52.2%。估价年限在6～10年、11～15年、16～20年、20年以上的占比分别为17.2%、16.2%、19.8%、16.2%（见图15）。

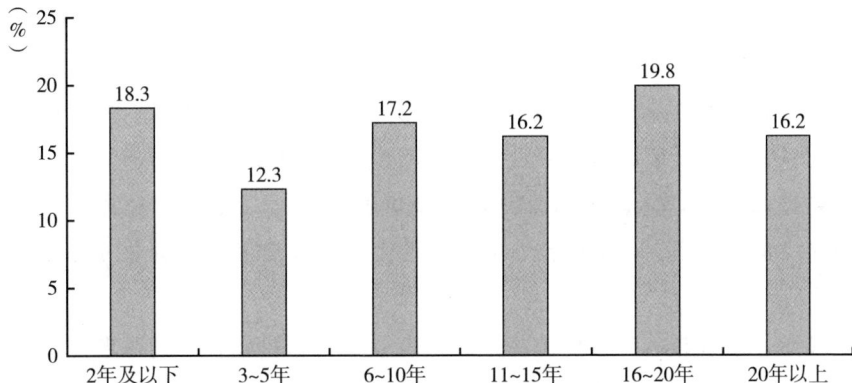

图15　2020年全国注册房地产估价师从业年限情况

资料来源：房地产估价信用档案系统（gjxydaxt. cirea. org. cn）。

（三）业绩情况

1. 业绩完成情况

2020 年全国一级房地产估价机构（共 694 家机构填报了数据）累计完成估价项目 189 万个，评估总价值约 30 万亿元，评估总建筑面积约 28 亿平方米，评估总土地面积约 37 亿平方米（见图 16）。

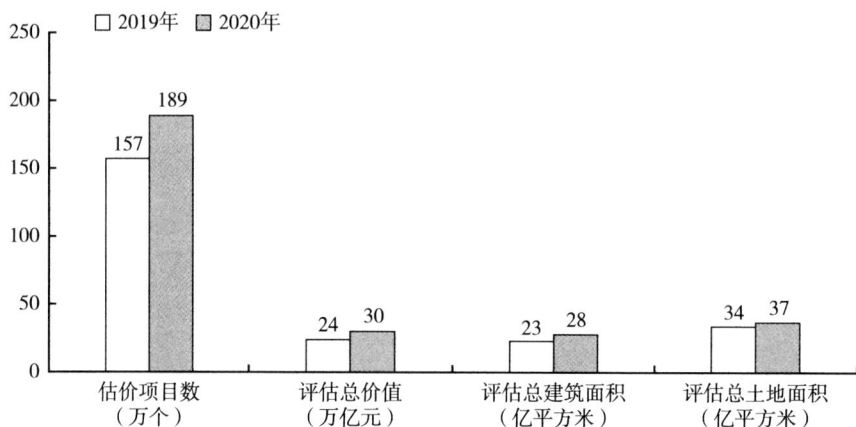

图 16　2019 年和 2020 年全国一级房地产估价机构业绩完成情况

资料来源：房地产估价信用档案系统（gjxydaxt. cirea. org. cn）。

2. 不同业务类型占比情况

从业务类型看，2020 年全国一级房地产估价机构抵押估价类业务占比最高，该类业务的评估价值占总评估价值的比重为 56.3%；其次为咨询顾问类业务，占比为 17.3%；再次为除传统估价业务外的其他估价业务，占比为 16.3%；土地出让、房屋征收、房地产转让、司法鉴定等估价业务占比较少（见图 17）。

2018 ~ 2020 年，三大传统房地产估价业务（抵押估价、司法鉴定、征收评估）评估价值占总评估价值的比重基本保持在 60% 左右，咨询顾问类业务占比呈逐年增加的趋势（见图 18、图 19）。

3. 营业收入情况

2020 年全国一级房地产估价机构平均营业收入为 1966 万元，同比下降

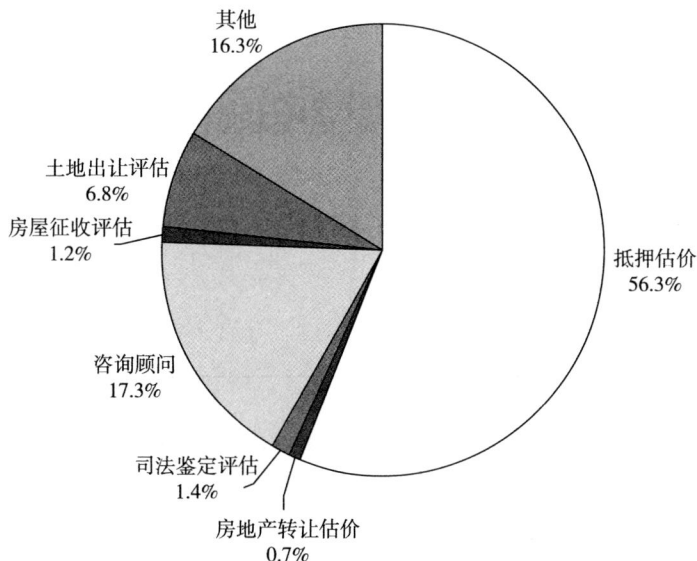

图17 2020年全国一级房地产估价机构各类估价业务评估价值占比情况

资料来源：房地产估价信用档案系统（gjxydaxt. cirea. org. cn）。

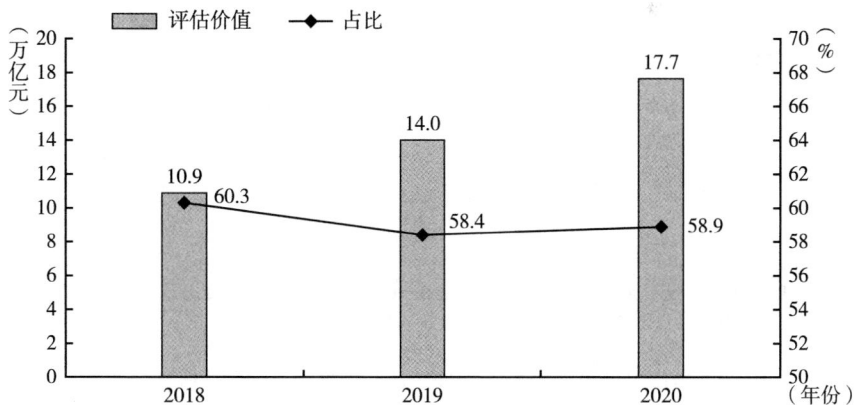

图18 2018～2020年全国一级房地产估价机构传统估价业务评估价值及占比情况

资料来源：房地产估价信用档案系统（gjxydaxt. cirea. org. cn）。

3.5%。营业收入排名前十的机构收入总额从2019年的19.4亿元增长为20.7亿元，增幅6.7%；营业收入排名前百的机构收入总额从2019年的7118万元

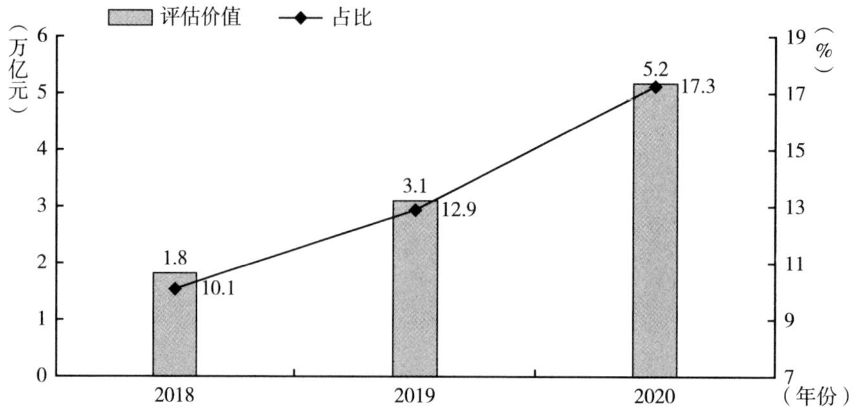

图19　2018～2020年全国一级房地产估价机构咨询顾问业务评估价值及占比情况

资料来源：房地产估价信用档案系统（gjxydaxt. cirea. org. cn）。

增长为7451万元，增幅4.7%。根据各等级机构上报的2020年度营业收入情况估算，2020年全国房地产估价机构营业收入近315亿元（见图20、图21）。

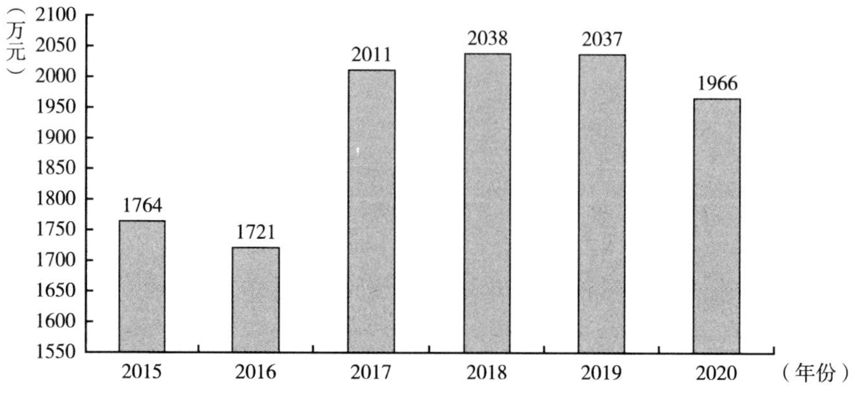

图20　2015～2020年全国一级房地产估价机构年均营业收入情况

资料来源：房地产估价信用档案系统（gjxydaxt. cirea. org. cn）。

从营业收入排名前20的估价机构地域分布情况来看，广东省估价机构占比为40%，且排名前4的机构均为广东省的估价机构，一定程度上反映广东省估价服务能力较强（见表1）。

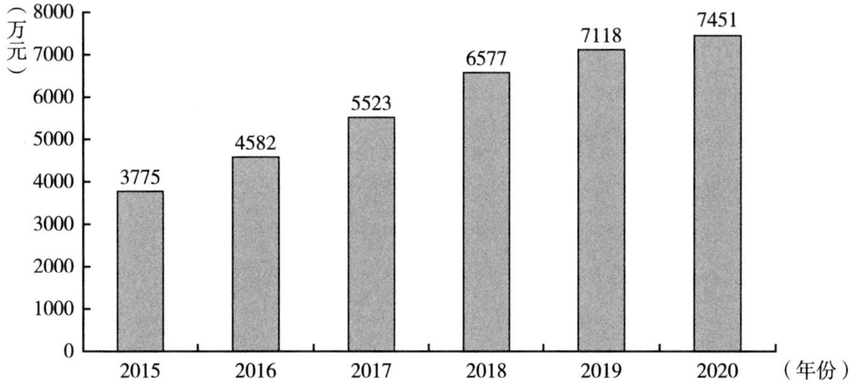

图21 2015～2020年总营业收入排名前百的一级房地产估价机构年均营业收入情况

资料来源：房地产估价信用档案系统（gjxydaxt. cirea. org. cn）。

表1 2020年一级房地产估价机构营业收入全国前二十名

序号	机构名称	省份
1	深圳市世联土地房地产评估有限公司	广东
2	国众联资产评估土地房地产估价有限公司	广东
3	深圳市戴德梁行土地房地产评估有限公司	广东
4	深圳市鹏信资产评估土地房地产估价有限公司	广东
5	中证房地产评估造价集团有限公司	江苏
6	深圳市同致诚土地房地产估价顾问有限公司	广东
7	深圳市国策房地产土地估价有限公司	广东
8	上海城市房地产估价有限公司	上海
9	博文房地产评估造价集团有限公司	北京
10	广东中地土地房地产评估与规划设计有限公司	广东
11	北京仁达房地产土地资产评估有限公司	北京
12	重庆汇丰房地产土地资产评估有限责任公司	重庆
13	深圳市国房土地房地产资产评估咨询有限公司	广东
14	江苏仁禾中衡工程咨询房地产估价有限公司	江苏
15	中建银(北京)房地产土地资产评估有限公司	北京
16	江苏金宁达房地产评估规划测绘咨询有限公司	江苏
17	青岛习远土地房地产资产评估咨询有限公司	山东
18	建银(浙江)房地产土地资产评估有限公司	浙江
19	上海科东房地产土地估价有限公司	上海
20	浙江众诚房地产评估事务所有限公司	浙江

资料来源：中国房地产估价师与房地产经纪人学会《2020年度全国一级房地产估价机构排名》。

二 2020年房地产估价行业发展政策及重要事件

2020年，房地产估价行业相关政策主要围绕开展基础设施公募REITs、推进房地产司法评估等方面；民法典提到的居住权，为估价机构业务拓展提供了机遇。

房地产估价机构积极参与抗击新冠肺炎疫情。疫情发生以来，房地产估价机构积极响应国家号召和行业倡议，通过捐款捐物、志愿服务等方式，支援疫情防控工作，根据中国房地产估价师与房地产经纪人学会统计，截至2020年6月底，房地产估价机构及从业人员在抗击疫情中累计捐款捐物2143万元，积极履行企业社会责任，为抗击疫情贡献力量。

944家房地产估价机构入围2020年人民法院涉执财产处置司法评估机构名单库。为配合最高人民法院建立2020年人民法院涉执财产处置司法评估机构名单库，中国房地产估价师与房地产经纪人学会按照总量控制、动态调整、地域平衡、增加城市子库的原则，通过机构申请、省级房地产估价行业组织初选、专家评审的流程开展相关工作，向最高人民法院推荐2020年人民法院涉执财产处置司法评估机构944家，覆盖了全国251个省会城市和地级市。

公开募集基础设施证券投资基金领域的房地产估价服务有所推进。2020年8月7日，证监会发布了《公开募集基础设施证券投资基金指引（试行）》，明确在公开募集基础设施证券投资基金设立及运作中发挥评估机构的专业作用，这将为房地产估价行业带来新的发展机遇。

民法典提出居住权概念对估价行业带来影响。2020年5月28日，十三届全国人大三次会议表决通过了《中华人民共和国民法典》，为满足特定人群的居住需求，认可和保护民事主体对住房保障的灵活安排，民法典增设"居住权"这一新型用益物权，对于如何设定估价目的及如何评估不同估价目的下的居住权价值成为估价行业的讨论热点。

2020中国房地产估价年会聚焦估价业务深化与拓展。2020年11月5日，中国房地产估价师与房地产经纪人学会以线上为主、线上线下结合方式举办了主题为"洞察大势 寻找方向——估价业务深化与拓展之路"的2020中国房地产估价年会。来自境内外知名房地产估价机构负责人及有关专家学者、国际知名房地产咨询顾问机构代表等嘉宾围绕行业重大议题进行了热烈研讨。

三 2020年房地产估价行业发展特点

2020年，突如其来的新冠肺炎疫情给各行各业带来重大影响，房地产估价行业也不例外，但房地产估价机构面对疫情冲击，积极拓展业务，创新评估方式，避免了经营收入受太大波动，部分估价机构经营收入甚至逆势增长，体现了估价行业较强的生存韧性。具体体现在：一是行业规模继续壮大，一级机构保持平稳增长，注册房地产估价师人数超过6万人。二是估价业务不断深化与拓展，开展相关咨询顾问业务。一方面在集体建设用地入市、城市更新（包括城镇老旧小区改造）、住房租赁市场发展等国家重大战略、重要工作领域中发挥了积极作用，另一方面咨询顾问类业务占比持续提高，积极拓展咨询顾问服务空间。三是信息化水平不断提高，受新冠肺炎疫情影响，房地产估价机构面对项目暂缓开展、延期付款等困难，积极创新执业模式，采用实时视频通信、远程在线查勘等线上评估方式，不断提高现代信息技术应用水平，估价机构和估价师认识新技术、运用新技术的能力不断增强。

同时也要看到，房地产估价行业一些深层次问题还有待解决。一是开拓创新能力不足。从估价业务结构来看，目前多数估价机构仍以传统抵押估价、征收估价为主，新型业务增长缓慢。二是专业化服务水平不高。估价机构低价恶性竞争、低收费导致估价低质量，把复杂专业化的估价变成了简单形式性的估价，降低了房地产估价的专业能力和专业形象。三是执业风险不断显现。随着资产评估法的实施，以及市场潜在风险的加剧，估价业务的风险不断加大，一些估价机构因估价程序、报告质量存在问题而被追究法律责任，有的甚至承担刑事责任。

四 2021年房地产估价行业发展展望

2021年，疫情影响逐渐减弱，在房地产长效机制框架下，预计房地产市场总体保持运行平稳，房地产估价行业规模将继续壮大；随着行业监管力度的加大、信用管理体系建设的推进、估价标准规范体系的完善，行业执业环境将不断净化，估价服务质量将进一步提升。

1. 估价报告质量监管将加强

近年来，随着资产评估法的贯彻落实，老百姓法律意识的不断增强，被投诉举报的房地产估价机构越来越多，这也暴露出估价报告套模板、轻质量管控等系列问题。针对行业存在的突出问题，主管部门将不断改革、优化管理方式，以估价报告为抓手，建立系列制度，包括试行估价项目报备制，建立虚假和重大差错评估报告的认定标准和机制，探索建立估价师的估价项目负责制，强化估价机构法定代表人乃至实际控制人的责任等。

2. 信用评价将成为加强机构管理的重要方式

近年来，党中央、国务院高度重视社会信用体系建设。为加快推进社会信用体系建设，国家发改委拟联合住房和城乡建设部开展房地产估价机构公共信用综合评价工作，探索建立房地产估价行业信用评价体系，逐步用信用管理替代过去的资质、备案等行政管理模式。目前，公共信用综合评价的试评价工作和公共信用综合评价办法起草工作正同步进行，信用评价工作预计会很快正式开展。信用评价将成为行业管理的重要方式，公平竞争、诚信经营的执业环境将逐渐形成。

3. 房地产司法评估工作日趋规范

为配合最高人民法院做好人民法院涉执财产处置司法评估工作，按照《人民法院委托评估工作规范》规定，中国房地产估价师与房地产经纪人学会已经连续两年向最高人民法院推荐房地产司法评估机构名单，并配合最高法出台了《人民法院委托评估专业技术评审工作规范》。目前，中国房地产估价师与房地产经纪人学会正在研究制定《涉执房地产处置司法评估指导意见》《涉执房地产处置司法评估专业技术评审实施细则（试行）》《涉执房地产处置司法评估机构推荐名单管理办法》等司法评估系列配套文件，2021年有望发布实施。

4. 住房租赁资产证券化领域房地产估价服务持续推进

2018年，中国证监会、住房和城乡建设部联合发布的《关于推进住房租赁资产证券化相关工作的通知》（证监发〔2018〕30号），确定了房地产估价机构在房地产资产证券化领域开展物业评估业务的合法性。2020年8月7日，证监会发布了《公开募集基础设施证券投资基金指引（试行）》，明确评估机构在公开募集基础设施证券投资基金设立、运作中发挥专业作用。2021年4月9日，中国人民银行、银保监会、证监会、外汇局发布《关于金融支持海南全面深化改革开放的意见》（银发〔2021〕84号），支持海南在住房租赁领域发展房地产投资信托基金（REITs），探索推进农垦国有农用地使用权抵押担保试点，推动完善确权登记发证、抵押担保登记、土地流转平台建设、抵押物价值评估等配套措施。随着住房租赁资产证券化政策落地，资产证券化领域对物业状况评价和市场调研、物业现金流分析与预测以及物业估值等专业服务的需求将越来越大。

区 域 篇

Cities

B.12
2020年粤港澳大湾区（粤境）房地产市场分析与2021年展望

廖俊平　徐　斌　伦嘉升*

摘　要：　2020年，粤港澳大湾区内地城市根据各自发展特点及需
要，通过调整现有购房政策、完善住房保障体系、推进城
市更新工作、加强行业管理等方式来进一步规范房地产市
场的发展，取得了不错的成绩。此外，大湾区内地城市在
加强城市互联互通方面也推出了强有力的发展规划。展望
2021年，大湾区内地城市的房地产市场需求在严厉的金融
监管政策下可能会受到一定程度的抑制，部分城市的成交
量或有较大幅度的下降，城市间互联互通的加强将使得房
地产需求更容易从部分城市外溢。各城市会继续坚持"房
住不炒""因城施策"的理念，采取多种措施来抑制局部

* 廖俊平，中山大学岭南学院房地产咨询研究中心主任，教授，主要研究方向为住房政策与住
房理论、房地产经纪理论与实践、房地产经济；徐斌，广州市广房中协房地产发展研究中心
主任，研究方向为房地产经纪理论与实践、房地产经济；伦嘉升，广州市广房中协房地产发
展研究中心研究员，研究方向为房地产经济。

的市场过热现象，包括促进住房租赁市场的发展、扩大住房保障范围等；各城市还会继续加大人才吸引力度以提升竞争力、促进城市经济发展；由于城市更新进程加快，各城市的面貌将发生较大改变，变得更宜居、更具吸引力。从长期而言，大湾区内地城市房地产市场发展前景向好，房地产行业的规范化程度和管理水平也将进一步提升。

关键词： 粤港澳大湾区　城市房地产　因城施策

一　粤港澳大湾区（粤境）概况

根据《粤港澳大湾区发展规划纲要》，粤港澳大湾区包括香港特别行政区、澳门特别行政区和广东省广州市、深圳市、珠海市、佛山市、惠州市、东莞市、中山市、江门市、肇庆市（即珠三角九市，以下称"大湾区内地城市"）。

大湾区内地城市土地总面积约为5.48万平方公里，其中珠海、中山、深圳、东莞和佛山的土地面积较小，而广州、江门、惠州、肇庆的土地面积较大（见图1）。

2020年大湾区内地城市共实现地区生产总值89524亿元，其中深圳份额最高，达30.9%，但较2019年略微下降0.1个百分点；广州次之，为27.9%，较2019年增长0.7个百分点；佛山和东莞分别为12.1%和10.8%，份额较2019年均有所下降；惠州、珠海、江门、中山和肇庆的份额均不足5%，与2019年相比，变化较为轻微或保持平稳（见图2）。在大湾区内地城市中，深圳与广州的核心作用突出，两个城市的份额从2019年的58.2%上升至2020年的58.8%，引领作用进一步凸显。

图1 大湾区内地城市土地面积

资料来源：广东省统计局。

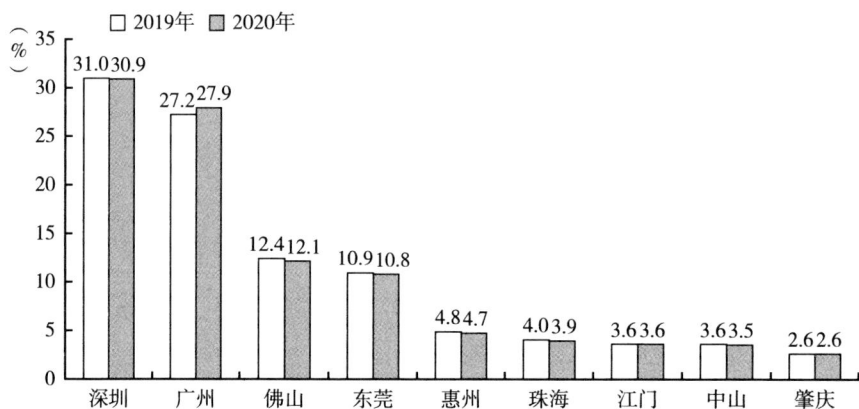

图2 2019年和2020年大湾区内地城市地区生产总值份额构成及比较

资料来源：各城市统计局。

2020年，大湾区内地城市地区生产总值占广东省的比例为80.8%，略高于2019年的80.7%（见图3），显示大湾区内地城市拉动广东省经济发展的作用突出，但进一步增强的趋势目前并不明显；占全国GDP的比例则维持在8.8%的水平。

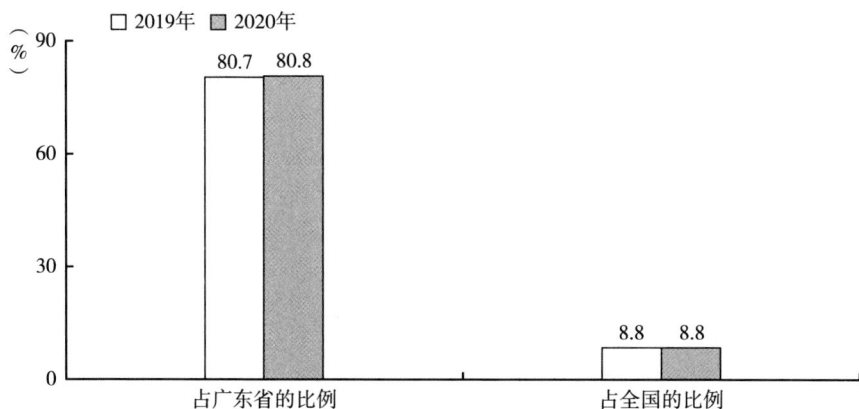

图3 2019年和2020年大湾区内地城市地区生产总值占比比较

资料来源：国家统计局、广东省统计局。

二 2020年房地产市场分析

（一）区域经济环境分析

1. 地区生产总值

2020年，大湾区内地城市共实现地区生产总值89524亿元，同比增长2.4%（见图4），由于疫情影响，增幅较2019年下降4.0个百分点，但略高于全国以及广东省的2.3%。

分城市看，深圳地区生产总值的同比增长率在大湾区内地城市中保持领先，但不及南京、成都、杭州、重庆、苏州等城市。珠海、肇庆和广州的同比增长率处于中等水平。江门、佛山、惠州、中山以及东莞等城市在2020年的经济增长动力相对欠缺，同比增长率较为靠后（见图5）。

2020年，深圳和广州的地区生产总值依旧是大湾区内地城市的"排头兵"，但低于上海和北京；而惠州、珠海、江门、中山以及肇庆的地区生产总值则较为落后，与重庆、苏州、成都、杭州、武汉、南京、天津等城市有较大的差距（见图6）。

图4　2010～2020年大湾区内地城市地区生产总值及同比增长率

说明：同比增长率由统计部门按可比价格计算后公布。

资料来源：广东省统计局。

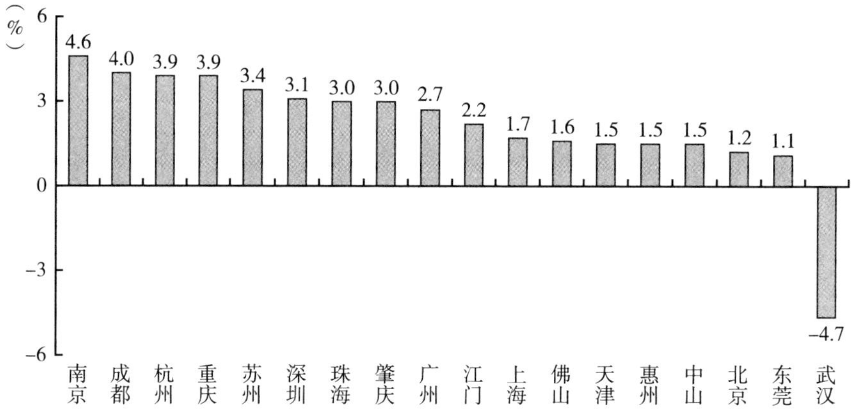

图5　2020年国内部分城市地区生产总值同比增长率

资料来源：各城市统计局。

2.产业结构

2020年，第三产业在大湾区内地城市经济发展中的重要性进一步突出，占地区生产总值的比例达到58.3%，同比增长1.2个百分点（见图7）。

在大湾区内地城市中，广州第三产业所占比例较高，为72.5%，仅次于北京、上海；深圳次于广州，第三产业所占比例为62.1%，不及杭州、成

（亿元）

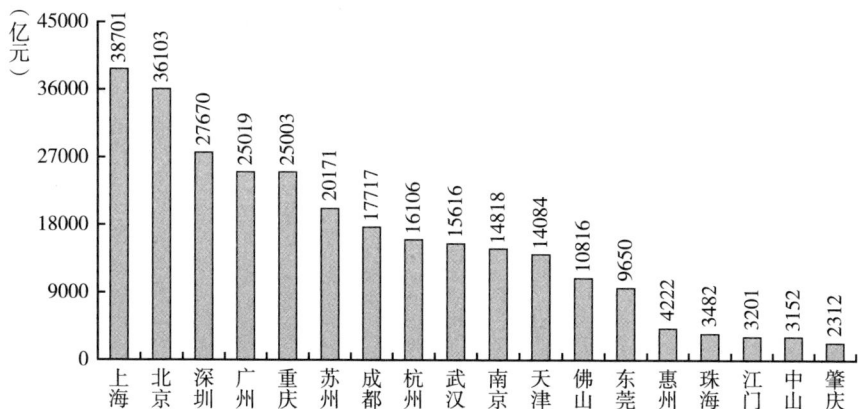

图6　2020年国内部分城市地区生产总值

资料来源：各城市统计局。

□第一产业　■第二产业　■第三产业

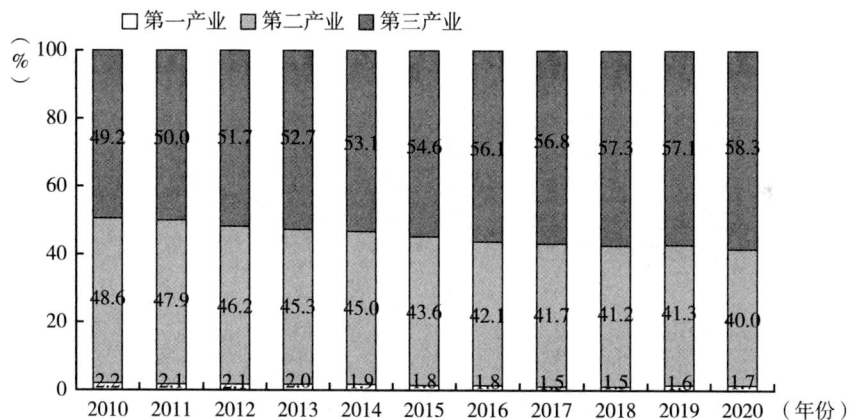

图7　2010～2020年大湾区内地城市产业结构

资料来源：广东省统计局、各城市统计局。

都、天津和南京；江门、中山、东莞、惠州、佛山和肇庆的第二产业比重较高。

从同比变化情况来看，大湾区内地城市中，东莞第三产业所占比例提升明显，同比增长2.7个百分点；广州、深圳、珠海、江门、惠州和肇庆的第三产业所占比例也均有增长，而中山、佛山同比则小幅下降（见表1）。

表1　2020年国内部分城市产业结构及同比变化情况
（按第三产业所占比例排序）

城市	第一产业 （%）	同比增减 （%）	第二产业 （%）	同比增减 （%）	第三产业 （%）	同比增减 （%）
北京	0.4	0.0	15.8	−0.4	83.8	0.3
上海	0.3	0.0	26.6	−0.4	73.1	0.4
广州	1.2	0.1	26.3	−1.0	72.5	0.9
杭州	2.0	−0.1	29.9	−1.8	68.1	1.9
成都	3.7	0.1	30.6	−0.2	65.7	0.1
天津	1.5	0.2	34.1	−1.1	64.4	0.9
南京	2.0	−0.1	35.2	−0.7	62.8	0.8
深圳	0.1	0.0	37.8	−1.2	62.1	1.2
武汉	2.6	0.2	35.6	−1.3	61.8	1.1
珠海	1.7	0.0	43.4	−1.1	54.9	1.1
重庆	7.2	0.6	40.0	−0.2	52.8	−0.4
苏州	1.0	0.0	46.5	−1.0	52.5	1.0
江门	8.6	0.5	41.6	−1.4	49.8	0.9
中山	2.3	0.3	49.4	0.3	48.3	−0.6
东莞	0.3	0.0	53.8	−2.7	45.9	2.7
惠州	5.2	0.3	50.5	−1.4	44.3	1.1
佛山	1.5	0.0	56.4	0.2	42.1	−0.2
肇庆	18.9	1.7	39.0	−2.2	42.1	0.5

资料来源：各城市统计局。

3. 房地产开发投资

2020年，大湾区内地城市共完成房地产开发投资额14106亿元，同比增长9.8%（见图8），增幅虽较2019年下降2.0个百分点，但高于广东省的9.2%以及全国的7.0%，一定程度上表明大湾区内地城市的房地产开发市场比较受投资者关注。

2020年，珠海、深圳、肇庆的房地产开发投资额同比增长率相对较高，分别为20.4%、16.4%和14.6%；东莞、江门、惠州分别为9.3%、9.2%和9.0%的同比增长率；佛山、广州位于中游，同比增长率分别为6.7%和6.2%；中山则较为逊色，房地产开发投资额同比大幅下降13.8%。综合来看，在大湾区内地城市中，投资者较为看好珠海、深圳和肇庆的房地产开发前景，而中山的吸引力则较弱（见图9）。

图8 2010～2020年大湾区内地城市房地产开发投资额及同比增长率

资料来源：广东省统计局。

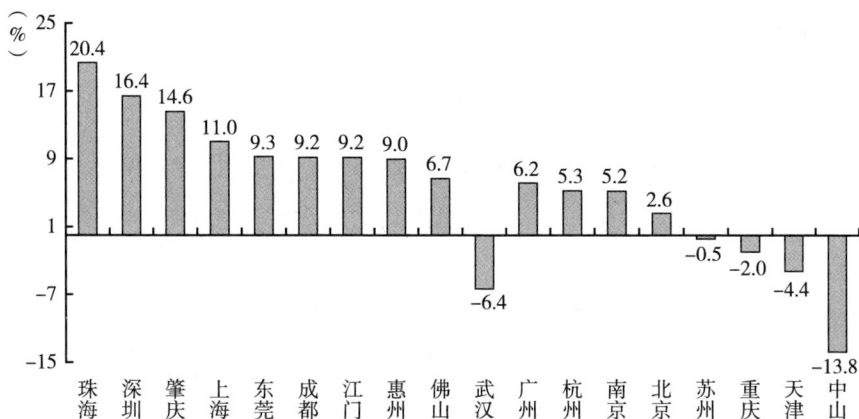

图9 2020年国内部分城市房地产开发投资额同比增长率

资料来源：各城市统计局。

（二）土地市场分析

1. 总体成交情况

《粤港澳大湾区发展规划纲要》的发布极大地刺激了投资者的拿地积极性。2020年，大湾区内地城市共成交7838万平方米土地，同比激增41.1%；

成交金额合计7303亿元，同比大增52.8%，反映投资者对大湾区内地城市的发展前景强烈看好（见图10）。

图10　2013～2020年大湾区内地城市土地成交情况

资料来源：广东省房地产行业协会。

2. 各类型土地成交情况

分类型看，2020年大湾区内地城市工业用地成交所占比例保持自2018年起的同比上升趋势（见图11），反映大湾区内地城市的工业投资前景被持续看好。

各城市工业用地的成交热度同比均有上升。其中，随着"3＋7"工业园区的打造以及多个高端制造业项目落地，惠州较为火热，成交增幅领先，同比增长85.7%；江门、东莞、珠海、中山和深圳的成交亦较为活跃，同比增幅均超过60%；广州、肇庆增幅相对较小，但同比也分别达到23.8%和28.8%（见图12）。

从居住用地成交来看，深圳同比增长近2倍；东莞亦呈现火热势头，同比增长80.0%；城市中心地段优质地块供应力度加大，刺激房地产开发企业拿地积极性，佛山市场升温明显，成交宗数同比增幅高达70.8%；中山亦表现较佳，同比增长66.7%；广州、惠州分别增长48.0%和28.3%；而江门、肇庆、珠海表现较弱，成交宗数同比分别下降8.7%、28.9%和4.2%（见图13）。

从商服用地成交宗数来看，中山同比增幅达3倍之多；深圳、珠海同比增

图 11 中的图例：居住用地、商服用地、工业用地

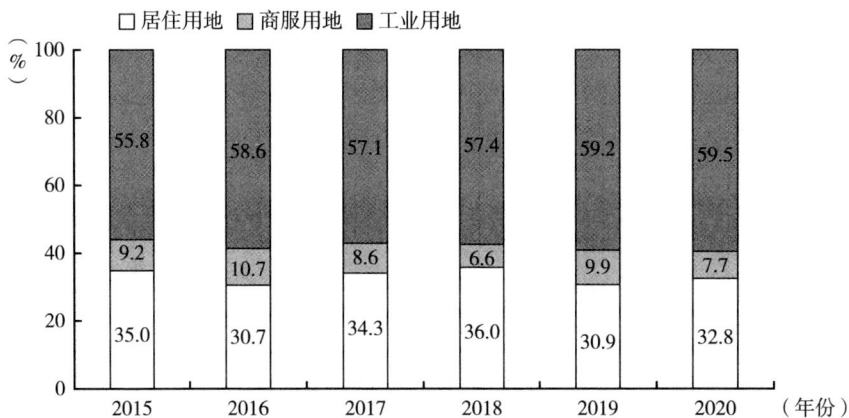

图 11　2015～2020 年大湾区内地城市不同类型土地成交面积比例

资料来源：广东省房地产行业协会。

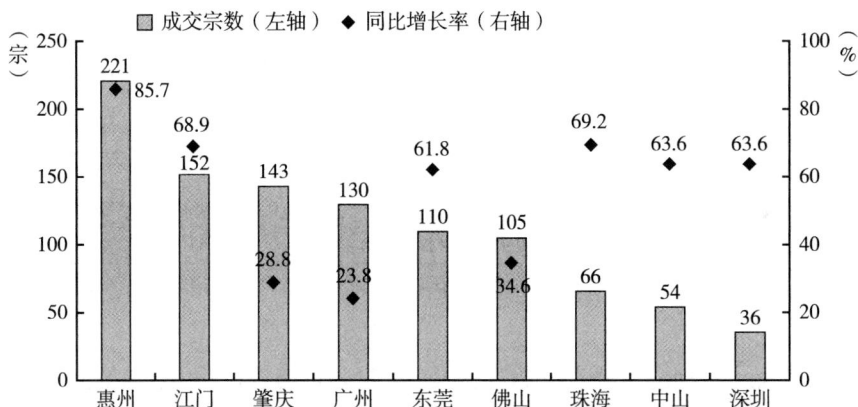

图 12　2020 年大湾区内地城市工业用地成交宗数及同比增长率

资料来源：自然资源部不动产登记中心。

幅分别达到 142.9% 和 111.1%；广州、惠州同比分别增长 78.8% 和 60.0%；佛山、江门、肇庆、东莞表现一般，同比均有所下降（见图 14）。

（三）商品房市场分析

1. 新建商品房成交情况

（1）总体成交情况

2020 年，大湾区内地城市商品房共销售 10011 万平方米，为近 11 年来的

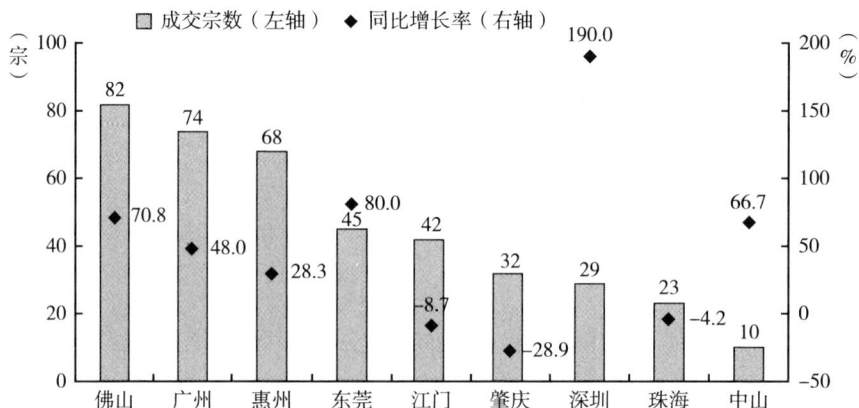

图 13　2020 年大湾区内地城市居住用地成交宗数及同比增长率

资料来源：自然资源部不动产登记中心。

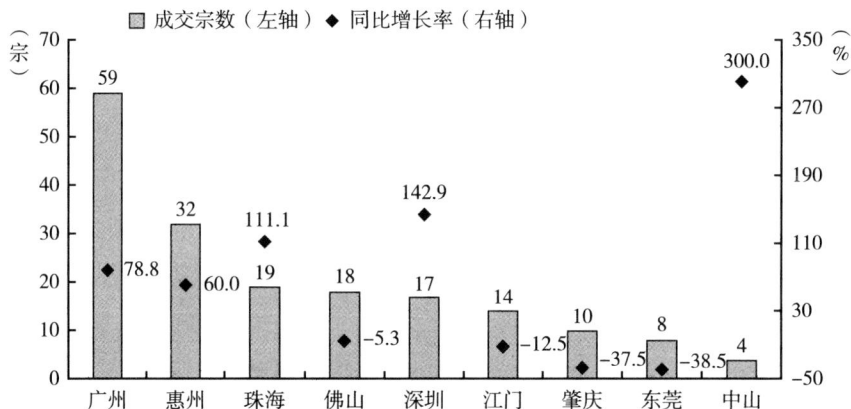

图 14　2020 年大湾区内地城市商服用地成交宗数及同比增长率

资料来源：自然资源部不动产登记中心。

第三高位，略低于 2016 年和 2017 年（见图 15），显示大湾区内地城市的房地产市场需求十分旺盛。

2020 年，各城市的商品房销售面积同比普遍增长；其中东莞增长明显，幅度达 23.6%，同比扩大 20.5 个百分点；深圳、珠海同比增长幅度也分别达到 12.3% 和 10.0%；佛山、中山同比分别增长 1.5% 和 0.7%，幅度较小（见表 2）。

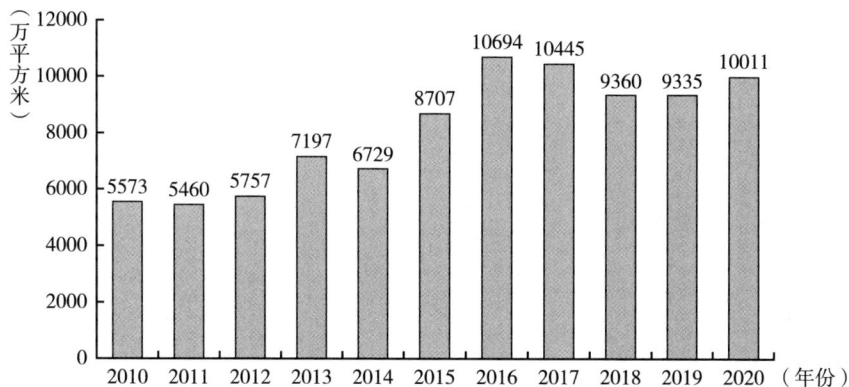

图15　2010～2020年大湾区内地城市商品房销售面积走势

资料来源：广东省统计局、广东省房地产行业协会。

表2　2020年大湾区内地城市商品房销售情况

城市	商品房销售面积（万平方米）	占大湾区所有内地城市的比例(%)	商品房销售面积同比增长率(%)	同比增长率变动（个百分点）
佛山	2165	21.6	1.5	10.8
惠州	1838	18.4	6.6	2.9
广州	1539	15.4	5.1	10.6
深圳	929	9.3	12.3	-2.2
东莞	880	8.8	23.6	20.5
江门	749	7.5	12.3	14.9
肇庆	732	7.3	8.3	5.5
中山	698	7.0	0.7	6.7
珠海	482	4.8	10.0	-35.1

资料来源：广东省统计局。

2020年，由于市场成交整体向好，销售额排名前十的房地产开发企业中，只有碧桂园、万科地产同比回落；中国恒大、招商蛇口表现优异，销售额同比增幅均接近一倍；越秀地产、中海地产的销售额同比增长率也很乐观，都有四至五成（见图16）。

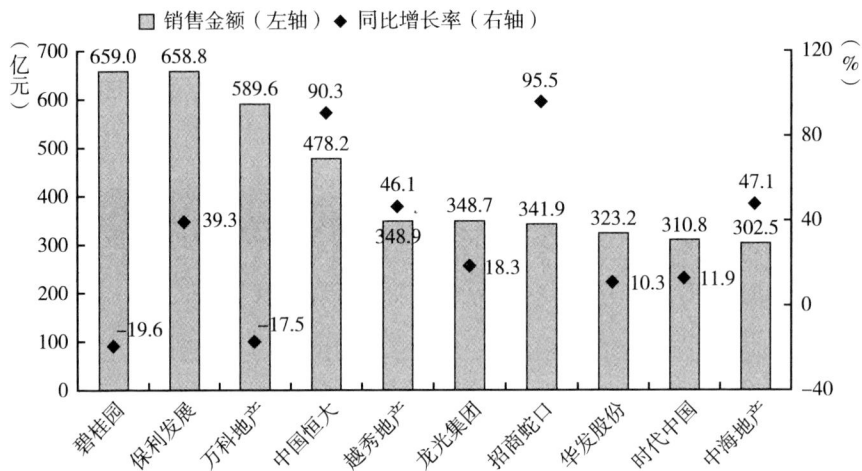

图16　2020年大湾区内地城市销售额排名前十的房地产开发企业

资料来源：克尔瑞数据库。

（2）住宅成交情况

2020年的新建商品住宅成交方面，除中山、珠海外，其余城市的活跃度均高于2019年。其中，广州同比增幅较大，达39.5%，原因主要有：第一，2019年底以及2020年广州市多区出台人才新政，大量释放人才购房需求；第二，房地产开发企业加大推货力度，市场上优质盘源增多，促进成交。东莞也较为活跃，同比增长33.9%，主要原因有：第一，优质货源增多，吸引买家入市；第二，2020年上半年，深圳市场异常活跃，推高整体成交均价，促使部分深圳购房需求外溢至东莞。江门、肇庆和深圳同比分别增长13.0%、15.1%和19.8%。惠州和佛山则相对平静，同比分别增长2.0%和4.5%（见图17）。

2. 存量住宅成交情况

2020年，深圳、佛山、东莞的存量住宅成交同比均有所增长，其中东莞、深圳的增长率分别达到61.5%和23.5%；而江门则略显萧条，同比下降（见图18）。

2020年广州存量住宅共网签131012宗，同比增长21.9%，成交宗数为近六年来的第三高位（低于2016年和2017年），同比增长率自2017年来首次回正（见图19）。

图17　2020年大湾区内地城市新建商品住宅成交宗数及同比增长率

资料来源：乐有家等。

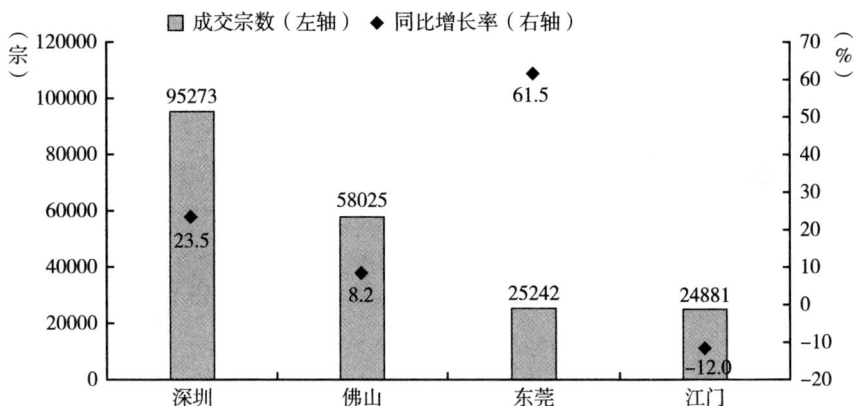

图18　2020年大湾区内地城市存量住宅成交宗数及同比增长率

说明：缺广州、肇庆、中山、珠海、惠州数据。
资料来源：乐有家等。

3. 住宅租金情况

2020年，受疫情影响，各城市居民的租赁需求都有不同程度下降，住宅租金除广州同比持平外，深圳、珠海、惠州和中山同比均出现不同程度下降（见图20）。

图 19　2015～2020 年广州市存量住宅成交宗数及同比增长率

资料来源：广州市房地产中介协会。

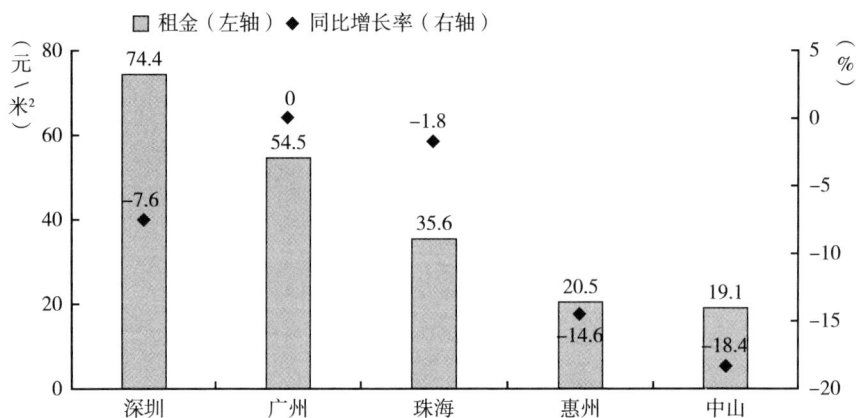

图 20　2020 年大湾区内地城市住宅月租金水平与同比增长率

说明：缺肇庆、佛山、东莞、江门数据。
资料来源：广州市房地产中介协会、乐有家等。

三　2021年房地产市场展望

（一）信贷环境相对紧张，房地产市场需求受到抑制

2020 年，受疫情冲击，国内宏观经济短期内面临极大挑战。为最大限度

降低疫情带来的不利影响，使国内宏观经济尽快回归常态，国家实施了适度宽松的货币政策，M2同比增长率时隔三年再次超过10%（见图21），信贷环境也较为宽松，一定程度上刺激了如深圳、东莞、广州等城市的住宅房地产需求大幅增长，同时也孕育了一些风险。

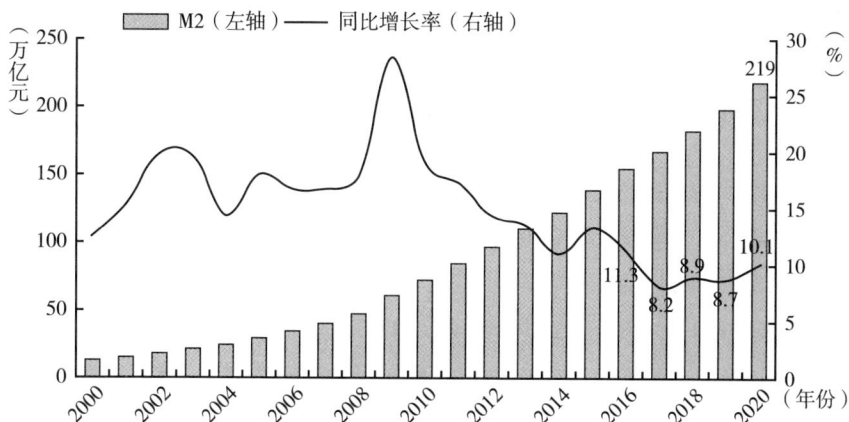

图21　2000～2020年M2及同比增长率

说明：均为年末数据。
资料来源：中国人民银行。

为更好地落实房地产金融审慎管理制度，促进房地产和金融市场平稳健康发展，2020年12月31日，中国人民银行、中国银行保险监督管理委员会发布《关于建立银行业金融机构房地产贷款集中度管理制度的通知》，要求建立银行业金融机构房地产贷款集中度管理制度，明确根据银行业金融机构资产规模、机构类型等因素，分档设置房地产贷款占比及个人住房贷款占比上限，银行业金融机构的房贷额度因此趋紧。

可以预见，2021年大湾区内地城市银行业金融机构房贷额度将较2020年紧张，贷款审核将更加严格，放款周期将会延长，贷款利率也会有所增加。当然，各城市间可能会存在一定的差异。从目前情况来看，2021年2月，中国人民银行广州分行、广东银保监局下发《有关广东（不含深圳）辖内地方法人银行业金融机构房地产贷款集中度管理相关工作的通知》，对广东省内（深圳除外）第三档银行房地产贷款占比上限、个人住房贷款占比上限均提高2.0

个百分点，而对第四档银行房地产贷款占比上限、个人住房贷款占比上限则均提高 2.5 个百分点。

同时，政府主管部门在 2021 年将持续加强对贷款资金流向的监管，继续加大力度惩处经营贷、消费贷违规流入房地产市场等行为。

以上措施的实施，将在一定程度上抑制房地产市场的需求，部分城市的成交量同比 2020 年可能会有较大幅度的下降。

（二）住房保障体系将更加完善

2020 年，大湾区内地城市继续大力支持住房租赁市场的发展，加大资金投入，加强人才住房和公共租赁住房建设，积极探索共有产权住房建设路径，不断完善现有的住房保障体系，以实现市民住有所居。

展望 2021 年，广州、深圳等大湾区内地城市将继续努力加大对住房租赁市场的资金支持，加大土地供应力度，继续增加保障性租赁住房、共有产权住房、长租房等供应，降低租赁住房税费负担，着力解决好大城市新市民、青年等群体的住房问题。

（三）差别化调控进一步明显，人才争夺更激烈

2020 年，深圳、东莞分别出台调控政策，以抑制房地产市场投机行为，为过热的市场降温。预计 2021 年，大湾区内地城市将持续监测房地产市场，根据城市各自的市场特征，适时出台调控政策。2020 年已经出台较为严厉调控政策的城市（如深圳、东莞），有可能保持从严、从紧的调控基调，精准"阻击"投机行为，适当提高非户籍市民以及企业的购房门槛、坚决打击"假离婚"等，对成交量将带来一定的冲击。广州的调控政策也极有可能从严。佛山、惠州、中山、江门、肇庆、珠海等其他大湾区内地城市的购房政策将保持稳定或稍微放松。

同时，各个城市也将结合各自经济发展的实际需要，继续加大人才的争夺力度，通过适当放宽购房条件以及加大补贴力度等，留住优秀人才，为人才创造良好的居住环境。

（四）城市更新将成为部分城市房地产市场的主要供应渠道

2020年，大湾区内地城市多措并举地推进城市更新进程，包括注重城市更新数据的积累、规范合作企业的选择、加快推进"三旧改造"等。展望2021年，城市更新行动将会继续进行，"三旧改造"计划将持续实施且覆盖面将逐步扩大，参与城市更新的主体将更加多元，老旧小区摸查工作将继续进行，更加注重保留城市特色，打破城市建设"千城一面"的路径依赖，同时，与城市更新相关的法律法规将更加完善，城市更新工作也将更加规范、有序。

由于土地供应稀缺，部分城市（如深圳、广州等）的城市更新项目未来将逐渐成为房地产市场的主要供应渠道之一。

此外，城市更新进程的加快也会在很大程度上改变城市发展面貌，使大湾区内地城市变得更宜居、更有吸引力。

（五）行业管理将进一步加强

2020年，面对疫情带来的挑战，政府主管部门依旧不放松对房地产行业的管理工作，不断完善包括存量房交易资金监管、商品房预售资金监管等在内的法律法规，同时多次开展行业整治行动，严厉查处扰乱房地产行业正常秩序的行为。展望2021年，大湾区内地城市房地产行业管理必将继续加强，政府主管部门也会根据行业出现的问题，适时出台相应的法律法规或规范性文件，抑制房地产市场上的过热倾向，切实保障房地产市场上各方的合法权益。

（六）城市间联系更加紧密，住房需求外溢更加容易

2020年，大湾区内地城市积极推进城市轨道交通建设，通过规划建设城际铁路项目等方式促进城市间的互联互通。

展望2021年，大湾区内地城市将大力推动珠三角地铁的互联互通，努力实现主要城市间1小时通达。同时，城际铁路建设也会加快推进，深惠城际、穗莞深城际前海至皇岗口岸段、莞惠城际小金口至惠州北段等项目将陆续开工，深大城际、南沙至珠海（中山）城际、广佛江珠城际佛山至江门段前期工作也会持续推进，干线铁路、城际铁路、市域（郊）铁路、城市轨道交通

之间也会加强融合，大湾区内地城市间的联系将变得更加紧密。

可以预见，随着大湾区内地城市间的交通更加便捷、联系更加紧密，深圳、广州、东莞等主要城市的房地产需求将更容易向周边城市外溢，在某种程度上也将对房地产市场的宏观调控提出更多挑战。

B.13
2020年长三角城市群房地产市场
总结及2021年展望

崔光灿 崔霁 祝梦迪 朱光 李晓玲*

摘　要：　2020年是长江三角洲区域一体化稳健加速发展的一年，长三
角区域疫情防控和经济社会发展成效明显，为房地产市场稳
定健康发展提供了基础。多数城市房地产市场价格明显上
涨，房地产市场的涟漪效应仍然存在，并以中小城市带动为
主。土地市场住宅用地供应增加，成交价格有所上升，非居
住用地供应量有所下降。住房租赁市场在调整中也有回升。
主要城市房地产市场调控政策力度加大，同时人才引进政策
仍在加强。预计2021年房地产市场会趋于稳定，快速上涨趋
势得到抑制。房地产业发展的动能更强，市场结构会更加完
善，但区域市场差异可能加大。

关键词：　长三角　区域一体化　城市群　房地产市场

一　2020年长三角城市群房地产市场基本情况

（一）长三角区域一体化发展稳健加速，房地产市场联动趋强

长三角区域一体化进入加速发展阶段以来，2020年整体进入稳健加速发

---

* 崔光灿，上海师范大学房地产经济研究中心主任、教授，研究方向为房地产经济与住房保障；
崔霁，上海易居房地产研究院综合研究中心总经理，研究方向为房地产经济；祝梦迪，上海师
范大学商学院区域经济学研究生，研究方向为房地产经济；朱光，上海易居房地产研究院高级研
究员，研究方向为房地产经济；李晓玲，上海易居房地产研究院研究员，研究方向为房地产经济。

展阶段，在重点领域的一体化不断推进，初步形成一体化加速发展的常态化机制。截至 2020 年底，示范区已形成 32 项具有开创性的制度成果，聚焦生态环保、互联互通、创新发展和公共服务四大领域，全力推进 60 个亮点项目建设①。2020 年，长三角区域疫情防控和经济社会发展成效明显，在国内大循环和国内国际双循环中的增长引擎作用进一步发挥。"一市三省"沪苏浙皖经济稳定增长，其中上海生产总值增长 1.7%，浙江省生产总值增长 3.6%，江苏省生产总值增长 3.7%，安徽省生产总值增长 3.9%，成为支撑我国经济发展稳定转好的重要区域。

2020 年 9 月 20 日在合肥召开的扎实推进长三角一体化发展座谈会上，中共中央总书记、国家主席、中央军委主席习近平进一步指出，"实施长三角一体化发展战略要紧扣一体化和高质量两个关键词，以一体化的思路和举措打破行政壁垒、提高政策协同，让要素在更大范围畅通流动，有利于发挥各地区比较优势，实现更合理分工，凝聚更强大的合力，促进高质量发展"。

长三角房地产市场管理协调积极探索。2020 年 8 月 20 日，沪苏浙皖"一市三省"住建部门在上海共同签署《长三角住房公积金一体化战略合作框架协议》，并联合发布首批一体化实事项目，包括长三角公积金异地贷款缴存使用证明项目和长三角购房提取异常警示项目等。通过"一网通办"平台开展长三角跨地区购房信息协查合作，在长三角生态绿色一体化发展示范区内试点统一购房提取业务的政策也逐步落实。长三角区域资源共享，房地产管理协调共享的机制在逐步探索，房地产市场的联动基础进一步夯实。

（二）2020 年长三角区域房地产开发投资总体稳定

2020 年长三角"一市三省"共完成房地产开发投资 3.63 万亿元，占全国房地产开发投资的 25.7%。房屋销售面积 3.70 亿平方米，占全国房屋销售面积的 20.0%。总体来看，虽然新冠肺炎疫情对房地产市场产生了暂时冲击，但是总体发展稳中有升。上海市与江苏省房地产开发投资同比增长率超

---

① 《长三角一体化发展成效显著　苏浙沪 GDP 稳坐全国前十》，新华社，http：//sh. xinhuanet. com/2021 - 02/01/c_ 139712993. htm。

过上年。

上海市 2020 年全年完成房地产开发投资 4698.75 亿元，比上年增长 11.0%，住宅投资 2418.79 亿元，比上年增长 4.3%，占房地产开发投资的 51.5%。全年房屋新开工面积 3440.62 万平方米，比上年增长 12.3%。全年商品房销售面积 1789.16 万平方米，增长 5.5%。其中住宅销售面积 1434.07 万平方米，增长 5.9%（见表 1）。

江苏省 2020 年全年完成房地产开发投资 13171.27 亿元，比上年增长 9.7%。完成住宅投资 10416.03 亿元，比上年增长 10.1%，占房地产开发投资的 79.1%。全年房屋新开工面积 17672.82 万平方米，比上年增长 8.9%。全年商品房销售面积 15426.99 万平方米，增长 10.4%。其中住宅销售面积 13855.72 万平方米，增长 10.5%。

表 1　2020 年长三角房地产开发投资总体情况

指标	上海市		江苏省		浙江省		安徽省	
	2020 年	同比（%）	2020 年	同比（%）	2020 年	同比（%）	2020 年	同比（%）
房地产开发投资（亿元）	4698.75	11.0	13171.27	9.7	11413.66	6.8	7042.29	5.6
#住宅	2418.79	4.3	10416.03	10.1	8089.57	4.7	5636.78	7.4
施工面积（万平方米）	15740.34	6.3	67889.46	3.4	56725.08	14.4	44974.60	3.2
#住宅	7712.25	3.6	51020.11	4.1	36070.35	15.7	33686.67	5.4
新开工面积（万平方米）	3440.62	12.3	17672.82	8.9	15875.49	24.7	11785.64	6.0
#住宅	1756.37	11.7	13538.15	8.5	10443.67	25.1	9243.72	6.2
竣工面积（万平方米）	2877.78	7.8	11151.04	19.0	6692.70	16.6	5100.86	-10.1
#住宅	1627.61	12.0	8272.63	18.7	4266.78	20.2	3874.40	-8.9
销售面积（万平方米）	1789.16	5.5	15426.99	10.4	10250.30	9.3	9534.13	3.3
#住宅	1434.07	5.9	13855.72	10.5	8832.38	13.2	8695.35	4.5

资料来源：国家统计局。

浙江省 2020 年全年完成房地产开发投资 11413.66 亿元，比上年增长 6.8%。完成住宅投资 8089.57 亿元，比上年增长 4.7%，占房地产开发投资的 70.9%。房屋新开工面积 15875.49 万平方米，比上年增加 24.7%。全年商品房销售面积 10250.30 万平方米，增加 9.3%。其中住宅销售面积 8832.38 万平方米，增加 13.2%。

安徽省 2020 年全年完成房地产开发投资 7042.29 亿元，比上年增长 5.6%。完成住宅投资 5636.78 亿元，比上年增长 7.4%，占房地产开发投资的 80.0%。房屋新开工面积 11785.64 万平方米，比上年增长 6.0%。全年商品房销售面积 9534.13 万平方米，增加 3.3%。其中住宅销售面积 8695.35 万平方米，增加 4.5%。

（三）2020年长三角重点城市房地产市场交易情况

1. 长三角重点城市房地产交易价格总体上升

2020 年长三角典型城市的房价总体呈上涨态势，以上海、杭州、南京、合肥为代表的长三角核心城市在下半年强势复苏，房价明显上涨，随后政策加码、调控升级，2020 年末逐步回归平稳。

在国家统计局监测的 70 个大中城市中，长三角区域有 12 个城市。2020 年新建商品住宅价格中徐州、扬州、无锡三个城市涨幅较大，超过 6%，而其他城市的价格涨幅都不大。二手商品住房总体涨幅超过新建商品住房，其中徐州、宁波、无锡上涨较快，分别为 8.5%、8.5% 和 7.4%。安庆是唯一一个新建与二手商品住宅价格同比下降的城市（见表 2）。

表 2　2020 年 12 月长三角重点城市住宅销售价格指数

城市	新建商品住宅		二手商品住宅	
	同比	定基	同比	定基
	上年同月 = 100	2015 年 = 100	上年同月 = 100	2015 年 = 100
上　海	104.2	156.0	106.3	148.1
南　京	104.9	161.0	104.5	152.4
杭　州	104.5	154.1	106.9	154.5
宁　波	104.4	144.9	108.5	144.8

城市	新建商品住宅		二手商品住宅	
	同比	定基	同比	定基
	上年同月=100	2015年=100	上年同月=100	2015年=100
合　肥	103.6	166.6	104.7	168.7
无　锡	106.3	162.5	107.4	158.7
扬　州	106.6	161.1	104.7	135.3
徐　州	110.0	173.2	108.5	137.8
温　州	104.3	125.9	105.2	122.4
金　华	105.0	141.1	104.5	126.2
蚌　埠	105.3	136.6	103.9	130.2
安　庆	98.0	124.0	98.4	115.8

资料来源：国家统计局。

从月度环比数据看，2020年长三角重点城市新建商品住宅环比价格指数呈不断攀升趋势，平均每月环比上涨0.35%，其中扬州、无锡、南京的增幅分别为0.55%、0.52%、0.41%。上半年月度环比的上升幅度总体较大，年末趋稳，但也出现个别城市全年持续上涨的情况，如合肥9~12月连续4个月环比涨幅均在0.5%以上，见图1。

2020年长三角重点城市二手住房（二手商品住宅）环比价格指数呈现先下跌后上涨趋势，平均每月环比上涨0.41%，宁波、杭州、上海分别以0.69%、0.57%、0.55%的增幅领涨。长三角城市房价波动情况大致相同，而个别城市出现了明显的下跌，如安庆市二手住房价格波动呈现全年下跌情况，见图2。

其中，2020年上海市房价涨幅较2019年明显增大。2019年上海市住宅价格上涨、下跌交替进行，而2020年整体处于上涨态势，新建商品住宅12月份比上年同期上涨4.2%。2020年上海市二手住房价格也迎来了更大幅度上涨。

2020年南京市新建商品住房价格在疫情后期出现大幅度上涨，但是进入下半年后，房价上涨幅度趋于平稳，8月和9月房价持平。二手住房市场的上涨幅度比较平稳，并无大幅度波动，2020年12月比上年同期上涨4.5%。

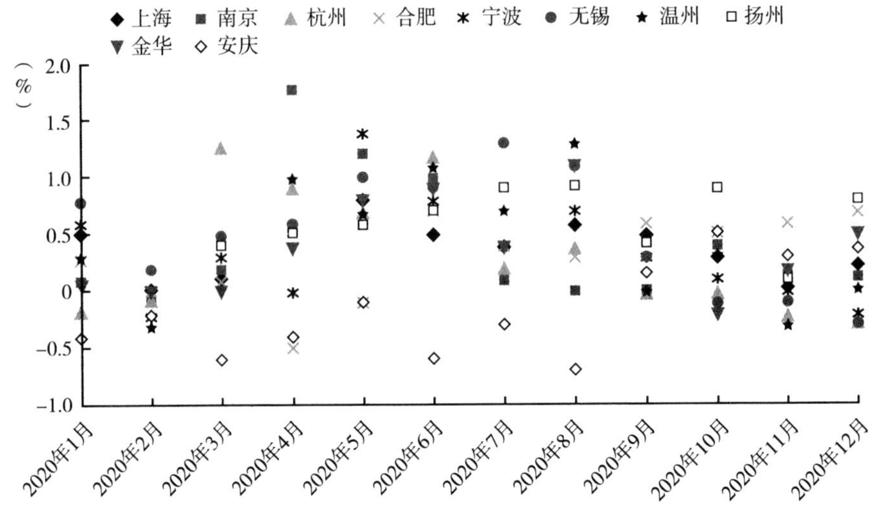

图1 2020年长三角重点城市新建商品住宅环比价格指数

资料来源：国家统计局。

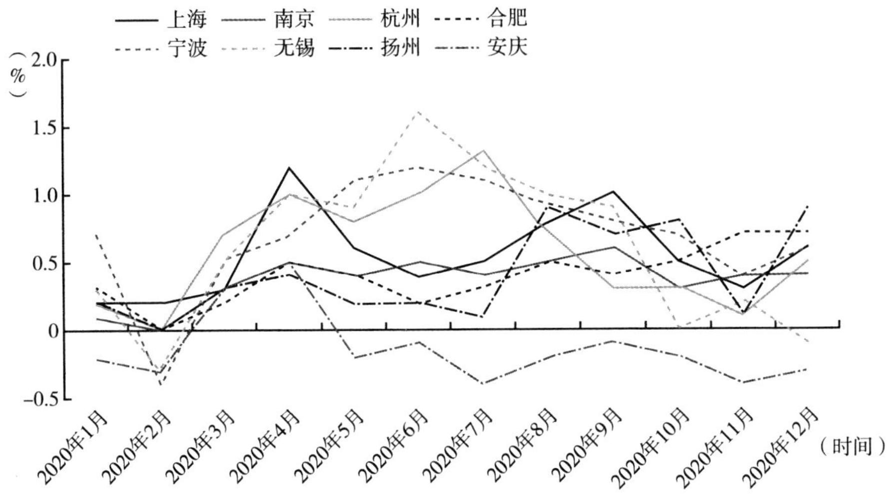

图2 2020年长三角重点城市二手住房环比价格指数

资料来源：国家统计局。

杭州市新建商品住宅价格自2019年来呈现总体上升趋势，2020年波动趋势与上年同期相比基本一致，3～6月迎来一波小高峰，但是在2020年末房价环比指数出现小幅下降。二手住房市场的价格在上半年一直保持了明显的上涨趋势，进入下半年后，上涨趋势有所缓解。

2020年合肥市新建商品住宅价格在上半年出现小幅下跌，但是6月之后，房价有所回升，全年整体来看，房价呈现上升趋势。2020年合肥市二手住房市场价格呈现上升态势，房价在上半年以波动形式逐步上涨，进入下半年后，房价一直以递增的态势逐月上涨。

2. 长三角重点城市房地产交易量情况

（1）新建商品房市场交易量情况

总体来看，2020年长三角重点城市新建房屋销售面积总体呈下降趋势，但住宅销售面积整体略有增长，两极分化较为明显，其中泰州、金华、马鞍山等强二线城市疫情后快速回升，新建商品房和商品住宅都有较大幅度增长，见表3。

表3　2020年长三角重点城市新建商品房销售情况

区域	销售面积		其中住宅		销售额		其中住宅	
	万平方米	同比（%）	万平方米	同比（%）	亿元	同比（%）	亿元	同比（%）
上海	1861.99	4.5	916.70	23.0	6562.07	19.9	5133.50	26.1
南京	1197.65	0.3	1029.39	4.3	2968.74	4.7	2669.82	9.1
无锡	696.91	－7.8	595.09	－12.9	1297.98	－1.5	1180.73	－3.3
常州	1095.31	2.2	—	—	1428.68	12.2	—	—
苏州	908.44	－19.4	834.61	－11.4	2360.26	－3.8	2198.33	5.8
南通	5.21	－98.6	3.89	－98.8	6.60	－99.0	5.45	－99.1
扬州	181.25	－30.6	163.33	－29.3	—	—	—	—
镇江	531.29	－10.2	492.21	－8.4	586.49	－9.9	533.78	－8.4
盐城	224.79	－53.1	167.75	－49.1	211.91	－53.8	176.17	－48.3
泰州	207.47	17.9	200.34	24.6	261.10	29.6	252.96	38.0
杭州	1622.97	12.7	1516.22	16.3	4590.84	16.2	4349.03	20.3
宁波	1942.46	21.1	1629.01	18.3	3380.46	26.9	3023.63	26.7
温州	1183.36	21.5	867.91	2.8	2103.55	24.3	1640.11	10.5
湖州	719.93	10.3	675.66	10.2	922.76	21.8	861.16	22.6
嘉兴	98.51	—	89.72	—	147.26	—	135.91	—

区域	销售面积		其中住宅		销售额		其中住宅	
	万平方米	同比（%）	万平方米	同比（%）	亿元	同比（%）	亿元	同比（%）
绍兴	240.39	4.6	224.56	7.0	512.75	19.2	487.84	21.3
金华	215.80	33.7	215.80	33.7	367.56	67.5	367.56	67.5
舟山	125.52	19.9	125.52	19.9	208.08	18.1	208.08	18.1
台州	120.71	-70.2	95.28	-67.9	183.26	-66.9	150.84	-66.3
合肥	932.68	11.2	823.55	20.1	1765.88	24.1	1619.48	31.6
芜湖	253.95	-10.7	239.94	-8.8	323.15	-6.2	300.91	-4.1
马鞍山	104.12	102.9	93.88	82.9	104.10	100.3	92.63	78.2
铜陵	115.40	-22.6	93.92	-27.4	87.25	-12.4	68.27	-18.5
安庆	143.33	21.7	121.74	18.4	131.89	22.3	105.67	19.5
池州	74.74	-32.7	63.55	-26.6	57.95	-32.7	50.08	-23.5

资料来源：CRIC。

2020 年上海市新建商品住宅销售面积 916.7 万平方米，同比增长 23.0%。全年共出售 13.50 万套，同比增长 0.6%。新建商品住宅销售额 5133.5 亿元，同比增长 26.1%，销售均价 56000 元/米^2，同比上涨 2.6%。从区域均价看：内环线以内 119325 元/米^2，内外环线之间 82505 元/米^2，外环线以外 41965 元/米^2。上海市房地产交易中心数据显示，2020 年上海超 200 个楼盘有新增房源入市，且认筹率普遍较高。其中，约 45% 的楼盘认筹率在 100% 以上，"千人认筹"楼盘占比超 10%。其间，"上海蟠龙天地"认筹组数为最高，达 3715 组，"汇城南街里"认筹率最高，达 1269%。2020 年上海认筹率超 500% 的新盘共计 16 个。从区域分布上看，2020 年超高认筹率楼盘多分布于浦东前滩和大虹桥板块。从走势看，自 2016 年楼市严控政策公布执行以来，2017 年新房市场降温明显，在经历了三年横盘后，2020 年被抑制的购房需求逐渐释放，市场有所反弹。从全年走势看，市场处于先冷后热的态势，一季度受疫情影响成交面积同比下滑 32.4%，此后销售逐步回暖，至 12 月成交面积达到全年峰值 122 万平方米，同比上升 82.0%。

2020 年，南京市各月住房销售面积属于稳中有升的态势。年初为传统淡季，加之疫情的影响，第一季度成交面积受到明显影响，新建商品住宅销售面积同比下降 18.4%，2 月无新建住宅供应量。随着疫情的缓解，前期需求得到释放，市场回暖明显，成交量与成交均价均有所上涨，高于2019年同期；但随着7月"宁九条"新政出台，市场热度较上年同期下降。8月底"三道红线"提出后，企业推盘速度加快，尤其是临近年底，推盘节奏更快，12月成交量达到全年高点。

2020年杭州楼市波动较大。年初，受春节和疫情的双重影响，整个楼市几乎处于"冰封"状态；但3月开始市场快速回暖，到年中市场供求两旺，6月成交量达到全年最高点202.89万平方米；7月，调控两度收紧，市场由此走向平稳。2020年杭州市成交面积、套数排名前十的房地产项目，约有80%位于萧山和余杭区，位于富阳区的万达同心湾项目销售面积为22.4万平方米。

2020年，合肥市新建住宅销售面积823.55万平方米，同比上涨20.1%。年初受疫情影响，市场供应和成交一度被挤压；到了4月，楼市逐渐进入正常轨道，成交面积70万平方米以上，且4月之后楼市多处于供小于求的状态，同时成交均价也稳步上升，至11月达到峰值20582元/米^2。

（2）二手住房市场交易情况

2020年长三角二手商品住房成交总体比较活跃，其中上海市二手商品住房成交量处于领先地位，二、三线城市二手住房市场成交量相对较低。上海、南京、合肥、池州成交面积较2019年有明显上涨，见图3。

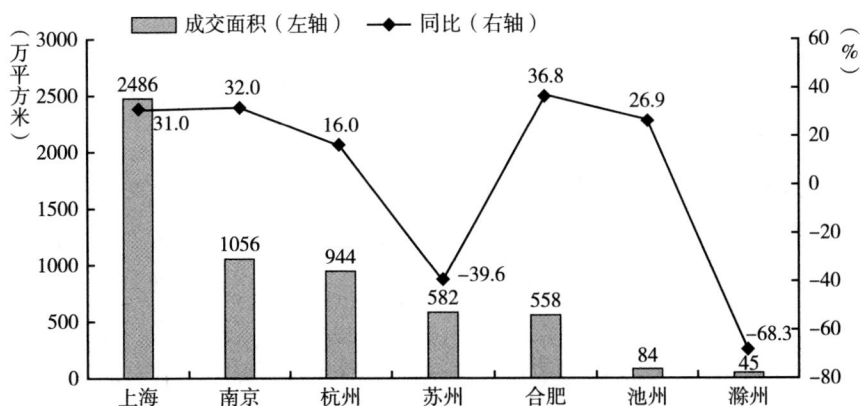

图3　2020年长三角部分城市二手住房成交情况

资料来源：CRIC。

2020 年上海二手住房成交量大幅上升，价格指数同比上升。全年二手住房成交面积 2486 万平方米，同比上升 31.0%，成交均价 40594 元/米²，同比上升 5.1%。上海二手住房市场量价齐升的主要诱发原因是学区房带动，加上动迁安置家庭增加、低息经营贷违规进入房市等。

南京市二手住房市场表现活跃，全年二手商品住宅成交面积 1056 万平方米，比上年增长 32.0%，全年成交量 11.6 万套，创下 2018 年来新高。疫情稳定后市场持续升温，4～9 月当月成交面积均超过 100 万平方米，后调控政策逐步收紧，成交面积有所下降。

其他城市中，杭州市二手住房成交面积 944 万平方米，同比上升 16.0%，成交套数 10.0 万套，同比上升 24.8%。苏州市二手住房成交面积 582 万平方米，比上年下降 39.6%；合肥市二手住房成交面积 558 万平方米，比上年增长 36.8%；池州市二手住房成交面积 84 万平方米，比上年增长 26.9%；滁州市二手住房成交面积 45 万平方米，比上年下降 68.3%。

3. 环上海周边房地产市场情况

受到疫情影响，商品房供应放缓，2020 年上海周边城市房价基本呈现价涨量跌的态势，其中昆山市、太仓市表现较为明显。但随着长三角一体化发展示范区建设的不断推进，上海非核心产业外迁的同时，也带动部分房产需求外溢至上海周边。2020 年 7 月通沪铁路通车，张家港、常熟、太仓一举进入高铁时代，10 月嘉善县《长三角生态绿色一体化发展示范区嘉善片区综合交通规划》的公示指出，将构建由高速铁路、普速铁路、城际铁路、市域轨道、中运量公交等多个功能层次组成的一体化轨铁交通网络。

昆山市自 2016 年楼市调控以来，房价平稳上涨。根据克而瑞统计，2020 年全年商品住宅成交均价为 18744 元/米²，同比增长 4.5%；成交面积下降较大，为 195 万平方米，同比下降 38.4%；全年新建商品住宅成交 18964 套，为近 10 年来新低。

太仓市 2020 年房地产市场整体呈现量跌价升的趋势。据克而瑞统计，全市商品房屋供应面积 241.7 万平方米，同比增长 1.9%，其中，住宅类供应面积 184.8 万平方米，同比下降 8.5%。全市商品房成交面积 122.7 万平方米，同比下降 15.5%，商品房成交均价 16441 元/米²，同比上升 8.0%。其中，全年商品住宅成交面积97.9万平方米，同比下降19.6%；成交均价为18648元/米²，同比增长12.0%。

（四）2020年长三角重点城市土地市场交易情况

2020年长三角城市群土地市场整体有所回升。根据克而瑞数据统计，长三角一体化中心区27座城市住宅用地供应总量3816块，同比上升21.8%，建设用地面积13451.8万平方米，同比上升2.6%；成交住宅用地宗数2746块，同比上升0.4%，成交建设用地面积11981.9万平方米，同比上升3.1%。

从住宅用地成交总面积来看，宁波、南通、上海位居前三，宁波排名第一，随着长三角一体化以及城市化进程的加快，房地产企业多选择有发展潜力的城市进行开发投资，见图4。

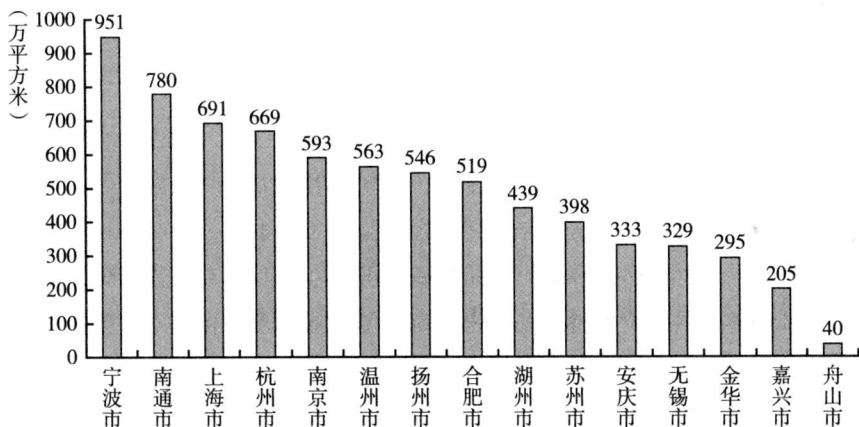

图4 2020年长三角重点城市住宅用地成交面积情况

资料来源：CRIC。

从住宅用地成交均价来看，一线、二线城市土地竞拍激烈，2020年全年住宅用地成交均价杭州超过上海；二线城市合肥、金华土地溢价率相对较高；上海市土地交易市场溢价率也高于上年，为13.4%，见图5。

2020年上海市住宅用地供应总量187块，同比增长14.7%，推出住宅面积1550万平方米，同比上升17.0%；成交住宅用地宗数144块，同比下降14.3%，成交住宅用地面积691.4万平方米，同比上升10.6%。2020年上海

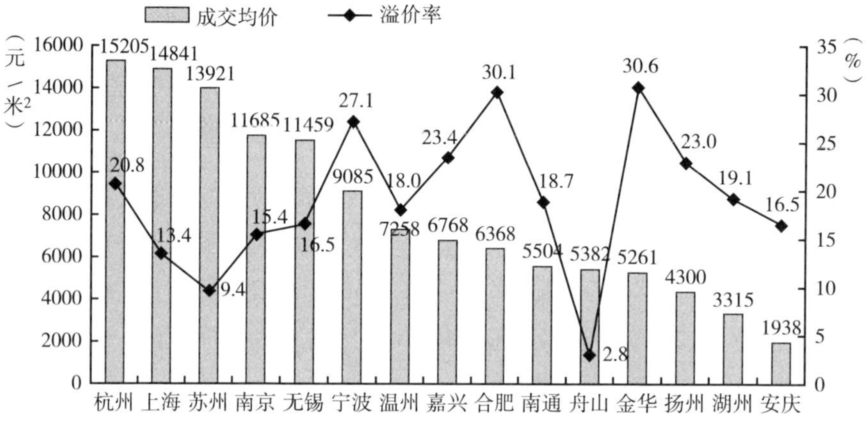

图5 2020年长三角重点城市住宅用地成交价格情况

资料来源：CRIC。

市住宅用地市场成交均价 14841 元/米²，同比上升 43.1%。2020 年上海市住宅用地供应量、成交量较 2019 年有所降低，但住宅用地成交均价大幅上升，说明上海土地稀缺性逐步增强。

2020 年南京市住宅用地供应总量 131 块，同比下降 19.6%，推出住宅用地面积 839.2 万平方米，同比上升 6.9%；成交住宅用地宗数 121 块，同比下降 28.0%，成交住宅用地面积 593.0 万平方米，同比下降 23.3%。相较于 2019 年，南京土地住宅市场成交面积有所下降，开发商拿地热情有所降低。

2020 年杭州市住宅用地供应总量 181 块，同比增长 16.8%，推出住宅用地面积 747.3 万平方米，同比下降 0.8%；成交住宅用地宗数 160 块，同比上升 3.2%，成交住宅用地面积 669.3 万平方米，同比下降 11.2%，推出和成交住宅用地面积较上年均有所下降。

2020 年宁波市住宅用地供应总量 211 块，同比下降 1.9%；推出住宅用地面积 1004.8 万平方米，同比下降 19.0%；成交住宅用地宗数 188 块，同比上升 0.5%，成交住宅用地面积 950.9 万平方米，同比下降 12.6%。

2020 年合肥市住宅用地供应总量 104 块，同比下降 32.9%，推出住宅用地面积 739.1 万平方米，同比下降 1.9%；成交住宅用地宗数 79 块，同比下降

45.5%，成交住宅用地面积 519.1 万平方米，同比下降 27.3%。相较于 2019 年，成交住宅用地面积大幅下降。

（五）上海住房租赁市场的发展情况

1. 租赁用地持续增加

2020 年，上海租赁用地成交步入平稳期。全年上海共出让 17 幅租赁用地，总建面达到 187.59 万平方米。2017～2019 年，上海租赁用地成交量呈现逐年上行态势，2019 年达到顶点，2020 年趋于平稳，见图 6。

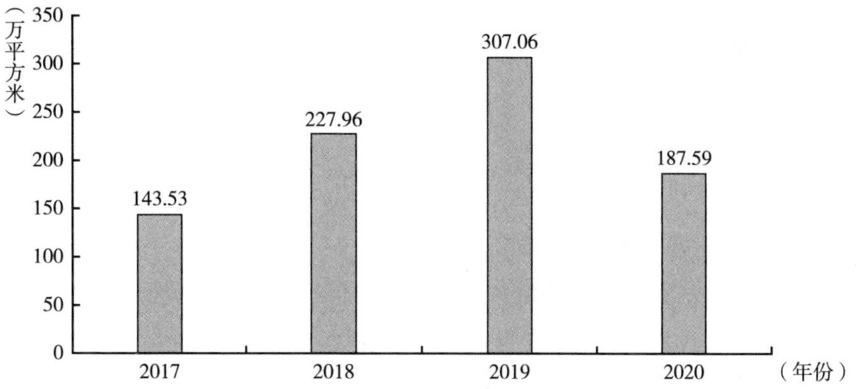

图 6 2017～2020 年上海住房租赁用地成交面积

资料来源：CRIC。

2. 上海租赁住房价格指数有所上行

中国住房租赁价格指数是通过定期监测全国重点城市租赁的相关成交数据和市场调研数据，采用类似房屋重复交易法，计算 35 个城市月度价格变动趋势，在此基础上形成租赁价格指数。指数的基期时间是 2016 年 1 月，基点值为 1000 点。中国住房租赁价格指数显示，2020 年 12 月上海租赁价格指数为 1141.0 点，环比上涨 0.3%，同比涨幅 2.6%。上海租赁住房价格指数延续着 2020 年以来整体上行的态势。分档次来看，12 月上海租赁住房中，高档住房价格维持平稳上涨态势，中档住房价格则基本平稳，低档住房价格有所回落（见图 7）。

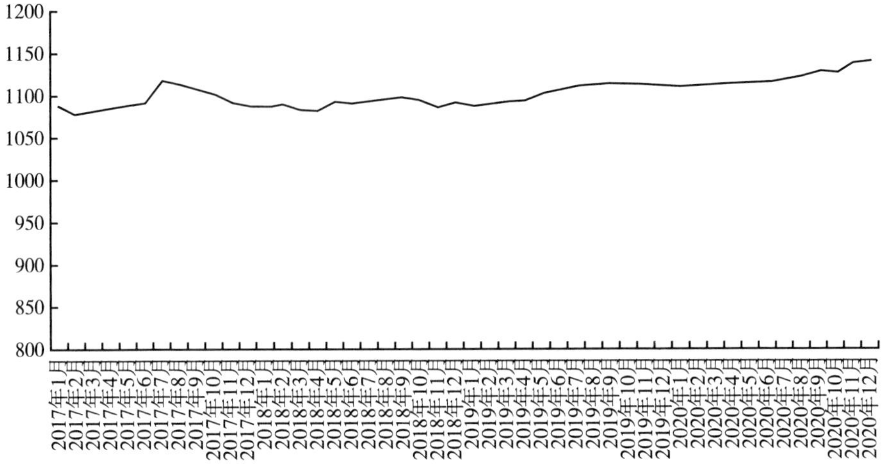

图7 上海租赁住房价格指数

资料来源：上海易居房地产研究院。

3. 上海租金售价比有所回落

租金售价比，是指一套房屋每平方米年租金收入与房屋每平方米市场价格的比值，再乘以100%。租金反映房屋的使用价值，体现市场真实需求，因此可以通过租金售价比来反映房租与房价的偏离度。

2020年前三季度，上海租金售价比呈现小幅振荡走势，各月租金售价比基本维持在2.1%~2.3%。四季度租金售价比回落明显，主要受到这段时间二手房市场活跃、二手房价格上升较快的影响。预计后期随着二手房市场逐步趋稳，租金售价比也将恢复到此前水平（见图8）。

4. 租赁结构特征

从租金结构分布来看，2020年第四季度套均租金在6000元/月以下的租赁住房供给占比超过6成，其中2001~4000元/月的租赁住房最多，占比接近3成。在中低端房源供给较多的同时，套均租金在12000元/月以上的改善型高端房源供给也占一定比例，成为上海住房租赁市场供给的重要组成部分（见图9）。

2020年四季度上海住房租赁市场供应结构以普通租赁住房为主，从面积结构分布来看，近6成供给集中在套均面积80平方米以下的中小户型，其中

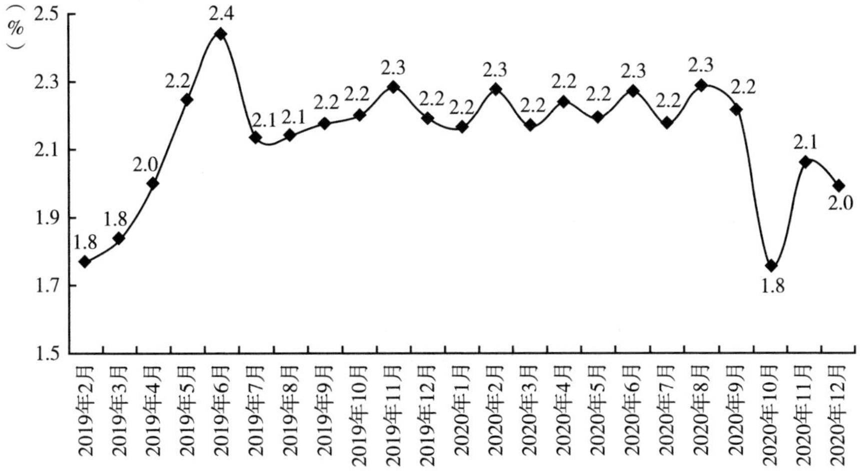

图8 上海月度租金售价比

资料来源：房天下、上海易居房地产研究院。

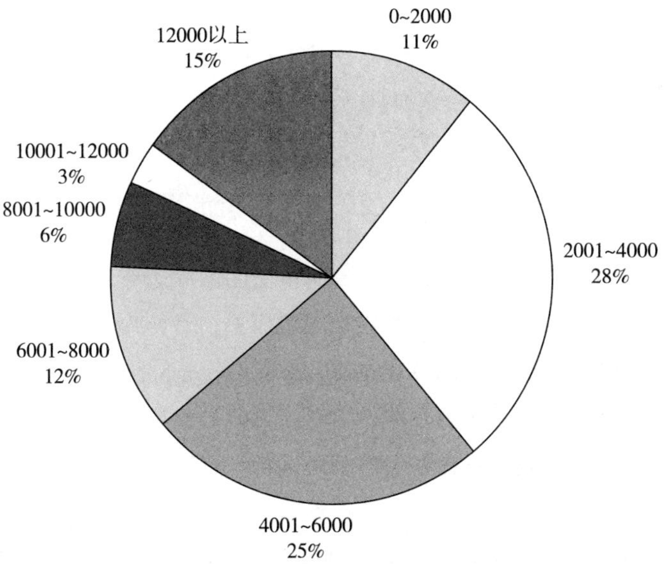

图9 2020年第四季度上海住宅租赁房源各租金［元/（套·月）］段供给比例

资料来源：CRIC、上海易居房地产研究院。

20 平方米以下和 41~60 平方米占比相对较多，显示目前这一类面积段的租赁住房仍是市场主力（见图 10）。

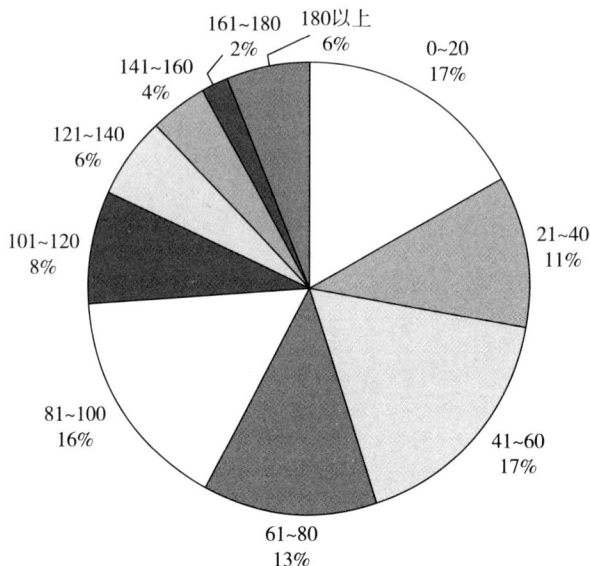

图 10　四季度上海住宅租赁房源各面积（平方米/套）段套数供给比例

资料来源：CRIC、上海易居房地产研究院。

（六）长三角一体化中心区27城的房价涟漪效应分析

随着长三角一体化的迅速推进，各城市之间的经济联系不断加强，并产生了空间溢出效应。住宅价格与生产要素密切相关，且作为一种空间数据，在同一个分布区内的观测数据之间存在相互依赖性。"房价涟漪效应"是指某个城市的房价变动犹如湖中的涟漪，在一定时间内传导到周围城市，影响周围城市房价产生变动。涟漪效应只在一定范围内进行，且随着距离的扩大作用力逐渐减弱。

我们使用吉屋网 2019 年 12 月至 2020 年 12 月新建商品房月度平均销售价格的环比增长率，运用空间关联的网络分析方法，绘制长三角 27 城房价涟漪效应传导关系图。将每座城市视为空间关系网络中的"节点"，将各城市之间的空间关联关系视作网络关系中有方向的"线"。使用 VAR 模型中格兰杰因果检验来刻画各城市之间的空间关联关系，当城市 i 的房价增长率是城市 j 房价增长率的格兰杰原因时，表明城市 i 的房价波动带动了城市 j 的房价波动，意味着城市 i 的房价波动对城市 j 的房价波动产生了涟漪效应，并且箭头的方向指向城市 j。运用 Gephi 软件进行绘制，结果如图 11 所示。27 个城市之间最大可能产生的关联关系为 702 个，实际存在关系 339 个，因此网络密度为 0.4829，可以看出长三角 27 座城市之间房价的关联程度较高。

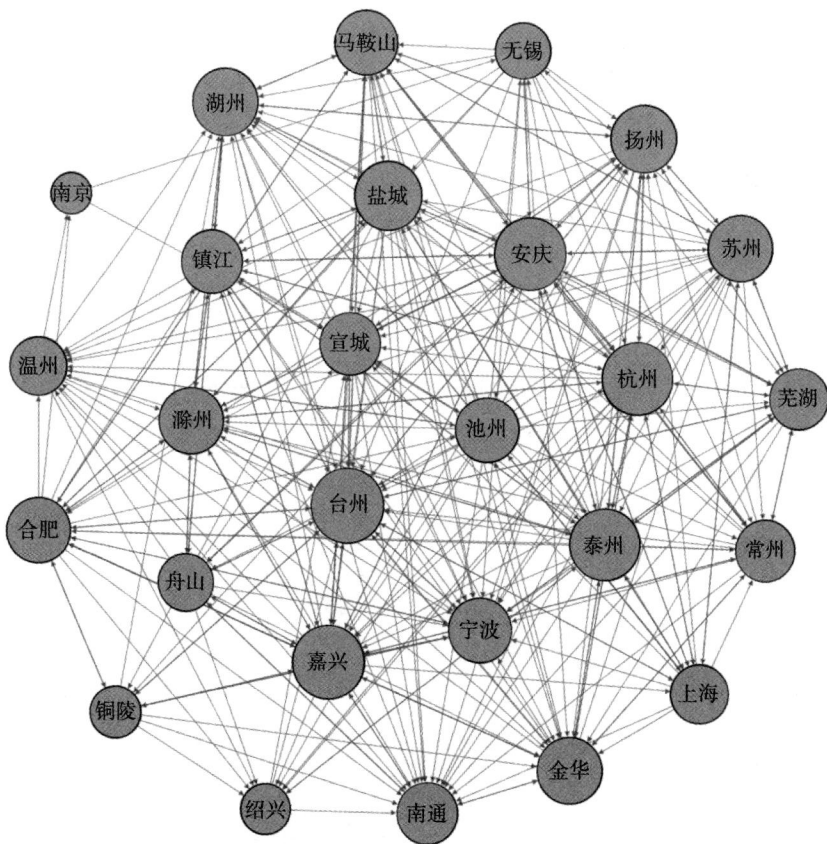

图 11　2020 年长三角中心区 27 城房价涟漪效应的社会网络分析

图片来源：依据实证结果自行绘制。

为了进一步明确某城市在关联网络中与其他城市的关联程度，本文运用社会关系网络中的点出度、点入度及度数中心度做进一步分析。其中，点出度与点入度，分别用来反映房价涟漪效应中的溢出关联关系数与受益关联关系数，度数中心度是反映各城市在网络中作用和地位的指标，结果如表 4 所示。

从图 11 和表 4 可以看出，台州的度数中心度最大，达到 36，台州市作为浙江沿海的区域性中心城市和现代化港口城市，拥有良好的发展机遇，且台州市在 2017 年与 2019 年被评为中国最具幸福感城市，更增强了这座城市的吸引力，这在一定程度可以解释其房价总体影响力的上升。但是台州的入度大于出度，说明台州市相对来说更容易受到其他城市的影响。泰州市的出度最大，高达 21，表明其新建商品房房价波动的影响力波及其他 21 个城市，意味着 2020 年长三角中心区 27 城中泰州市的住房价格具有最强带动作用，房地产交易最活跃。泰州市房地产调控政策相对宽松，且泰州市位于江苏省中部的重要位置，其房价在一定程度上可以波及更多的城市。南京市出度与入度均为 2，说明其房价影响力最弱且最不易受到其他城市的影响，整体处于相对独立的状态。

表 4　2020 年长三角中心区 27 城房价涟漪效应的出入度统计

城市	出度 （溢出关联关系数）	入度 （受益关联关系数）	总计 （度数中心度）
台州	13	23	36
嘉兴	18	17	35
杭州	20	14	34
安庆	19	15	34
泰州	21	12	33
盐城	18	12	30
扬州	14	15	29
湖州	9	20	29
苏州	20	8	28
滁州	13	15	28
金华	11	17	28
合肥	16	11	27
池州	20	6	26
马鞍山	13	13	26
宁波	5	21	26
镇江	13	12	25
常州	14	10	24
宣城	9	15	24

城市	出度 （溢出关联关系数）	入度 （受益关联关系数）	总计 （度数中心度）
南通	3	21	24
芜湖	11	12	23
上海	13	8	21
温州	8	12	20
舟山	11	8	19
无锡	13	5	18
铜陵	8	6	14
绍兴	4	9	13
南京	2	2	4

注：依据实证结果整理而得。

表5　房价涟漪效应的城市影响力

类别	城市
最具影响力的城市	泰州、杭州、苏州、池州、安庆
影响力最弱的城市	南京、南通、绍兴、宁波、铜陵
最易受影响的城市	台州、宁波、南通、湖州、嘉兴
最不受影响的城市	南京、无锡、铜陵、池州、舟山
相对独立的城市	南京、绍兴、铜陵、无锡、舟山

注：依据实证结果整理而得。

接下来，基于社会网络分析中的块模型方法，对各个块在长三角区域房价涟漪效应中扮演的角色进行分析，如表6所示，其中内部实际关系比例为板块自身接收的关系数除以板块发出的关系数，内部期望关系比例为板块中成员个数减1再除以整个关系网络中全部主体个数减1。

表6　块模型板块划分依据

位置内部关系比例	位置关系比例	
	≈	>0
实际内部关系比例≥期望内部关系比例	双向溢出板块	净受益板块
实际内部关系比例<期望内部关系比例	净溢出板块	经纪人板块

把 27 个城市划分为四个类型的板块，具体分类和影响效应如表 7 所示。一是经纪人板块，该板块内成员同时接收和发送外部关系，共发出关系 54 个，接收关系 52 个，其中有 7 个是来自板块内部的关系。因此该板块与其他板块成员之间的联系较多，板块内部成员之间的联系较少，在房价涟漪效应中发挥桥梁作用。二是净受益板块，该板块成员接收来自板块外部的关系相对较多，共计发出关系 47 个，接收到 101 个关系，接收到的关系明显多于发出的关系数，实际内部关系比例大于期望内部关系比例，因此该板块在房价涟漪效应中属于"净受益"的被拉动型。三是净溢出板块，该板块对其他板块发出的联系明显多于接收其他板块对该板块发出的联系，共计发出关系 125 个，而仅仅接收到 77 个关系，且发出的 125 个关系中，自身板块仅接收关系 30 个，内部联系较少，因此该板块在房价涟漪效应中产生"净溢出"的拉动作用。四是双向溢出板块，该板块上的成员共发出关系数 113 个，而接收到其他板块关系数较少，实际内部关系比例与期望关系比例相等，因此该板块对板块内部以及其他板块经济增长产生双向溢出效应。

综上所述，2020 年长三角中心区 27 城之间的房价有着较高的联系程度，涟漪效应主要是由二三线城市带动的，台州、嘉兴、安庆、湖州、泰州表现亮眼，这些城市房价调控政策相对宽松，市场发挥了主要作用；新一线城市中杭州与苏州发挥较大作用，对其他城市房价产生较大影响；一线城市上海作为长三角的核心城市，由于受到严格的房地产调控政策，房价并没有很大溢出效应。

表 7　基于块模型的房价涟漪效应关联板块划分

分类	板块特征	新建商品房涟漪效应板块城市
第一板块	经纪人板块	合肥、滁州、宣城、铜陵、温州
第二板块	净受益板块	绍兴、湖州、金华、南通、宁波、南京、台州
第三板块	净溢出板块	舟山、盐城、镇江、芜湖、马鞍山、扬州、嘉兴、上海、常州
第四板块	双向溢出板块	泰州、池州、杭州、苏州、无锡、安庆

注：依据实证结果整理而得。

二 长三角一体化区域房地产市场主要政策分析

（一）促进区域一体化及影响房地产市场的相关政策分析

2020年，中央及地方政府加快出台一系列重要政策和举措，从金融、交通、产业、管理、政务、教育、生态等方面进一步推动长三角一体化发展。长三角一体化加速对城市再定位、产业转移、人口流动、基础设施建设、投资及城镇化发展水平产生直接影响，进而影响到区域房地产市场。从产业转移看，从先进地区向其他地区的产业转移有助于促进转出地与承接地的产业结构升级。长三角一体化将促进长三角内部进行产业的垂直分工，而产业结构升级与房地产供需有一定的相关性。从人口流动看，常住人口规模增加将推动住房需求，从而影响房价。人口流入需要当地加大住房供给规模，才能满足常住人口需求，避免因供需失衡而带来房地产市场的波动。从基础设施来看，轨道交通的溢出效应非常明显，城市轨道交通线路的建设将对周边房地产市场带来较大的促进作用。

除了长三角一体化相关政策以外，户籍制度、人才政策等也为长三角城市群房地产市场需求带来了积极的推动作用。近年来，在全国户籍制度整体放松的情况下，长三角一些城市不断对户籍制度进行调整。同时，在长三角一体化发展趋势下，各城市间的人才争夺也持续加大力度。从户籍制度看，2020年，上海、南京、苏州、常州和无锡均降低了落户门槛，其中南京、苏州和常州明确本科学历即可落户。从人才政策看，主要还是给予人才租房补贴以及购房优惠和补助等，如杭州和苏州均对人才明确了租房补贴标准，义乌则专门对人才购房出台了补助实施办法，相应放宽了人才购房补助的要求。随着长三角一体化的进一步推进，人才集聚将成为各地提升发展质量的关键，同时也能为房地产市场的稳定发展提供支撑。

（二）2020年长三角重点城市房地产市场调控政策分析

2020年上半年受疫情影响，房地产业面临较大压力。各地出台了应对疫情保障经济平稳运行政策，全力支持房企开复工工作。下半年随着市场快速升温，长三角地区进一步强化市场调控措施。长三角区域重点城市的房地产调控政策与全国政策发展趋势一致，总体呈现"先松后紧"态势。上半年的地方政策还是以保障经济平稳运行为主，对房地产企业进行相关支持，如允许延期缴纳土地出让金、放宽预售申请条件等。下半年，随着疫情对房地产行业的影响逐步消退，市场热度开始出现，一些投机炒房现象重现，长三角区域一些重点城市开始陆续强化房地产调控政策。从这些政策调控的方向看，主要包括限价、限售、规范离婚炒房以及户口投靠炒房等。总体来看，在坚持从紧的政策基调下，对于原先的调控政策相关环节打了补丁，以保障房地产市场的平稳健康发展。具体来看，在限价方面，南京、宁波均出台政策要求"限房价、竞地价"。在限售方面，杭州、常州、徐州、衢州、台州均要求新建商品住房满足一定年限后才能转让交易。如杭州明确在杭州市以高层次人才家庭优先购房方式购买的新建商品住房，自房屋网签之日起，5 年内不得上市交易；常州新购买市区（不含金坛区）商品住房，自取得不动产权证后满 4 年方可上市交易。在规范离婚炒房方面，南京和无锡均在政策中规定，夫妻离异后 2 年内购买商品住房的，其拥有住房套数按离异前家庭总套数计算。在规范户口投靠炒房方面，杭州和宁波均出台监管政策，其中杭州明确以父母投靠成年子女方式落户本市的，须满 3 年方可作为独立购房家庭在本市限购范围内购买新建商品住房和二手住房。

三 2021年长三角区域房地产市场展望

（一）房地产市场整体趋稳，产业发展动能提升

2021 年长三角主要城市房地产市场将在调控政策不断完善的情况下，供需双方更加理性，市场交易会更加平稳，房地产市场将平稳健康发展。上海、杭州等一、二线城市的房价快速上涨势头将逐步得到控制，坚持"房子是用来住的，不是用来炒的"定位将会更好落实。三、四线城市房地产市场交易会趋于活跃，部分城市可能进一步出台或完善市场调控政策，市场总体出现大幅波动的概率变小。

长三角一体化程度会进一步提升。由高铁、城际铁轨、高速公路构建的一

体化交通网络将会更加便捷，同城化的趋势将会更加明显。由生物医药、电子信息、高端装备、汽车及关键零部件等构成的产业链将在区域内进一步融合提升。长三角生态绿色一体化发展示范区建设将进入新阶段，示范区效应将进一步体现。区域人才、资金的流动性会进一步加强，经济活力将会进一步增强，房地产业持续稳健发展的基础会更强。未来长三角房地产业的发展将会更加突出住房的民生功能，保障性住房建设供应可能进一步加大，将会更侧重非居住房屋的使用效率，资源配置的效率会更高，房地产业发展的后劲会更充足。

（二）居住与非居住房地产市场将均衡发展

在经济稳健恢复、快速发展的过程中，长三角房地产市场的结构将会更加平衡，住房市场房价上涨的压力将逐步得到缓解，商业、办公、厂房等非居住房地产市场将会更快发展，产业结构升级与产业关联性增强会带动优质非居住房屋需求增大。住房市场与非居住房屋的联动效应将会增强，职住平衡将会取得更大发展。

养老、旅游等房地产市场将会迎来更好的发展机遇，医疗卫生、养老政策等领域的一体化快速发展将会有力推动养老房地产市场供给更加平衡，大城市周边养老住房市场可能会呈现快速发展的态势。城市周边游将会进一步增加，并形成周末常态化的趋势，旅游房地产市场也会有较快发展。

（三）长三角住房租赁市场将进入快速发展期

2021年，预期长三角的住房租赁市场将迎来供需两旺的态势。一方面，长三角对人口、资金的集聚效应会更加显化，一二线城市的租赁住房需求会明显增加，另一方面，经过前几年租赁住房建设，新建租赁住房的供应将会增加，租赁市场在住房市场的作用和地位将更加突出，"租购并举"的住房制度将会得到更好地发展。

住房租金水平可能会有小幅上升，有利于更多资源投入住房租赁市场。非居住房地产市场的租金水平将可能企稳，部分城市办公楼的租金水平可能会出现上升的态势，整体房屋租赁市场活力增强。

B.14
2020年成渝城市群房地产市场
分析及2021年展望

陈德强　何东　努尔艾力　李珂纪　张勐勐　汪雨欣*

摘　要：　2020年10月16日中共中央政治局召开会议，审议了《成渝地区双城经济圈建设规划纲要》。通过对成渝城市群所属城市的固定资产投资和房地产投资，房地产供应市场的土地供应、施工面积和竣工面积，房地产需求市场的销售面积、住宅销售单价和销售金额等要素进行分析，对2020年房地产发展状况做出了评价。成渝城市群中四川和重庆区域所属城市的各项指标占全省(市)90%以上的份额，因而基本上代表了四川省和重庆市的房地产发展状况。对2021年成渝城市群房地产市场进行了展望，提出了以房地产助推成渝城市群的国内大循环为主体、国内国际双循环相互促进的积极推进，打造形成成渝城市群的主轴线效应，以区域内相邻地区融合促进房地产市场扩容提档发展，以巴蜀文化旅游走廊推进成渝城市群的文旅地产融合发展，以乡村一二三产业融合发展促进成渝城市群的乡村振兴，从房地产业要素管理的角度推动成渝双城经济圈房地产一体化的发展。

关键词：　成渝城市群　房地产　一体化发展

---

* 陈德强，博士，重庆大学管理科学与房地产学院副教授、硕士生导师，成都大学大数据研究院研究员（教授），中国智能金融协同创新中心副主任、博士生导师，研究方向为房地产经营与管理、财务管理、投资理财；何东、努尔艾力、李珂纪、张勐勐、汪雨欣，重庆大学管理科学与房地产学院本科生。

一 成渝城市群的发展状况

2020年1月3日，中央财经委员会第六次会议研究推动成渝地区双城经济圈建设。3月17日，川渝召开推动成渝地区双城经济圈建设川渝党政联席会第一次会议。8月12日，重庆市政府办公厅、四川省政府办公厅联合印发《川渝毗邻地区合作共建区域发展功能平台推进方案》，大力推进川渝毗邻地区合作共建区域发展功能平台。10月16日，习近平总书记主持召开中共中央政治局会议，审议《成渝地区双城经济圈建设规划纲要》。会议强调，要突出重庆、成都两个中心城市的协同带动作用，注重体现区域优势和特色，使成渝地区成为具有全国影响力的重要经济中心、科技创新中心、改革开放新高地、高品质生活宜居地，打造带动全国高质量发展的重要增长极和新的动力源。成渝城市群作为我国五大国家级城市群之一，是西部大开发的重要平台，是"一带一路"和"陆海新通道"建设的交会点，是推动长江经济带协同发展的重要战略支撑，也是国家推进新型城镇化建设的重要示范区，具有成为我国第四增长极，并逐步成长为世界级城市群的潜力。

二 成渝城市群固定资产投资和房地产投资分析

（一）固定资产投资和房地产投资增速全年由低到高，成都好于重庆

2020年成都市固定资产投资稳定增长，重庆市固定资产投资增速比成都低，但也稳定增长。2016~2019年重庆固定资产投资增速分别为12.1%、9.5%、7.0%和5.7%，2020年为3.9%，投资增速放缓明显。总体来看，2019年成都固定资产投资稳定保持了近10%的高速增长；重庆固定资产投资增速3.90%，放缓增速，注重优化投资结构和经济结构，保障经济平稳运行（见图1）。

房地产投资方面，2020年成都保持了高速增长，增长速度先降后升，年内在7月达到全年房地产投资增速的最高值13.50%，全年同比增速相对于

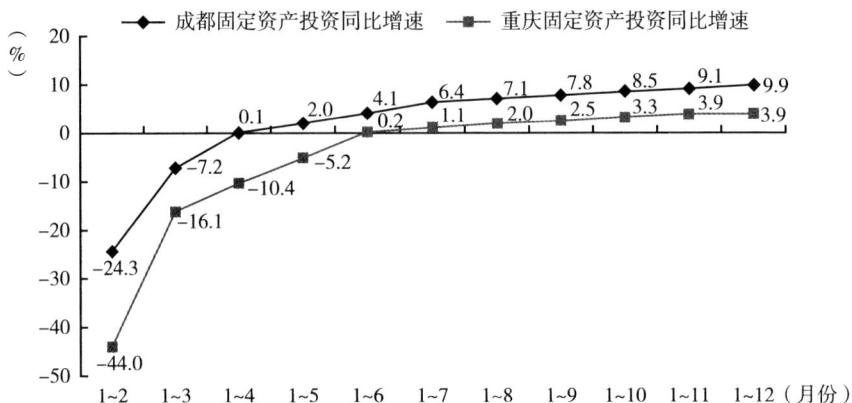

图1　2020年成都与重庆固定资产投资同比增幅

资料来源：成都市统计局、重庆市统计信息网，数据小数位数有调整。

2019年上升9.2%。重庆增长速度总体下行，在6～8月回升，全年房地产投资增速为-2.0%。而在2020年8月以后，重庆房地产投资增速小于固定资产投资增速，重庆房地产市场值得关注（见图2）。

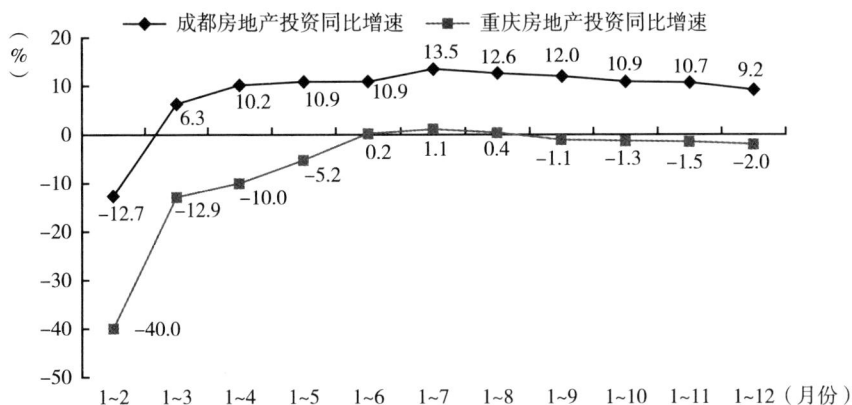

图2　2020年成都与重庆房地产投资同比增幅

资料来源：成都市统计局、重庆市统计信息网，数据小数位数有调整。

（二）成渝城市群中四川区域所属城市房地产投资成都比重下降，其他城市发展迅速

2015年以来，成渝城市群中四川区域所属的城市在房地产投资方面，占了四川全省的93%以上，成渝城市群房地产的发展基本上代表了四川全省的房地产发展（见表1）。成都所占份额逐年降低，从2015年的50.74%降至2020年的38.99%，说明城市群中其他城市发展迅速。

表1　2015～2020年成渝城市群中四川所属城市房地产投资的市场份额

单位：%

地区	2015年	2016年	2017年	2018年	2019年	2020年
成都	50.74	49.95	48.31	39.89	39.73	38.99
泸州	4.09	4.53	5.02	6.00	6.01	6.08
广安	3.83	4.89	4.74	5.66	5.68	5.74
宜宾	3.13	3.59	4.43	5.29	5.30	5.37
南充	4.43	4.10	4.12	4.92	4.94	5.00
乐山	3.18	4.01	3.77	4.50	4.51	4.57
眉山	4.05	3.68	3.76	4.49	4.50	4.55
绵阳	4.12	3.89	3.43	4.10	4.11	4.16
遂宁	2.33	2.74	3.37	4.02	4.03	4.08
资阳	4.05	2.84	2.48	2.97	2.97	3.01
自贡	2.61	2.34	2.38	2.84	2.85	2.88
内江	2.57	2.32	2.23	2.67	2.67	2.71
达州	1.72	1.77	2.21	2.63	2.64	2.67
德阳	2.40	2.38	2.04	2.44	2.44	2.47
雅安	0.57	1.02	1.13	1.35	1.36	1.37
合计	93.82	94.05	93.42	93.77	93.74	93.65

资料来源：成都市统计局，数据小数位数有调整，2018～2020年为整理数据。

从城市群中活跃的城市来看，除成都市外，处于前五位的分别是泸州、广安、宜宾、南充和乐山（见图3），2020年它们占房地产投资的市场份额分别为6.08%、5.74%、5.37%、5%和4.57%，加上成都的38.99%，市场份额合计达到65.75%。这几个城市正处于重庆的方向，而泸州、广安与重庆毗邻。

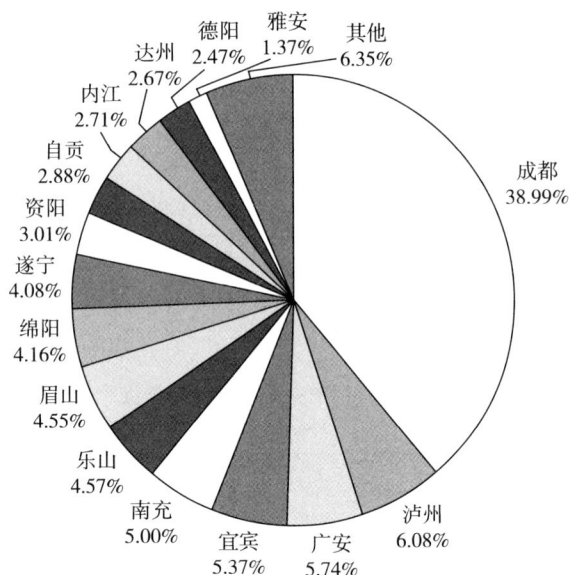

图3 2020年成渝城市群中四川的城市房地产投资的市场份额

资料来源：成都市统计局，数据小数位数有调整。

（三）成渝城市群中重庆区域所属城市房地产投资各区比重平稳，四川较重庆更为分散和更具发展条件

成渝城市群中重庆区域所属的城市在房地产投资方面的份额状况见表2。

表2 2017～2020年成渝城市群中重庆所属城市房地产投资的市场份额

单位：%

区域	2017年	2018年	2019年	2020年
主城区	65.61	68.96	69.14	69.32
江津	2.92	3.51	3.74	3.99
万州	2.46	2.62	2.54	2.50
涪陵	2.71	2.49	2.24	2.20
大足	2.64	2.12	2.08	2.05
合川	2.36	2.00	1.87	1.84

区域	2017 年	2018 年	2019 年	2020 年
永川	2.20	1.89	1.74	1.72
璧山	2.04	1.83	1.63	1.61
綦江	1.81	1.56	1.53	1.50
铜梁	1.32	1.06	1.03	1.01
梁平	0.64	0.74	0.99	0.97
南川	1.08	1.04	0.97	0.96
开州	0.99	0.95	0.96	0.94
潼南	0.84	0.63	0.72	0.71
长寿	2.03	0.62	0.69	0.68
荣昌	0.57	0.55	0.63	0.62
垫江	0.65	0.55	0.59	0.58
其他	7.13	6.89	6.91	6.80
合计	100	100	100	100

资料来源：重庆市统计年鉴，数据小数位数有调整，2020 年为整理数据。

成渝城市群中重庆区域所属的城市在房地产投资方面，占了重庆全市的92%以上（丰都、忠县因地理位置未在四川方向，计入其他。下同），所以成渝城市群房地产的发展基本上代表了重庆全市的房地产发展（见表2）。由于重庆直辖市二级行政管理的特殊性，重庆市统计指标有主城区指标概念，主城区即重庆市城乡总体规划中所称的都市区，范围包括渝中区、大渡口区、江北区、南岸区、沙坪坝区、九龙坡区、北碚区、渝北区和巴南区九个行政区域，面积5472.68 平方千米，相当于成都38%（成都市面积14335 平方千米）。然而，2017 年，成都房地产投资方面2488 亿元，重庆主城九区2611 亿元，金额接近，但成都占四川房地产投资的份额为48.31%，而重庆主城区占重庆市房地产投资的份额为65.61%。重庆主城区2018 年为68.96%，2019 年为69.14%，2020 年为69.32%。而成都2018 年为39.89%，2019 年为39.73%，2020 年为38.99%（见表1），市场份额不断下降。可见：房地产投资市场四川较为分散而重庆较为集中，成渝城市群房地产的市场发展，四川条件更具备。

从城市群中活跃的重庆城市来看，除主城区外，处于前五位的分别是江津、万州、涪陵、大足和合川（见图4），2020年它们分别占房地产投资的市场份额为3.99%、2.50%、2.20%、2.05%和1.84%，加上主城区的69.32%，市场份额合计数达到81.90%。而江津、大足及合川和万州正处于南、中、北三个方向与四川接壤，并与泸州、资阳及广安和达州在地理位置上毗邻，这为成渝城市群房地产市场的发展提供了优良基础。

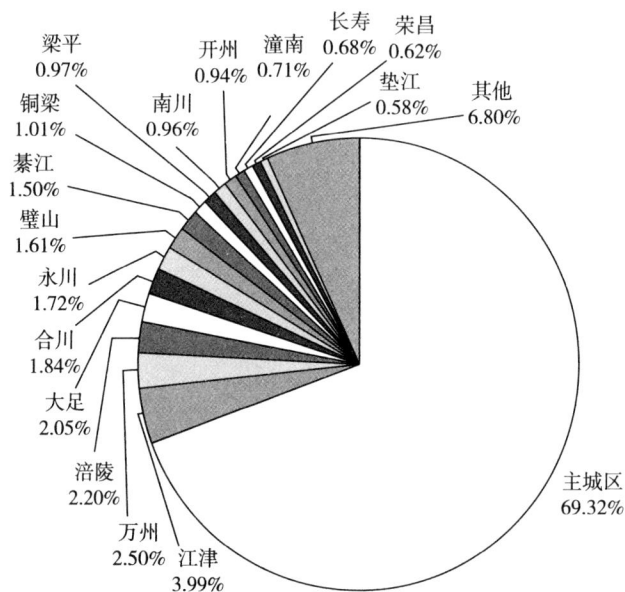

图4　2020年成渝城市群中重庆的城市房地产投资的市场份额

资料来源：重庆市统计年鉴，数据小数位数有调整。

三　成渝城市群房地产供应市场分析

2014~2019年成都和重庆开发企业土地购置面积如表3所示。可以看出成都开发企业土地购置面积波动较大，2017年降幅近70%，2018年增幅达90%，而2019年又降幅达44%。重庆开发企业经过2014~2016年的低迷期后，2017年和2018年缓慢地回升，但2019年降幅又达49%（见图5）。

表3 2014~2019年成都和重庆开发企业土地购置面积情况

年份	成都土地购置面积		重庆土地购置面积	
	数量(万平方米)	增长率(%)	数量(万平方米)	增长率(%)
2014	365	34.19	1864	-1.69
2015	387	6.03	1626	-12.77
2016	531	37.21	959	-41.02
2017	162	-69.49	1122	17.00
2018	307	89.51	1260	12.30
2019	171	-44.30	642	-49.05

资料来源:成都市统计局、重庆市统计信息网,数据小数位数有调整。

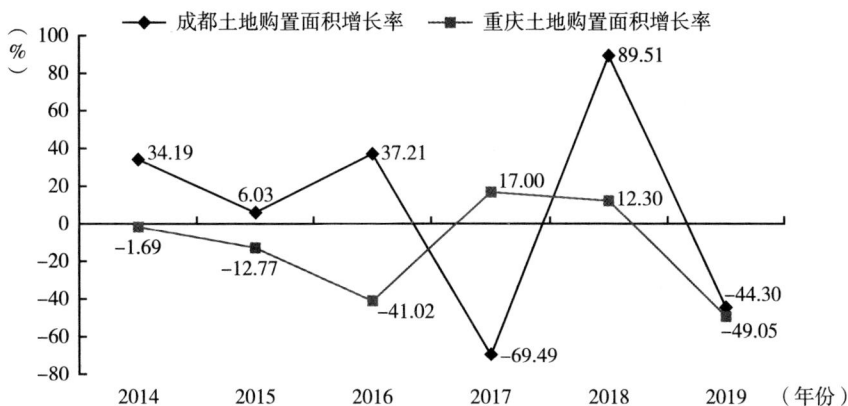

图5 2014~2019年成都和重庆开发企业土地购置面积增长率

资料来源:成都市统计局、重庆市统计信息网,数据小数位数有调整。

(一)成渝城市群施工面积分析

1. 成都和重庆施工面积下降,成都较重庆更明显

2014~2020年成都和重庆商品房施工面积见表4。可以发现,成都从2014年起商品房施工面积增长率总体在下降,到2017年达到了降幅2.43%,2018年缓慢回升,到2019年取得了较大的增幅,整体市场回升比较快,但2020年又大幅下降。但是重庆的商品房施工面积下降比成都提前了一年,2016年下

降了 5.6%，2017 年继续下降 5.12%，2018 年缓慢地回升，但是 2019 年和 2020 年又缓慢下降（见图 6）。

表4 2014～2020 年成都和重庆商品房施工面积情况

年份	成都商品房施工面积		重庆商品房施工面积	
	数量（万平方米）	增长率（%）	数量（万平方米）	增长率（%）
2014	17202	12.88	28624	9.04
2015	18334	6.58	28986	1.26
2016	19880	8.43	27363	−5.60
2017	19396	−2.43	25961	−5.12
2018	19514	0.61	27227	4.88
2019	20595	5.54	27987	2.79
2020	19099	−7.26	27368	−2.21

资料来源：成都市统计局、重庆市统计信息网，数据小数位数有调整。

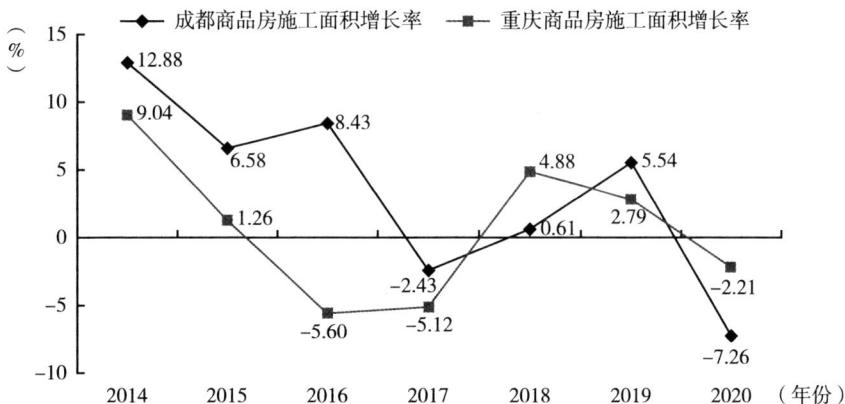

图6 2014～2020 年成都和重庆商品房施工面积增长率

资料来源：成都市统计局、重庆市统计信息网，数据小数位数有调整。

再从 2020 年商品房施工面积每月的情况来分析。成都的增长率处于负增长，但是全年呈上升趋势。而重庆施工面积一直处于平稳，降幅明显低于成都。总体来看，成都全年的最低降幅为 13.90%，重庆全年的最低降幅 3.00%，整体情况重庆好于成都（见图 7）。

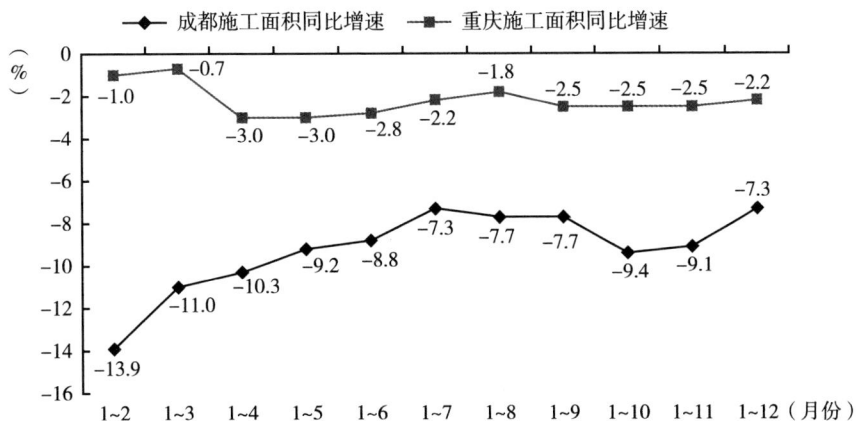

图7　2020年成都和重庆商品房施工面积同比增长率

资料来源：成都市统计局、重庆市统计信息网，数据小数位数有调整。

2. 成渝城市群中四川区域所属城市施工面积成都所占份额总体下降，其他城市平缓递增，城市群发展基础好

2017年以来，成渝城市群中四川区域所属的城市在施工面积方面，占了四川全省的91%以上（见表5），成渝城市群房地产的发展基本上代表了四川全省的房地产发展。成都所占份额从46.92%下降至37.63%，其他城市所占份额平缓递增，表明城市群的发展基础扎实。

表5　2017～2020年成渝城市群中四川所属城市施工面积的市场份额

城市	2017年		2018年		2019年		2020年	
	数量（万平方米）	占比（%）	数量（万平方米）	占比（%）	数量（万平方米）	占比（%）	数量（万平方米）	占比（%）
成都	19375	46.92	19515	44.29	20620	41.98	19099	37.63
南充	2024	4.90	2258	5.12	2622	5.34	2966	5.84
泸州	1859	4.50	2073	4.71	2408	4.90	2724	5.37
绵阳	1822	4.41	2032	4.61	2360	4.81	2670	5.26
宜宾	1746	4.23	1947	4.42	2262	4.60	2559	5.04
眉山	1650	4.00	1840	4.18	2137	4.35	2418	4.76

续表

城市	2017 年		2018 年		2019 年		2020 年	
	数量 （万平方米）	占比 （%）	数量 （万平方米）	占比 （%）	数量 （万平方米）	占比 （%）	数量 （万平方米）	占比 （%）
乐山	1478	3.58	1649	3.74	1914	3.90	2166	4.27
广安	1419	3.44	1583	3.59	1838	3.74	2080	4.10
德阳	1267	3.07	1413	3.21	1641	3.34	1857	3.66
内江	1219	2.95	1360	3.09	1579	3.21	1786	3.52
遂宁	1165	2.82	1299	2.95	1509	3.07	1707	3.36
达州	999	2.42	1114	2.53	1294	2.63	1464	2.88
自贡	954	2.31	1064	2.41	1236	2.52	1398	2.75
资阳	946	2.29	1055	2.39	1225	2.49	1386	2.73
雅安	395	0.96	441	1.00	512	1.04	579	1.14
小计	38318	92.80	40643	92.24	45157	91.92	46859	92.31

资料来源：成都市统计局，数据小数位数有调整，2018～2020 年为整理数据。

3. 成渝城市群中重庆区域所属城市的施工面积重庆主城区所占份额高于成都，城市间差距较大，城市群发展基础不如四川

成渝城市群中重庆区域所属的城市在施工面积方面的份额，2018 年和 2019 年占了重庆全市的 89% 以上（见表 6），所以成渝城市群房地产的发展基本上代表了重庆全市的房地产发展。2019 年施工面积重庆主城区所占份额 54.91%，高于成都所占的 41.98%，同时重庆所辖城市之间所占份额差距较大，表明城市群的发展基础不厚实。2019 年施工面积除主城区外，紧随着的合川（占 4.53%，排第 2 位）、江津（占 4.22%，排第 3 位）、万州（占 3.46%，排第 4 位）和永川（占 2.53%，排第 5 位），接壤四川的泸州（占 4.90%，排第 3 位）、广安（占 3.74%，排第 8 位）和达州（占 2.63%，排第 12 位），地理位置上毗邻，为成渝城市群内的房地产市场的互动提供了优良基础。

表6　2018～2019年成渝城市群中重庆所属城市施工面积的市场份额

区域	2018年施工面积		2019年施工面积	
	数量(万平方米)	占比(%)	数量(万平方米)	占比(%)
主城区	14870	54.61	15369	54.91
合川	1201	4.41	1268	4.53
江津	1390	5.11	1181	4.22
万州	970	3.56	969	3.46
永川	704	2.59	707	2.53
綦江	744	2.73	686	2.45
涪陵	627	2.30	685	2.45
大足	631	2.32	623	2.23
潼南	627	2.30	600	2.14
璧山	579	2.13	585	2.09
铜梁	517	1.90	578	2.07
南川	485	1.78	497	1.78
梁平	294	1.08	313	1.12
荣昌	297	1.09	298	1.06
开州	233	0.86	295	1.05
长寿	324	1.19	239	0.85
垫江	222	0.82	223	0.80
小计	24715	90.78	25116	89.74
其他	2512	9.22	2871	10.26
合计	27227	100	27987	100

资料来源：重庆市统计年鉴，数据小数位数有调整。

（二）成渝城市群竣工面积分析

1. 成都市和重庆市竣工面积大幅下降，成都波动较重庆更明显

2014～2020年成都和重庆市商品房竣工面积如表7所示。可以发现，成都从2014年以来商品房竣工面积波动较大，2015年降幅32.23%，2016年增幅达90.39%，而2017年又降幅32.08%，2018年和2019年缓慢回升，2020年又降幅22.11%。重庆的商品房竣工面积相对于成都，比较平稳，2014～2017年平稳增长之后，2018年有所下降，2019年继续增长，达到近几年的最

高竣工面积量（5069 万平方米），但 2020 年又降幅达 25.55%，为近几年的最高降幅（见图 8）。

表 7 2014～2020 年成都和重庆商品房竣工面积情况

年份	成都商品房竣工面积		重庆商品房竣工面积	
	数量(万平方米)	增长率(%)	数量(万平方米)	增长率(%)
2014	2119	12.71	3718	-2.26
2015	1436	-32.23	4360	17.27
2016	2734	90.39	4421	1.40
2017	1857	-32.08	5056	14.36
2018	1725	-7.11	4083	-19.24
2019	1823	5.68	5069	24.15
2020	1420	-22.11	3774	-25.55

资料来源：成都市统计局、重庆市统计信息网，数据小数位数有调整。

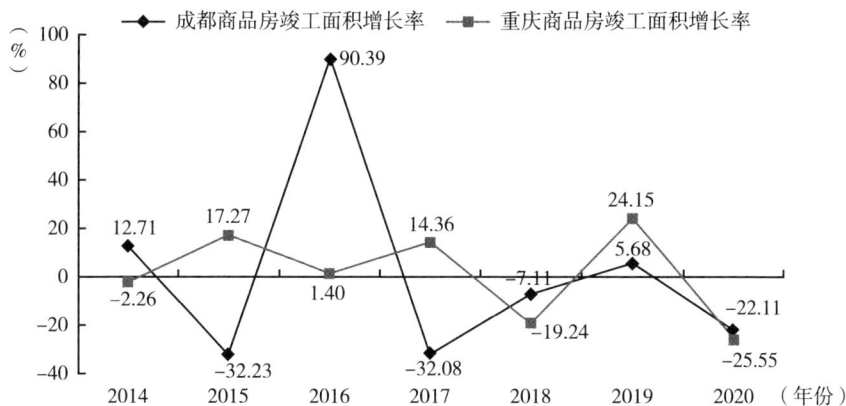

图 8 2014～2020 年成都和重庆商品房竣工面积增长率

资料来源：成都市统计局、重庆市统计信息网，数据小数位数有调整。

再从 2020 年商品房竣工面积每月的情况来看，成都的增长率一直为负增长，全年为平稳上升，从 1 月份负增长的 54.2%，上升到 12 月份负增长的 22.1%。而重庆施工面积也一直为负增长，全年为平稳上升，从 1 月份负增长的39.5%，上升到11月份负增长的8.7%，到12月下降为负增长的25.5%。总体来看，成都全年负增长22.10%，重庆全年负增长25.50%，整体情况成都好于重庆（见图9）。

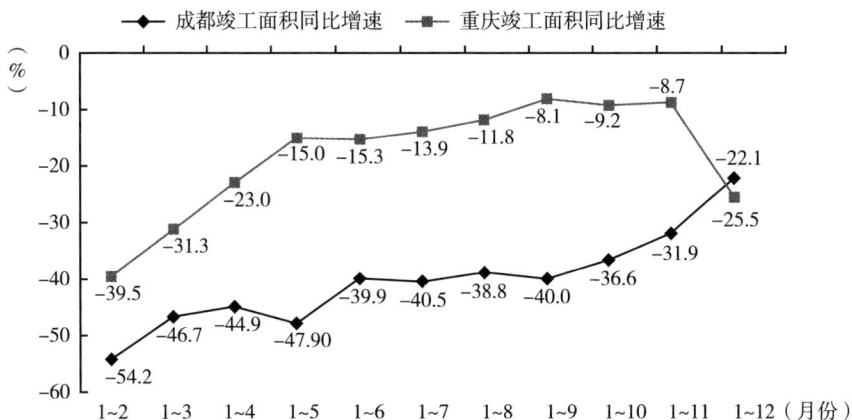

图9　2020年成都和重庆商品房竣工面积同比增长率

资料来源：成都市统计局、重庆市统计信息网，数据小数位数有调整。

2. 成渝城市群中四川区域所属城市竣工面积成都所占份额持续下降，其他城市平缓递增，城市群发展基础好

2016年以来，成渝城市群中四川区域所属的城市在竣工面积方面，占四川全省的92%以上（见表8），成渝城市群房地产的发展基本上代表了四川全省的房地产发展。成都所占份额从2016年的38.84%下降至2020年的31.24%。而其余城市所占份额从2016年至2020年总体上升，表明城市群的发展基础扎实。处于第二位的泸州近几年一直保持在7%~11%的水平，而泸州正与重庆毗邻，这为城市群的发展奠定了良好的基础。

3. 成渝城市群中重庆区域所属城市竣工面积重庆主城区所占份额高于成都，城市间差距较大，城市群发展基础不如四川

成渝城市群中重庆区域所属的城市在竣工面积方面的份额状况占重庆全市的92%以上（见表9），所以成渝城市群房地产的发展基本上代表了重庆全市的房地产发展。2019年竣工面积重庆主城区所占份额50.42%，高于成都所

表8　2016~2020年成渝城市群中四川所属城市竣工面积的市场份额

城市	2016 年		2017 年		2018 年		2019 年		2020 年	
	数量 （万平方米）	占比 （%）	数量 （万平方米）	占比 （%）	数量 （万平方米）	占比 （%）	数量 （万平方米）	占比 （%）	数量 （万平方米）	占比 （%）
成都	2738	38.84	1855	33.00	1725	30.61	1823	39.80	1420	31.24
泸州	565	8.01	587	10.44	489	8.67	341	7.44	390	8.59
宜宾	425	6.03	292	5.19	345	6.12	240	5.25	275	6.06
德阳	266	3.77	258	4.59	324	5.75	226	4.93	259	5.69
绵阳	379	5.38	303	5.39	315	5.59	220	4.80	252	5.54
眉山	360	5.11	298	5.30	307	5.45	214	4.67	245	5.40
达州	317	4.50	186	3.31	298	5.29	208	4.54	238	5.24
南充	324	4.60	299	5.32	284	5.03	198	4.32	226	4.98
自贡	397	5.63	182	3.24	248	4.40	173	3.77	198	4.36
广安	323	4.58	239	4.25	227	4.03	158	3.46	182	3.99
内江	203	2.88	185	3.29	214	3.80	149	3.26	171	3.76
遂宁	192	2.72	215	3.82	195	3.46	136	2.96	156	3.42
资阳	67	0.95	191	3.40	153	2.72	107	2.33	122	2.69
乐山	55	0.78	116	2.06	107	1.90	75	1.63	85	1.88
雅安	43	0.61	15	0.27	22	0.38	15	0.33	17	0.38
小计	6654	94.39	5221	92.87	5253	93.20	4283	93.49	4236	93.22

资料来源：成都市统计局，数据小数位数有调整，2018~2020年为整理数据。

占的39.80%份额，重庆商品房竣工面积市场集中度高，其他所辖城市所占份额较低，城市之间所占份额差距较大，表明城市群的发展基础不厚实。重庆合川（占9.06%，排第2位，2019年）与四川广安（占3.46%，排第10位，2019年）接壤；重庆万州（占4.10%，排第4位，2019年）和开州（占2.33%，排第9位，2019年）与四川达州（占4.54%，排第7位，2019年）接壤；重庆江津（占3.49%，排第6位，2019年）、永川（占1.76%，排第10位，2019年）和荣昌（占0.97%，排第15位，2019年）与四川泸州（占7.44%，排第2位，2019年）接壤。地理位置毗邻，为成渝城市群内房地产市场的互动提供了优良基础。

表9　2017～2019年成渝城市群中重庆所属城市竣工面积的市场份额

区域	2017年竣工面积		2018年竣工面积		2019年竣工面积	
	数量(万平方米)	占比(%)	数量(万平方米)	占比(%)	数量(万平方米)	占比(%)
主城区	2896	57.28	2367	57.97	2556	50.42
合川	104	2.07	129	3.16	459	9.06
璧山	147	2.91	77	1.89	209	4.12
万州	60	1.18	169	4.14	208	4.10
涪陵	204	4.03	163	3.99	206	4.06
江津	166	3.28	100	2.45	177	3.49
铜梁	144	2.85	60	1.47	166	3.27
綦江	211	4.17	200	4.90	151	2.98
开州	38	0.76	13	0.32	118	2.33
永川	120	2.38	116	2.84	89	1.76
长寿	180	3.57	56	1.37	76	1.50
南川	57	1.13	51	1.25	72	1.42
大足	80	1.58	42	1.03	61	1.20
潼南	81	1.61	45	1.10	52	1.03
荣昌	88	1.75	77	1.89	49	0.97
梁平	71	1.41	97	2.38	28	0.55
垫江	4	0.09		0.00	10	0.20
小计	4653	92.05	3762	92.15	4687	92.46
其他	402	7.95	321	7.85	382	7.54
合计	5056	100	4083	100	5069	100

资料来源：重庆市统计年鉴，数据小数位数有调整。

四　成渝城市群房地产需求市场分析

（一）成都和重庆商品房销售面积下降，住宅商品房销售单价上涨且成都涨幅更大

2014～2020年成都和重庆市商品房销售面积见表10。可以发现，成都从

2014 年以来商品房销售面积波动较大，2015 年增幅 1.56%，2016 年增幅达
31.06%，然后 2017～2020 年持续为负增长，至今未恢复到 2016 年水平。重
庆的商品房销售面积比较平稳，2014～2017 年平稳增长，2016 年达到最高的
增幅 16.28%，2018～2019 年持续下降，2020 年恢复增长 0.64%，但至今未
恢复到 2017 年水平（见图 10）。

表 10 2014～2020 年成都和重庆商品房销售面积情况

年份	成都商品房销售面积		重庆商品房销售面积	
	数量（万平方米）	增长率（%）	数量（万平方米）	增长率（%）
2014	2951	0.03	5100	5.88
2015	2997	1.56	5381	5.51
2016	3928	31.06	6257	16.28
2017	3925	-0.08	6711	7.26
2018	3682	-6.19	6536	-2.61
2019	3543	-9.73	6104	-6.61
2020	3502	-1.16	6143	0.64

资料来源：成都市统计局、重庆市统计信息网，数据小数位数有调整，成都 2020 年为整理
数据。

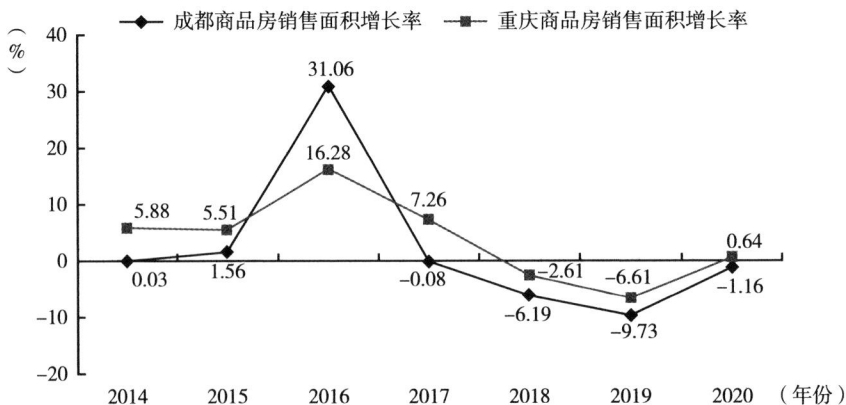

图 10 2014～2020 年成都和重庆商品房销售面积增长率

资料来源：成都市统计局、重庆市统计信息网，数据小数位数有调整，成都 2020 年为
整理数据。

再从销售单价来看。2014～2020年成都和重庆住宅商品房销售单价如表11所示。可以发现，成都住宅商品房销售单价从2015年开始一直上涨，重庆从2016年开始一直上涨。2017～2020年，成都住宅商品房单价每平方米分别高于重庆1991元、1594元、3072元和3683元，成都住宅商品房销售市场好于重庆（见图11）。

表11　2014～2020年成都和重庆住宅商品房销售单价情况

年份	成都住宅商品房销售		重庆住宅商品房销售	
	单价(元/米²)	增长率(%)	单价(元/米²)	增长率(%)
2014	6536	-2.56	5094	-2.75
2015	6584	0.73	5013	-1.59
2016	7377	12.04	5162	2.97
2017	8595	16.51	6604	27.93
2018	9783	13.82	8189	24.00
2019	11729	19.89	8657	5.71
2020	12601	7.43	8918	3.01

资料来源：成都市统计局、重庆市统计信息网，数据小数位数有调整，2020年为整理数据。

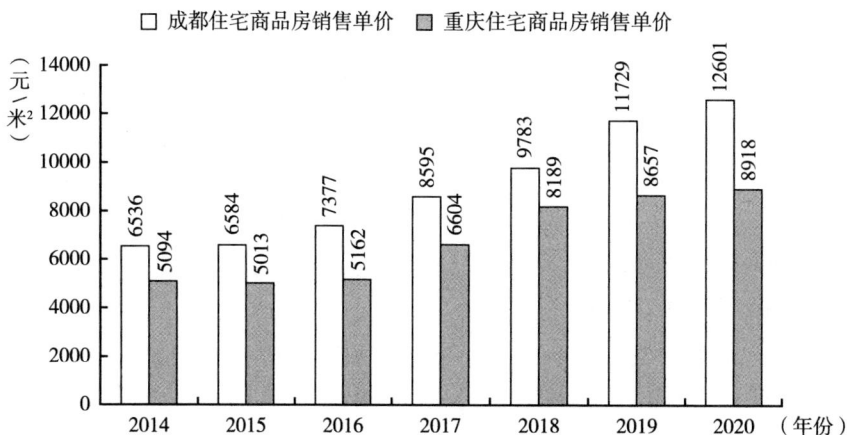

图11　2014～2020年成都和重庆住宅商品房销售单价情况

资料来源：成都市统计局、重庆市统计信息网，数据小数位数有调整，2020年为整理数据。

（二）成渝城市群中四川区域所属城市房地产销售金额成都所占份额平稳，其他城市之间平缓递减，城市群发展基础好

2015 年以来，成渝城市群中四川区域所属的城市在销售金额方面，占四川全省的 94% 以上（见表 12），成渝城市群房地产的发展基本上代表了四川全省的房地产发展。成都所占份额一直保持在 50% 左右，其他城市之间所占份额平缓递减，表明城市群的发展基础扎实。处于第二位的泸州近几年一直保持在 4.0% ~ 5.5% 的水平，而泸州正与重庆毗邻，这为城市群的发展奠定了良好的基础。

表 12　2015 ~ 2020 年成渝城市群中四川所属城市销售金额的市场份额

城市	2015 年		2016 年		2017 年		2018 年		2019 年		2020 年	
	金额（亿元）	占比（%）	金额（亿元）	占比（%）	金额（亿元）	占比（%）	金额（亿元）	占比（%）	金额（亿元）	占比（%）	金额（亿元）	占比（%）
成都	2066	49.78	2950	55.06	3424	50.67	4423	51.84	5077	52.52	5372	51.68
泸州	180	4.34	250	4.67	350	5.18	403	4.73	470	4.86	512	4.92
宜宾	169	4.07	207	3.86	292	4.32	349	4.09	395	4.09	433	4.17
南充	183	4.41	173	3.23	276	4.08	333	3.91	362	3.74	407	3.91
绵阳	143	3.45	174	3.25	279	4.13	308	3.61	354	3.66	395	3.80
遂宁	151	3.64	187	3.49	252	3.73	309	3.62	349	3.61	380	3.65
眉山	184	4.43	175	3.27	234	3.46	317	3.72	337	3.48	370	3.56
广安	127	3.06	161	3.00	222	3.29	266	3.12	303	3.14	330	3.18
乐山	123	2.96	155	2.89	203	3.00	252	2.95	285	2.95	309	2.97
资阳	228	5.49	164	3.06	172	2.55	239	2.80	271	2.80	282	2.72
达州	111	2.67	117	2.18	201	2.97	223	2.61	250	2.59	283	2.73
内江	108	2.60	124	2.31	155	2.29	205	2.40	226	2.34	244	2.34
自贡	90	2.17	112	2.09	158	2.34	188	2.20	214	2.21	234	2.25
德阳	81	1.95	102	1.90	109	1.61	156	1.82	172	1.78	181	1.74
雅安	26	0.63	47	0.88	63	0.93	69	0.81	84	0.87	91	0.87
小计	3970	95.65	5098	95.14	6390	94.55	8040	94.23	9150	94.64	9821	94.49

资料来源：成都市统计局数据，数据小数位数有调整，2018 ~ 2020 年为整理数据。

（三）成渝城市群中重庆区域所属城市房地产销售金额重庆主城区所占份额高于成都，重庆市场集中度比四川高，城市群发展基础不如四川

成渝城市群中重庆区域所属的城市在商品房销售金额占了重庆全市的93%以上（见表13），所以城市群房地产的发展基本上代表了重庆全市的房地产发展。主城区所占份额65%以上，高于成都所占的50%份额，重庆商品房销售市场集中度高，其他城市所占份额较低，城市之间所占份额差距较大，表明城市群的发展基础不厚实。重庆江津（占3.83%，排第2位，2019年）、永川（占2.13%，排第6位，2019年）和荣昌（占1.01%，排第13位，2019年）与四川泸州（占4.86%，排第2位，2019年）接壤；重庆合川（占2.95%，排第4位，2019年）与四川广安（占3.14%，排第8位，2019年）接壤；重庆万州（占2.45%，排第5位，2019年）和开州（占0.94%，排第15位，2019年）与四川达州（占2.59%，排第11位，2019年）接壤。地理位置上毗邻，为成渝城市群内房地产市场的互动提供了优良基础。

表13　2017～2019年成渝城市群中重庆所属城市销售金额的市场份额

区域	2017年		2018年		2019年	
	金额（亿元）	占比（%）	金额（亿元）	占比（%）	金额（亿元）	占比（%）
主城区	3048.61	66.89	3593.96	68.16	3341.21	65.14
江津	135.39	2.97	178.85	3.39	196.44	3.83
璧山	105.87	2.32	153.25	2.91	177.22	3.46
合川	123.49	2.71	134.01	2.54	151.18	2.95
万州	98.59	2.16	125.75	2.38	125.78	2.45
永川	123.00	2.70	105.64	2.00	109.18	2.13
綦江	97.22	2.13	89.93	1.71	81.18	1.58
大足	71.54	1.57	85.80	1.63	72.97	1.42
涪陵	84.42	1.85	76.51	1.45	78.25	1.53
铜梁	85.37	1.87	74.28	1.41	83.06	1.62
潼南	43.29	0.95	55.55	1.05	73.12	1.43
南川	43.10	0.95	52.17	0.99	60.75	1.18
荣昌	45.79	1.00	49.24	0.93	51.57	1.01
长寿	63.80	1.40	41.42	0.79	48.43	0.94

区域	2017 年		2018 年		2019 年	
	金额（亿元）	占比（%）	金额（亿元）	占比（%）	金额（亿元）	占比（%）
开州	51.32	1.13	59.42	1.13	48.47	0.94
垫江	27.03	0.59	32.95	0.62	38.04	0.74
梁平	37.37	0.82	35.67	0.68	46.49	0.91
小计	4285.21	94.01	4944.41	93.77	4783.32	93.26
其他	272.65	5.99	328.29	6.23	346.10	6.74
合计	4557.85	100	5272.7	100	5129.42	100

资料来源：重庆市统计年鉴，数据小数位数有调整。

五　2021年成渝城市群房地产市场发展展望

（一）房地产助推成渝城市群的以国内大循环为主体、国内国际双循环相互促进的积极推进

2020 年 10 月 16 日召开的中共中央政治局会议指出，推动成渝地区双城经济圈建设，是构建以国内大循环为主体、国内国际双循环相互促进新发展格局的一项重大举措。在国内国际环境发生深刻复杂变化的背景下，我国将成渝地区打造成为继长三角、粤港澳、京津冀之后的"第四增长极"，进而形成带动全国高质量发展的重要增长极和新的动力源，将有效破解发展不平衡、不充分问题，助推我国形成以国内大循环为主体、国内国际双循环相互促进的新发展格局。成渝城市群将联手打造内陆改革开放高地，共同建设高标准市场体系，营造一流营商环境，以共建"一带一路"为引领，建设好西部陆海新通道，优化升级生产、分配、流通、消费体系，深化对内经济联系、增加经济纵深，增强畅通国内大循环和联通国内国际双循环的功能。打造改革开放新高地，可率先从产业地产入手，探索形成新发展格局，努力实现更高质量、更有效率、更加公平、更可持续、更为安全的发展。

（二）打造形成成渝城市群的主轴线效应

成都、重庆两市的经济质量处于城市群内绝对领先地位，是成渝城市群的

双核心城市。重点打造成渝发展主轴，加快推动核心城市功能沿轴带疏解，对充分发挥成渝城市群区域一体化发展起到带动作用。强化成都、重庆两市的主枢纽功能，提升区域内次级城市交通枢纽运输能力，继而缩短城市间的经济距离。成都市成立东部新区向东发展，重庆主城区扩容向西发展，成渝地区多层次协同合作发展正在紧锣密鼓地推进。高水平高质量推进西部科学城建设，在成都和重庆相向联动，不断集聚创新资源、激发创新活力、释放创新动能，加快建设具有全国影响力的科技创新中心。

（三）成渝地区双城经济圈区域内相邻地区融合促进房地产市场扩容提档发展

城市之间的地理距离与其经济距离并不存在必然的相关性。比如，泸州、遂宁、广安、达州等城市与重庆市之间的地理距离较近，但其与成都市之间的经济距离较近。成渝地区双城经济圈已构建起川渝毗邻地区合作共建平台，区域内相邻地区将在基础设施、产业、环保、公共服务、利益共享、管理运营等方面共同发力，打通"断头路""宽窄路""瓶颈路"，加快建设5G、工业互联网、特高压线路等新型基础设施，加快实现异地入学、就医、就业一体化。比如，在南部区域已形成的"川南渝西七市区公共图书馆联盟"包括宜宾市图书馆、自贡市图书馆、泸州市图书馆、内江市图书馆、荣昌区图书馆、永川区图书馆和江津区图书馆。在中部区域已打造川渝高竹新区，规划面积262平方公里，包括广安市邻水县高滩镇、坛同镇和渝北区茨竹镇、大湾镇的部分行政区域。在北部区域已打造万达开川渝统筹发展示范区，利用成渝地区双城经济圈万州、达州和开州内相邻地理位置，推动渝东北、川东北地区一体化发展。

（四）以巴蜀文化旅游走廊推进成渝城市群的文旅地产融合发展

2020年，川渝重点推进了巴蜀文化旅游走廊建设八项重大活动，四川省文化和旅游厅、重庆市文化和旅游发展委员会已经就协同推动巴蜀文化旅游走廊建设开展了多方面工作。双方共同召开了两次巴蜀文化旅游走廊建设专项工作组联席会，出台了推动巴蜀文化旅游走廊建设工作机制、工作方案、2020年重点工作等文件，签订了文化旅游战略合作协议、文物保护利用合作协议、公共服务协同发展合作协议、图书馆合作协议，组织编制巴蜀文化旅游走廊建设实施方案。巴蜀文化旅游走廊建设将推进成渝城市群的文旅地产融合发展。

（五）乡村一二三产业融合发展促进成渝城市群的乡村振兴

乡村振兴战略与乡村旅游在解决"三农"问题上具有高耦合度。乡村旅游是实施乡村振兴战略的重要力量，农业与文化旅游的融合发展为农村经济带来新动能，推动"三农"发展进入新阶段。乡村振兴战略是"三农"问题解决模式的升华，为乡村旅游的发展提供了政策保障与支持。乡村振兴战略助推乡村旅游高质量发展，促使乡村旅游利用乡村自然资源和人文资源，通过农耕活动与休闲农业、传统农业文明与现代乡土文化有机结合，将有效促进农村一二三产业融合发展，推动乡村生产、生活、生态三位一体发展。在乡村振兴战略下，众多的人才、资金、项目、机会投向乡村，有利于乡村旅游更精细化的提档升级。土地要素与旅游地产一体化规划、城镇化与毗邻乡村一体化发展，将促进成渝城市群的旅游地产大发展。

（六）从房地产业要素管理的角度推动成渝双城经济圈房地产一体化的发展

我们对成渝地区双城经济圈房地产要素进行分解发现，横轴为具象化的房地产的生产要素，包括劳动力、土地、资本、技术、数据信息、无形资产、管理、制度、创新和衍生要素等；纵轴为具象化的市场化配置的要素，包括有形市场、无形网络平台、制度与机制、服务评价体系、组织管理系统和衍生配置力等；深轴为市场一体化的要素，包括融合创新、统一定位集群发展、有序流动公平交换、垄断壁垒清除、衍生一体化等。三维结构构建起成渝地区双城经济圈房地产市场一体化的管理模式框架。房地产业要素的管理模式实施的目标是建立起成渝地区双城经济圈协同机制，推动成渝双城经济圈房地产一体化的发展。能否完善协同发展的激励和约束机制是成渝地区双城经济圈协同机制能否建立起来的关键，应建立科学的生产要素成本核算和收益评估制度，针对每个跨界项目，合理计算出参与城市需要承担的生产要素成本以及应该分享到的收益，确定每个城市的激励强度系数以及惩罚金额。具体操作方面，可以设立成渝地区双城经济圈发展基金，将国家每年用于成渝地区发展的资金投入、农业专项补助金等相关补贴及税费，按一定比例放入基金中，并将某些税种的税收收入也纳入双城经济圈发展基金统一支出，按照生产要素核算确定激励强度系数和惩罚金额，对经济圈内消极参与协同发展的城市进行惩罚，对积极参与协同发展的城市实施奖励，用以弥补其参与协同发展的成本支出。

B.15
2020年京津冀城市群房地产市场状况及2021年展望

赵秀池[*]

摘　要：　京津冀城市群既是一个整体，协同发展，又各有差异。各城市的经济发展水平决定了其对人口的吸引力，而人口的多少、经济社会的差异，反过来又决定了京津冀城市群中各城市房地产市场发展的差异。本文梳理了2020年京津冀城市群经济社会发展的具体情况，分析了2020年京津冀城市群房地产市场的特征，并对2021年京津冀城市群的房地产市场进行了展望。

关键词：　京津冀城市群　房地产市场　住宅价格指数

一　2020年京津冀城市群经济社会发展情况概述

京津冀城市群包括北京、天津以及河北的石家庄、张家口、秦皇岛、唐山、保定、廊坊、邢台、邯郸、衡水、沧州、承德，共13个城市。这些城市是实现京津冀协同发展规划的重要节点城市。

京津冀城市群既是协同发展的整体，它们之间又有差异。各城市的经济发展水平决定了其对人口的吸引力，而人口的多少，产业、优质公共资源的配置情况反过来又决定了各城市房地产市场发展的差异。

---

* 赵秀池，首都经济贸易大学城市经济与公共管理学院教授，兼任北京市房地产法学会副会长兼秘书长，主要研究方向为房地产经济与管理、城市经济与管理。

（一）2020年京津冀经济社会发展情况比较

从京津冀城市群经济社会发展具体情况来看，2019 年北京城市化率为 86.6%，天津城市化率为 83.48%，已经达到城市化后期，而河北省城市化率为 57.62%，还处于城市化中期阶段，因此，河北省的各个城市有后发优势。

从城镇人均可支配收入来看，2020 年北京、天津、河北的差距还是很大。北京为 75602 元，天津为 47659 元，河北为 37286 元，北京的人均可支配收入是天津的 1.59 倍，是河北的 2.03 倍。北京对人口的吸引力大于天津，天津对人口的吸引力大于河北。

从高校的分布来看，每十万人平均高校数北京为 0.81 所，天津为 0.51 所，河北为 0.16 所，北京高于天津，天津又高于河北。教育资源的配置情况是影响京津冀城市群人口分布与房地产市场状况的重要因素。具体情况如表 1 所示。

表 1　2020 年京津冀经济社会发展情况

指标	北京	天津	河北省
常住人口（万人）	2153.6（2019）	1561.83（2019）	7591.97（2019）
城镇人口（万人）	1865.0（2019）	1303.8（2019）	4374.5（2019）
城镇化率（%）	86.6（2019）	83.48（2019）	57.62（2019）
GDP（亿元）	36102.6	14083.7	36206.9
人均 GDP（元）	167638	90174	47691
房地产开发投资（亿元）	5820.9	4601.1	2643
人均可支配收入（元）	69434	43854	27136
城镇人均可支配收入（元）	75602	47659	37286
农村人均可支配收入（元）	29928（2019）	25691	16467
高等教育学校数（所）	175（2019）	80	125
每十万人拥有高校数（所）	0.81	0.51	0.16
医院（个）	74（2019）	423	2246
每十万人平均拥有医院数（个）	0.34	2.71	2.96
床位数（张）	127111（2019）	68400	440700
每万人平均床位数（张）	59	44	58

资料来源：北京市、天津市、河北省国民经济与社会发展统计公报、统计年鉴。

（二）京津冀城市群中河北人口增长有后发优势

从 2016～2019 年期间京津冀各地常住人口的变化情况来看，在北京市"疏解整治促提升"的背景下，北京市人口呈减量发展趋势。由 2016 年的常住人口 2173 万人，减少到 2019 年的常住人口 2154 万人，4 年间人口减少了 19 万人；天津市常住人口非常稳定，2016 年常住人口 1562 万人，2019 年常住人口仍然为 1562 万人；河北省 2016 年人口为 7470 万人，2019 年为 7592 万人，4 年间增长了 122 万人。由于北京、天津属于城市化后期阶段，河北仍然处于城市化中期快速发展阶段，根据国家发改委《2021 年新型城镇化和城乡融合发展重点任务》的精神，城区常住人口 300 万以下城市全面取消落户限制政策，因此，未来河北省人口增长更具后发优势。具体情况如表 2、图 1 所示。

表 2　2016～2019 年京津冀常住人口变化情况

单位：万人，%

省市	2016 年	2017 年	2018 年	2019 年	人口增长
北京市	2173	2171	2154	2154	-19
天津市	1562	1557	1560	1562	0
河北省	7470	7520	7556	7592	122

资料来源：国家统计局统计年鉴。

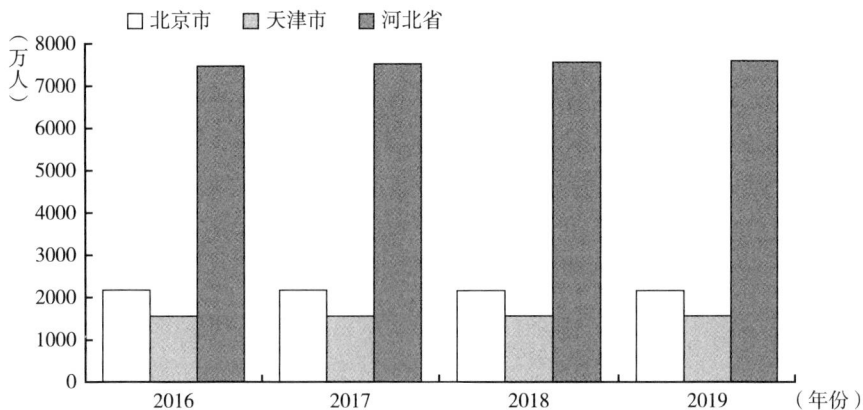

图 1　2016～2019 年京津冀常住人口变化情况

资料来源：国家统计局网站。

二 2020年京津冀城市群房地产市场状况

（一）2020年北京市房地产市场状况

1. 2020年北京市全年新建商品住宅价格指数下降，二手住宅价格指数上涨

从2020年北京市住宅价格同比指数来看，新建商品住宅价格同比指数12月比1月下降了1.8；二手住宅价格同比指数12月比1月相比上涨了6.3。说明二手住房价格上涨幅度高于新建商品住房价格上涨幅度，主要原因是新房在拿地环节就采取了限价。具体住房价格指数变化情况如图2所示。

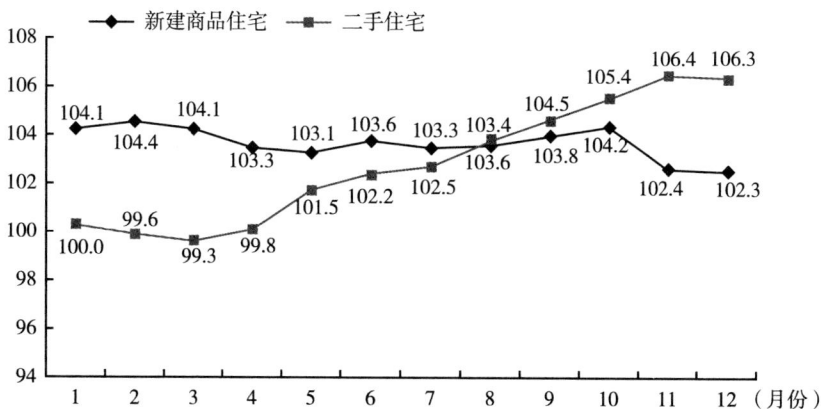

图2　2020年1～12月北京市商品住房价格同比指数变化情况

资料来源：国家统计局70个大中城市房价指数数据。

从2020年北京市住宅价格环比指数来看，北京市新建商品住宅价格环比指数12月与1月相比，只上涨了0.3。二手住宅价格指数12月与1月相比，只上涨了0.1；2月份价格指数最低，应该是正值春节加上疫情影响造成的；5月价格指数上涨加快，主要原因是新冠肺炎疫情得到控制，加上疫苗出现，民众对宏观经济预期和楼市预期向好，为孩子上学做准备，所以价格指数上涨得较快。后来银行房地产贷款集中度管理、房企资金"三道红线"等，从严的房地产调控政策不断出台，使房价得到了抑制。具体情况见图3所示。

图3 2020年1~12月北京市商品住房销售价格环比指数

资料来源：国家统计局网站。

2. 2020年北京市商品住房销售套数波动较大、价格较稳定

从2020年北京市新建商品住房销售套数和销售价格数据来看，12月份销售套数最多，为10497套；2月销售套数最少，只有1053套。最高的月份销售套数是最低月份销售套数的10倍。销售量从2月之后不断回升，房价也略有波动，但一直稳定在4.5万~5.0万元/米²，12月比1月房价略微下降了597.85元/米²。如图4所示。

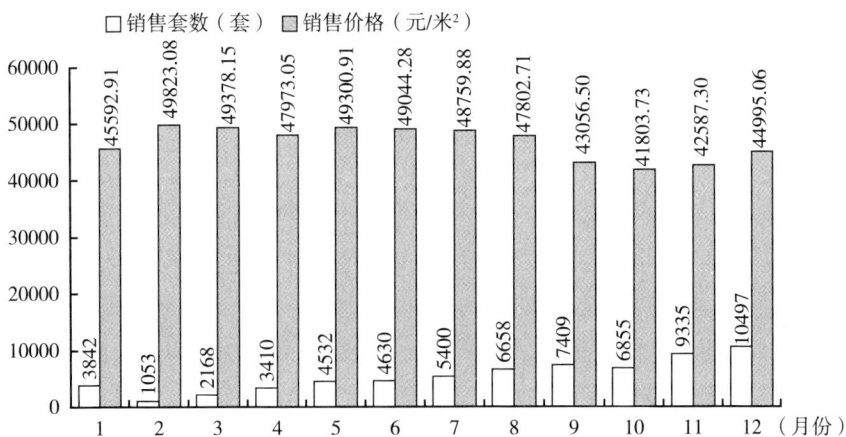

图4 2020年1~12月北京新建商品住宅销售量价关系

资料来源：中指数据。

从2020年北京市二手住宅数据来看，无论从销售套数，还是从销售价格来看，2月都是最低的，销售套数只有3493套，销售价格为51865元/米²；最高的月份是12月，销售套数和价格分别为：21042套和56801元/米²。全年销售套数变化幅度非常大，12月是2月的6倍，但销售价格比较稳定，房价涨幅为4936元/米²，上涨率为9.52%。具体情况见图5。

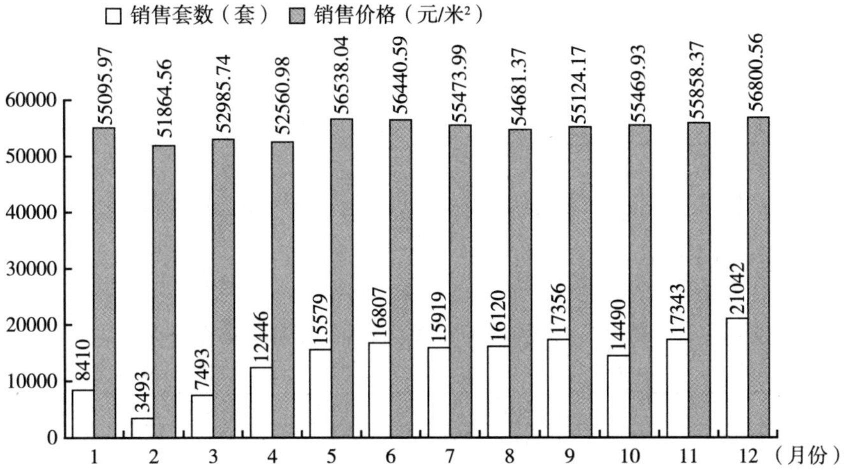

图5　2020年1~12月北京二手住宅销售量价关系

资料来源：中指数据。

3. 144平方米以上的大户型需求旺盛，房价涨幅高于中小户型

新建住宅144平方米以上的大户型同比房价上涨3%，中小户型房价上涨分别为1.7%和1.9%；二手住宅144平方米以上的大户型同比房价上涨9.5%，中小户型房价上涨分别为5.9%和5.3%。上述数据表明，购房者对144平方米以上的大户型需求更加旺盛，房价上涨也高于其他中小户型。原因与全面放开二胎、居民收入增长需要更大的住房有关（见表3）。

4. 2020年北京市房地产开工面积增长较快，住宅开工面积增长最快

为了稳定房价，北京市房地产供应规划大幅增加了住宅。从房屋新开工面积来看，最为突出。2020年北京市房屋新开工面积实现了45%的增长，住宅开工面积增长了71%，办公楼和商业营业用房开工面积减少23.5%和10.7%。受2017年"326"商办类政策的影响，办公和商业用房预期供给量减少。商品

表3 2020年12月北京市不同户型住宅的房价指数

项目	2020 年 12 月	
	以上月价格为 100 的指数（环比）	以上年同月价格为 100 的指数（同比）
新建住宅	100.3	102.3
90 平方米以下	99.9	101.9
90～144 平方米	100.1	101.7
144 平方米以上	100.7	103.0
二手住宅	100.5	106.3
90 平方米以下	100.4	105.3
90～144 平方米	100.3	105.9
144 平方米以上	100.8	109.5

资料来源：国家统计局网站。

房销售面积中，办公楼和商业营业用房面积分别大幅增加了 37.1%、62.8%。具体情况如表 4 所示。

表4 2020年北京市房地产开发与销售情况

单位：万平方米，%

项目	面积	同比增长
房屋施工面积	13918.6	11.2
其中:住宅	6715.3	19.1
办公楼	1654.2	-15.2
商业营业用房	1092.1	3.80
房屋新开工面积	3006.6	45.0
其中:住宅	1716.4	71.0
办公楼	130.5	-23.5
商业营业用房	124.6	-10.7
房屋竣工面积	1545.7	15.1
其中:住宅	728.5	24.9
办公楼	242.2	-16.6
商业营业用房	95.1	-3.5
商品房销售面积	970.9	3.4
其中:住宅	733.6	-7.0
办公楼	73.2	37.1
商业营业用房	53.4	62.8
商品房待售面积	2454.2	-1.4
其中:住宅	881.9	-1.3
办公楼	530.5	-6.8
商业营业用房	383.5	3.7

资料来源：北京市统计局网站，http://tjj.beijing.gov.cn/tjsj_31433/yjdsj_31440/fdc_31846/2020/202101/t20210120_2227305.html。

5. 房地产开发企业资金筹措以定金及预收款、国内贷款、自筹资金为主

2020年房地产开发投资到位资金为5820.9亿元，增长了2.6%。由于从严的房地产调控，北京市的房地产开发企业资金来源仍以定金及预收款、国内贷款、自筹资金为主。利用外资和自筹资金上涨比例较大，分别为32.6%、16.7%；个人按揭贷款下降了7.1%，定金及预收款也下降了2.6%，主要是国内采取严格的房贷政策和房地产金融监管政策所致。具体情况如表5所示。

表5　2020年北京市房地产开发企业资金来源情况

单位：亿元，%

项目	资金	同比增长
房地产开发企业到位资金(亿元)	5820.9	2.6
其中：国内贷款	1423.1	5.7
利用外资	2.4	32.6
自筹资金	1406.5	16.7
定金及预收款	2450.9	-2.6
个人按揭贷款	336.5	-7.1

资料来源：北京市统计局网站，http：//tjj. beijing. gov. cn/tjsj_ 31433/yjdsj_ 31440/fdc_ 31846/2020/202101/t20210120_ 2227305. html。

（二）2020年天津市房地产市场状况

1. 2020年天津市全年新建商品住房和二手住宅价格同比指数略有下降，环比价格略有上涨

从同比价格指标来看，新建商品住宅价格指数从1月的101.3，下降到了12月的101.1，房价指数下降了0.2；二手房价格指数从1月的99.2，下降为12月的96.0，下降了3.2。这其中，既有疫情的影响，也有房企资金"三道红线"、房地产贷款集中度资金监管政策的影响，具体情况如图6所示。

从环比来看，天津市新建商品住宅价格指数12月比1月上涨了0.2，二手住宅价格指数上涨了0.5。说明住房价格相当稳定。具体情况如图7所示。

2. 天津市商品住房销售套数波动较大，价格较稳定

从2020年新建商品住房销售套数和销售价格数据来看，12月销售套数最高为12490套，2月销售套数最低，只有570套，最高的月份销售套数是最低

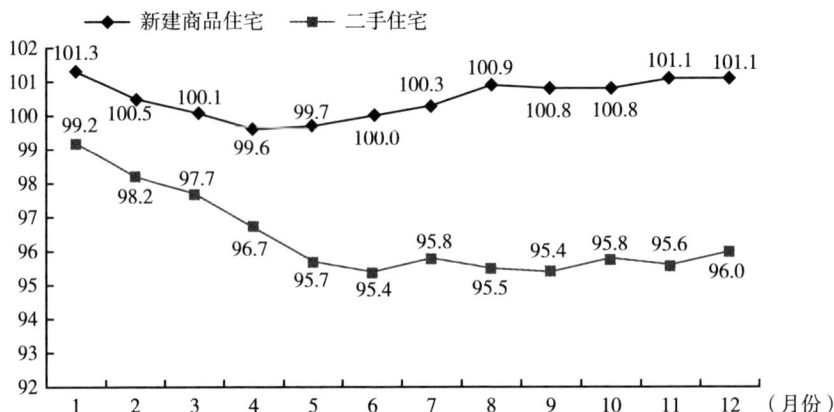

图6 2020年1~12月天津商品住房销售价格同比指数

资料来源：国家统计局网站。

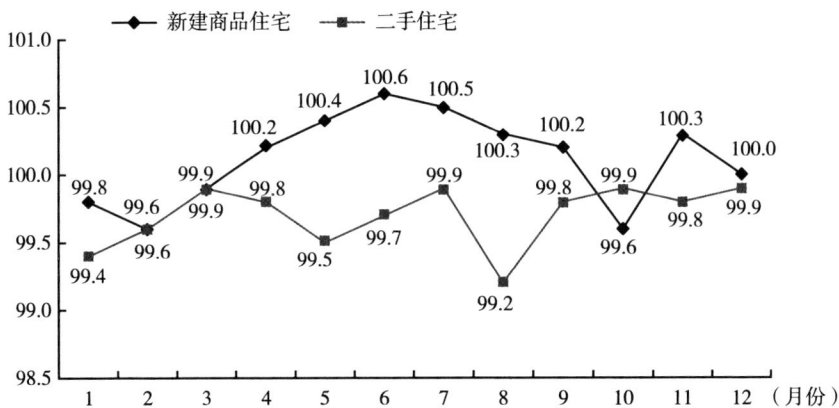

图7 2020年1~12月天津商品住房销售价格环比指数

资料来源：国家统计局网站。

月份销售套数的22倍。销售量从2月之后不断回升，房价也略有波动，房价在3月份最低，为15000元/米²；12月最高，为17684元/米²，全年房价1月与12月比较变动幅度为1932.69元/米²，涨幅为12.27%。如图8所示。

从二手商品住宅销售套数和销售价格数据来看，12月销售套数最高为10410套，2月销售套数最低，只有39套，最高的月份销售套数是最低月份销

□ 销售套数（套）　■ 销售价格（元/米²）

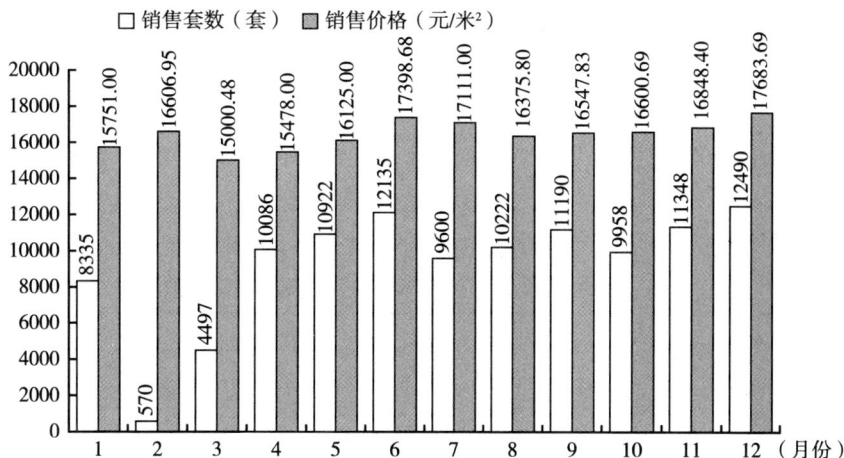

图8　2020年1～12月天津新建商品住房销售量价关系

资料来源：国家统计局网站。

售套数的267倍。销售量从2月份之后不断回升，间有波动，房价也略有波动，房价也是2月最低，为19384元/米²；11月最高，为20407元/米²。全年房价变动幅度仅为292元/米²，涨幅为1.46%。如图9所示。

□ 销售套数（套）　■ 销售价格（元/米²）

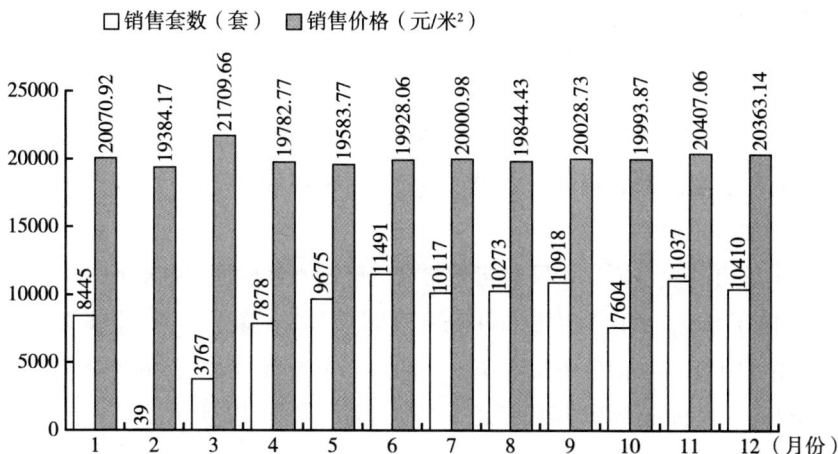

图9　2020年1～12月天津二手住宅销售量价关系

资料来源：国家统计局网站。

307

3.144平方米以上的大户型需求更加旺盛，房价涨幅略高于中小户型

具体到不同的新建住宅户型，各种户型房价变化差异不是太大。新建住宅民众更青睐144平方米以上的户型，无论是环比还是同比，房价指数都为上涨。二手住宅偏好不是太明显，从同比来看，144平方米以上的户型价格略有上涨。

表6　2020年12月天津市不同户型住宅的房价指数

项目	2020年12月	
	环比	同比
新建住宅	100.0	101.1
90平方米以下	99.6	100.5
90~144平方米	100.3	99.7
144平方米以上	103.0	100.6
二手住宅	99.9	96.0
90平方米以下	96.1	99.5
90~144平方米	96.0	100.0
144平方米以上	95.5	100.4

资料来源：国家统计局网站。

（三）河北省各城市住房市场状况

1. 石家庄、唐山、秦皇岛商品住宅价格指数涨跌互现，小幅波动

从2020年全年新建商品住宅房价同比指数来看，唐山房价指数较高，市场状况好于石家庄和秦皇岛。主要原因是在首钢迁入曹妃甸的政策利好下，人口不断增加。

三个城市新建住宅房价同比指数略有下降。石家庄同比指数由108.8降为102.8，降了6.0；唐山从年初的113.6降到111.2，降了2.4；秦皇岛年初房价指数为110.4，年末为103.5，降了6.9。三个城市同比指数都在下降，但仍然大于100，房价与2019年比较还是有所上涨。如图10所示。

从2020年全年新建住宅房价环比指数来看，唐山房价指数较高，市场状况好于石家庄和秦皇岛。石家庄新建商品住宅价格指数环比由1月的100降为12月的99.9，唐山从1月的101.2降到12月的100.3，秦皇岛相对稳定，1月房价指数100，12月仍为100。具体情况如图11所示。

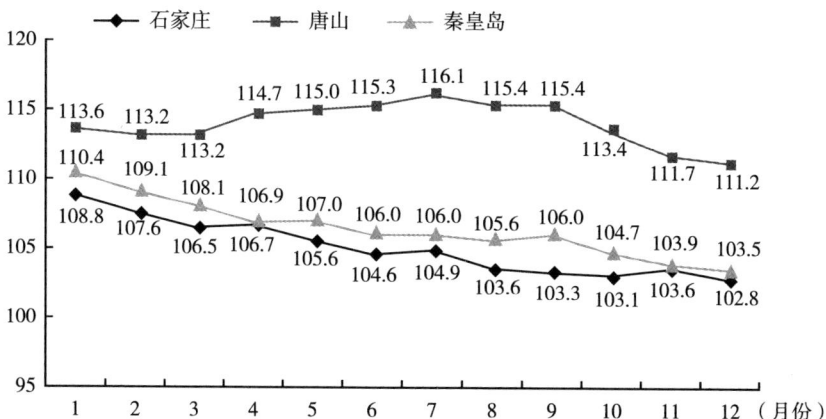

图10 2020年1~12月石家庄、唐山、秦皇岛新建商品住宅价格同比指数

资料来源：国家统计局网站。

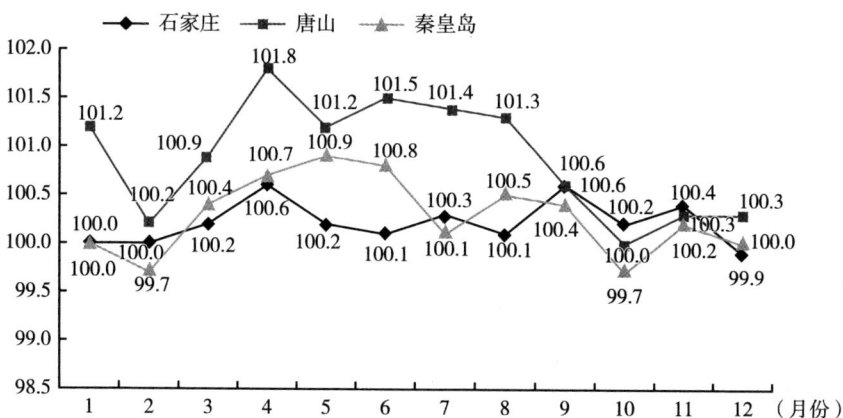

图11 2020年1~12月石家庄、唐山、秦皇岛新建商品住宅价格环比指数

资料来源：国家统计局网站。

从2020年全年二手住宅价格同比指数来看，唐山房价指数略高一筹，市场状况好于石家庄和秦皇岛。三个城市的二手住宅价格同比指数略有下降，石家庄从1月的100.3下降为12月的97.5；唐山由1月的116.1下降为12月的108.3，秦皇岛由1月的108.8降为12月的102.7。具体情况如图12所示。

从2020年全年二手住宅房价环比指数来看，唐山价格指数也是高于秦皇岛和唐山。唐山利好原因仍然同前，秦皇岛主要是随着老龄化时代的到来，人

	1月	2月	3月	4月	5月	6月	7月	8月	9月	10月	11月	12月
石家庄	100.3	99.7	99.1	98.5	97.9	97.6	97.5	97.0	97.6	97.5	99.8	97.5
唐山	116.1	116.6	116.4	115.6	115.2	115.0	115.3	114.6	112.2	110.8	109.3	108.3
秦皇岛	108.8	107.6	99.9	106.2	104.9	104.4	104.9	104.5	104.3	100.0	103.6	102.7

图12　2020年1~12月石家庄、唐山、秦皇岛二手住宅销售价格同比指数

资料来源：国家统计局网站。

民生活水平不断提高，旅游地产、养老地产比较受青睐。

三个城市二手住宅房价环比指数比较稳定。石家庄由1月的99.5上涨为12月的99.7；唐山从年初的101.0下降到12月的100.2；秦皇岛相对稳定，1月为99.7，虽中间略有上涨，但12月又回到99.7。具体情况如图13所示。

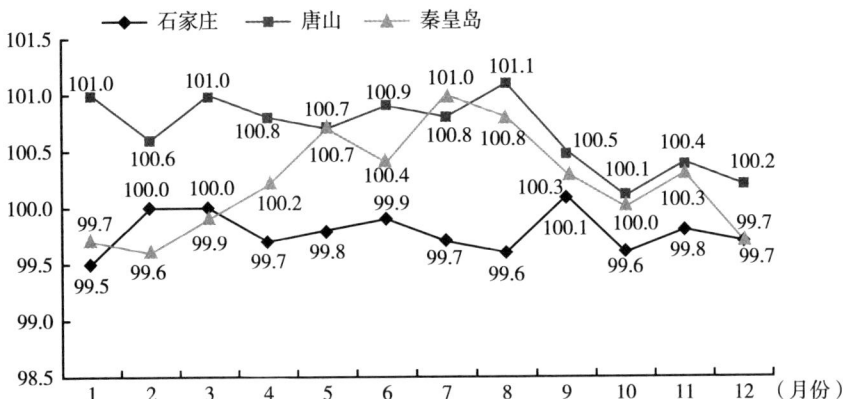

图13　2020年1~12月石家庄、唐山、秦皇岛二手住宅销售价格环比指数

资料来源：中指数据。

具体到石家庄，从新建商品住宅和二手住宅价格环比指数来看，新建商品住宅价格指数略高于二手住宅价格指数。新建商品住宅价格环比指数略有下降，从1月的100下降为12月的99.9；二手住宅价格环比指数略有上升，从1月的99.5上涨为12月的99.7。具体情况如图14。

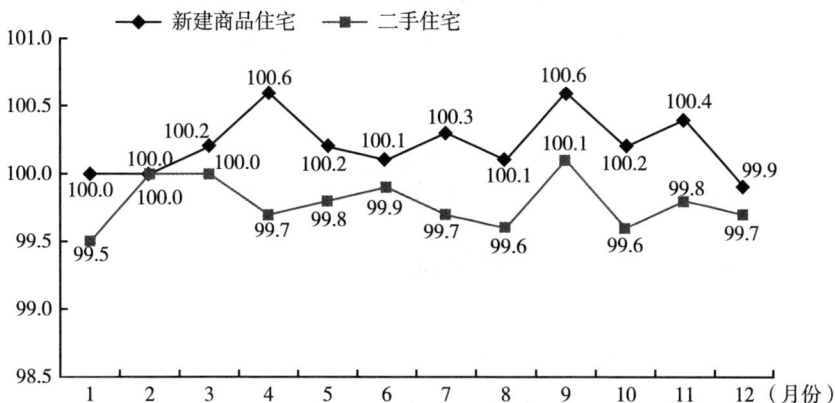

图14　2020年1~12月石家庄住宅价格环比指数

资料来源：国家统计局网站。

2. 各城市新建商品住宅销售数量波动较大，房价涨跌互现，较为稳定

（1）从2020年河北省石家庄、唐山、沧州等9个城市的新建住宅销售套数来看，石家庄全年占比达到23%，各月的销售套数总体遥遥领先；其次是唐山占17%，第三是沧州占12%，第四是保定占11%，第五是廊坊占10%，第六是衡水占9%，第七是秦皇岛占8%，第八是张家口占7%，第九是承德只占3%。具体情况如图15所示。

各城市都是2月春节期间销售套数最低，7月销售套数达到最高后，受房地产金融调控政策影响等有所回落。以石家庄为例，其2月销售套数最低的866套，和销量最最大的7月5726套比较，相差5.6倍。如图16所示。

（2）从2020年河北省7个城市的二手住宅销售套数来看，唐山、石家庄、秦皇岛的销售套数遥遥领先，分别占比29%、26%、23%；其他几个城市销售占比为：保定8%、衡水6%、廊坊5%、张家口3%。具体情况如图17所示。

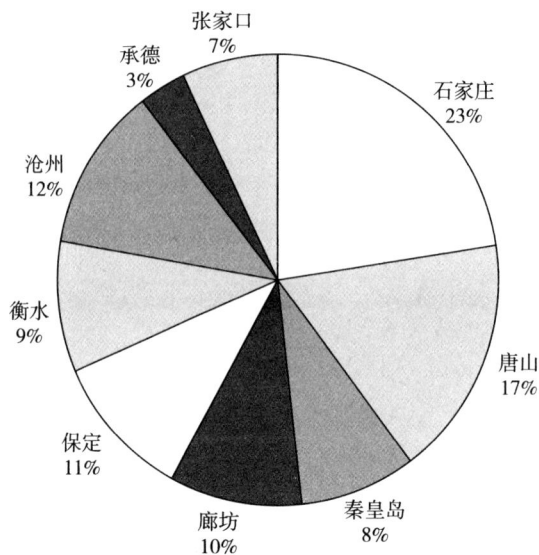

图15　2020年石家庄、唐山、沧州等9个城市的新建住宅销售套数占比

资料来源：中指数据。

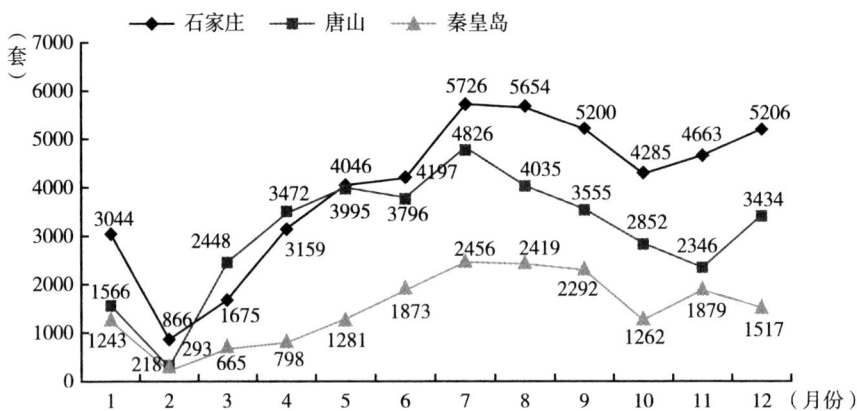

图16　2020年1~12月石家庄、唐山、秦皇岛的新建住宅销售套数情况

资料来源：中指数据。

各城市都是2月春节期间销售套数最小，7、8月销售套数达到最大，波动较大，主要是受疫情、春节及房地产金融调控政策等影响。以石家庄为例，

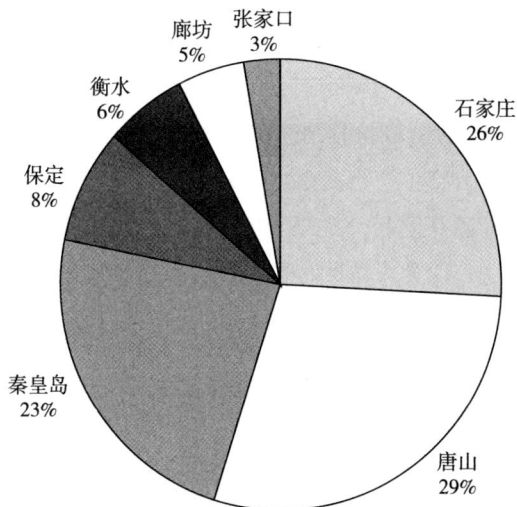

图17　2020年河北7城市二手住宅套数占比

资料来源：中指数据。

2月销售套数最少为145套，7月销售套数最多为2385套，二者相差15.4倍。具体情况如图18所示。

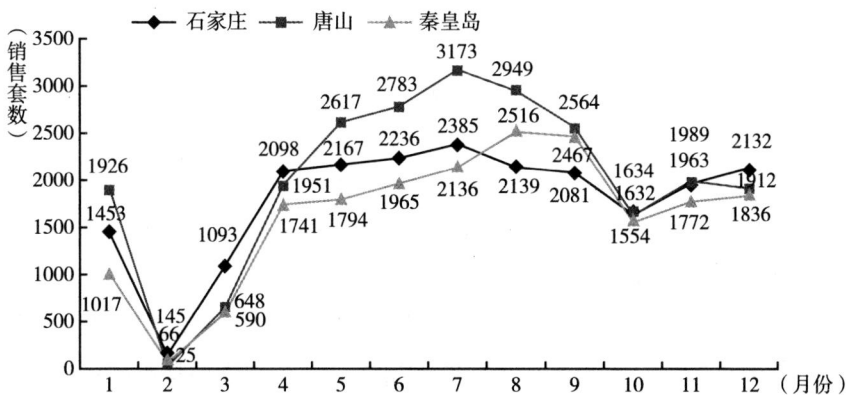

图18　2020年1~12月石家庄、唐山、秦皇岛的二手商品住房销售套数情况

资料来源：国家统计局网站。

3. 各城市住宅价格涨跌互现，个别城市有异动，大部分城市房价比较稳定

（1）从新建住宅销售价格来看

房价在 1 万元/米² 以上的城市有石家庄、唐山、秦皇岛、沧州、廊坊。从这些城市 12 月新建住宅销售价格来看，廊坊价格最高，之后依次为石家庄、秦皇岛、沧州、唐山。廊坊价格高是由于紧邻北京，可以得到北京市的一些政策优惠、优质公共资源等便利，且双城工作生活的人大有人在，他们在北京工作，选择在廊坊居住，因为廊坊的房价比北京低很多。

从房价走势来看，石家庄与唐山的房价在上涨，其他三个城市房价在下降。石家庄房价从 1 月的 10280 元/米²，到 12 月的 11070 元/米²，房价上涨 790 元/米²，涨幅为 7.68%。唐山房价从 1 月的 9694 元/米²，到 12 月的 10355 元/米²，房价上涨 661 元/米²，涨幅为 6.82%。

其他房价下跌的城市中，沧州跌幅最小，从 1 月的 10489 元/米²，跌到 12 月的 10454 元/米²，跌了 35 元/米²，跌幅为 0.33%；秦皇岛则从 1 月的 10842 元/米²，到 12 月的 10479 元/米²，跌了 363 元/米²，跌幅为 3.35%；廊坊跌幅最大，从 1 月的 14655 元/米²，到 12 月的 14096 元/米²，跌了 3.81%，原因是承接京津冀协同发展利好的炒房客越来越少。具体情况如图 19。

房价在 1 万元/米² 以下的城市有保定、邯郸、衡水、张家口、邢台、承德 6 个城市。从 12 月新建住宅销售价格来看，价格从高到低排序依次为：邯郸、承德、衡水、保定、邢台、张家口。

从房价走势来看，六个城市涨跌各半。保定、张家口、承德房价有所下降；邯郸、衡水、邢台房价有所上涨。涨跌幅度依次为：−9.27%、−10.37%、−0.52%；8.26%、0.42%、10.2%。其中，张家口跌幅最大，承德跌幅最小；邯郸房价涨幅最大，衡水跌幅最小。具体情况如图 20。

（2）从二手住宅销售价格来看

房价在 1 万元/米² 以上的城市，从石家庄、唐山、秦皇岛、保定、廊坊 12 月二手住宅销售价格来看，石家庄价格最高，其余价格从高到低依次为：廊坊、唐山、保定、秦皇岛。

从二手住宅价格走势来看，石家庄、廊坊、唐山的房价在上涨，保定、秦皇岛两个城市房价在降。石家庄房价从 1 月的 15799 元/米²，涨到 12 月的 16095 元/米²，一年房价上涨 296 元/米²，涨幅为 1.87%；廊坊房价从 1 月份

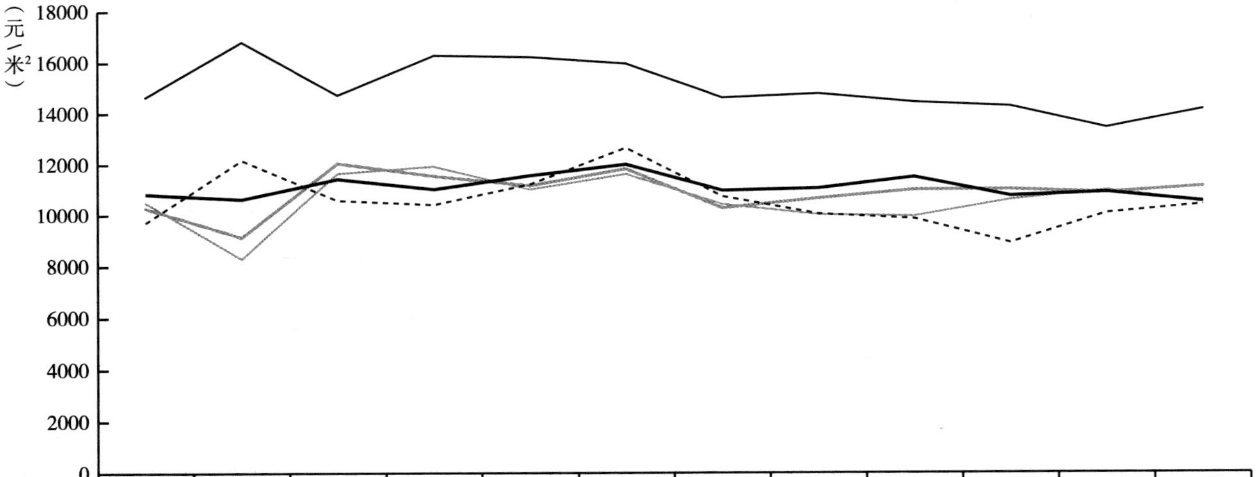

	1月	2月	3月	4月	5月	6月	7月	8月	9月	10月	11月	12月
石家庄	10280.00	9123.00	12048.00	11540.00	11145.00	11804.00	10243.00	10627.00	10959.00	10973.00	10836.00	11070.00
沧州	10489.00	8282.00	11644.00	11919.00	10996.00	11600.00	10395.00	9985.00	9921.00	10560.00	10936.88	10453.64
唐山	9693.93	12161.62	10581.36	10401.77	11207.68	12631.91	10717.68	10007.86	9826.05	8891.02	10029.3	10354.72
秦皇岛	10842.24	10624.14	11430.36	11013.9	11553.15	11982.61	10939.47	11024.32	11470.31	10710.6	10846.24	10478.59
廊坊	14655.41	16809.43	14723.55	16269.53	16198.29	15935.54	14588.17	14750.95	14406.75	14242.69	13381.26	14095.85

图19　2020年1～12月价格在1万元/米² 以上的河北城市新建商品住宅价格变化

资料来源：中指数据。

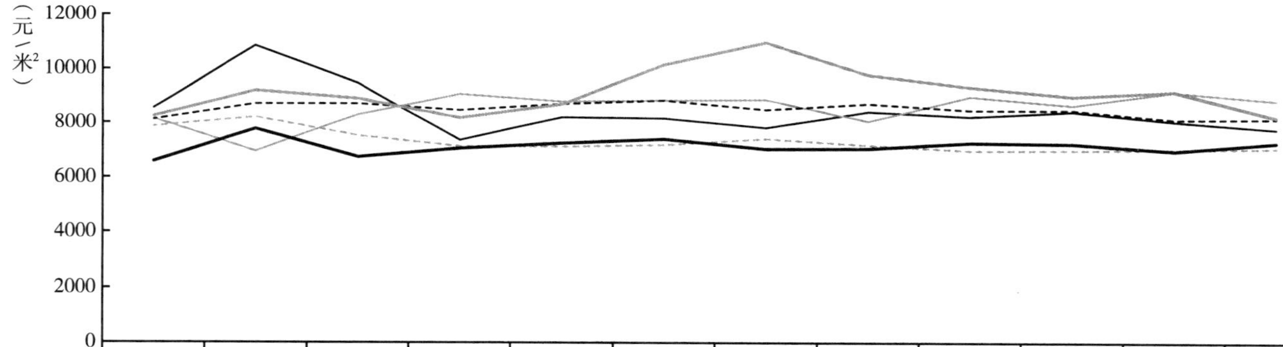

	1月	2月	3月	4月	5月	6月	7月	8月	9月	10月	11月	12月
保定	8561.49	10837.66	9451.21	7345.11	8201.32	8165.83	7809.85	8419.41	8228.70	8423.47	8058.69	7767.82
邯郸	8140.09	6946.77	8288.54	9058.64	8793.29	8834.31	8863.02	8063.51	8965.14	8645.84	9123.42	8812.41
衡水	8122.57	8716.04	8704.1	8475.45	8715.71	8831.06	8498.25	8709.69	8468.46	8476.52	8135.4	8157.04
张家口	7866.00	8212.00	7519.00	7120.00	7115.00	7169.00	7404.00	7161.00	6959.00	6978.00	6998.00	7050.00
邢台	6579.40	7764.97	6734.13	7046.93	7236.86	7391.99	7017.03	7035.77	7244.33	7216.15	6945.84	7250.44
承德	8245.74	9202.68	8903.56	8175.26	8695.24	10133.13	10952.34	9758.27	9300.47	8956.06	9135.99	8202.77

图20 2020年1~12月价格在1万元/米² 以下的河北城市新建商品住宅价格变化

资料来源：中指数据。

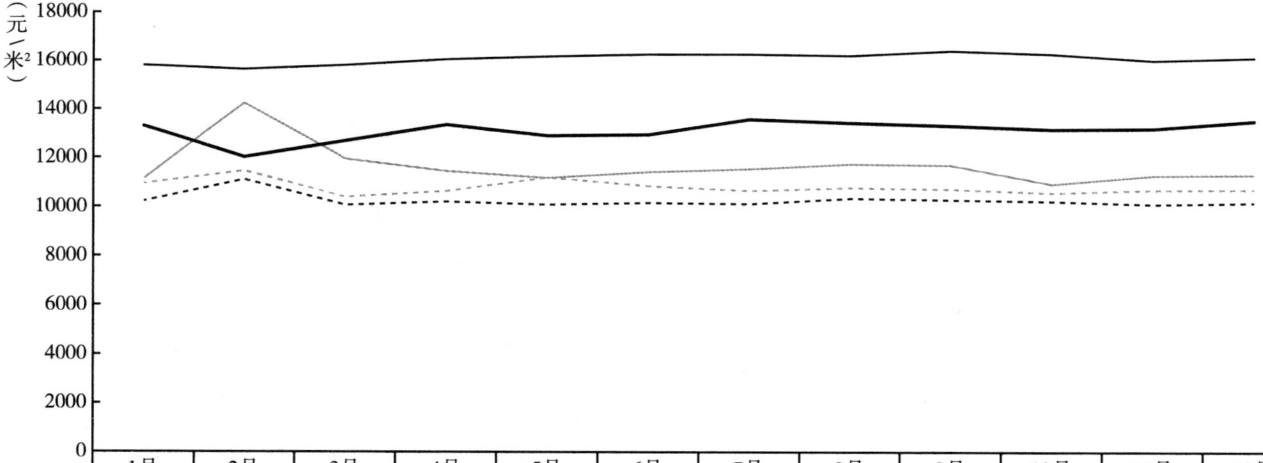

图21 2020年1~12月价格在1万元/米² 以上的河北城市二手商品住宅价格变化

	1月	2月	3月	4月	5月	6月	7月	8月	9月	10月	11月	12月
石家庄	15799.08	15630.79	15807.26	16047.12	16156.68	16247.37	16258.18	16198.76	16382.61	16257.87	15990.07	16095.18
唐山	11152.67	14235.31	11940.87	11443.27	11181.26	11408.3	11542.55	11725.06	11681.41	10924.72	11267.71	11292.01
秦皇岛	10233.38	11120.04	10066.6	10192.95	10075.45	10159.46	10112.93	10332.34	10268.14	10207.15	10093.46	10152.28
保定	10945.66	11466.84	10387.05	10629	11193.07	10844.68	10653.73	10770.39	10703.64	10565.99	10674.6	10694.68
廊坊	13298.90	12011.11	12672.16	13336.05	12895.24	12927.74	13562.62	13409.1	13291.1	13137.82	13178.2	13476.77

资料来源：中指数据

的 13299 元/米²，涨到 12 月的 13477 元/米²，房价上涨 178 元/米²，涨幅为 1.34%；唐山的房价从 1 月份的 11153 元/米²，涨到 12 月份的 11292 元/米²，房价涨幅为 1.25%。

其他房价下跌的城市为保定和秦皇岛。秦皇岛略有跌幅，从 1 月份的 10233 元/米²，跌到 12 月份的 10152 元/米²，跌了 81 元/米²，跌幅为 0.79%；保定跌幅较大，从 10946 元/米²，跌到 10695 元/米²，跌了 251 元/米²，跌幅为 2.29%。原因是借京津冀协同发展、雄安副中心建设利好的炒房客越来越少。具体见图 21。

二手住房价格在 1 万元/米² 以下的城市有张家口和衡水。张家口和衡水一涨一跌。张家口房价从 1 月份的 9646 元/米²，跌到 12 月的 8731 元/米²，一年房价下跌 915 元/米²，跌幅为 9.49%；衡水房价从 1 月份的 7575 元/米²，涨到 12 月的 7693 元/米²，房价上涨 118 元/米²，涨幅为 1.56%。具体见图 22。

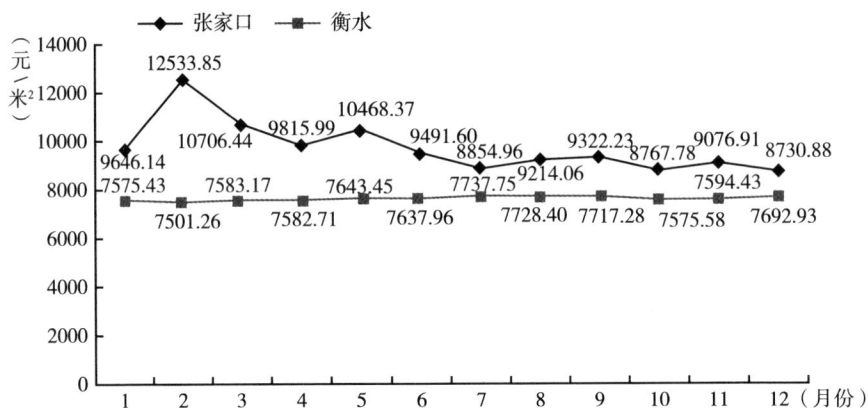

图 22　2020 年 1～12 月价格在 1 万元/米² 以下的河北城市二手商品住宅价格变化
资料来源：中指数据。

（四）京津冀土地市场情况

2020 年京津冀城市群 13 个城市成交住宅土地 1852 宗，建设用地面积 6128.75 万平方米，成交楼面均价 3860.17 元/米²，土地均价 8036.68 元/米²，平均溢价率 11.42%。

成交住宅土地 1852 宗中，北京 48 宗，占比 2.59%；天津 113 宗，占比 6.10%；河北 1691 宗，占比 91.31%。

13 个城市中土地平均溢价率超过 10% 的有 8 个城市。说明这些城市楼市较活跃，土地市场需求旺盛。土地溢价率最高者是邯郸，溢价率为 17.14%；其次为石家庄市，溢价率为 15.59%；第三为北京，溢价率为 15.04%；第四为沧州，溢价率为 13.76%；第五为廊坊，溢价率为 12.51%；第六为秦皇岛，溢价率为 12.27%；第七为衡水，溢价率为 11.85%；第八为唐山，溢价率为 10.09%。具体见图 23、表 7。

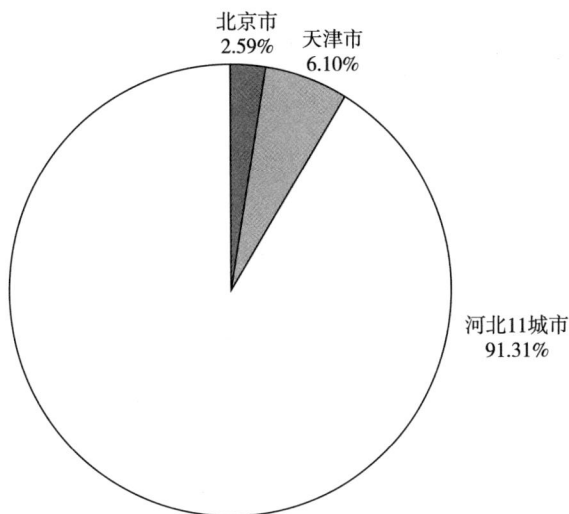

图 23　2020 年京津冀城市群住宅土地成交宗数占比

资料来源：中指数据。

表 7　2020 年京津冀城市群住宅用地成交情况

城市	土地宗数 （宗）	建设用地 面积 （万平方米）	规划建筑 面积 （万平方米）	成交楼面 均价 （元/米²）	成交土地 均价 （元/米²）	平均溢价 率（%）	土地出让金 （万元）
合计	1852	6128.75	12759.75	3860.17	8036.68	11.42	49254855.12
北京市	48	291.85	602.86	28821.74	59535.45	15.04	17375494.00
天津市	113	787.07	1368.92	6741.63	11725.39	4.10	9228720.00
石家庄市	191	526.42	1268.86	3304.42	7964.85	15.59	4192849.33

续表

城市	土地宗数 （宗）	建设用地 面积 （万平方米）	规划建筑 面积 （万平方米）	成交楼面 均价 （元/米²）	成交土地 均价 （元/米²）	平均溢价 率（%）	土地出让金 （万元）
唐山市	153	594.36	1161.54	3032.66	5926.61	10.09	3522553.65
秦皇岛市	56	201.38	351.24	2338.84	4079.29	12.27	821501.53
邯郸市	191	711.84	1478.17	1808.94	3756.37	17.14	2673928.76
邢台市	234	582.10	1273.66	1153.38	2523.65	7.92	1469014.59
保定市	280	671.98	1571.10	1704.66	3985.53	4.59	2678189.16
张家口市	98	300.34	582.30	1209.70	2345.35	0.22	704402.37
承德市	71	270.50	491.62	1361.87	2475.15	2.43	669521.25
沧州市	130	490.84	1125.20	1892.80	4339.07	13.76	2129791.35
廊坊市	155	443.49	897.46	3582.12	7248.82	12.51	3214816.30
衡水市	132	256.57	586.82	978.28	2237.46	11.85	574072.83

资料来源：中指数据。

三 京津冀城市群房地产市场主要政策

（一）北京相关房地产市场主要政策

1月15日，北京市住房和城乡建设委员会（简称住建委）表示2020年全年将建设筹集各类政策性住房4.5万套，包括各类产权型政策性住房与租赁型住房。

2月29日，北京市发改委发布2020年供地计划，将住宅供地分类为产权和租赁住宅供地。

3月17日，国家发改委发布了《北京市通州区与河北省三河、大厂、香河三县市协同发展规划》。指出，北京市政府将从产业分工、交通建设、公共服务等多方面推进通州区与北三县（指河北省三河、大厂、香河三县）协同发展，同时指出要严控房地产无序开发。

3月23日，北京市政府发布《北京市人民政府关于由北京城市副中心管理委员会行使部分高级行政权力的决定》，赋权副中心与北三县协调发展，包括涵盖企业投资项目核准、农用地转为建设用地、征收集体所有土地政策等内容。

4月3日，北京市住建委发布《关于优化商品住房预售许可办理事项的通知（征求意见稿）》，新房项目拟分两次办理预售证。

6月8日，顺义区政府表示现有共有产权房源基本可以满足申请家庭需求，因此，2020年将暂不供应共有产权住房用地。

9月21日，国务院印发中国（北京）（湖南）（安徽）《自由贸易试验区总体方案》，北京自贸试验区将助力建设具有全球影响的科技创新中心，加快打造服务业扩大开放先行区、数字经济试验区，着力构建京津冀协同发展的高水平对外开放平台，北京自贸区涵盖"科技创新片区""国际商务服务片区""高端产业片区"3个片区，共119.68平方公里。

《京津冀协同发展规划纲要》中期发展目标要求，北京市推动20多所市属学校、医院向京郊转移，疏解一般制造业企业累计近3000家，疏解提升区域性批发市场和物流中心约1000个。首都科技、信息、文化等"高精尖"产业新设市场主体占比从2013年的40.7%上升至2020年的60%。北京城市副中心行政办公区一期工程基本建成，北京市级机关35个部门共1.2万人已搬入办公。北京市通州区与河北省三河、大厂、香河三县市协同发展累计签约85个产业合作转移项目。北京输出到津冀的技术合同成交额累计超过1200亿元，中关村企业在津冀两地分支机构累计达8300多家。北京市加大科技、数字经济和数字贸易、金融、互联网信息等服务业对外开放力度，120余项创新政策措施相继实施。北京市自贸区挂牌。

上述这些住房供应规划、产业园政策、自贸试验区政策等，必然会影响到房地产供应的种类和数量，房地产市场的走势，也会影响到京津冀协同发展的步伐，对京津冀城市群的楼市产生重大影响。

（二）天津相关房地产市场主要政策

津冀两地签署"世界一流津冀港口全面战略合作框架协议"，发挥天津港集团雄安新区服务中心作用。

天津滨海新区改革开放深入推进，天津港2020年完成集装箱吞吐量1835万标箱，海铁联运吞吐量80.5万标箱，同比分别增长6.1%和41.8%。

重点领域协同发展。京津、京沪、京滨、津兴四条高铁联通北京格局加快形成。全年天津口岸进出口总额13214.53亿元，其中来自京冀的货物占比

31.0%。京津冀异地就医门诊直接结算试点有序推进。

城市载体功能继续拓展。编制完成国土空间总体规划初步方案，加快构建"津城""滨城"双城发展格局。

天津自贸区国际贸易单一窗口、国家船舶登记等128项制度创新任务基本完成。

天津人力资源和社会保障局、市人社局、市公安局、市建委发布《关于优化调整技能型人才引进工作的通知》，对技能型人才的落户条件适度放宽。

技能型人才落户条件再度放宽，企业可自主评定职工职业技能等级；《天津市支持重点平台服务京津冀协同发展的政策措施（试行）》发布，以天津滨海中关村科技园、宝坻京津中关村科技城为试点放宽落户与购房政策；天津市居住证积分落户将不设总量限制，每一期将公布最低积分落户分值线，确定拟落户名单。

滨海新区对北京转移来津项目的员工购房、落户政策再放宽。2020年第一期积分落户人员名单公布，共落户14630人，创下天津积分落户人数的最高值。

放宽返乡创业人员落户条件；天津市人民政府印发了落实国务院《政府工作报告》重点工作任务分工的通知，确定了下半年的楼市、落户、金融、教育等政策。

（三）河北相关房地产市场主要政策

河北省根据《京津冀协同发展规划纲要》2020年的发展目标要求，启动了控制性详细规划、白洋淀生态环境治理和保护规划。交通、防震、能源等20多个专项规划印发实施。

根据党中央、国务院出台《关于支持河北雄安新区全面深化改革和扩大开放的指导意见》，并陆续制定出台了雄安质量标准体系、人力资源、行政体制等15个配套方案。加快推进启动区和起步区市政基础设施、生态工程、公共服务配套等120多个重大项目建设，京雄城际正式开通，容东片区900多栋安置住宅完成主体结构封顶。白洋淀淀区水质由劣V类转为Ⅳ类，淀区水位保持在6.8米以上，逐步恢复碧波万顷的美丽风光。

张家口首都水源涵养功能区和生态环境支撑区加快建设。张家口赛区76

个冬奥项目完成建设。交通一体化加快建设，"轨道上的京津冀"加快构建。北京大兴国际机场建成投运并运行良好，京津冀机场群和港口群协同联动建设深入推进。生态联防联控联治力度不断加大。京津冀地下水超采、风沙源治理等工程持续实施。2020年京津冀地区PM2.5平均浓度为44微克/立方米，比2014年下降51%。在京津冀119个国控断面监测中，水质达到或好于Ⅲ类的比例上升到64.5%。

产业升级转移扎实推进。北京现代汽车沧州工厂建成投产以来累计产销整车超过50万辆，北京·沧州生物医药园共吸引95家北京医药企业签约落户，北京大数据产业链部分环节加快向张北云计算产业基地集聚。

京津冀60家定点医疗机构实现跨省异地就医门诊费用直接结算，京津冀等地区医疗机构临床检验结果互认项目达43个、互认医疗机构近500家。京津冀高校联盟建设深入推进，中小学教师互派培养项目深入实施。

京津19个区对河北省张家口、承德、保定28个县（区）实施帮扶项目757个，帮助8.1万名贫困人口就地就近就业。

四 2021年京津冀城市群房地产市场展望

展望2021年，京津冀城市群房地产市场将出现如下特征。

（一）各城市因城施策落实房住不炒的定位促进房价保持稳定

根据十九大、十九届五中全会精神，以及2020年政府工作报告的部署："保障好群众住房需求。坚持房子是用来住的、不是用来炒的定位，稳地价、稳房价、稳预期。解决好大城市住房突出问题。"2021年京津冀城市群各地方政府，仍然要落实各城市政府主体责任，因城施策，坚持房子是用来住的、不是用来炒的定位，让住房回归居住功能，采取各种措施促进房地产市场平稳健康发展，保持房价稳定。

（二）京津冀城市群房地产市场发展取决于京津冀协同发展的进程

京津冀城市群中的每个城市都不是孤立的，城市群之间联系密切，牵一发而动全身。尤其是北京市、雄安新区的周边城市的发展举足轻重。因此，2021

年相关城市的房地产市场发展状况取决于京津冀协同发展的进程。

展望未来，随着北京市非首都功能疏解的不断推进，会有更多的人才、产业、教育、医疗等优质资源落户河北和天津。

在北京市人口从严调控的背景下，北京的人口会产生一定的挤出效应，会有一部分人选择落户河北或天津，随着未来京津冀协同发展规划的进一步实施，河北和天津的吸引力也会不断增强，天津和河北的城镇人口也会不断增加，河北的城市群有一定的后发优势。

未来京津冀各城市房价的走势取决于各城市承接人口和产业转移的力度。承接力度大的城市，房价上涨较大；承接力度小的城市，房价上涨幅度较小。

（三）京津冀城市群各城市会构建适合自己城市需要和协同发展需要的租购并举的住房制度

京津冀城市群各地方政府会根据十九大的精神，不断完善多主体供应、多渠道保障、租购并举的住房制度，满足居民刚需和改善型需求；同时又通过供应各种产业用地用房，让百姓实现宜居宜业的目标。各城市根据 2021 年政府工作报告的要求："通过增加土地供应、安排专项资金、集中建设等办法，切实增加保障性租赁住房和共有产权住房供给，规范发展长租房市场，降低租赁住房税费负担，尽最大努力帮助新市民、青年人等缓解住房困难。"各城市也会通过集中供应土地，对地价进行最高限价，以实现稳预期、稳地价、稳房价的目标；同时大力发展租赁市场，尤其是在集体土地上建设租赁住房，将低效利用的厂房、商办类房屋改建成租赁住房，促进房地产市场平稳健康发展。

B.16
2020年城市房价涨跌幅及趋势分析

摘　要：　2020年初，新冠肺炎疫情暴发，我国经济面临较大下行压力，2020年上半年各地区因城施策，多地陆续从供需两端出台房地产相关扶持政策，随着房地产市场的快速恢复，部分热点城市出现了房价快速上涨等现象；下半年政策环境趋紧，房地产金融监管持续强化，多地升级楼市调控政策，力促市场理性回归。2020年，百城新建住宅、二手住宅价格累计涨幅分别为3.46%和2.98%，价格稳中有升，长三角及珠三角城市群涨幅居前。

关键词：　房地产市场　新建住宅价格　二手住宅价格　土地市场

2020年初，新冠肺炎疫情对我国各行各业的发展均造成较大冲击，经济面临较大下行压力，中央加大逆周期调节力度，财政政策和货币政策齐发力，货币环境相对宽松，经济运行逐渐恢复常态；但中央始终坚持"房子是用来住的，不是用来炒的"定位不变，各地灵活因城施策。2020年上半年多地区陆续从供需两端出台房地产相关扶持政策，伴随着房地产市场的快速恢复，部分热点城市出现了房价快速上涨等现象，市场不稳定预期不断累积；下半年政策环境趋紧，中央强调"不将房地产作为短期刺激经济的手段，稳地价、稳房价、稳预期"，房地产金融监管持续强化，8月，针对房企的"三道红线"试点实施，多地升级楼市调控政策，因城施策精准调控，力促市场理性回归。2020年末，中央经济

---

* 执笔人曹晶晶，中指研究院研究总监，研究方向包括指数研究、房地产政策研究、城市开发投资潜力研究等。

工作会议、全国住房和城乡建设工作会议先后召开，会议重申继续坚持"房住不炒"定位，全面落实房地产长效机制，保持房地产市场平稳运行。

2020年百城①新建及二手住宅价格稳中有升。根据中国房地产指数系统百城价格指数，2020年，百城新建住宅、二手住宅价格累计涨幅分别为3.46%和2.98%。新建住宅方面，百城新建住宅价格累计涨幅已超过2019年水平，但仍处近几年低位；相比2019年，一线城市价格涨幅有所扩大，二线和三四线代表城市价格涨幅均有所收窄；各城市群②中，长三角、珠三角新建住宅价格累计涨幅较2019年均明显扩大，其中长三角城市群价格累计涨幅为近四年最高水平，城市群内部多个城市价格累计涨幅超5%，居百城前列。二手住宅方面，2020年百城二手住宅价格稳中有升，年内价格环比连续上涨，但月度涨幅均在0.5%以内；其中一线城市价格累计涨幅居各梯队城市首位，二线及三四线代表城市价格累计涨幅相对较小；各城市群中，珠三角、长三角二手住宅价格领涨各城市群，京津冀和山东半岛二手住宅价格均下跌。

一 新建住宅价格：2020年百城新建住宅价格累计上涨3.46%，涨幅较2019年小幅扩大

根据中国房地产指数系统百城价格指数，2020年百城新建住宅价格累计上涨3.46%，涨幅较2019年微幅扩大（见图1）。各梯队城市新建住宅价格累计均上涨（见图2），其中一线城市价格累计涨幅较2019年明显扩大，二线及三四线代表城市价格累计涨幅均收窄。

---

① 100个城市按一、二、三四线城市划分如下。4个一线城市：北京、上海、广州、深圳。36个二线城市：青岛、济南、石家庄、天津、西安、兰州、呼和浩特、银川、乌鲁木齐、西宁、北海、南宁、昆明、重庆（主城区）、成都、贵阳、宁波、杭州、南京、温州、苏州、无锡、太原、郑州、长沙、武汉、合肥、南昌、海口、三亚、福州、厦门、哈尔滨、长春、沈阳、大连。60个三四线城市：秦皇岛、德州、潍坊、衡水、淄博、聊城、邯郸、威海、廊坊、菏泽、烟台、保定、唐山、临沂、东营、济宁、肇庆、漳州、张家口、阜阳、包头、桂林、绵阳、柳州、绍兴、盐城、泰州、南通、徐州、扬州、江阴、常州、嘉兴、连云港、淮安、金华、湖州、台州、镇江、常熟、宿迁、昆山、张家港、新乡、湘潭、洛阳、马鞍山、芜湖、株洲、宜昌、赣州、湛江、江门、佛山、珠海、中山、惠州、东莞、汕头、泉州。
② 本章节所指各城市群数据仅包含该城市群中百城覆盖的城市。

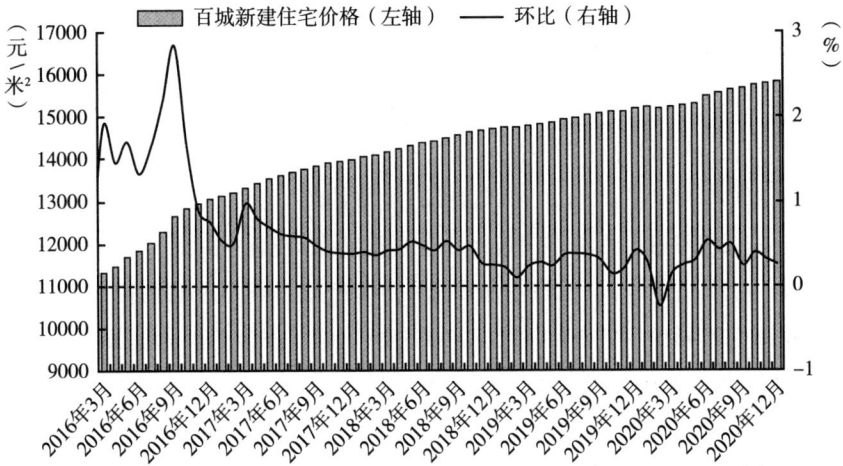

图1 2016年3月至2020年12月百城新建住宅价格及环比变化

资料来源：CREIS中指数据。

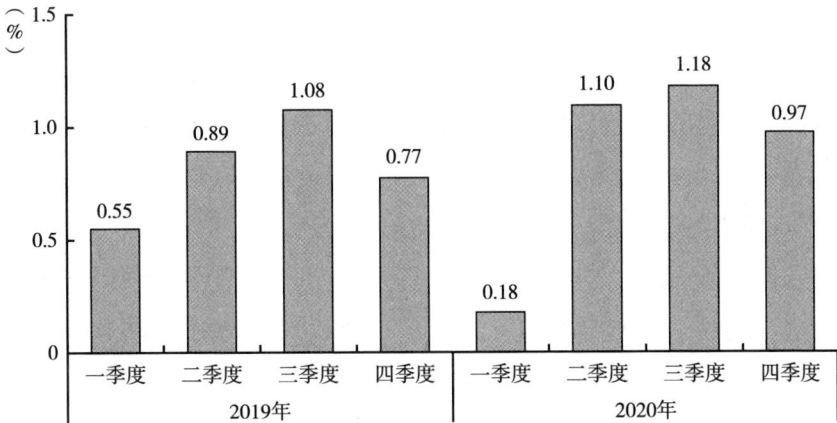

图2 2019～2020年各季度百城新建住宅价格累计涨幅情况

资料来源：CREIS中指数据。

2020年初，受新冠肺炎疫情影响，大中城市的多数线下售楼处关闭，各大房企转变营销模式，"线上售楼处"、直播看房、"云卖房"等纷纷开启，且房企加大线上销售力度，部分项目降价促销，2月百城新建住宅价格环比小幅下跌，受此影响，一季度百城新建住宅价格累计涨幅仅为0.18%，为近五年同期最低值。3月下旬开始，随着新冠肺炎疫情得到有效控制，线下售楼处重启，地方政府供需两端扶持政策发力，购房者置业情绪有所好转，新建住宅价格月度环比呈持续小幅上涨态势，尤其是 6 月涨幅处于阶段性高位，其中部分城市受疫情期间积累的购房需求集中释放带动，新建住宅市场明显升温，新建住宅价格上涨明显。二季度百城新建住宅价格累计上涨 1.10%，较一季度扩大 0.92 个百分点，较 2019 年同期扩大 0.21 个百分点。市场情绪的转变引发了监管层的关注，2020 年 7 月以来，楼市政策环境整体趋紧，中央多次召开高级别会议，重申"房住不炒""不将房地产作为短期刺激经济的手段"，多地升级楼市调控政策，但受疫情期间积累的购房需求持续释放影响，短期调控政策效果有限，三季度百城新建住宅价格累计上涨 1.18%，较二季度仍扩大 0.08 个百分点，较 2019 年同期扩大 0.10 个百分点（见表1）。

表 1　2020 年部分城市新建住宅价格累计涨跌幅及主要政策出台情况

城市	二季度累计涨幅（％）	上半年以扶持政策为主		下半年以收紧政策为主	
		政策出台时间	相关内容	政策出台时间	相关内容
上海	2.92	2 月 11 日	延期缴纳土地出让金、办理开竣工延期	4 月 23 日	严禁以房产作为风险抵押，通过个人消费贷款和经营性贷款等形式变相突破信贷政策要求，违规向购房者提供资金
		3 月 3 日	加大住房公积金支持力度		
嘉兴	2.69	2 月 5 日	取消购房类提取住房公积金的时间限制	3 月 16 日	收紧限购、限售等政策
西安	2.54	2 月 12 日	延期缴纳土地出让金	12 月 23 日	加强商品房预售资金监管
常州	2.40	3 月 3 日	延迟交地和延期缴纳出让金	9 月 12 日	调整住房限售年限
杭州	2.28	2 月 11 日	延期缴纳土地出让金、办理开竣工延期	7 月 2 日	人才购房限售
		2 月 25 日	提高人才购房补贴	9 月 4 日	完善住房限购政策
无锡	2.21	2 月 12 日	放宽预售条件	8 月 30 日	加强住房监管
		3 月 5 日	延期办理住房公积金缴存业务	10 月 15 日	提升二套公积金贷款利率
宁波	1.73	5 月 6 日	降低人才落户门槛	7 月 6 日	限购升级
				12 月 11 日	上调二套房信贷首付比例
东莞	0.77(7 月环比上涨 1.54%)	2 月 25 日	提高公积金贷款额度、延长贷款年限	9 月 3 日	发布关于商品住房限购、限转让细则
				9 月 23 日	调整公积金贷款额度

资料来源：中指研究院综合整理。

四季度，楼市调控持续从严，多地继续升级调控政策，叠加前期积累的购房需求基本释放完毕，四季度百城新建住宅价格累计上涨0.97%，较三季度收窄0.21个百分点，其中12月百城新建住宅价格为15795元/平方米，同比上涨3.46%，涨幅较11月收窄0.17个百分点；环比上涨0.25%，较11月收窄0.07个百分点，涨幅连续42个月在0.6%以内，保持在低位区间，整体价格保持平稳运行。

2020年全国楼市在疫情后稳步复苏，房地产市场整体运行平稳，但不同城市与城市群间出现了分化态势（见表2）。

表2 2020年百城新建住宅价格累计涨跌情况*

序号	城市	2020年累计涨跌(%)	城市群	梯队
1	东莞	9.51	珠三角	三线
2	杭州	8.94	长三角	二线
3	西安	7.52	关中	二线
4	银川	7.28	宁夏沿黄	二线
5	成都	7.26	成渝	二线
6	无锡	7.15	长三角	二线
7	嘉兴	7.04	长三角	三线
8	绍兴	6.82	长三角	三线
9	金华	6.80	长三角	三线
10	常州	6.79	长三角	三线
11	宁波	6.47	长三角	二线
12	江阴	6.36	长三角	三线
13	徐州	6.16	/	三线
14	上海	5.81	长三角	一线
15	惠州	5.65	珠三角	三线
16	广州	5.44	珠三角	一线
17	武汉	5.23	长江中游	二线
18	南京	5.18	长三角	二线
19	扬州	5.16	长三角	三线
20	邯郸	5.04	京津冀	三线
21	温州	4.90	长三角	二线
22	江门	4.85	珠三角	三线
23	唐山	4.78	京津冀	三线
24	石家庄	4.33	京津冀	二线

续表

序号	城市	2020年累计涨跌(%)	城市群	梯队
25	西宁	4.32	兰西	二线
26	沈阳	3.90	辽中南	二线
27	重庆(主城区)	3.53	成渝	二线
28	呼和浩特	3.30	呼包鄂榆	二线
29	南通	3.24	长三角	三线
30	苏州	3.11	长三角	二线
31	绵阳	3.11	成渝	三线
32	包头	3.10	呼包鄂榆	三线
33	长沙	3.09	长江中游	二线
34	烟台	3.07	山东半岛	三线
35	台州	3.03	长三角	三线
36	昆明	2.98	滇中	二线
37	连云港	2.91	—	三线
38	马鞍山	2.75	长三角	三线
39	泰州	2.69	长三角	三线
40	秦皇岛	2.63	京津冀	三线
41	合肥	2.62	长三角	二线
42	常熟	2.47	长三角	三线
43	南宁	2.43	北部湾	二线
44	芜湖	2.34	长三角	三线
45	廊坊	2.29	京津冀	三线
46	太原	2.26	山西中部	二线
47	海口	2.11	北部湾	二线
48	贵阳	2.08	黔中	二线
49	淮安	2.02	—	三线
50	兰州	2.02	兰西	二线
51	乌鲁木齐	1.93	天山北坡	二线
52	长春	1.89	哈长	二线
53	济南	1.84	山东半岛	二线
54	大连	1.75	辽中南	二线
55	北京	1.63	京津冀	一线
56	威海	1.58	山东半岛	三线
57	郑州	1.56	中原	二线
58	张家港	1.53	长三角	三线
59	珠海	1.45	珠三角	三线

序号	城市	2020 年累计涨跌（%）	城市群	梯队
60	湛江	1.42	北部湾	三线
61	泉州	1.38	粤闽浙沿海	三线
62	三亚	1.35	—	二线
63	南昌	1.35	长江中游	二线
64	中山	1.26	珠三角	三线
65	东营	1.19	山东半岛	三线
66	湖州	1.06	长三角	三线
67	盐城	1.05	长三角	三线
68	柳州	0.94	—	三线
69	德州	0.94	山东半岛	三线
70	青岛	0.89	山东半岛	二线
71	宜昌	0.87	长江中游	三线
72	镇江	0.85	长三角	三线
73	佛山	0.76	珠三角	三线
74	潍坊	0.74	山东半岛	三线
75	昆山	0.63	长三角	三线
76	聊城	0.57	山东半岛	三线
77	保定	0.19	京津冀	三线
78	淄博	0.15	山东半岛	三线
79	哈尔滨	0.15	哈长	二线
80	福州	0.02	粤闽浙沿海	二线
81	株洲	0.00	长江中游	三线
82	湘潭	− 0.16	长江中游	三线
83	厦门	− 0.23	粤闽浙沿海	二线
84	宿迁	− 0.31	—	三线
85	天津	− 0.50	京津冀	二线
86	新乡	− 0.52	中原	三线
87	深圳	− 0.59	珠三角	一线
88	汕头	− 0.81	粤闽浙沿海	三线
89	北海	− 1.15	北部湾	二线
90	赣州	− 1.57	粤闽浙沿海	三线
91	菏泽	− 1.82	山东半岛	三线
92	桂林	− 1.96	—	三线
93	洛阳	− 2.04	中原	三线
94	衡水	− 2.72	京津冀	三线

序号	城市	2020年累计涨跌(%)	城市群	梯队
95	临沂	/	山东半岛	三线
96	漳州	/	粤闽浙沿海	三线
97	济宁	/	山东半岛	三线
98	肇庆	/	珠三角	三线
99	阜阳	/	中原	三线
100	张家口	/	京津冀	三线

注：因临沂、阜阳、漳州、济宁、肇庆、张家口为2020年6月首次进入百城样本城市，故暂无2020年累计涨幅数据。

资料来源：CREIS中指数据。

（一）各梯队城市新建住宅价格表现

从各梯队城市来看，2020年各梯队城市新建住宅价格累计均上涨。疫情后，各梯队新建住宅市场均呈稳步恢复态势，2020年各梯队城市新建住宅价格累计涨幅均在2.0%~4.0%。其中一线城市价格累计涨幅较2019年明显扩大，二线及三四线代表城市价格累计涨幅有所收窄（见图3）。

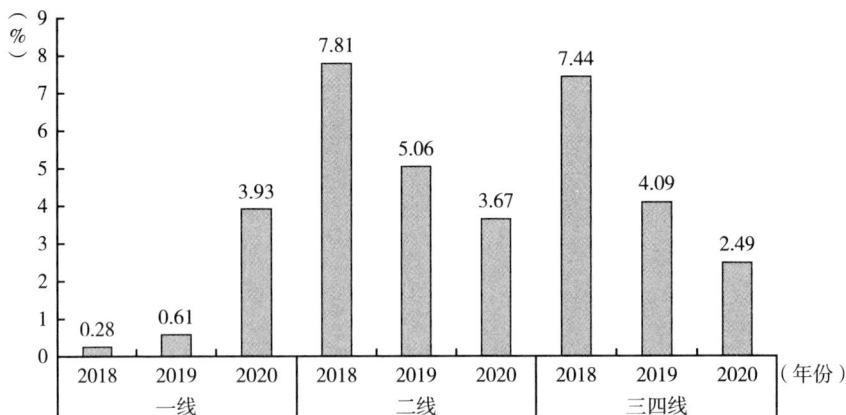

图3 2018~2020年各梯队城市新建住宅价格累计涨幅对比

资料来源：CREIS中指数据。

1. 一线城市：市场韧性凸显，新建住宅价格涨幅明显扩大

2020年，疫情下，一线城市市场表现出较强韧性。2020年各月一线城市新建住宅价格环比均上涨，其中12月环比上涨0.16%，环比涨幅连续49个月保持在0.8%以内，总体平稳。从累计涨幅来看，2020年，一线城市价格累计上涨3.93%，在各梯队城市中涨幅最大，累计涨幅较2019年扩大3.32个百分点。一季度，在新冠肺炎疫情影响下，一线城市楼市表现出较强韧性，价格累计上涨0.39%，领涨各梯队城市。疫情防控进入常态化后，一线城市新建住宅市场快速回温，各季度新建住宅价格累计涨幅均超2019年同期水平。其中二季度价格累计上涨1.59%，较一季度扩大1.20个百分点；三季度、四季度价格累计涨幅分别为0.84%、1.06%，较2019年同期分别扩大0.31个百分点和1.03个百分点。

2020年，上海、广州新建住宅价格涨幅大。疫情影响逐步减弱后，上海、广州新建住宅市场表现活跃，2020年新建住宅价格累计涨幅分别为5.81%、5.44%，房价上涨明显。北京新建住宅价格整体平稳，价格累计上涨1.63%；深圳受严格的限价政策及低价项目入市影响，新建住宅价格表现平稳。

一线城市作为楼市变化的风向标，调控始终保持从严从紧态势。伴随着多个项目高认筹率、"打新现象"频现，2021年初，一线城市开始严查购房人资格，严查经营贷、消费贷违规流入房地产市场，部分城市从限购、限贷、限售等方面加码调控，"补漏洞"、抑投机，如上海限购政策升级、增值税征免年限由2年改为5年等，调控政策出台的频次、力度、涉及范围均较大，预计在"房住不炒""稳地价、稳房价、稳预期"的政策导向下，2021年一线城市仍将出台更多精细化的调控政策，房价走势也将更趋平稳。

2. 二线城市：2020年新建住宅价格稳中有涨，下半年调控政策收紧后，部分城市市场有所降温

2020年，二线城市新建住宅价格累计涨幅较2019年收窄。2020年，二线城市新建住宅价格累计上涨3.67%，较2019年收窄1.39个百分点。一季度，受疫情影响，二线城市新建住宅价格累计上涨0.15%，较2019年同期收窄0.54个百分点；随着疫情后各行业复工复产进程的持续推进，前期积压的购房需求逐步释放，二季度二线城市新建住宅价格累计上涨0.97%，涨幅较一季度扩大0.82个百分点，但仍不及2019年同期水平。7月以来，随着部分城

市调控政策的持续收紧，南京、宁波等热点城市新建住宅市场有所降温。

2020年，超九成二线城市新建住宅价格累计上涨。2020年，除北海、天津及厦门外，其余33个二线城市新建住宅价格累计上涨，但上涨幅度差异明显。杭州、西安、银川等8个城市，2020年新建住宅价格累计涨幅均在5.0%~10.0%；青岛、哈尔滨以及福州新建住宅价格累计涨幅则不足1.0%。

截至2020年12月，二线城市新建住宅价格环比涨幅已连续45个月保持在1.0%以内。预计未来楼市调控基调依旧是"以稳为主"，各地方政府依据市场变化，对现有政策及时进行调整，部分房价、地价上涨预期较强的城市未来或将继续升级调控政策。整体来看，未来二线城市新建住宅价格将在波动中趋稳，不同城市间的分化态势将延续。

3. 三四线代表城市：新建住宅价格累计涨幅收窄，且收窄幅度为各梯队城市最大

2020年，三四线代表城市各季度新建住宅价格涨幅均不及2019年同期水平。2020年，三四线代表城市新建住宅价格累计上涨2.49%，较2019年收窄1.60个百分点。一季度，受市场持续走弱及疫情影响，三四线代表城市新建住宅价格累计下跌0.05%；二季度以来，三四线代表城市新建住宅市场逐步恢复，但热度整体较低，二三四季度价格累计涨幅分别为0.64%、1.06%、0.83%，较2019年分别收窄0.16个百分点、0.14个百分点和0.20个百分点。

除2月外，2020年三四线代表城市各月新建住宅价格环比涨幅基本在0.3%左右。考虑到除部分强三线城市外，多数三四线城市产业基础较为薄弱，人口吸引力有限，内生购房需求不足，预计未来部分三四线城市新建住宅价格将面临回调压力，而城市群内受核心城市辐射的三四线城市，以及基本面较好的独立三四线城市，新建住宅价格仍有一定支撑。

（二）各城市群新建住宅价格表现

从各城市群来看，2020年长三角、珠三角楼市表现较好，新建住宅价格领涨各城市群，京津冀和山东半岛城市群新建住宅价格小幅波动。2020年上半年，在疫情冲击下，杭州、上海、无锡等城市率先从供需两端出台楼市扶持政策，加之长三角城市群市场需求相对旺盛，区域一体化顶层设计加快落地实施，房地产市场快速恢复；2020年下半年，市场轮动行情启动，珠三角市场

表现更为活跃。整体来看，2020年，长三角城市群新建住宅价格累计涨幅超5.0%，居各城市群首位；珠三角城市群价格累计涨幅次之；山东半岛及京津冀新建住宅价格累计涨幅相差不大，均在1.5%左右。另外，长三角、珠三角土地市场热度较高，地价的高企和持续上涨亦为房价的上涨提供了支撑（见图4）。

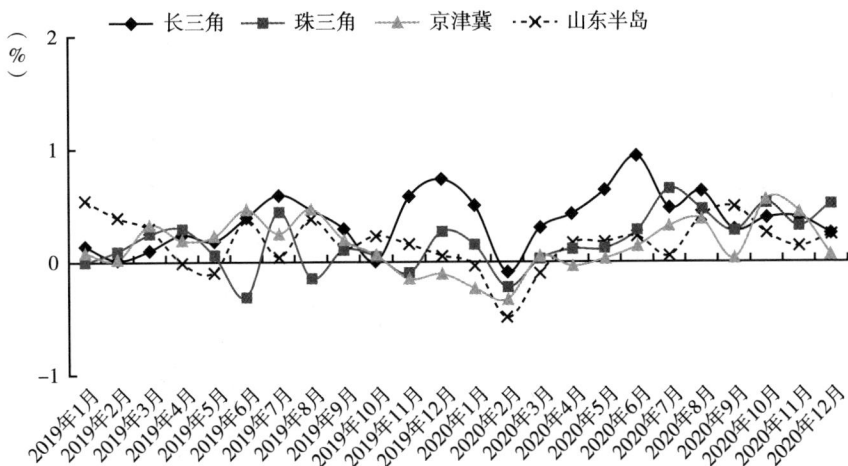

图4　2019~2020年重点城市群新建住宅价格环比涨跌幅

资料来源：CREIS中指数据。

1. 长三角城市群：新建住宅价格累计涨幅居各城市群首位，多城市涨幅居百城前列

2020年，长三角城市群新建住宅价格累计上涨5.22%，居各城市群首位。2月受疫情影响，长三角城市群新建住宅价格环比小幅下跌，随着疫情影响的逐步减弱，新建住宅价格稳步上涨，且各月价格环比涨幅普遍高于百城整体水平。7月以来，杭州、无锡、宁波、绍兴等新建住宅价格上涨较快的城市密集出台楼市调控政策，受此影响，长三角城市群新建住宅价格月度环比涨幅整体呈收窄趋势。

从不同城市来看，2020年，长三角各城市新建住宅价格累计普遍上涨，但不同城市间价格累计涨幅差异较大。其中，杭州、无锡、嘉兴等超四成长三角城市新建住宅价格累计涨幅在5.0%以上，其中杭州涨幅最大，为8.94%，无锡累计上涨 7.15%，嘉兴累计上涨 7.04%，均居百城前列，此类城市土地市场热度较高，住宅用地出让金亦普遍位于全国前列，对当地房价的上涨提供了支撑（见表3）；而镇江、昆山等城市新建住宅价格累计涨幅不足 1.0%。

表3　2020 年全国住宅用地出让金 TOP20 城市（市本级）

排序	城市	2020 年住宅用地出让金（亿元）	排序	城市	2020 年住宅用地出让金（亿元）
1	上海	2314	11	苏州	1109
2	杭州	2255	12	天津	923
3	广州	2045	13	西安	839
4	南京	1891	14	福州	815
5	北京	1738	15	深圳	801
6	武汉	1734	16	无锡	734
7	宁波	1290	17	南通	641
8	佛山	1260	18	郑州	639
9	重庆	1143	19	青岛	639
10	成都	1133	20	东莞	621

资料来源：CREIS 中指数据，中指·地主。

整体来看，上海、杭州等核心一二线城市，人口虹吸效应强，购房需求较旺盛，房价存在上涨动力，但随着调控政策持续显效，新建住宅价格涨幅将明显放缓；核心城市周边的三四线城市，短期受益于核心城市购房需求的外溢，市场热度或有提升，但调控政策存加码可能；长三角城市群内部其他三四线城市，如马鞍山、芜湖、盐城等市场需求稳步释放，新建住宅价格或将稳中有涨。

2. 珠三角城市群：新建住宅价格累计涨幅超3%，下半年市场活跃度高

2020 年，珠三角城市群新建住宅价格累计上涨 3.24%，市场表现较为活跃。除2月环比下跌外，珠三角城市群其余月份新建住宅价格均呈上涨态势，三季度、四季度市场热度较高，累计涨幅分别为 1.39%、1.36%。

从不同城市来看，2020 年，珠三角各城市新建住宅价格普遍上涨，东莞、惠州及广州三个城市新建住宅价格累计涨幅均在 5.0% 以上，其中东莞涨幅最大，为 9.51%，居百城首位；佛山、深圳市场整体表现较为平稳，价格累计

涨幅均不足 1.0%，其中深圳受严格限价政策影响，部分低价盘入市，新建住宅价格略有回调。

整体来看，在中央坚持"房住不炒"的背景下，预计珠三角各城市将继续灵活施策稳楼市。2021 年开年，珠三角市场活跃度较高的城市已先后出台涉及严查购房资格、限制"假离婚"购房、加强个人经营性贷款管理、规范房地产市场秩序等政策，预计未来，市场热度较高的城市楼市调控力度或将继续加强，房价将逐步回归平稳。

3. 京津冀城市群：新建住宅价格累计小幅上涨，涨幅处于近几年较低水平

2020 年，京津冀城市群新建住宅价格累计上涨 1.40%，处于近四年较低水平。一季度新建住宅价格累计下跌 0.52%；二季度京津冀城市群楼市逐步从疫情影响中恢复，但复苏相对缓慢；5 月，京津冀新建住宅价格结束环比下跌态势，上涨 0.03%，随后房价平稳上涨，但涨幅普遍低于百城整体水平；10 月以后，京津冀新建住宅价格月度环比涨幅呈逐月收窄趋势。

2020 年，京津冀各城市新建住宅价格累计普遍上涨，但涨幅较低，其中邯郸涨幅最大，为 5.04%。价格下跌的城市中，衡水累计下跌 2.72%，跌幅最大；天津市场情绪不高，市场持续调整，新建住宅价格累计下跌 0.50%。

整体来看，短期京津冀城市群新建住宅价格不存在大幅上涨的基础，北京受 2020 年不限价地块明显增多的带动，新建住宅价格存在结构性上涨的预期，但在严格的调控监管下，房价将保持稳步上行；天津经历过去几年的深度调整后，市场逐渐触底，但在供应放量、需求释放较为理性的背景下，新建住宅价格上涨动力不足。

4. 山东半岛城市群：市场情绪不高，新建住宅价格累计涨幅明显收窄

2020 年，山东半岛城市群新建住宅价格累计上涨 1.52%，涨幅较 2019 年收窄 0.99 个百分点。一季度，山东半岛城市群新建住宅价格持续下跌，价格累计下跌 0.63%；4 月开始新建住宅价格止跌转涨，但各月价格环比涨幅普遍低于百城新建住宅整体水平。

2020 年，山东半岛城市群房地产政策环境较为稳定，从市场供需规模看，2020 年山东半岛主要城市新建商品住宅成交面积较 2019 年略有增加，但仍处近五年较低水平，新建住宅市场活跃度略显不足；而供应面积则连续两年高于成交，供应量偏大减弱房价上涨动力，山东半岛城市群新建住宅价格涨幅始终

保持在较低水平。除烟台新建住宅价格累计上涨 3.07% 外，其他城市累计涨幅基本在 2.0% 以内。

过去几年，山东半岛各城市在大规模棚户区改造的带动下，市场需求积极释放，土地供应亦明显放量，购房需求存在一定透支，叠加新建住宅市场库存量大，短期内市场低迷态势难改。而济南、青岛作为山东半岛中经济基本面较好、人口吸引力较强的城市，经历过去两年的市场调整后，需求不断累积，新建住宅市场存在一定温和回暖预期，而其他城市因购房需求不足，新建住宅价格存在下调压力。

整体来看，2020 年百城新建住宅价格累计涨幅较 2019 年小幅扩大，房价下跌城市数量占一成多，但受严格的调控政策限制，整体价格保持相对平稳。分梯队来看，在新冠肺炎疫情冲击下，一线城市楼市表现出较强韧性，随着疫情影响的逐步减弱，一线城市亦率先回暖；二线及三四线代表城市价格累计涨幅较 2019 年均有所收窄，7 月以来部分热点城市密集出台楼市调控政策，新建住宅价格归于平稳。分城市群来看，长三角、珠三角城市群新建住宅市场整体表现较好，其中长三角城市群新建住宅价格累计涨幅列主要城市群首位，内部多个城市新建住宅价格累计涨幅居百城前列；京津冀和山东半岛城市群楼市则表现相对平稳，区域内部分城市新建住宅价格存下行压力。

二 二手住宅价格：2020 年百城二手住宅价格整体稳中有涨，累计上涨2.98%

根据中国房地产指数系统百城价格指数对全国 100 个城市二手住宅样本的调查数据，2020 年百城二手住宅价格累计上涨 2.98%，各月环比均小幅上涨，市场总体表现平稳（见图 5）。各梯队城市中，一线城市二手住宅价格累计涨幅最大，二线及三四线代表城市价格累计涨幅相对较小。

2020 年 3 月以来，全国二手住宅市场快速恢复，百城二手住宅价格稳中有涨，其中二季度累计涨幅在 1% 以上。受疫情影响，一季度百城二手住宅价格累计涨幅较小，二季度随着中介门店开放、线下带看逐渐恢复，二手住宅市场亦在稳步恢复，二季度二手住宅价格累计涨幅达 1.2%；三季度，房地产调控政策收紧，市场预期逐渐趋稳，百城二手住宅价格累计涨幅收窄至 0.39%；

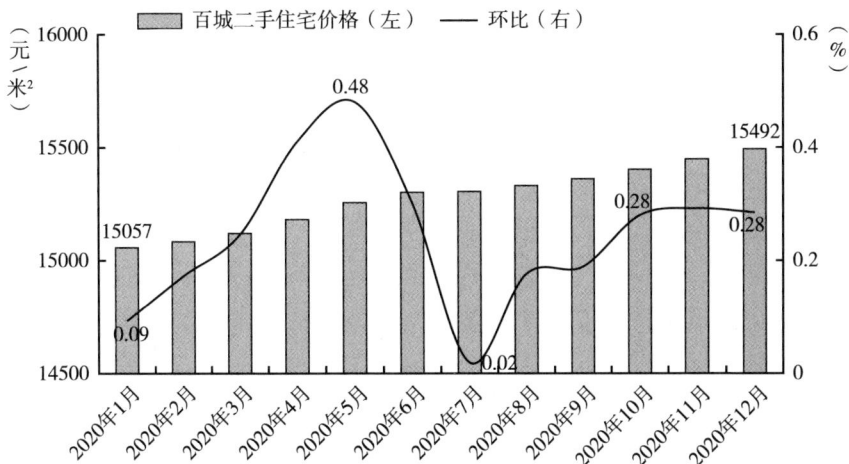

图5 2020年各月百城二手住宅价格及环比变化

资料来源：CREIS 中指数据。

四季度价格累计上涨0.86%，较三季度扩大0.47个百分点，较2019年同期扩大0.82个百分点。2020年12月，百城二手住宅价格为15492元/平方米，同比上涨2.98%，环比上涨0.28%，环比涨幅较11月收窄0.01个百分点。百城二手住宅价格已连续13个月上涨，且月度环比涨幅均在0.5%以内，整体价格保持稳定（见图6）。

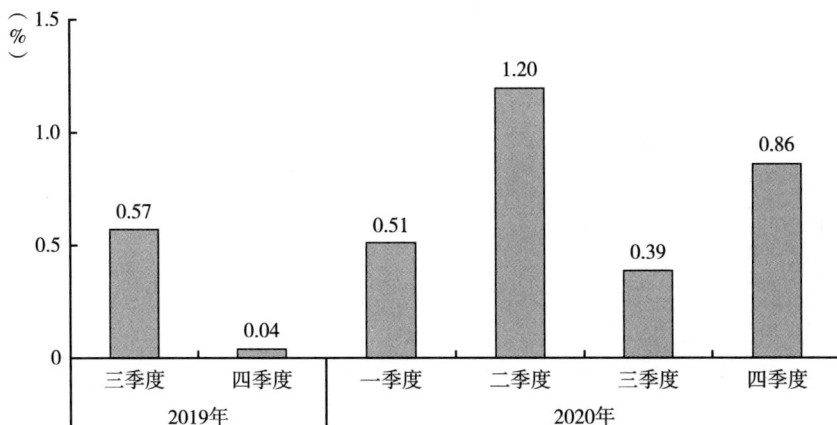

图6 2019年三季度至2020年四季度百城二手住宅价格累计涨幅情况

资料来源：CREIS 中指数据。

同时，相比于新建住宅市场，不同城市间二手住宅价格走势分化更加明显（见表4）。

表4　2020年百城二手住宅价格累计涨跌情况

序号	城市	2020年累计涨跌（%）	城市群	梯队
1	深圳	19.54	珠三角	一线
2	东莞	18.23	珠三角	三线
3	宁波	13.62	长三角	二线
4	淮安	11.76	—	三线
5	盐城	11.32	长三角	三线
6	无锡	9.40	长三角	二线
7	南通	8.67	长三角	三线
8	唐山	7.76	京津冀	三线
9	常州	7.68	长三角	三线
10	银川	7.67	宁夏沿黄	二线
11	马鞍山	7.37	长三角	三线
12	上海	6.91	长三角	一线
13	徐州	6.67	—	三线
14	成都	5.67	成渝	二线
15	宿迁	5.47	—	三线
16	西安	5.25	关中	二线
17	杭州	5.24	长三角	二线
18	南京	5.22	长三角	二线
19	台州	5.13	长三角	三线
20	连云港	5.05	—	三线
21	泉州	4.95	粤闽浙沿海	三线
22	赣州	4.68	粤闽浙沿海	三线
23	金华	4.52	长三角	三线
24	大连	4.31	辽中南	二线
25	江阴	4.14	长三角	三线
26	合肥	3.88	长三角	二线
27	沈阳	3.83	辽中南	二线
28	绍兴	3.50	长三角	三线

序号	城市	2020年累计涨跌(%)	城市群	梯队
29	温州	3.43	长三角	二线
30	昆明	3.23	滇中	二线
31	秦皇岛	2.95	京津冀	三线
32	汕头	2.92	粤闽浙沿海	三线
33	洛阳	2.88	中原	三线
34	济宁	2.88	山东半岛	三线
35	广州	2.87	珠三角	一线
36	昆山	2.40	长三角	三线
37	嘉兴	2.35	长三角	三线
38	南宁	2.31	北部湾	二线
39	惠州	2.21	珠三角	三线
40	芜湖	2.07	长三角	三线
41	乌鲁木齐	2.04	天山北坡	二线
42	包头	1.99	呼包鄂榆	三线
43	扬州	1.59	长三角	三线
44	珠海	1.50	珠三角	三线
45	绵阳	1.25	成渝	三线
46	聊城	1.18	山东半岛	三线
47	长沙	1.18	长江中游	二线
48	淄博	1.10	山东半岛	三线
49	临沂	1.04	山东半岛	三线
50	呼和浩特	1.00	呼包鄂榆	二线
51	厦门	0.92	粤闽浙沿海	二线
52	兰州	0.89	兰西	二线
53	西宁	0.85	兰西	二线
54	湛江	0.80	北部湾	三线
55	北京	0.78	京津冀	一线
56	佛山	0.76	珠三角	三线
57	长春	0.61	哈长	二线
58	镇江	0.58	长三角	三线
59	湖州	0.56	长三角	三线
60	南昌	0.54	长江中游	二线
61	哈尔滨	0.45	哈长	二线
62	武汉	0.44	长江中游	二线

序号	城市	2020 年累计涨跌（%）	城市群	梯队
63	邯郸	0.38	京津冀	三线
64	桂林	0.37	—	三线
65	东营	0.23	山东半岛	三线
66	三亚	0.07	—	二线
67	重庆（主城区）	− 0.02	成渝	二线
68	潍坊	− 0.08	山东半岛	三线
69	泰州	− 0.11	长三角	三线
70	苏州	− 0.16	长三角	二线
71	福州	− 0.35	粤闽浙沿海	二线
72	柳州	− 0.40	—	三线
73	漳州	− 0.70	粤闽浙沿海	三线
74	新乡	− 0.70	中原	三线
75	中山	− 0.76	珠三角	三线
76	张家港	− 0.83	长三角	三线
77	天津	− 0.84	京津冀	二线
78	济南	− 1.00	山东半岛	二线
79	烟台	− 1.02	山东半岛	三线
80	威海	− 1.09	山东半岛	三线
81	廊坊	− 1.10	京津冀	三线
82	郑州	− 1.11	中原	二线
83	海口	− 1.23	北部湾	二线
84	石家庄	− 1.25	京津冀	二线
85	太原	− 1.35	山西中部	二线
86	德州	− 1.45	山东半岛	三线
87	江门	− 1.49	珠三角	三线
88	青岛	− 1.53	山东半岛	二线
89	衡水	− 1.56	京津冀	三线
90	湘潭	− 1.69	长江中游	三线
91	阜阳	− 1.96	中原	三线
92	株洲	− 2.20	长江中游	三线
93	宜昌	− 2.93	长江中游	三线
94	贵阳	− 3.03	黔中	二线
95	菏泽	− 3.14	山东半岛	三线
96	肇庆	− 3.99	珠三角	三线
97	常熟	− 4.04	长三角	三线

序号	城市	2020 年累计涨跌(%)	城市群	梯队
98	保定	-4.30	京津冀	三线
99	北海	-6.11	北部湾	二线
100	张家口	-8.04	京津冀	三线

资料来源：CREIS 中指数据。

（一）各梯队城市二手住宅价格表现

从各梯队城市来看，2020 年一线城市二手住宅价格累计涨幅最大，二线城市价格累计涨幅最小。

1. 一线城市：深圳、上海二手住宅价格上涨明显，深圳价格涨幅居百城首位

2020 年，疫情后市场快速回温。2020 年，一线城市二手住宅价格累计上涨8.04%，在各梯队城市中涨幅最大。疫情影响逐步减弱后，一线城市二手住宅市场快速回温，其中 5 月二手住宅价格环比上涨至 1.26%，随后涨幅波动收窄，12 月二手住宅价格环比上涨 0.86%，比 11 月收窄 0.05 个百分点（见图7）。

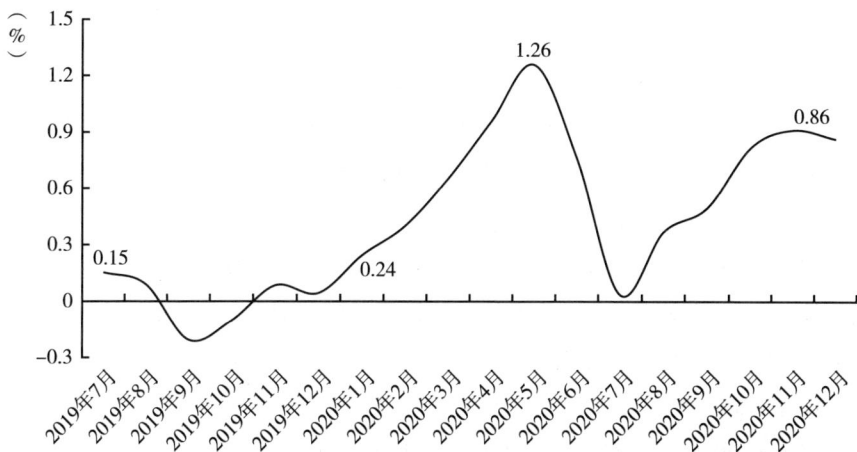

图7　2019 年 7 月至 2020 年 12 月一线城市二手住宅价格环比走势

资料来源：CREIS 中指数据。

2020 年深圳、上海二手住宅市场表现较好，市场活跃度相对较高。其中深圳受珠三角城市群规划利好、购房需求旺盛、新建住宅供应明显不足等因素影响，二手住宅市场快速恢复，2020 年深圳二手商品住宅成交套数同比增长 23.5%，月均成交套数近 8000 套；二手住宅价格累计上涨近 20%，居百城首位，除 7 月外，月度环比涨幅均超 1%。上海二手商品住宅成交套数同比增长 28.9%，月均成交套数超 2.4 万套，市场活跃度较高；2020 年二手住宅价格累计上涨近 7%。广州、北京二手住宅市场运行相对平稳，价格累计涨幅分别为 2.87% 和 0.78%。

上海、深圳两地二手住宅市场成交活跃，购买需求强劲，二手住宅价格持续上涨引发楼市调控新政出台，但四季度受购房需求大量释放的影响，一线城市二手住宅价格仍保持较快上涨。2021 年以来，一线城市调控政策继续加码，深圳发布二手住宅小区成交参考价格，并严查"经营贷""消费贷"等违规流入房地产市场的行为，但考虑到一线城市市场需求支撑力度较强，预计一线城市二手住宅价格总体将以平稳上涨为主。

2. 二线城市：二手住宅价格累计涨幅低于其他各梯队城市

二线部分城市调控政策收紧后，二手住宅市场有所降温。2020 年，二线城市二手住宅价格累计上涨 2.02%，在各梯队城市中涨幅最小（见图 8）。疫情后，部分二线城市市场快速升温，带动二季度二线城市二手住宅价格累计上涨 1.13%，较一季度扩大 0.74 个百分点；7 月后多地楼市调控政策收紧，部分城市二手住宅市场亦有所降温，三季度二线城市二手住宅价格累计上涨 0.08%，较二季度收窄 1.05 个百分点；四季度，二手住宅业主及购房者预期回归理性，二线城市二手住宅价格累计上涨 0.40%。

2020 年，二线城市中，近七成城市二手住宅价格累计上涨。其中宁波、无锡等城市表现较好，宁波二手住宅价格累计涨幅达 13.62%，无锡价格累计上涨 9.40%；而北海、贵阳等城市二手住宅价格年内均有 11 个月下跌，且累计跌幅相对较大。

考虑到 2020 年二线城市二手住宅价格月度环比涨幅已连续 7 个月保持在 0.4% 以内，市场预期整体较为稳定，预计短期内二线城市二手住宅市场将继续平稳运行。

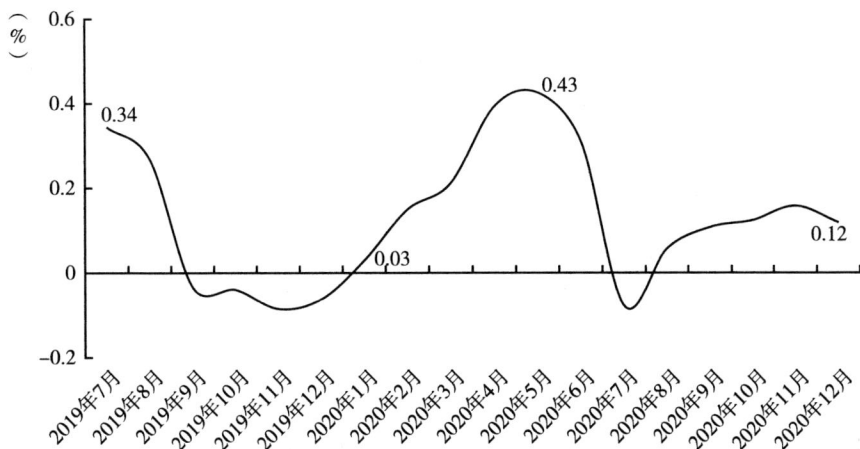

图 8　2019 年 7 月至 2020 年 12 月二线城市二手住宅价格环比走势

资料来源：CREIS 中指数据。

3. 三四线代表城市：各月二手住宅价格平稳运行，价格累计小幅上涨

三四线代表城市各月二手住宅价格环比涨幅均在 0.3％ 以内。2020 年，三四线代表城市二手住宅价格累计上涨 2.24％，其中二季度二手住宅价格累计上涨 0.67％，较一季度扩大 0.31 个百分点；7 月以来三四线代表城市二手住宅价格保持低位运行（见图 9）。

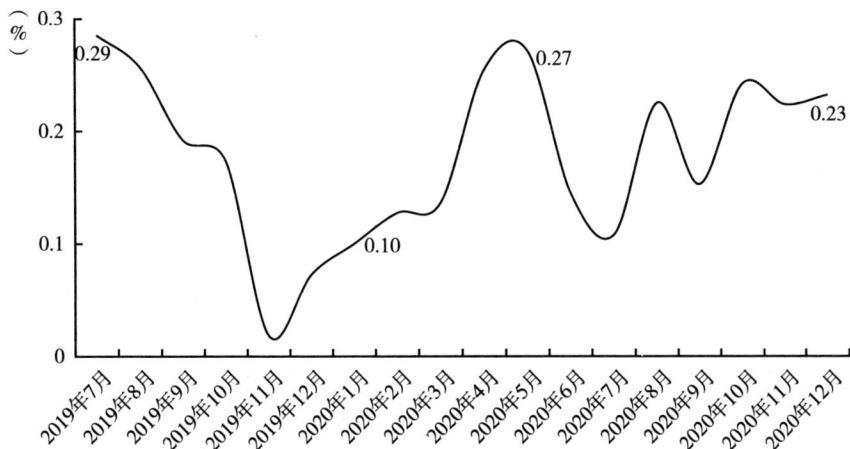

图 9　2019 年 7 月至 2020 年 12 月三四线代表城市二手住宅价格环比走势

资料来源：CREIS 中指数据。

2020 年，三四线代表城市中，超六成城市二手住宅价格累计上涨，东莞、淮安价格涨幅相对较大，分别上涨 18.23%、11.76%；而以张家口、保定为代表的三四线城市，购房需求较弱，二手住宅价格累计跌幅超 4%，居百城前列。

多数三四线城市产业基础相对薄弱、人口吸引力不足，且新建住宅供应量偏大，预计未来其二手住宅市场将面临一定调整压力。

（二）各城市群二手住宅价格表现

从各城市群来看，2020 年珠三角、长三角二手住宅价格领涨各城市群，京津冀和山东半岛二手住宅价格累计均呈下跌态势。2020 年，珠三角城市群二手住宅价格累计涨幅居各城市群首位，部分城市市场表现较为突出；长三角城市群二手住宅价格累计涨幅次之，部分热点城市下半年调控政策效果显现，二手住宅价格涨幅有所收窄。

1. 珠三角城市群：二手住宅价格累计涨幅居各城市群首位，深圳、东莞涨幅较大

2020 年，珠三角城市群二手住宅价格整体上涨（见图 10），价格累计涨幅达 8.77%，居各城市群首位，各季度价格累计涨幅均在 1% 以上。其中二季度价格累计上涨 3.22%，较一季度扩大 1.82 个百分点。

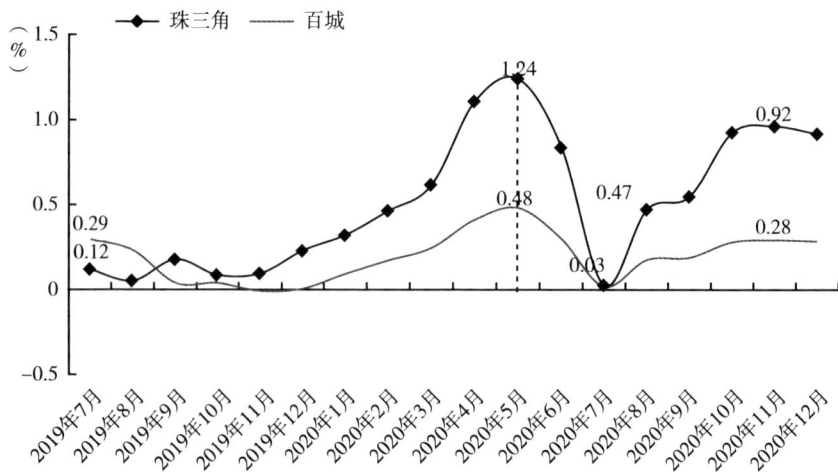

图 10 2019 年 7 月至 2020 年 12 月珠三角及百城二手住宅价格环比走势

资料来源：CREIS 中指数据。

2020年，珠三角城市群二手住宅价格表现分化。深圳、东莞、广州、惠州、珠海、佛山二手住宅价格保持上涨，其中深圳价格累计涨幅最大，达19.54%，其次，东莞受益于深圳购房需求外溢，价格累计涨幅达18.23%。而肇庆二手住宅价格累计下跌3.99%，跌幅最大，江门、中山次之，分别下跌1.49%、0.76%。

2. 长三角城市群：整体价格稳步上涨，宁波、盐城累计涨幅超10%

2020年，长三角城市群二手住宅价格整体小幅上涨（见图11），价格累计涨幅达4.62%，位居各城市群第二位，各季度二手住宅价格累计涨幅均在0.8%~1.5%。其中二季度价格累计上涨1.43%，较一季度扩大0.56个百分点；四季度价格累计上涨1.39%，较三季度扩大0.54个百分点。

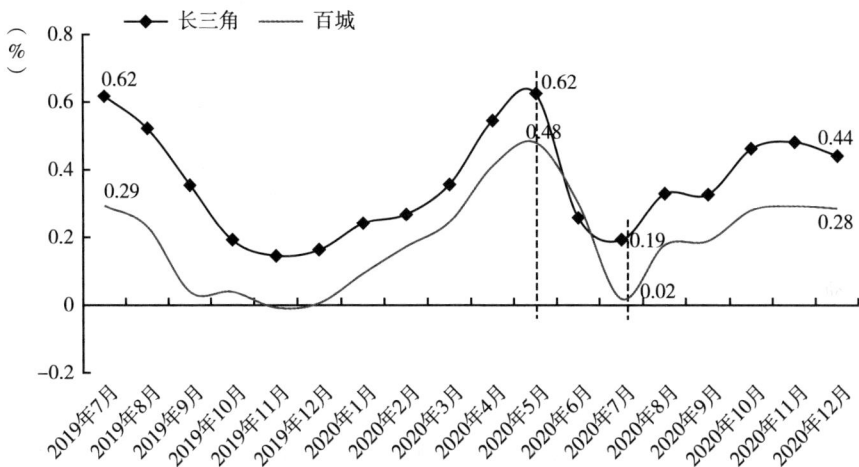

图11　2019年7月至2020年12月长三角及百城二手住宅价格环比走势

资料来源：CREIS中指数据。

2020年，受长三角一体化稳步推进以及新建住宅市场情绪提升等因素带动，长三角城市群内超八成城市二手住宅价格实现上涨，其中宁波、盐城二手住宅价格累计涨幅均在11%以上，宁波价格累计涨幅居长三角首位。价格下跌的城市中，常熟二手住宅价格累计下跌4.04%，跌幅最大。

3. 京津冀城市群：二手住宅价格累计微跌，下半年价格持续调整

2020年，京津冀城市群市场情绪低迷，二手住宅价格累计下跌0.09%

（见图12）。疫情后，京津冀二手住宅市场有所恢复，二季度价格累计上涨0.70%，涨幅较一季度扩大0.64个百分点；而2020年下半年，二手住宅价格持续下跌，三季度、四季度价格累计跌幅均在0.4%左右。

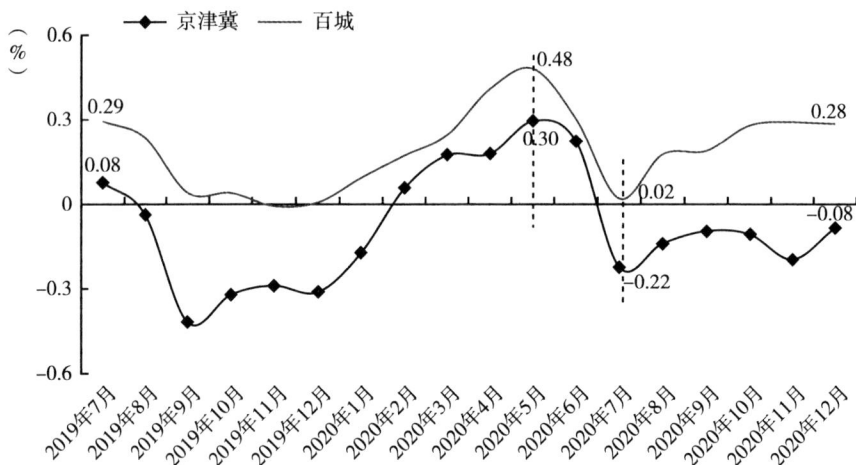

图12　2019年7月至2020年12月京津冀及百城二手住宅价格环比走势

资料来源：CREIS中指数据。

2020年，京津冀城市群约六成城市二手住宅价格下跌，其中张家口受购房需求透支、购买力支撑偏弱等因素影响，二手住宅业主普遍下调报价，二手住宅价格累计下跌8.04%；保定二手住宅价格累计下跌4.30%。京津冀城市群仅唐山、秦皇岛、北京、邯郸等二手住宅价格实现累计上涨，其中唐山价格累计涨幅最大，为7.76%，秦皇岛价格累计上涨2.95%，位居第二位。

4. 山东半岛城市群：二手住宅价格累计小幅下跌，多数城市价格出现调整

2020年，山东半岛城市群新建住宅供应充足，过去几年多数城市购房需求透支较严重，且核心城市房地产市场处于下行周期，多重因素导致二手住宅价格累计下跌0.36%（见图13）。疫情后，山东半岛城市群二手住宅市场有所恢复，二季度价格累计上涨0.43%，而三季度、四季度价格均下跌，且跌幅均在0.3%以上。短期新建住宅供应持续放量仍将继续分流二手住宅市场需求，市场情绪难有明显改观。

2020年，山东半岛城市群近六成城市二手住宅价格累计下跌，其中菏泽

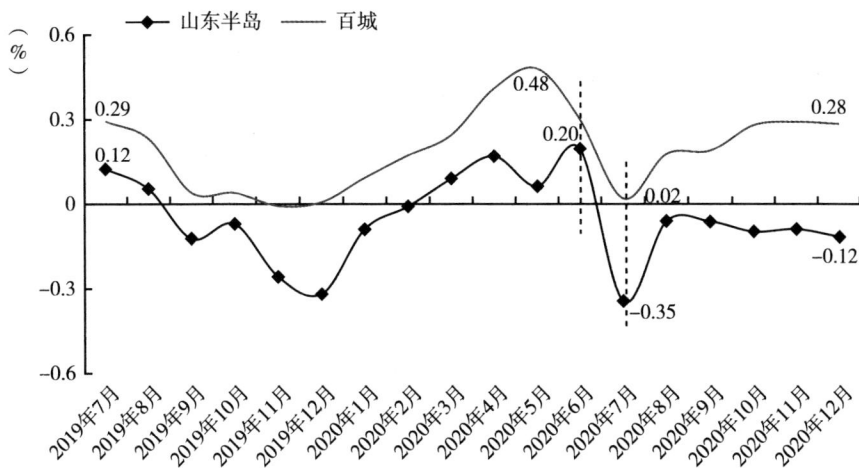

图13 2019年7月至2020年12月山东半岛及百城二手住宅价格环比走势

资料来源：CREIS中指数据。

受部分二手住宅业主市场预期回落影响，价格累计跌幅达3.14%；青岛价格累计下跌1.53%，跌幅位居该城市群第二；在二手住宅价格累计上涨的城市中，济宁价格涨幅最大，全年累计上涨2.88%；聊城价格累计上涨1.18%，涨幅位居该城市群第二。

2020年，百城二手住宅价格整体稳中有涨，近半数城市二手住宅价格运行平稳，三成左右城市市场趋冷。分梯队来看，一线城市二手住宅价格累计涨幅居各梯队城市首位；二线城市价格累计涨幅在各梯队城市中最小；三四线代表城市二手住宅价格整体保持小幅波动。分城市群来看，珠三角二手住宅价格累计涨幅列主要城市群首位，在核心城市调控政策收紧、购房需求外溢的作用下，广州、深圳周边部分城市市场升温；受长三角一体化等规划利好以及各地供需两端扶持政策带动，长三角区域内多数城市二手住宅价格实现上涨，部分城市价格累计涨幅居百城前列；京津冀和山东半岛城市群房地产市场持续恢复，但恢复缓慢。

2021年，中央将继续坚持"房住不炒"调控导向，房地产金融审慎管理制度也将得到进一步落实，由此导致的房地产信贷环境趋紧将在一定程度上制约购房需求的入市积极性。同时在"三道红线"的压力下，房企将延续积极推盘、抢收回款的策略，部分地区房价或存小幅调整的可能。但对于大部分城市来说，土地价格持续上涨推动房价继续上行，同时，在房企加速回笼资金、土地开发周期监管趋严等因素影响下，过去几年成交的大规模高价地项目或将加速入市，推动中高端住宅产品占比提升，从而带动房价出现结构性上涨。综合来说，在中高端住宅产品占比提升及一二线城市房地产市场表现较好的因素影响下，2021年全国商品房均价将保持小幅上涨态势，根据中指研究院的预测，新建商品房均价涨幅介于3.9%～5.4%之间。

参考文献

中指研究院：《2020中国房地产市场总结与2021趋势展望》，2021。
中指研究院：《2020年中国房地产政策评估报告》，2021。
中指研究院：《中国房地产指数系统月报》2021年第1期。

热 点 篇
Hot Topics

B.17
住房租赁市场发展亟待破解的
深层次问题

柴 强 王 霞*

摘 要: 在当前房价高企又不可大降的背景下，买不起房的新市民、
青年人的居住问题主要依靠发展住房租赁市场来解决。然
而，当前住房租赁市场存在发展不规范、租赁住房品质不
高、租赁关系不稳定等问题，要求未来重点发展专业化、机
构化住房租赁企业特别是自持型重资产住房租赁企业。同
时，当前还存在住房租赁收益率过低、低融资成本长期资金
缺乏、人们长期租住意愿不高等深层次问题。要有效增加租
赁住房供给，特别是使住房租赁市场长期可持续发展，亟须
破解这些难题，包括多渠道降低租赁住房建设运营成本、加
快推进完善住房租赁领域房地产投资信托基金（REITs）、探

* 柴强，博士，中国房地产估价师与房地产经纪人学会会长，研究员，主要研究方向为房地产
经济；王霞，博士，中国房地产估价师与房地产经纪人学会副秘书长，副研究员，主要研究
方向为房地产经济。

索租房与购房享受公共服务机会均等、加强房地产市场调控以稳定房价和房租。

关键词： 住房租赁　租赁市场　租购并举

当前，我国城市特别是大城市的住房问题日益突出，高房价成为阻碍新市民真正市民化、青年人才安心乐业创业的最大障碍之一。未来我国要深入推进以人为核心的新型城镇化，就要让新市民真正市民化，让买不起住房的青年人看得到未来、实现安居乐业。在当前房价高企又不可大降的背景下，客观地讲，新市民、青年人的住房问题应主要通过租房来解决。但长期以来我国租房和购房发展不均衡，导致目前住房租赁市场成为短板，租赁住房品质不高、有效供给不足、租赁关系不稳定、租房居住痛点多，住房租赁市场亟须规范发展。可以说，住房租赁市场规范发展关乎新型城镇化进程，关乎新市民和青年人的幸福感、获得感，关乎城市竞争力，加快发展与加强规范势在必行。但当前发展和规范住房租赁市场仍有许多理论与政策问题需要探讨，学术界和实务界已有较多研究，本文主要讨论如何解决其中妨碍住房租赁市场规范发展的深层次、底层基础性问题。

一　我国需要发展什么样的住房租赁市场

（一）当前我国住房租赁市场概况

1. 当前城镇住房租赁市场规模

由于我国很长时间没有开展住房普查，当前城镇住房租赁市场规模缺乏统计数字，仅在人口普查中有所涉及，因此只能根据人口普查相关数据对当前城镇住房租赁市场规模进行推测估计。根据第六次全国人口普查数据，2010 年有 18.6% 的城镇居民家庭租住市场化租赁住房，2.4% 的城镇居民家庭租住保障性租赁住房，两者合计约 21%。按照当年全国城镇常住人口总量测算，共约 1.4 亿人租房住。另据调查，我国城镇租房人群以流动人口、新就业大学生为主，并据国家统计局数据，2010～2020 年末，全国新增流动人口约 1.5 亿人，按 50% 租房住，新增住房租赁需求约 7500 万人；高校毕业生按毕业 5 年可买房测算①，2020 年前 5 年与 2010 年前 5 年相比，高校毕业生②增加约 1450 万人（见图 1），按 80% 租房计算，新增住房租赁需求超过 1160 万人，两者合计，估测 2020 年末全国城镇常住人口中超过 2.2 亿人租房住。未来随着新型城镇化推进，住房租赁需求仍呈上升趋势，我国需要一个庞大的住房租赁市场。

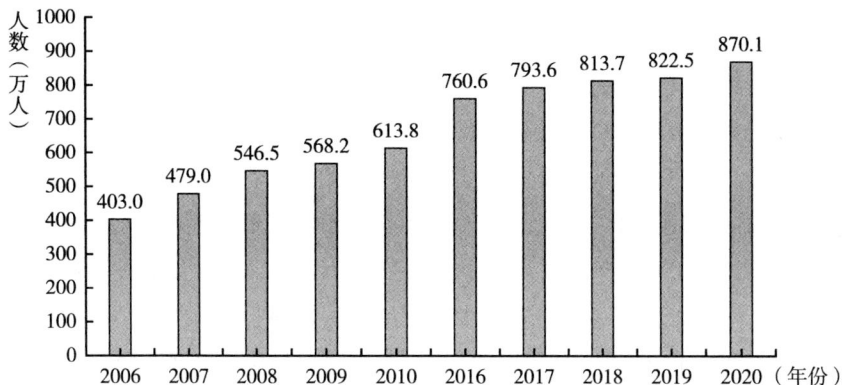

图 1　2006～2010 年及 2016～2020 年普通高等院校本专科及研究生毕业人数

资料来源：国家统计局各年份统计公报。

2. 当前城镇住房租赁市场特点

（1）租赁住房以个人业主持有为主。除保障性租赁住房外，我国租赁住房的供给主体 90% 以上是个人业主，尽管近年来住房租赁企业数量有较大增长，但租赁住房机构化持有运营的占比仍较低。据中国房地产估价师与房地产经纪人学会（简称中房学）委托大数据公司统计，目前全国活跃的住房租赁企业超过 2000 家，提供的租赁住房超过 300 万套，在市场化租赁住房中机构化占比 6% 左右。据相关研究，美国的机构持有租赁住房占比为 31.1%，德国

---

① 据搜狐国富智库 2018 年 8 月 30 日文章《报告：国人首次购房平均年龄 27 岁全球最小，80、90 后住房拥有率达 70%》称"中国人首次购房平均年龄仅为 27 岁"，相当于大学毕业 5 年。

② 根据国家统计局统计公报中的研究生、本专科毕业数量。

的机构持有租赁住房占比约 38%①，日本 85% 的租赁住房为个人所有，其中 90% 以上的私人业主委托专业的托管机构运营管理租赁住房②。与发达国家和地区相比，我国住房租赁机构化、专业化水平仍有较大发展空间。

（2）机构化出租中以存量盘活为主。目前住房租赁企业出租的房源主要有三类，一是收购个人住房租赁权装修及配置家电家具后出租的分散式租赁住房，二是收购闲置的酒店、办公楼、工业厂房等的长期租赁权改造后出租的集中式租赁住房，三是收购闲置或低效利用的房屋所有权、土地使用权后改建或新建并自持的集中式租赁住房。由于适合改建的存量房屋、可用于建设的存量土地及投资建设资金缺乏，以及在用地性质、规划、消防等方面存在较多限制，后两类租赁住房发展较缓慢，目前机构化租赁住房仍以分散式租赁住房为主。据中房学调查，2019 年末以提供分散式租赁住房为主的住房租赁企业中，仅 3 家头部企业（自如、相寓、蛋壳）出租的租赁住房就超过 150 万间；以提供非自持和自持的集中式租赁住房为主的住房租赁企业中，5 家头部企业（泊寓、冠寓、魔方、乐乎、红璞）出租的租赁住房约 30 万间。另以北京市为例，据北京房地产中介行业协会统计，目前北京市存量住房约为 750 万套，其中约有 150 万套用于出租，占比 20%；租赁房源中业主委托住房租赁企业出租及管理的分散式租赁住房约 35 万套，占租赁住房的 23.3%；租赁企业持有或管理的集中式租赁住房约 2.5 万套，仅占租赁住房的 1.67%。

（3）市场化租赁房源以中小户型、老旧住房为主。目前，我国租赁住房的品质普遍不高，以中小户型的老旧住房为主。据中房学委托大数据公司对北京、天津、上海、广州、深圳、重庆 6 个城市筛查，2020 年出租房源平均建筑面积分别为 63、56 、62、70、50、60 平方米，6 个城市平均为 60.2 平方米，与 2015 年相比下降了 27.5%；出租房屋的建成年代在 2010 年以后的比重平均为 27.2%，其中北京最低，为 17.3%，重庆最高，为 44.98%。据中房学 2015 年对 16 个城市开展的问卷调查，出租住房中老旧公房、农民自建房、小产权住房、回迁安置房等占比超过半数。

---

① 张英杰、任荣荣：《住房租赁市场发展的国际经验与启示》，《宏观经济研究》2019 年第 9 期。

② 曹云珍：《日本租赁住宅市场的经验与借鉴》，《房地产经纪的当下与未来》，中国城市出版社，2019。

（4）城市间、区域间差异大。从第六次全国人口普查情况看，不同城市之间租住比有较大差异，人口流入多、房价高的大城市租住比更高，且主要集中在几大城市群。据第六次全国人口普查数据，北京、上海城镇居民家庭租房比例分别为 36.6% 和 39.5%，远高于全国平均水平 21%，租住比最高的为深圳市，高达 64%。据估算，全国租住比在 20% 以上的 50 个城市，主要集中在长三角、珠三角、长江中游、京津冀、成渝五大城市群。

（二）我国需要什么样的住房租赁市场

1. 供新市民、青年人长期居住的住房

当前租赁住房的需求者主要是农村转移人口和新就业大学生等新市民、青年人。据贝壳找房发布的《2019 租客居住报告》，15 个新一线城市的租客平均年龄在 30 岁左右，其中重庆租客平均年龄为 28.2 岁。2021 年李克强总理在政府工作报告中提出"规范发展长租房市场，降低租赁住房税费负担，尽最大努力帮助新市民、青年人等缓解住房困难"。未来住房租赁市场要着重提供适合新市民、青年人居住需求的租赁住房。新市民中，新就业大学生是每年较稳定的新增住房租赁需求，农村转移人口每年相对固定，多从事服务性行业以及作为产业工人，两者的住房租赁需求有较大差异。目前城市政府更注重对新就业大学生的吸纳，对建设人才住房具有更强的动力。未来针对这两类人群要制定分层次、差异化的租赁住房供给政策，形成多层次、阶梯化的租赁住房供给体系。

2. 哑铃形的租赁住房供给结构

据经济参考报报道，2018 年我国城镇住房套户比达到 1.13[①]，总体上住房已不短缺，但租赁住房供给存在结构性不足，特别是在大中城市，位置便利、中低价位、小套型的租赁住房非常短缺。以北京市为例，经在贝壳找房平台查询，2021 年 3 月底在该平台上出租的住房共 39864 套，其中核心区域（以距离天安门东公交车通勤 60 分钟内测算）的出租住房仅 1129 套，占全部在租房源的 2.8%，核心区域在租房源中一居室（即只有 1 个卧室）的户型占 36.7%（见图 2），月租金在 5000 元以下的仅占 8%（见图 3）。客观上，大城市的城区租赁住房供给难以支撑常住家庭的长期租赁需求，未来应形成哑铃形的租赁住房供给结构，即

---

① 《中国住房："蜗居"到"适居"华丽转身》，《经济参考报》2018 年 12 月 12 日。

以位置便利区域的中小套型、管理完善、可长期租赁的住房为主体，以较低租金的保障性租赁住房、较高租金的市场化租赁住房为辅的结构。

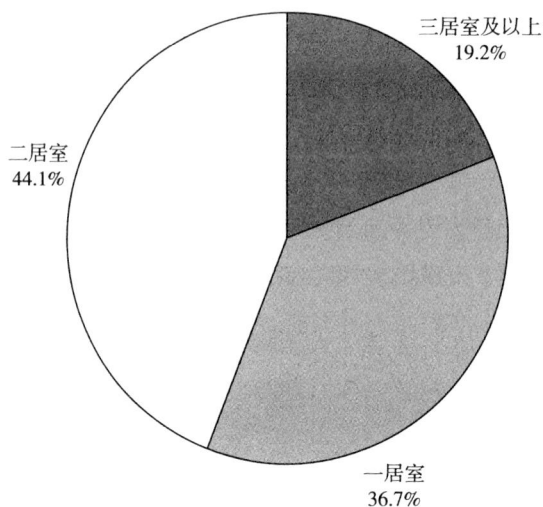

图2 北京市核心区域在租房源各户型占比

资料来源：贝壳找房。

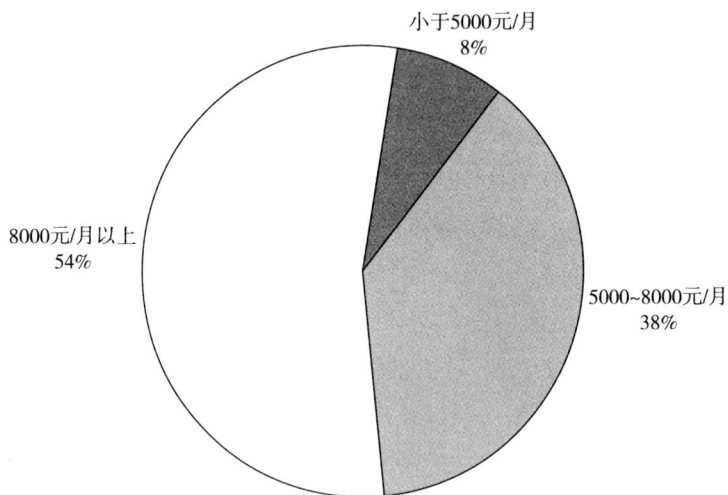

图3 北京市核心区域在租房源各租金段占比

资料来源：贝壳找房。

3. 租赁关系稳定、纠纷易解决的租赁住房

发展住房租赁市场需要培养长期租赁需求，其关键又在于建立稳定的租赁关系，而当前租赁住房供给以个人出租为主，承租人与出租人之间缺乏信任感，容易产生纠纷，政府对市场化住房租赁的管理难以到位，纠纷解决主要靠自行协商或民事诉讼，导致住房租赁体验差，租赁关系不稳定，存在诸多痛点。发展机构化、专业化住房租赁特别是自持型重资产住房租赁，对于增加租赁住房供给、改善供需错配、稳定租赁关系、保护租客权益等具有重要作用，应作为未来住房租赁市场发展的主要方向。

因此，未来的住房租赁市场要针对新市民、青年人这一主要需求主体，提供更多位置便利、管理完善、可长期租赁的住房。让租赁成为人们认可的居住方式，让更多人愿意租、租得到、租得起、租得好。

二 我国住房租赁市场发展存在的深层次问题

发展机构化、专业化住房租赁特别是自持型重资产住房租赁，需要解决当前住房租赁市场存在的住房租赁收益率过低、低成本长期资金缺乏、人们长期租住意愿不高等深层次问题。

（一）住房租赁收益率过低

目前，发展住房租赁市场面临的最底层的基础性问题，就是住房租赁收益率过低，即租金回报率或租售比（年房租/房价）严重低于正常的投资收益率水平（一般需要5%左右），不到2%。据wind数据库，一线城市租售比呈下降趋势（见图4），2021年4月，北京、天津、上海、重庆、广州、深圳的租售比分别为1.62%、1.48%、1.48%、2.37%、1.48%、1.79%，相当于在这些城市出租住房需要42~68年才能收回购房成本，而合理的年限通常为15年左右。住房租赁收益率过低导致无论是通过新建还是改建、收购的方式经营租赁住房，都难以实现长期可持续的投资回报，以租金收益进行相关权益性融资也很困难，这从根本上制约了新增租赁住房供给。解决这个问题理论上有两条路径，一是提高租金或增加其他租赁收益，二是降低住房建设或购买成本（即房价）。实际上，提高租金或降低房价目前都难以做到。这是因为：一方

面，目前承租人普遍感受租金与收入相比已很高，提高租金还可能抑制租赁需求。据易居研究院测算，2017 年 6 月全国 50 个城市超七成房租相对收入较高，其中北京、深圳、三亚、上海 4 个城市房租收入比高于 45%[①]。据国家统计局数据，2015 年全国外出农民工月均居住支出占生活消费支出的 46.9%，提高租金会加重承租人的负担，或将部分租赁需求者挤出区域市场。另一方面，房价难以下降，如果强行降低房价有可能带来系统性风险。

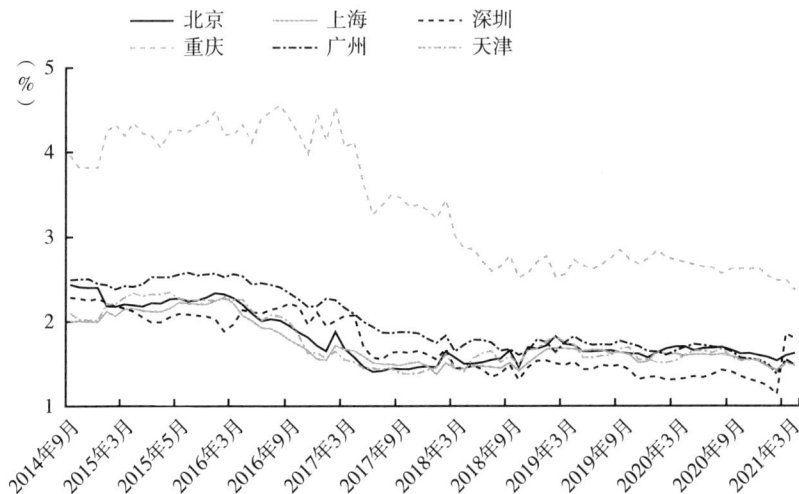

图 4 2014 年 9 月至 2021 年 4 月一线城市租售比

资料来源：wind。

（二）低成本长期资金缺乏

新建或改建租赁住房需要一次性投入大量资金，并主要通过未来的租金收入逐步回收，投资回收期很长。据住房租赁企业测算，新建租赁住房的投资回收期一般在 25 年以上，改建租赁住房的投资回收期一般在 5 ~ 8 年，且发展初期 3 ~ 5 年内难以盈利，需要长期、低成本、大量的资金支持。但目前缺乏符合住房租赁经营特点的长期融资渠道，现有的融资方式主要有三类：一是来自

① 《6 月 50 城房租收入比排名出炉：北京深圳三亚居首（表）》，凤凰财经，2017 年 7 月 21 日。

风险资本和私募资金等的股权融资，这种融资方式易产生投资方干扰企业经营的问题；二是银行贷款、专项债券等债权融资，其缺点是对住房租赁企业资产和信用有较高要求，且资金使用期短、融资成本高；三是租金分期（租金贷）、应收租金保理和资产证券化（ABS、类REITs）等以租客信用或租金收益为基础的现金流融资，过去租金贷出现许多问题，而资产证券化目前还无法实现公募。发展住房租赁市场亟须拓宽住房租赁企业融资渠道，吸引社会资本进入住房租赁市场，让住房租赁投资建设资金可合理退出，并扩大再生产，建设新的租赁住房。从国际经验看，住房租赁企业所需资金的核心是要长期、低成本，从根本上解决这一问题必须发展住房租赁公募REITs。但我国当前发展住房租赁领域REITs还存在一些法律和税收方面的障碍。

（三）人们长期租住意愿不高

发展住房租赁市场需要培养长期稳定的住房租赁需求，不断提高住房租赁消费能力。但我国长期以来，人们更多将租房作为不得已的阶段性、过渡性需求，愿意长期通过租赁解决居住问题的人不多，普遍希望买房住。这就使得住房租赁需求与供给相比更为不稳定，承租人不愿意签订长期租赁合同，也不愿意在租房上投入太多，凑合着住，不利于租赁住房品质的提升。据中房学2015年对16个城市抽样调查，超过80%的住房租赁合同期限在1年及以下。据安居客发布的《2020中国住房租赁市场总结》，有75.7%的租房人群近五年内有购房计划，另有8.4%的人群已在2020年内购房。

人们长期租住意愿过低的原因主要有三个：一是公共服务资源不足以支撑租购住房在享受公共服务上具有同等权利。由于公共服务资源总体供给不足，且发展不均衡，租房家庭在子女上学等公共服务方面不能与购房家庭享受同等权利，承租人在落户方面也存在障碍。二是租赁关系不稳定。目前出租住房主要来源于个人房东，租赁双方对未来租金涨落难以预期，都不愿签订长期租赁合同，承租人对租赁关系没有稳定预期，缺乏安全感。三是租房住不能获得房价上涨带来的财富效应。随着房价不断上涨，购房人拥有的财富越来越多，而承租人不但无法获得资产增值，反而付出的租金成本越来越高。想要改变人们的住房消费观念，让更多的人愿意租房住，需要在公共服务、租赁住房供给主体、稳房价和稳租金等方面下功夫。

三 对住房租赁市场发展破局的思考

（一）多渠道降低租赁住房建设运营成本

提高住房租赁收益率最主要的是降低租赁住房建设运营成本，新建改建住房租赁的主要成本是土地成本和税务成本，降低这两项成本是最主要的政策方向。在土地政策方面，一是要在已开展的集体建设用地建设租赁住房试点的基础上，总结经验、逐步扩大试点，同时解决租赁住房建成后相关主体的产权确定及登记问题。二是探索对城区闲置低效利用的土地和房屋，采用原土地使用者与投资者合作建设的方式，改变过去土地必须收购储备并招拍挂的供地模式，既可以调动原土地使用者的积极性，最大化盘活存量土地和房屋，又可降低投资者的土地取得成本。三是探索租赁用地出让年租制，即将一次性缴纳的出让金分散到土地使用期限内按年缴纳，降低一次性投入成本。税收方面，降低住房租赁企业出租住房的房产税税率，明确住房租赁企业享受生活性服务业增值税税率，并可选择简易征收方式，将重资产和中资产住房租赁企业的税负由目前的租金收入的20%以上降低为5%以下。

此外，要利用住房租赁消费渗透率高等优势，努力开展延伸服务和多种经营，通过延伸服务和多种经营的收入来提高住房租赁收益率，但这需要租赁住房建成并实际运营后才能逐渐实现。

（二）加快推进住房租赁领域 REITs

当前发展住房租赁领域 REITs 主要面临三方面困难。一是合格的租赁住房资产较难寻找，合格的租赁住房需要达到一定的收益率水平（一般不低于4%），且产权清晰，目前这种物业还较少。REITs 是靠未来租金收益分红的证券化产品，由于住房租赁收益率过低，目前符合收益要求的租赁住房主要是在集体土地上建设或通过工业物业改建的租赁住房，而这些物业的产权一般较复杂。二是依据现行税法，REITs 设立及运营阶段存在重复征税和税收不中性问题，增加了运营成本。三是依据现行证券相关法律法规，公募基金财产只能进行证券投资而不能直接持有未上市的住房租赁项目公司股权，需要嵌套一层资产支持专项计划，由专项计划持有项目公司股权，同时出于税收筹划的目的，还要增加一层私募基金，这导致住房租赁 REITs 产品结构较复杂，增加了管理费用和发行成本。因此，推进住房租赁 REITs，需要在 REITs 产品结构、税收安排、产权安排等方面做一些特殊制度设计。具体包括，允许公募基金持有项目公司股权，实行税收简化和优惠，明确免征住房租赁转让环节土地增值税、运营环节企业所得税等，同时允许住房公积金、社保资金、保险资金等长期资金持有住房租赁 REITs。

（三）使租购住房享受公共服务机会均等

要解决人们不愿意将住房租赁当作长期居住方式的问题，最核心的是要解决承租人享受公共服务权利与房屋所有权人相比机会不均等的问题。解决这个问题有三种思路：一是大力发展公共服务，并使其质量均等化，城镇常住居民均可享受，但这需要较多的财政资金支出，短期内难以做到。二是"租购同权"或"租赁赋权"。过去主要讲的是"租购同权"，这一说法并不十分准确，因为从法律的角度看，租赁权属于债权，所有权属于物权，两者本来就有所不同，但两者在享受公共服务上是否应有差异并没有法律依据，目前存在的差异主要是在公共服务资源和能力不足的前提下的一种简单区分方式，这种区分方式与当前租购并举、大力发展住房租赁市场的环境已不相适应。公共服务资源即使较充分了，也还存在质量上的差异，难以满足所有居民的需求。三是使公共服务与住房脱钩，探索实行积分赋权的方式，让那些对城市或区域建设贡献大的人优先享受公共服务，居住方式只是其中一项评价指标。

（四）加强房地产市场调控以稳定房价和房租

要让租住人愿意长期安心于租房住，还要给租住人比较明确的房价、房租较稳定的预期。人们之所以不愿意租房而乐于买房，还因为房价长期持续过快上涨，房租也随之不断上涨。买房有较大的财富效应，而租房不但不能获得财富增长，还不断面临房租上涨压力。如果房价长期稳定，承租人就不会因为租房而与买房者财富差距越来越大，让长期租房租赁需求具有现实可行性。这就需要政府坚持"房子是用来住的、不是用来炒的"定位，下大力气开展房地产市场调控以稳定房价。

稳定房租在很大程度上就是给租住人以租赁关系稳定的预期。租赁关系稳定并不仅是指签订长期租赁合同。因为现实中，在租金不稳定的情况下，租赁双方往往都不愿意签订长期租赁合同。因此，租赁关系稳定的实质是形成租赁关系稳定的预期，其核心有三点：一是要让承租人对租赁与否、租期长短等租赁事项有自主权，即只要承租人想住就能一直住下去，承租人想退租、换租也没有太多障碍，而不受出租人可能随时涨租和卖房的干扰。这一点只有发展机构化、专业化，可用于长期租住的租赁住房才能较好解决。二是建立长租期内租金合理调整机制，比如根据当地居民收入增长、物价上涨、市场租金等情况适时适度调整租金，也可探索政府制定租金合理涨幅指导机制，防止因长期锁定租金以及出租人随意涨租给租赁双方带来的不稳定预期。三是让承租人拥有租赁到期后不高于市场租金的优先续租权利，防止出租人、中介机构因大幅提高租金的需求而毁约，破坏租赁关系。

B.18
房地产营销线上化发展现状及未来趋势

赵彤阳 张 波 盛福杰*

摘 要： 2021年，是"十四五"规划的第一年，也是房地产行业面临全新变革和挑战的一年。房地产行业规模增速持续放缓，宏观调控政策持续收紧，突发疫情带来市场不确定性风险，房企需要改变过去粗放式发展模式，寻找新的业务增长动力。与此同时，新技术的应用，直播、短视频的兴起，给房地产营销带来新的思路。购房者越来越习惯在线上找房，房企越来越重视线上营销平台，平台越来越重视为房企线上营销赋能。展望未来，房地产线上化营销已是大势所趋，房企线上化营销能力将多维度提升，平台线上化营销流程将不断完善，提供的服务保障将更加丰富。

关键词： 营销线上化 房地产 互联网平台 数字化

一 房地产线上化营销兴起的背景

2021年，房地产行业面临着全新的变革和挑战。在新基建与智慧城市的政策利好中，在增量受限与存量精细化运营的市场需求转型下，随着5G（5th generation mobile networks，第五代移动通信技术）、云计算、大数据、物联网、人工智能等多种技术的大规模应用，房企已全面进入了数字化转型的浪潮中。

---

* 赵彤阳，58同城副总裁，研究方向为房地产营销；张波，58安居客房产研究院首席分析师，研究方向为房地产市场；盛福杰，58安居客房产研究院资深分析师，研究方向为房地产市场。

（一）房地产行业自我革新的需求

1. 拥抱"数字经济"时代，推动数字化在行业应用

2021 年政府工作报告中指出，"十四五"时期要加快数字化发展，打造数字经济新优势，协同推进数字产业化和产业数字化转型，加快数字社会建设步伐，提高数字政府建设水平，营造良好数字生态，建设数字中国[①]。

2. 面临三大核心挑战，推动房企营销方式革新

（1）房地产行业销售增速放缓，利润水平下行。过去 20 年，伴随着我国住房制度改革和城镇化进程加快推进，房地产行业也迎来了高速发展。随着我国房地产市场逐步由增量市场转入存量市场，商品房销售增速逐步放缓。加上拿地成本、融资成本上升，两方面因素共同降低了房地产行业的利润水平。从我国近 5 年商品房销售情况来看，无论是商品房销售额还是商品房销售面积，增速均有所放缓（见图1）；从行业整体利润水平来看，近 5 年百强房企[②]净利润均值增速持续下降。2020 年全国百强房企净利润增速为 9.8%，较 2019 年下跌 4.4 个百分点（见图2）。

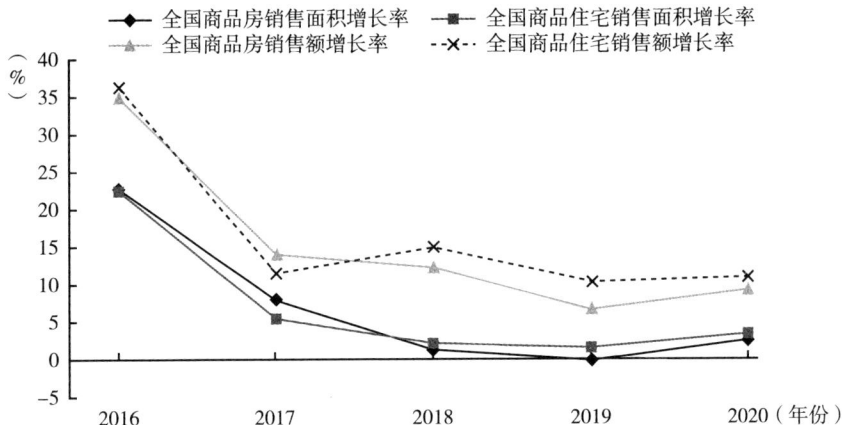

图 1　2016～2020 年全国商品房销售增长情况

资料来源：国家统计局。

---

① 2021 年 3 月 5 日第十三届全国人民代表大会第四次会议：《政府工作报告》，http://www. gov. cn/guowuyuan/zfgzbg. htm，最后检索时间：2021 年 4 月 2 日。

② 指根据各房企财务报表及公开披露材料，按照销售规模、盈利情况、企业成长性等指标统计分析，综合实力为排名前 100 的房地产企业。

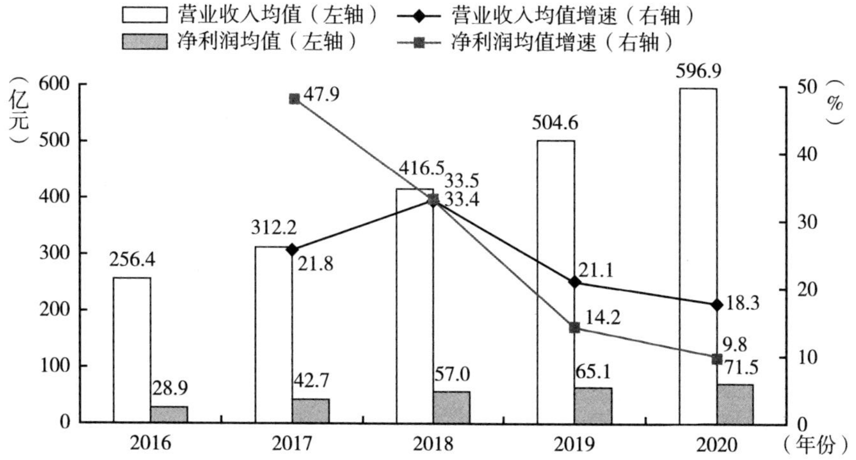

图2　2016～2020年百强房企营业收入及净利润增长情况

资料来源：各房企财务报表及公开披露资料，58安居客房产研究院整理。

（2）宏观调控政策持续收紧，规模扩张模式受限。在"房住不炒"的主基调下，各级地方政府出台了一系列房地产调控政策，保障刚需，抑制投机。在房地产快速发展时期，房企可以通过规模扩张来获取更大收益。随着存量房时代的到来，传统以增量开发获取规模收益的方式已难以奏效。2020年，房企"三道红线"、银行"两道红杠"、供地"两集中"等政策先后出台（见表1），原有的金融红利和土地红利逐渐消失。房企需要拓宽渠道，借助平台精准营销提升效率，从向规模要收益转变为向管理要效益。

表1　我国房地产调控重要政策

时间	文件或事件	政策内容
2020.11	《中共中央关于制定国民经济和社会发展第十四个五年规划和二〇三五年远景目标的建议》	坚持房子是用来住的、不是用来炒的定位，租购并举、因城施策，促进房地产市场平稳健康发展；有效增加保障性住房供给，完善长租房政策，扩大保障性租赁住房供给
2020.8	住建部、央行联合召开重点房地产企业座谈会	会议提出：房企剔除预收款的资产负债率不得大于70%；净负债率不得大于100%；现金短债比不得小于1倍（房企"三道红线"）

续表

时间	文件或事件	政策内容
2020.12	央行、银保监会发布《关于建立银行业金融机构房地产贷款集中度管理制度的通知》	《通知》明确了房地产贷款集中度管理制度的机构覆盖范围、管理要求及调整机制。综合考虑银行业金融机构的资产规模、机构类型等因素，分档设置房地产贷款余额占比和个人住房贷款余额占比两个上限，对超过上限的机构设置过渡期，并建立区域差别化调节机制（银行"两道红杠"）
2021.2	自然资源部自然资源开发利用司发布信息	重点城市要对住宅用地集中公告、集中供应（供地"两集中"）

资料来源：58安居客房产研究院根据公开资料整理。

（3）突发性公共事件，带来市场不确定性风险。2020年春节前，突如其来的新冠肺炎疫情影响波及各个行业，房地产行业也不例外。疫情暴发后，中国房地产业协会发出倡议，暂停售楼处销售活动，待疫情过后再行恢复。2020年2月，包括北京、上海、成都、南京、武汉、杭州等超60个城市发文响应[①]，暂停开放售楼处，暂停线下销售活动。2020年一季度百强房企销售面积为11152.6万平方米，同比减少26%，2020年一季度百强房企销售额为16060.38亿元，同比下降22%[②]。

（二）生活方式变化带来的发展机会

随着互联网的普及，使用互联网的网民越来越多，普及率也越来越高，与此同时，手机上网的用户也明显增多。截至2020年6月，我国网民规模为93984万人，较2020年3月新增网民3625万人，互联网普及率达67%，较2020年3月提升2.5个百分点（见图3）；我国手机网民规模为93236万人，较2020年3月新增手机网民3546万人，网民中使用手机上网的比例为99.2%，与2020年3月基本持平（见图4）。

与此同时，直播、短视频、网络购物等应用正在悄无声息地改变着消费者的购买习惯。第46次《中国互联网络发展状况统计报告》显示，在各类互联

---

① 资料来源：根据各地政府官网公布的公开资料整理。
② 资料来源：国家统计局，58安居客房产研究院整理。

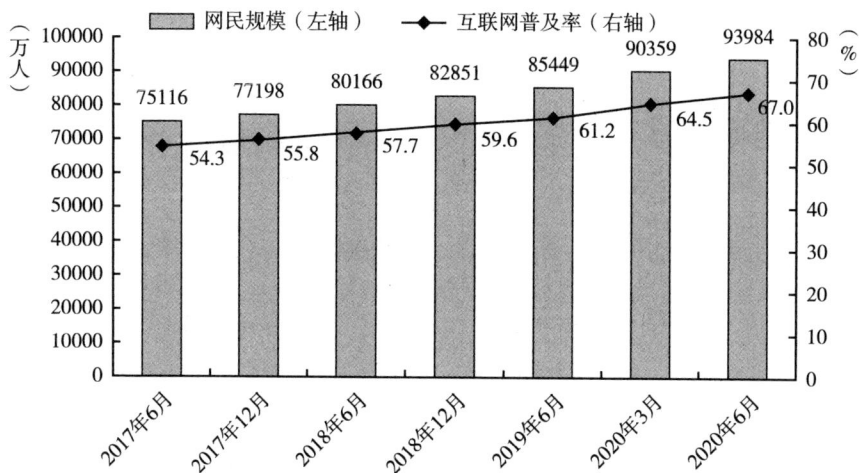

图 3　网民规模和互联网普及率

资料来源：中国互联网络信息中心（CNNIC）：第 46 次《中国互联网络发展状况统计报告》。

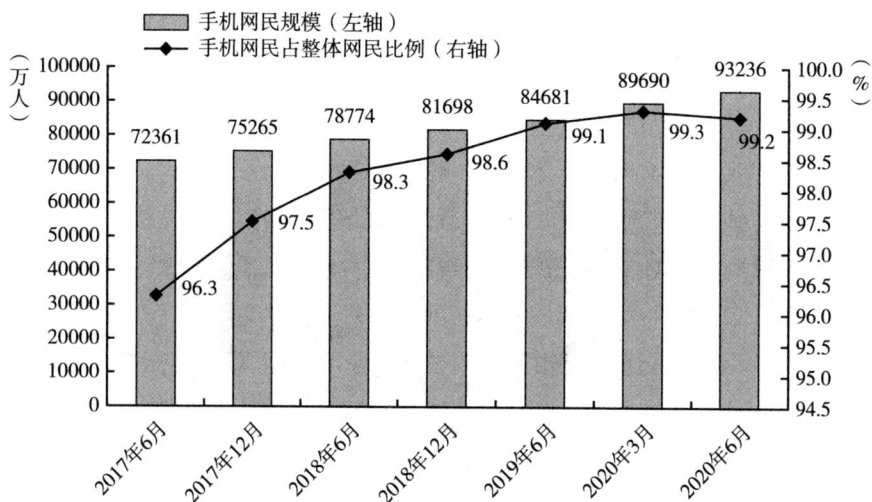

图 4　手机网民规模及其占整体网民比例

资料来源：中国互联网络信息中心（CNNIC）：第 46 次《中国互联网络发展状况统计报告》。

网应用中，电商直播、短视频和网络购物等应用的用户规模增长最为显著，增长率分别为16.7%、5.8%和5.5%（见表2）。

表2　2020年3～6月手机网民各类手机互联网应用用户规模和使用率

应用	2020年6月		2020年3月		增长率(%)
	网民规模（万）	网民使用率	网民规模（万）	网民使用率（%）	
网络购物	74939	79.7	71027	78.6	5.5
短视频	81786	87.0	77325	85.6	5.8
网络直播	56230	59.8	55982	62.0	0.4

说明：网络直播包括电商直播、体育直播、真人秀直播、游戏直播和演唱会直播（网络直播整体增长率为0.4%，其中电商直播增长率为16.7%）。

资料来源：中国互联网络信息中心（CNNIC）：第46次《中国互联网络发展状况统计报告》。

（三）新技术发展带来的技术支撑

新型基础设施建设（以下简称新基建）是企业数字化转型的核心支撑。2020年3月，中共中央政治局常务委员会召开会议，指出要加快5G网络、数据中心等新型基础设施建设进度。新基建涉及特高压、新能源汽车充电桩、5G基站建设、大数据中心、人工智能、工业互联网、城际高速铁路和城市轨道交通七大领域。

云计算、人工智能、5G、大数据等一大批新技术的兴起和发展，为房地产营销打开了新的思路。在模式创新方面，可以充分借助互联网技术和电子商务技术，重构消费者交易模式，将房地产线下交易的环节逐步移到线上；在服务创新方面，以大数据和人工智能为手段，增强消费者体验，如VR看房、AI讲房、AR装修等[1]；在产品创新方面，以大数据分析为手段，通过大数据智能分析，精准了解用户需求，赋能房企，提质增效。

---

[1]　VR看房：借助VR（Virtual Reality，虚拟现实技术）模拟真实看房情景的在线看房模式；AI讲房：借助AI（Artificial Intelligence，人工智能）技术生成AI语音，进行在线房源讲解；AR装修：借助AR（Augmented Reality，增强现实）技术，根据户型一键生成三维立体装修效果图。

二　房地产线上化营销的发展现状

房地产线上化营销，是与房地产线下营销相对应的一种新型房地产营销模式。房地产互联网平台利用电子商务在开放的网络环境下，实现购房者网上搜索、咨询、交易、支付等与房产交易相关的各种商务活动。

传统的线下营销有两种方式：一种是通过电视、报纸、广告等媒体对项目进行大规模推广，然后在售楼处接待客户自然到访；另一种是以渠道拓客的方式，将客户导流至售楼处进行营销。与传统线下营销相比，房地产线上化营销通过流程、服务、工具的线上化，突破了线下买房的"空间"限制，将流程从线下搬到线上，极大地提升了买房的"时间"效率。

传统的线下营销"强后端，弱前端"，即在购买前期客户触达有限且流失率高；线上化营销则将整个用户行为链路从"后端"延伸到了"前端"，进而覆盖"全链路"（见图5）。

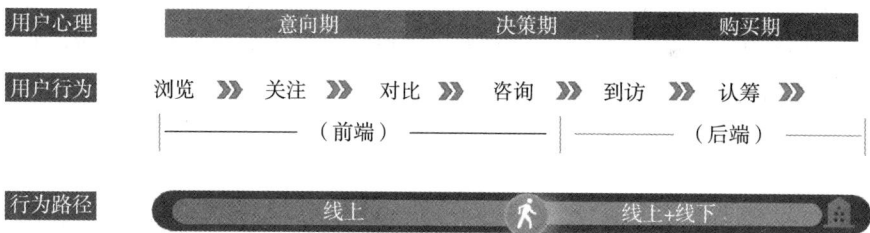

图5　购房用户完整行为链路

资料来源：58安居客房产研究院整理。

（一）房地产线上化营销的市场现状

1. 商品房销售额持续增长，增速逐步放缓

过去10年，房地产行业迎来了高速增长，尤其是2015年以后，商品房销售持续增长。2020年我国商品房销售面积176086万平方米，与2015年相比增长37%。其中，商品住宅销售面积154878万平方米，相比2015年增长38%（见图6）。

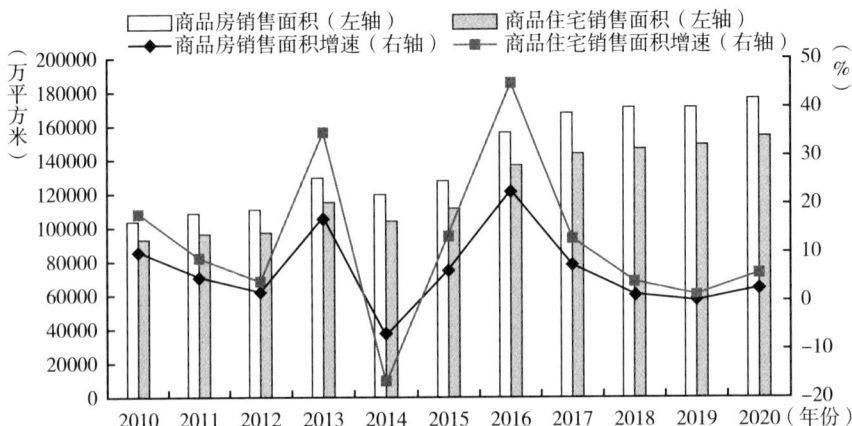

图6　2010～2020年全国商品房销售面积及增速情况

资料来源：国家统计局。

在房地产长效机制持续实施下，房地产销售增速已经放缓。从2015年到2020年，我国商品房销售额持续增长，2020年，我国商品房销售额17.4万亿元，相比2015年翻了一番。随着国家及地方一系列房地产调控政策出台，长效机制已然见效，2016年商品房销售额增速达到峰值，随后逐年下降。2020年，商品房销售额增长率为8.7%，相比2016年，下降了26.1个百分点（见图7）。

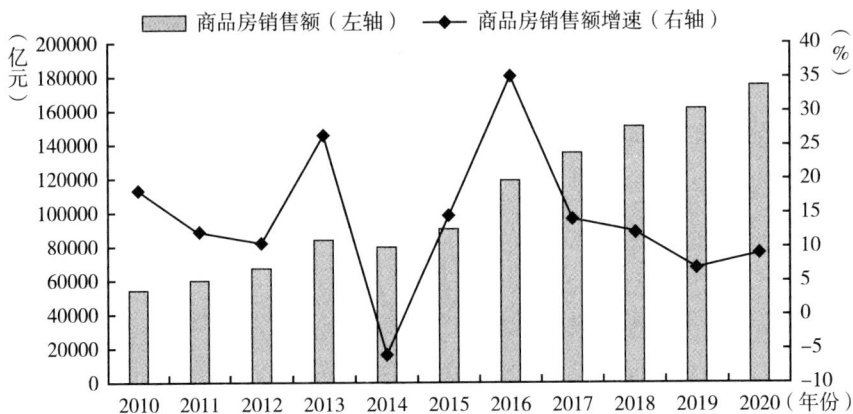

图7　2010～2020年全国商品房销售额及增速情况

资料来源：国家统计局。

2. 线上找房习惯逐渐养成，线上化营销迎来机遇

随着房地产互联网平台逐渐完善，平台功能和服务不断增强，越来越多的购房者将房地产互联网平台作为获取房产相关信息的主要渠道（见图8）。

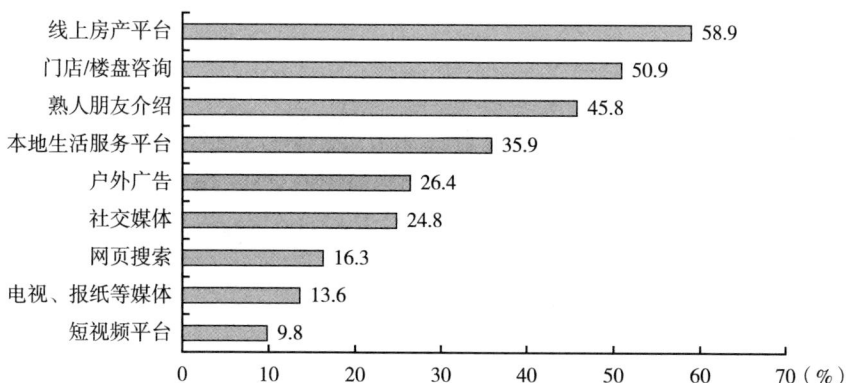

图8　购房者获取房产相关信息的常用渠道

资料来源：极光《2020年房产经纪行业和购房市场洞察报告》。

从用户线上找房数据来看，购房者通过PC端、移动端进行在线找房的习惯已逐步形成。以安居客新房PV（Page View，页面浏览）数量统计，用户页面浏览量稳中有升。2020年疫情期间，线上找房用户明显增多，2020年2月用户页面浏览量环比增长61.1%。复工复产后，用户页面浏览量增速逐渐稳定，直至2021年2月迎来又一波增长，环比增长16.5%（见图9），说明购房者对房地产互联网平台的依赖度在不断提升。

从用户VR带看①情况来看，VR带看数量增长较快，VR看房已经成为线上化营销的重要工具。一方面，5G技术的发展，其大带宽、高速率、低延时的特性为VR技术的快速发展和应用奠定了基础；另一方面，VR看房解决了购房者四处奔波看房的痛点。用户可以利用碎片化的时间了解新房，并在多个楼盘之间比较，大大提高了找房效率。以安居客VR看房为例，从2020年10

---

① VR带看：指购房者通过使用VR（Virtual Reality，虚拟现实）工具模拟线下看房情景，实现在线看房的体验，通常会有专业人员讲解，与购房者构成1组；VR带看数量，是指房源通过VR带看被访问的数量。

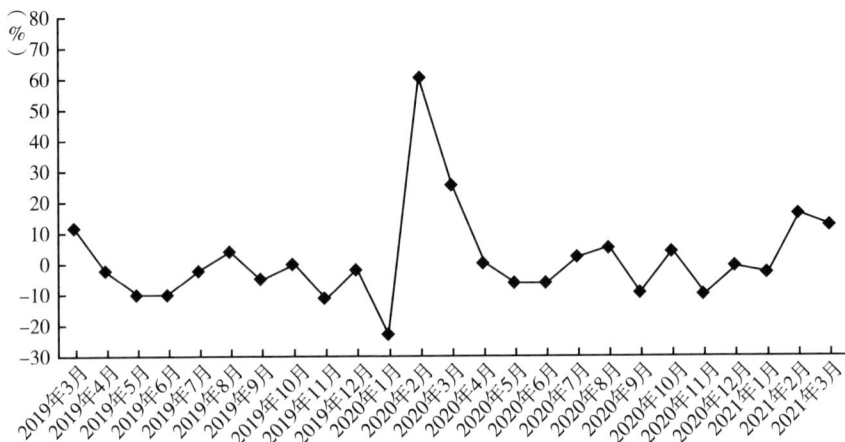

图9　2019年3月至2021年3月安居客新房PV增速

资料来源：58安居客房产研究院数据库。

月开始，VR带看数量连续6个月增长，2021年3月，VR售楼处①看房流量环比上涨30.3%（见图10）。

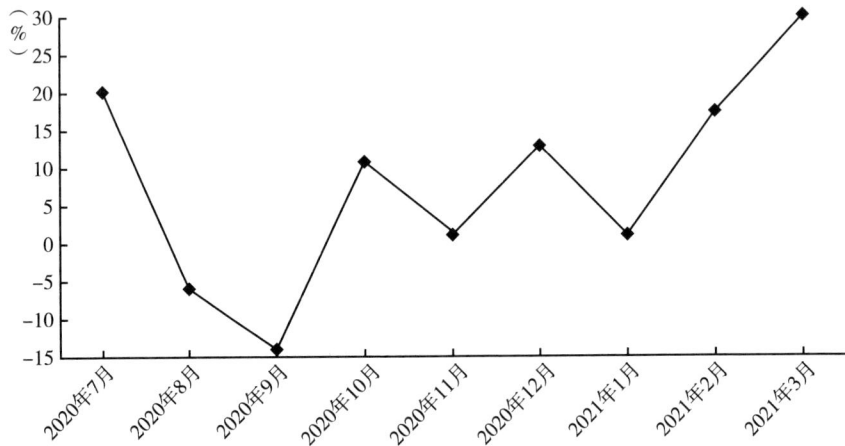

图10　2020年7月至2021年3月安居客新房VR带看增速

资料来源：58安居客房产研究院数据库。

---

① VR售楼处：即借助VR技术打造的线上虚拟售楼处，购房者可以通过它完成房源查看、咨询、预约等操作。

3. 房地产互联网平台迎来新增长，用户渗透率大幅提升

2020 年受疫情影响，房产线下交易在上半年几乎停滞，房地产互联网平台迎来了机会，许多购房者从售楼处转移到线上找房、看房和选房。2020 年12 月，房地产互联网平台的渗透率已覆盖到互联网用户的 7.7%，同比增长2.4 个百分点（见图 11）。

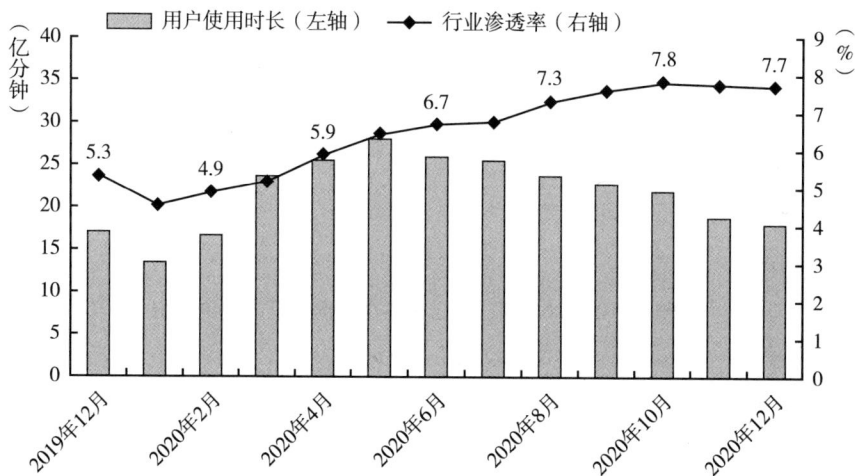

图 11　买房租房行业用户总使用时长及渗透率

资料来源：极光《2020 年 Q4 移动互联网行业数据研究报告》。

随着疫情好转，购房者在平台的时长缩短，在 2020 年 5 月达到峰值后逐步下降。主要原因是复工复产后，线下售楼处开放，购房者注意力从线上转移到了线下。但是，房地产互联网平台的渗透率依然保持增长，说明购房者在线找房、看房的习惯已经逐步养成。

4. 房企数字化投入持续加码，平台赋能房企线上营销

2020 年以来，房企在数字化方面投入明显加强。TOP50（销售规模前 50）房企在资金投入方面有了大幅增长。60% 的 TOP50 房企的数字化投入较 2019年增长，平均年投入达 1 亿元，主要用于全国性推广落地的新项目、新系统上线（见图 12）。

行业进入存量时代，市场增速趋缓、房企竞争加剧、金融去杠杆要求，以上因素要求房企转变粗放式增长思路，寻找新的业务增长动力。房企一方面加强

略有下降
平均年投入5000万元
12%

基本持平
平均年投入7000万元
28%

投入增加
平均年投入达1亿元
60%

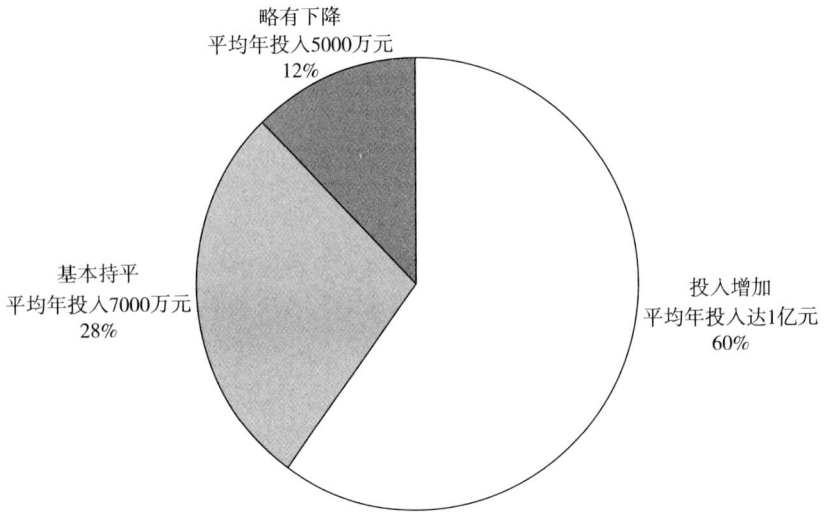

图 12　2019～2020 年 TOP50 房企数字化投入变化情况

资料来源：58 安居客房产研究院根据公开资料整理。

自身数字化转型，另一方面加强与头部房地产互联网平台合作。以安居客新房在线楼盘数量为例，近 3 年来线上合作楼盘数量迅速增长。尤其是 2020 年受新冠肺炎疫情影响，线下销售受到限制，加上资金收紧情况下房企自身对资金回流的要求，线上合作楼盘数量大幅增加，比 2019 年增加 59%（见图 13）。

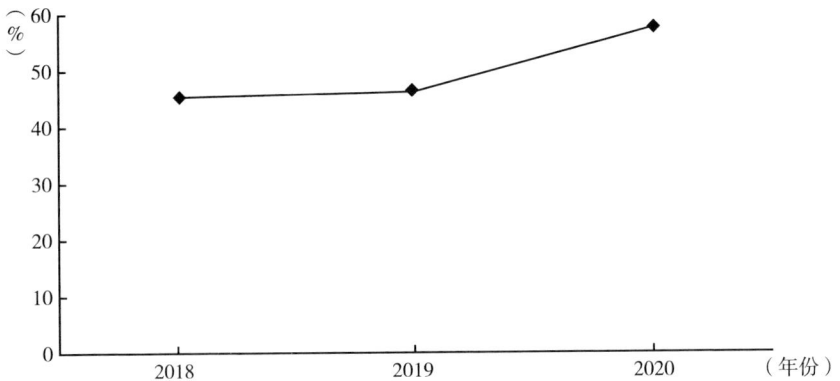

图 13　2018～2019 年安居客新房在线楼盘增速

资料来源：58 安居客房产研究院数据库。

（二）房地产线上化营销的主要类型

1. 房地产线上化营销的发展历程

房地产线上化营销并非新鲜概念，在早期被称为互联网营销，是互联网与房地产相结合的时代产物。房地产线上化营销大体上经历了四个阶段。

（1）萌芽阶段（1996～2003年）。早期房地产营销以广告为主，主要投放于报纸、杂志、电视等传统媒介。随着互联网的兴起，进入90年代后，新浪、搜狐等门户网站相继开通房产频道，为购房者提供房产资讯，同时为房企提供广告服务。

（2）探索阶段（2004～2010年）。随着房地产市场的发展，越来越多的房地产网站开始成立，独立的房产平台也相继涌现。平台不仅提供广告服务，还提供论坛、信息发布等多种服务。2007年安居客成立，2008年链家在线上线，2010年搜房控股赴美上市。

（3）起步阶段（2011～2018年）。房地产行业迎来了黄金发展时期，房企对营销的要求也越来越高，不再单单满足于广告的投放或资讯的提供，而是需要线上线下完成互动。O2O模式（Online to Offline，线上到线下模式）开始登上舞台。2011年，SOHO中国将11套房源在新浪乐居平台上试水"0元起拍"，引发了行业对房地产电商的讨论和思考。以搜房网为代表的房地产互联网平台，通过线上展示、团购活动、意向金抵扣房款等营销方式，将线上客户引流到线下，以锁定客户意向获取收入。随着移动互联网时代到来，2012年安居客率先完成从"互联网企业"到"移动互联网企业"的重大战略转型。从获取客源再到带看转化，移动化的工具解决了房地产营销中客户全流程跟进的难题。房地产营销进入移动互联网时代，涌现了如安居客、房多多、爱屋吉屋、Q房网、链家网等一大批有影响力的房地产互联网平台。

（4）发展阶段（2019年至今）。房地产行业面临新局面：宏观调控政策持续收紧，房企降杠杆和资金回笼压力进一步加大；房地产行业整体利润水平下滑，房企之间竞争愈加激烈，房企集中度提升已是趋势，中小房企面临生存压力；新冠肺炎疫情等突发性公共事件，使不确定性风险成为房企考虑的重要因素之一；5G、VR、人工智能等新技术发展，打开了房地产线上化营销的新思路；购房者线上找房的习惯已逐步形成。面临新的机遇和挑战，房地产线上化营销引来了房地产全行业的关注。线上化平台进入百花齐放、百家争鸣的高速发展阶段。除了早期的互联网平台公司外，房企平台、电商平台、直播平台也纷纷入局。2020 年，多家房企推出线上售楼处，开始线上卖房；2020 年 4 月，网红主播薇娅在淘宝试水直播卖房；2020 年 9 月，阿里巴巴联合易居推出"天猫好房"平台，提供房产线上交易服务。

2. 房地产线上化营销的主要类型

从平台运营主体和交易模式来看，房地产线上化营销大体上可分为四种类型：第三方平台型、中介自营型、房企自建型、新媒体营销型。

（1）第三方平台型，是指以互联网平台公司为代表的第三方平台，通过大数据信息管理机制设计，将人、房聚合到平台之上，为房地产交易活动提供相关服务的一种模式。在需求端，平台聚合海量房源信息，提供多种看房工具和优质保障服务，为购房者在线找房、看房、选房和买房提供便捷；在供求端，平台通过强大的数据库管理能力，精准聚焦目标购房群体，在房源、购房者、置业顾问之间进行精准匹配，全面提升线上营销效率。

以安居客、房多多、贝壳等为代表的平台型公司，之所以能够快速增长，得益于其强大的流量优势和高效的流量转化能力。平台型模式属于自组织模式，即平台本身不卖房，而是为购房者、房企、置业顾问等房产交易活动参与者提供工具和服务。平台通过提供丰富的营销场景，有效提升自然流量和自然到访效率。如中海地产北京某项目，在与安居客平台合作的 15 天时间内，项目在线点击量增长 174%，客户线索量增长 167%，最终通过安居客线上成交占总成交的 20%。①

（2）中介自营型，是传统房地产中介公司互联网化的一种方式，本质上是中介公司将线下门店线上化。中介公司本身拥有房源，通过收取买卖双方佣金产生利润。受平台端口费不断上涨的影响，头部中介公司开始考虑自建平台。2014 年，我爱我家、中原地产、链家、21 世纪不动产等经纪公司纷纷建立了自己的线上门店。

以我爱我家、中原地产等为代表的头部中介公司，采用"两条腿"走路的方式，既建立自己的自营平台，也与大的平台型公司合作。而许多中小型中介公司尚无能力建立自己的平台，普遍选择与大的平台型公司进行合作。平台

---

① 资料来源：根据 58 安居客房产研究院数据库整理。

型公司的优势在于前端强大的流量聚合和转化能力。中介公司的优势在于后端的线下带看、合同签约等线下服务能力。

（3）房企自建型，是指房地产企业自建线上房产平台，通过平台实现房源展示、咨询、预约等功能，从而满足房企自身项目销售的需要。随着互联网的发展、手机用户的增长、房产平台渗透率的不断提升，房地产营销的重心逐步向线上倾斜；新冠肺炎疫情的发生，促使越来越多的房企采取多样化营销策略，加速了行业线上化营销的进程。

2020年初，受疫情影响，线下售楼处关停，龙湖、万科、碧桂园、恒大、融创、保利、金茂等140余家房企开通线上售楼处，将线下售楼处的展厅功能通过VR、图片、视频以及直播等形式进行全景式展示①。其中，许多头部房企纷纷开始建立自己的线上房产平台，如恒大恒房通、碧桂园凤凰云、万科e选房等（见表3）。

表3　2020年部分房企自建线上房产平台情况

房企名称	平台名称（自建）	平台主要功能
恒大	恒房通（房车宝）	线上展示、咨询、预约、认购
碧桂园	凤凰云	线上展示、咨询、预约、产证进度
万科	e选房	线上展示、咨询、预约、客户推荐
龙湖	龙湖U享家	线上展示、咨询、预约
富力	富力好房	线上展示、咨询、预约、认购
新城控股	小e新房	线上展示、咨询、预约
中海	海客通	线上展示、预约、客户推荐
融创	幸福通	线上展示、预约、客户推荐
保利	悦家云	线上展示、预约看房
美的置业	智美置家	线上展示、咨询、预约、认购
雅居乐	雅居宝	线上展示、咨询、预约、客户推荐
合景泰富	合景云选家	线上展示、咨询、预约
阳光城	阳光房宝	线上展示、咨询、预约、客户推荐
禹州	禹州买房宝	线上展示、咨询、预约、客户推荐

资料来源：58安居客房产研究院整理。

（4）新媒体营销型，是指房企借助KOL（Key Opinion Leader，关键意见领袖）或KOC（Key Opinion Consumer，关键意见消费者），通过短视频或者直

---

① 资料来源：根据各房企公开资料整理。

播形式进行房地产在线销售的一种新型营销方式。

房企自建平台成本较高，并且线上营销能力不足，以抖音、快手为代表的短视频平台的兴起，给房地产营销提供了一个新思路。2020年，碧桂园、恒大等房企纷纷入驻短视频平台，通过在短视频平台发布项目短视频介绍，获取客户关注和提升项目热度。2020年4月，薇娅试水直播卖房，在淘宝直播出售复地酒店式公寓项目权益券，开启了另一种全新的营销方式，随后各大房企纷纷跟进（见图14）。直播卖房的方式，借助网红或明星的个人魅力可以达到快速引流的作用，同时直播形势下房产信息更加透明，容易为购房者接受。

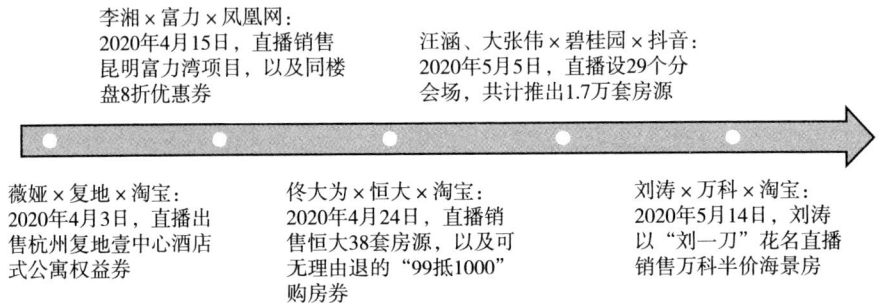

李湘×富力×凤凰网：
2020年4月15日，直播销售
昆明富力湾项目，以及同楼
盘8折优惠券

汪涵、大张伟×碧桂园×抖音：
2020年5月5日，直播设29个分
会场，共计推出1.7万套房源

薇娅×复地×淘宝：
2020年4月3日，直播出
售杭州复地壹中心酒店
式公寓权益券

佟大为×恒大×淘宝：
2020年4月24日，直播销
售恒大38套房源，以及可
无理由退的"99抵1000"
购房券

刘涛×万科×淘宝：
2020年5月14日，刘涛
以"刘一刀"花名直播
销售万科半价海景房

图14　2020年直播卖房热点事件一览

资料来源：58安居客房产研究院整理。

四种类型各有优劣：第三方平台聚集流量能力最强，对线下依赖也强；中介公司对线下把控能力最强，但流量有限；房企自建平台的房源准确性最高，但仅售自身房源，且拓客成本较高；新媒体与客户接触度最高，效果最直接，但无法满足购房者按需找房（见图15）。

三　线上化营销在房地产行业的应用

（一）流程线上化

用户购房流程通常包括找房、看房、选房和买房四个阶段。从整个交易流程来看，线上化流程已完成从房源展示向交易全流程覆盖（见图16）。交易流

第三方平台型	中介自营型	房企自建型	新媒体营销型

优势：

· 强流量，聚客能力强 · 强大平台运营能力 · 客源可复用程度高	· 拥有线下门店，对 线下把控力较强 · 客源可复用程度高	· 房源准确性更高 · 优惠活动自主性 更强	· 快速引流，提升 知名度 · 公众人物背书， 提高信赖度

不足：

· 成交效果依赖线下	· 线上房源受限于线 下拓展能力 · 线上客户流量有限	· 仅售房企自身房源 · 客源复用程度低， 拓客成本较高 · 线上运营能力不足	· 点状营销，购房 者无法按需找房 · 单一环节，未形 成交易闭环

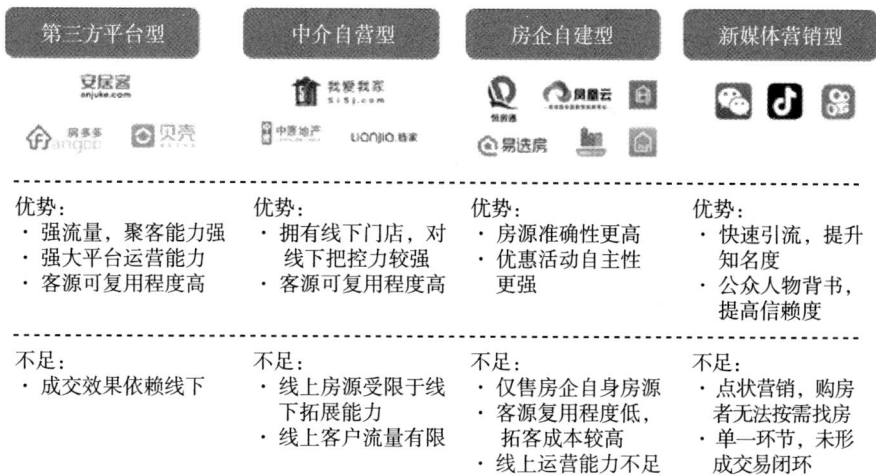

图 15　房地产线上化营销四种类型比较

资料来源：58 安居客房产研究院整理。

程前端，找房、看房、选房阶段的线上化基本上已经成熟；交易流程后端，买房阶段目前还是以线下为主，在线上已经可以实现的功能主要有线上预约、线上认筹和线上认购。

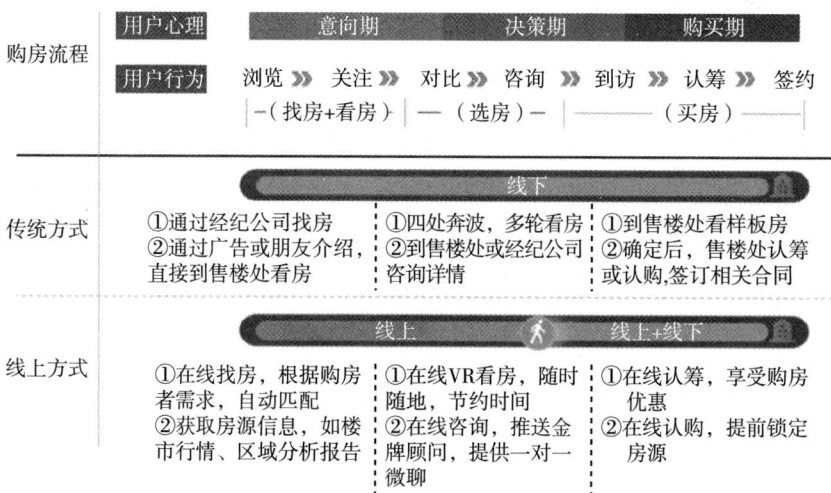

购房流程	用户心理	意向期		决策期		购买期	
	用户行为	浏览 ▶ 关注 ▶		对比 ▶ 咨询 ▶		到访 ▶ 认筹 ▶ 签约	
		├─（找房+看房）─┤		─（选房）─		├──（买房）──┤	

线下

传统方式	①通过经纪公司找房 ②通过广告或朋友介绍， 直接到售楼处看房	①四处奔波，多轮看房 ②到售楼处或经纪公司 咨询详情	①到售楼处看样板房 ②确定后，售楼处认筹 或认购，签订相关合同

线上　　　　　　　**线上+线下**

线上方式	①在线找房，根据购房 者需求，自动匹配 ②获取房源信息，如楼 市行情、区域分析报告	①在线VR看房，随时 随地，节约时间 ②在线咨询，推送金 牌顾问，提供一对一 微聊	①在线认筹，享受购房 优惠 ②在线认购，提前锁定 房源

图 16　线下购房与线上购房流程比较

资料来源：58 安居客房产研究院整理。

在线找房：传统找房，由于买卖双方信息不对称性，购房者需要奔波于不同售楼处之间，反复看房并反复比较，时间和精力耗费较大；房源数据化、线上化以后，购房者可以直接在线按需找房，如按照区位、价格、配套、装修等条件快速搜索到符合自己需求的房源。

在线看房：传统看房，需购房者到达项目现场，才能获取真实信息；线上平台提供 VR、AI、AR 等各种线上化工具，模拟现场看房情景，从虚拟社区、到虚拟样板间、再到虚拟装修①，购房者体验情景更丰富。随时随地看房、看房时间缩短，大大提升了购房者看房效率。

在线选房：传统选房，购房者信息获取和沟通渠道有限，在选房时主要通过售楼处销售人员介绍或者朋友推介获取相关信息；房地产互联网平台提供的信息更丰富，沟通渠道更通畅。线上平台为购房者提供专业人员，如金牌顾问、挑房专家等，随时随地进行一对一微聊咨询，同时为购房者提供包括楼市行情、房友交流、项目点评等服务，供购房者决策参考。

在线买房：在经过找房、看房、选房三个环节后，购房者可以通过平台预约线下实地看房。对意向房源，购房者可以通过在线认筹获取购房优惠，或者在线认购提前锁定房源。

房地产交易流程线上化，不是简单地将线下流程搬到线上，而是要通过线上化最终达到智能化提效的目的。在房产交易过程中，会产生大量的数据，如用户的房源信息数据、置业偏好数据、置业顾问的历史成交表现数据等。线上化营销的优势，在于可以积累这些数据，并对这些数据进行分析和应用，完成购房者、房源、置业顾问的精准匹配。对购房者，平台可以根据用户的浏览习惯和搜索数据，自动匹配其所需要的房源，减少搜索成本，并有效保障用户隐私信息；对置业顾问，可以根据其历史成交表现进行评级，提升其个人品牌影响力。根据评级结果，甄选优秀置业顾问，可以更好地为购房者服务，提升购房满意度。

（二）服务线上化

房地产营销服务，是指围绕房地产交易流程提供的一系列活动。房地产营

---

① 是指借助 VR（Virtual Reality，虚拟现实）技术，模拟现实中的社区、售楼处样板间、装修效果，为购房者打造一种身临其境的体验。

销服务能力是房地产互联网平台运营的核心。房地产互联网平台通过打造平台服务能力，赋能房企、置业顾问和购房者，为房地产交易全流程提供保障。

1. 带看类服务

VR带看：平台依托VR技术，打破时空限制，为购房者提供1：1全真复制临感看房，营造身临其境的看房体验；平台为购房者提供远程直连带看，看房专家在线实时答疑解惑。

AI讲房：平台结合楼盘特点，从楼盘规划、区域价值、交通配套、户型信息等多个维度生成AI语音。在语音讲解过程中，平台配合楼盘图片、地图、户型图等材料，为购房者营造身临其境的讲房体验。

优选直播：平台邀请挑房专家或优秀置业顾问与购房者在线实时互动，对优选房源进行直播展示，并在直播过程中提供购房优惠折扣券等直播特惠。

AR装修：由于购房者对未装修的毛坯房没有概念，平台借助AR增强现实技术，根据房间户型一键智能生成3D装修效果，满足了购房者对住房的期待与想象，有利于促进住房成交。

免费专车：VIP购房者可以通过线上报名，在平台预约一对一定制化专车看房服务。专车服务解决了因项目偏远、交通不便而造成的客户流失问题，同时提升了客户体验度。

2. 咨询类服务

在线微聊：借助即时通信工具，平台智能连接置业顾问与购房者，帮助购房者及时获取房源相关信息，同时帮助置业顾问建立高效、及时的沟通方式。

金牌顾问：平台对开发商售楼处置业顾问进行排名认证，从中甄选优秀顾问，为购房者提供一对一实时在线服务。购房者可以随时随地咨询专属顾问，获取房源信息。

3. 交易类服务

一房一价：线上公开房源价格，包括单价、总价以及优惠后的价格，购房者可以根据户型、面积、楼层等查询具体房源价格。一房一价增加了房源透明度，更易获得购房者信赖。根据58安居客房产研究院数据库统计，与普通楼盘相比，一房一价楼盘的关注量增加37.3%～70.5%，客户线索量增加20.0% ~68.8%①。

特价房源：平台依托大数据分析和数据聚合能力，及时获取房企的特价房源信息，在平台更新并智能推送给购房者，从而使得购房者在第一时间获取优惠。

特惠订房：平台依托聚合优势，聚集开发商海量特惠信息，及时在平台更新和推送，为购房者提供购房优惠。

4. 保障类服务

无忧锁房：购房者在线上支付意向订金，在一定时期内，可锁定开发商承诺的特定房源，开发商审核房源信息后，确认用户发起的锁房是否成功。

无理由退订：在锁房有效期内，若购房成功，则意向金直接抵扣房款；如果意向金支付成功但购房未成功，购房者可申请无理由退订服务。

保价服务：平台提供低价保障、买贵包赔等服务，保障购房者在约定时期内，以最低价格购买到某特定房源，如果不是最低价获得，可在平台提起保价申请。

（三）工具线上化

工具线上化，是指平台将与房产交易相关的工具进行线上化，并嵌入平台之中，为房产交易活动参与者提供便捷应用。

1. 管理类工具

面向购房者：购房者可以通过在线工具，进行看房管理，如查看房源、预约看房、查看进度等，第一时间了解关注房源的最新动态。

面向置业顾问：平台为置业顾问提供拓客工具，提升置业顾问线上自营销服务能力和效率，如新增房源卡片、添加客户、认筹邀请、看房邀请、客户来源筛选等。

面向房企：平台为房企线上营销服务赋能，助力房企线上自营销管理，如商品管理、营销赋能、销售管理、客户管理、数据服务、投放管理等。

2. 资讯类工具

行情数据：平台依托数据积累、行业跟踪和大数据分析的能力，形成房价

---

① 资料来源：根据58安居客房产研究院数据库整理。

走势、行情分析报告等资讯，在页面实时展示和更新，供购房者随时随地查看和参考。

买房交流：通过房友圈、贴吧、项目点评等工具，为购房者提供线上交流场所。房友的购房经验和评价更能获得购房者信任，是购房者买房时的重要参考依据。

3. 交易类工具

购房资格：通过在线查询，购房者可以即时获知购房条件，以及自己是否具备购房资格。

房价评估：用户通过在线输入楼盘位置、楼层、面积等情况，可以即时获得楼盘评估价格，为用户购房或者卖房提供参考。

房贷计算：用户通过在线输入贷款类型、贷款期限、购房性质、贷款利率、还款方式等初始条件，即可生成结果，显示首付资金、每期还款额、总还款额、支付利息等明细，为购房者制定购房或还款计划提供参考。

税费计算：根据房屋类型、房屋面积、房屋单价、置业类型等初始条件，自动计算购房所需缴纳的税费。

四 房地产线上化营销的未来展望

（一）房地产线上化营销是必然趋势

在 2020 年疫情的影响下，房地产线上化营销迎来了快速发展的契机。5G、VR、大数据等技术的日益成熟及其在房地产营销上的尝试应用，使房地产线上化营销成为可能。

从统计结果来看，互联网购物平台用户和购房人群高度重合（见图 17）。尤其是 40 岁以内的人群，占比超过七成，他们积累了相对较长的线上购物经验，养成了线上购物的习惯。线上化营销恰逢其时，房地产互联网平台的首要目标应该是将这部分人群的买房习惯从线下转移到线上，通过提升购房过程中的体验度和通畅度，增强这部分人群对平台的依赖。

目前，大型房地产互联网平台加大了对新技术的投入，开发了"VR 带看""网上售楼处"等线上营销工具，促成了房企营销阵地全面向线上转移，

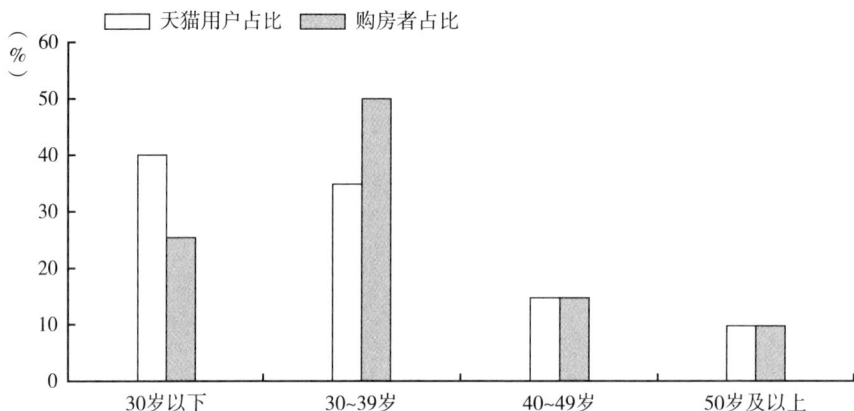

图17　2020年天猫用户和购房者年龄占比

资料来源：58安居客房产研究院整理。

但这并不意味着线上卖房将取代线下卖房。购房者在网上完成找房和看房，在最终决策的时候始终需要到线下实地调查。因此，未来的发展模式是线上线下并存，相互融合、相互赋能。

（二）平台线上化流程会更加完善

房地产营销线上化的前提是对房地产交易整个作业流程进行拆解。通过拆解，寻找哪些环节可以线上化，哪些环节只能通过线下完成，能清楚房地产线上化营销的未来方向。房地产互联网平台的职责是提供更多的买房和卖房工具，完善交易流程并保障交易安全。

对整个新房作业流程拆解（见图18），购房者在决定购买前的主要步骤为①、②、③、④，这些步骤可通过安居客App中"卖房""微聊""VR""在线看房"等功能实现；步骤⑤、⑥、⑩也可以通过线上实现，因为当前合同都是格式化合同，办理贷款的材料可以在线上传，签订合同时可通过"视频面签""线上手写签"等功能实现；步骤⑧、⑨、⑪、⑭在合同手续完成的情况下，可进行线上自动发起并完成付款及产证办理。综上，整个新房交易流程有11项步骤已经或者可以通过线上完成，即近80%的业务流程可以实现线上化。

线上化有难度的是④→⑤、⑤→⑥、⑫→⑬步骤中间的决策过程。以④→⑤为例，购房者在带看结束后，需要更多的信息支持其决定是否认购。在此情况下，平台可以提供楼市行情、小区分析、项目评测等报告资料，帮助购房者更好地了解城市、区域和项目的基本面，辅助其决定是否购买；再以⑤→⑥为例，购房者在签好合同付完款后可能出现问题，如未能购房成功、价格买贵等。针对此，平台可以通过提供"先行赔付""购房/贷款能力评估工具"等保障服务，解决购房者后顾之忧，从而更好地实现买房全流程线上化。

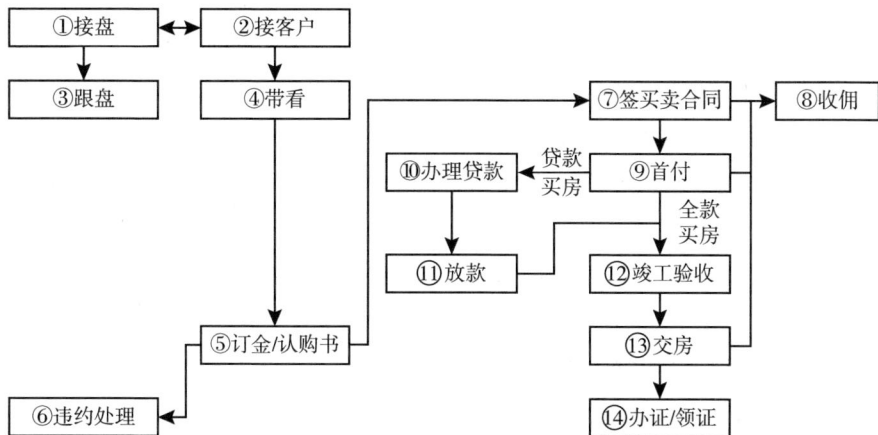

图18　新房作业全流程示意

资料来源：58安居客房产研究院整理绘制。

（三）房企线上化营销能力有待提升

房企自建线上化营销平台面临两大难点：房企自身营销能力有限，自建线上营销平台成本相对较高。大多数房企的线上营销策略还是传统的优惠打折和无理由退房，辅以简单的线上沟通工具来完成销售，这与真正的线上化营销还存在一定的差距。部分头部企业已经开始注重线上营销能力的提升，如恒大在其平台推出"网上VR看房""网上选房"服务，并结合优惠打折和保障活动，达成项目销售目的。此外，房企如果自行组建线上销售产品开发团队，投入成本高，开发时间长，还需要大量的线上流量费用投入，可能得不偿失。

目前，市场上头部房地产互联网平台，如安居客、房多多、贝壳等，在找房、看房甚至选房阶段的线上化工具和平台运营服务已相对比较成熟，并且有流量保证，能够形成大量的用户点击、电话连接和带看量。在提供基础服务方面，头部平台，如安居客，能为房企提供线上营销效果分析、目标客群分析、区域竞品项目分析、置业顾问能力分析等服务。未来，房企可以借助头部平台的流量优势和运营服务能力优势，赋能线上营销，增加线上销售比重。

（四）数据线上化整合将广泛应用

政府端，可通过大数据分析精准施策。以往政府调控楼市基本是一刀切，最终导致调控效果打折。如限购政策在执行初期，有人通过离婚的手段规避限购，有人通过假结婚来规避限购，还有人通过补缴社保来满足购房资格，最主要的原因是各个部门之间的数据没有打通。有些特定市场形成监控"盲区"，如租赁市场由于没有强制备案要求，政府无法掌握市场租金信息，导致部分不良二房东高价拿房，低价出租，最终资金链断裂，卷款跑路。未来，政府有望打通"数据孤岛"，融合大型房地产互联网平台的市场数据，赋能市场监控，通过大数据分析及时发现市场风险点，在源头上规避此类事件的发生。

企业端，可通过大数据分析精准获客。在项目销售过程中，对房企来说，最难的就是确定目标客群、客户来源和客户偏好。最好的解决方式，就是将线上数据（人群特征、年龄行业、浏览喜好、关注时间、行为轨迹等）和线下数据（产品属性、目标人群、知名度、竞品、区域、户型、价格、交通、配套等）打通。通过建立数据分析模型，设定指标和维度来对客群进行分析，根据分析结果进行精准广告投放和客户寻找，从而达到降本增效的目的。

消费端，可通过大数据分析精准选房。购房者在买房过程中最怕碰到假房源，怕选错房。目前头部房地产互联网平台基本都已建成了符合自身特色的楼盘字典，一旦出现虚构房源，即可校验，这样在进行房源展示的时候就可以有效避免虚构房源；平台还通过大数据分析对房源价格进行监控，如果某房源挂牌价过高或者过低，则该房源无法进行挂牌，同样可以减少虚假房源的数量；针对购房者选房，平台可以通过长期数据监测和海量数据，形成大数据分析产品，辅助购房者进行决策，降低其选错房的概率。

B.19
长租公寓"爆雷"的原因与对策建议

李永乐 达畅*

摘　要：　2017年以来，长租公寓成为投资风口，但受2020年经济下行、行业混乱、融资趋紧等因素影响，长租公寓行业面临巨大挑战，"爆雷"倒闭事件不断出现。在此背景下，本文首先从高金融杠杆、租赁需求减少、租金下降和资本撤资等方面剖析了长租公寓"爆雷"的原因；其次，剖析了南京在规范住房租赁市场发展方面的具体措施，主要从南京市租赁市场政策供给、租赁住房用地供给和租赁住房供给三方面展开；最后，提出避免长租公寓"爆雷"、促进长租公寓市场有效运行的对策建议，主要从加强政府监管、增加市场供给、促进企业精细化运营三方面深化改革，保障住房租赁市场平稳健康发展。

关键词：　长租公寓　住房租赁市场　租金贷　南京

　　自2015年中央首次提出建立租购并举的住房制度以来，住房租赁市场发展受到社会各界广泛关注。2017年以来国家及地方频频出台各类租售并举的红利政策，多渠道助力长租公寓发展。住房租赁市场发展不仅可以满足更多购房困难群体的居住需要，而且能够有力支持"房住不炒"思路下的房地产长效机制建设。近几年，全国长租公寓呈现井喷式爆发，最多时全国长租公寓品

* 李永乐，管理学博士，南京财经大学公共管理学院副院长、土地与城乡发展研究中心主任，教授，硕士生导师，研究方向为房地产经济与政策；达畅，我爱我家南京公司市场研究主管，研究方向为住房租赁市场。

牌达 1200 多家。

长租公寓爆发的同时，陆续出现了不少企业资金链断链、爆雷倒闭的现象。受新冠肺炎疫情影响，长租公寓爆雷倒闭事件频繁上演。据不完全统计，从 2017 年至今，有 107 家长租公寓因为资金链断裂或经营不善而爆雷跑路，"租金贷""爆雷"成为与长租公寓密切相关的高频词，长租公寓行业进入"洗牌期"，经营不善的企业逐步退出市场，资本逐渐回归理性。

一　长租公寓"爆雷"的原因分析

2020 年，长租公寓行业迎来了最冷的冬天。鼎家公寓、乐伽公寓等行业内一批"高进低出"的企业开始爆雷，长租公寓市场在整体并不景气的情况下，突然暴发的疫情成为压垮骆驼的最后一根稻草。长租公寓行业第一股青客公寓和曾经的"行业老二"蛋壳公寓双双资金链断裂，友客、巢客、岚越等上海、杭州等地的小型长租公寓企业接连爆雷。在疫情和国际经济形势等因素的多重影响下，长租公寓行业综合成本急剧上升、空置率明显走高，资金链持续紧张，加速了长租公寓行业洗牌。前几年还呈现一片红火景象，甚至蛋壳等头部平台完成上市的长租公寓市场，为何在 2020 年频频爆雷？纵观长租公寓行业的发展历程和发展模式，不难发现长租公寓企业不断爆雷的原因主要有以下几点。

（一）"高收低出""长收短付"的高金融杠杆

自 2017 年以来长租公寓成为投资风口，越来越多的企业涌进来，这些企业为了快速盈利，高价获得房源管理权，低价出租给租客，采取"租金贷"的"类金融"盈利模式。

传统的租赁模式利用房东收房和房客租房的租金差来获取利润，而"租金贷"的模式，则在房东、租客、长租公寓运营方三者中加入金融机构，诱使租户线上办理合作银行"租金贷"。租客与金融机构签订一年甚至更长期限的贷款合同，租户按月归还银行贷款，运营方则从银行一次性收到一年甚至两年、三年的预付租金，提前收回全部房租，而其支付房东的租金则采取按月实付的方法。通过"以长补短"的时间差，长租公寓运营方积聚起庞大的预付款"资金池"。

部分长租公寓运营方将"资金池"用于恶性扩张,谋求更大的市场占有率和用户规模,这种"高收低租"的运营模式本质上是亏损的,需要通过源源不断的"租金贷"填补空缺。在实践中,"租金贷"业务存在信息披露不完备与流动性风险大等问题,这不仅损害了租客利益,还使部分公寓运营商资金链断裂。一旦遇到突发情况,长租公寓运营方无法支付房东的租金,则会导致"爆雷"现象的出现。

(二)租赁需求减少,长租公寓空置率陡增

长租公寓主要分布在有大量外地人口涌入的一线和二线城市。外来人口在高房价的压力下,普遍选择租房生活。长租公寓以房内空间改造实现了供应产品的数量倍增,又以较低的价格出租,满足了一二线城市人口的租房需求。长租公寓采取的是包租模式,即不管房子能否租出去,都要向房东支付房租,按租赁行业市场行情测算,长租公寓租房空置率一旦低于90%即会亏损。

2020年受疫情影响,全国大中城市返岗务工人员减少,总体租房需求降低;与此同时,在疫情影响下许多行业经营活动一度停止,不少人的收入受到影响,抗风险能力弱,进而出现退租、退房的情况。租房市场逐步呈现供过于求的状态,长租公寓空置率陡增。各大城市出台针对人才的租房补贴性政策措施,分流了部分城市的新增租房需求,租房需求大幅减少,房源大量闲置,造成"资金池"现金流大幅减少,企业经营陷入困境。

(三)租金下降、资本撤资,导致资金链断裂

租金倒挂是长租公寓行业一个比较普遍的现象,长租公寓以"高进低出"的价格优势,烧钱抢房,垄断两头客源。然而,2020年全国重点城市,包括北上广深等一线城市和南京、成都、西安、天津等二线城市,租赁成交环比下降10.5%,各城市租金同比均有下滑,整体租金水平降至五年来的最低值。由于业主转租房源的租金价格被锁定,在当前租金预期下,长租公寓企业盈利难度很大,同时政府提供的廉价租赁房源、集体土地建设租赁房源等公寓也逐渐从土地开始变成房源,这些都会影响租赁市场的未来预期。

强大的资本涌入是推动长租公寓市场快速扩张的有效支撑。资本具有逐利性,他们看中的是长租公寓未来的发展前景,寄希望于长租公寓做大做强

之后选择上市，这样就可以把投入的资本成倍地赚回来。但是，随着进入的资本越来越多，竞争越来越激烈，有些资本就会在权衡之后做出战略性的放弃行为。这些资本开始退出，就为长租公寓的"爆雷"埋下了伏笔。

长租公寓频频"爆雷"，固然有市场环境变化的因素，但更深层次的原因还是长租公寓商业模式的不可持续，当长租公寓偏离了租赁的本意，转变为圈钱融资的工具时，爆雷跑路就成为大概率事件。

二 规范长租公寓有序发展的南京实践

在蛋壳公寓爆雷之前，南京的乐伽公寓在 2019 年就已出现经营不善跑路的情况，南京市住房保障和房产局迅速启动调查，并组织司法所、人民调解委员会、律师事务所等第三方机构，在辖区设立调处服务点，为南京地区乐伽公司客户提供纠纷调解和法律咨询服务，同时为南京地区的乐伽公司客户推荐 5 家住房租赁企业提供服务。此后，南京出台了多个住房租赁相关政策，保证租赁市场的稳定运行。在长租公寓监管方面，南京起到了很好的示范引领作用，通过解决长租公寓企业爆雷问题、规范市场秩序等多项举措保障了租赁市场有序发展。

（一）租赁市场政策供给有保障，规范租赁市场发展

作为全国首批发展住房租赁市场的试点城市，南京出台多项政策措施，支持和引导住房租赁市场发展。特别是在乐伽公寓事件之后，南京相关部门在住房租赁市场秩序管理、租赁项目补贴、租房改建及租金管理等方面，联合多部门制定了全方位的政策规范或办法指导。

2019～2020 年南京共出台 10 项与租赁相关的政策或文件，包括针对出租房管理执法的《出租房屋管理执法指引（试行）》和《加强出租房屋管理规范租赁行为工作方案》，针对租房备案及租金托管的《关于进一步支持住房租赁市场平稳健康发展的公告》《关于进一步加强全市住房租赁市场监管 规范市场秩序的通知》和南京市租金托管制度，以及支持补贴住房租赁项目的《南京市住房租赁市场补助项目管理办法》和引导多渠道筹集租房房源的《南京市存量房屋改建为租赁住房办理实施细则（试行）》，具体如表 1 所示。

表1 2019~2020 年南京出台的住房租赁市场相关政策

序号	发布时间	文件名称	主要内容
1	2019 年 8 月	《关于在全市开展住房租赁市场专项整治的通知》	市房产局、公安、市场监管、地方金融监管四部门联合印发了《关于在全市开展住房租赁市场专项整治的通知》,在全市范围内开展专项整治行动,坚决曝光查处违规乱象
2	2019 年 9 月	《南京市市场化租赁住房建设管理办法》	进一步规范南京市租赁住房管理,完善住房保障体系。集体土地上可建市场化租赁住房,鼓励集体经济组织与其他经济组织合作开发建设
3	2019 年 10 月	《南京市房屋租赁合同网签备案办法》	南京市住房保障和房产局印发《南京市房屋租赁合同网签备案办法(试行)》,并正式上线新租赁合同网签备案系统,推广使用房屋租赁合同示范文本
4	2019 年 10 月	《关于在全市开展住房租赁市场专项整治的实施方案》	南京市八部门联手启动重拳整治住房租赁市场乱象,专项整治重点包括:高收低租、违规租金贷、营业执照不规范、超范围经营、未办理登记备案、发布虚假房源信息、代理或出租不符合出租条件的房屋、驱逐承租人或克扣房租及押金
5	2020 年 4 月	南京市租金托管制度	住房租赁机构以代理经租、转租方式开展住房租赁经营活动的,应依据网签备案的合同办理租金托管
6	2020 年 4 月	《南京市住房租赁市场补助项目管理办法》	规定了申请条件和流程,对符合条件的项目将予以补助
7	2020 年 9 月	《出租房屋管理执法指引(试行)》《加强出租房屋管理规范租赁行为工作方案》	加强全市出租房屋管理,规范房地产经纪机构、住房租赁企业、租赁当事人的房屋租赁行为
8	2020 年 10 月	《关于进一步支持住房租赁市场平稳健康发展的公告》	住房租赁企业或个人应在租赁合同签订后30日内,向房屋租赁管理部门办理租赁合同网签备案,并依据备案的房屋租赁合同办理纳税申报,享受相关税收优惠政策

序号	发布时间	文件名称	主要内容
9	2020 年 11 月	《南京市存量房屋改建为租赁住房办理实施细则（试行）》	进一步规范南京市存量房屋改建为租赁住房办理流程,加强建设管理
10	2020 年 12 月	《关于进一步加强全市住房租赁市场监管 规范市场秩序的通知》	规范住房租赁市场主体经营行为,保障住房租赁各方特别是承租人的合法权益,从机构登记和开业、房源发布、合同网签备案、服务收费、房屋安全、租金收付、行业自律、部门联合监管八个方面做出具体规定

（二）租赁用地供给有保障，建成住房租赁示范项目

南京大力推进"租购并举"住房制度改革,以实际行动多渠道筹集租赁房源,并拿出重点开发区核心位置的一批地块,以低价供应市场,全部用于建设租赁住房。此外,南京还出台政策,要求住宅占地面积超 5 万平方米的商品房项目,安排配建不低于住宅总建筑面积5%的人才安居住房。

自南京成为试点城市以来,已有 16 幅公开出让的租赁住房用地开工,预计可建设1.74 万套、3.5 万间用于租赁的住房。2020 年 11 月 22 日,南京首个租赁住房社区——安居集团携手江宁高新区共同开发建设的"珑熹台"对外公开。这是一种重资产的经营模式,该模式对企业的资金实力要求较高,是企业自行开发、自持房产、装修后投入运营的经营模式。一般而言,这类长租公寓为精装交付,家电、家居和智能家居系统均配置到位,承租者可以实现拎包入住。虽然企业承担了建设成本、购置成本和财务成本,但可以享受长租公寓业态下房屋作为资产本身的增值。"珑熹台"租赁社区是 2018 年 2 月 6 日出让的南京江宁大学城 No. 2018G03 地块,位于江宁高新区中国药科大学地铁站南侧,总用地面积6.3 万平方米,总建筑面积16.5 万平方米,由 14 栋 18 层建筑组成,交付可提供租赁住房约 3000 套。江宁珑熹台租赁住房社区开创了南京租赁住房的三个"第一":南京市第一个向社会展现的开发商全自持租赁社区项目;江苏省第一笔开发全自持租赁社区银团贷款落地项目;南京市投资金额第一的开发商全自持租赁社区项目。此项目的公开,对房地产市场

发展释放了导向性信号，将引导和促进更多的房地产开发企业关注住房租赁市场。

（三）租赁住房供给有保障，实现租赁住房价格平稳

作为住房租赁市场的重点发展城市，南京一手抓兜底保障，支持建设公租房，以实物保障与货币化补贴相结合，每年保障 9 万户中低收入家庭、外来务工人员"住有所居"；一手抓安居乐业，落实大学生和人才安居补贴政策，每年支持 13 万人才在宁共建创新名城。随着南京城市竞争力及人才吸引力的不断上升，南京将保持健康稳定的住房租赁市场。

2010～2020 年（见图 1），南京市每平方米平均月租金从 2010 年的 23.1 元，增加到 2020 年的 41.0 元。总体来看，南京市租金走势基本呈现平稳上涨态势，除 2011 年、2012 年、2015 年受房地产大环境影响上涨幅度较大外，其余年份增长幅度均较为平稳。

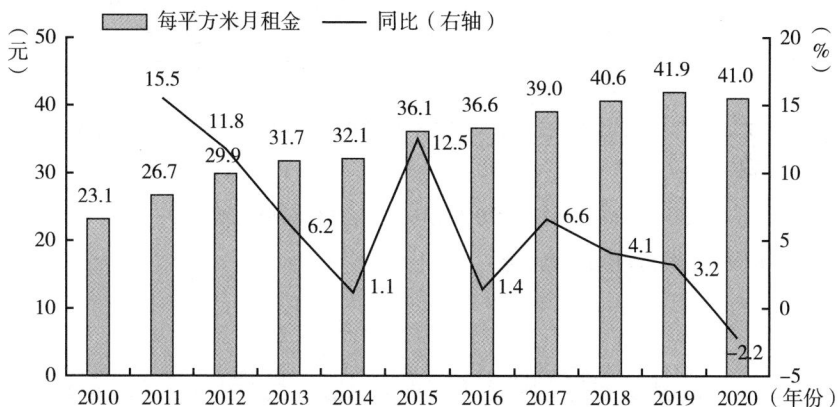

图 1　2010～2020 年南京平均月租金走势

资料来源：南京我爱我家研究院。

值得注意的是，2020 年南京市租房市场因新冠肺炎疫情受到一定程度的影响，全年平均租金较 2019 年不升反降，是十年来南京平均租金水平的首次下滑。同时，租房市场旺季有所延迟，2020 年 8 月每平方米平均月租金达到 42.4 元，为 2020 年全年最高水平。整体而言，2020 年南京租金水平在后疫情时期恢复良好，继续保持平稳态势。

从租房客群来看（见图2），30岁以下的年轻人始终是租房主力军。2010年到2020年，"年轻人"逐渐从"80后"变成如今的"90后"，乃至"95后"。数据显示，2010年"90后"租客仅占比4.1%，到2020年占比已达22.7%，成为绝对的租房主力；2020年，"95后"租客占比已达21.3%，仅次于"90后"租客，预计一两年过后，"95后"将成为南京租客的最大群体。在居住房源方面，有60.9%的租房人群表示更愿意选择租住普通住宅小区的房源，19.6%的租房人群更喜欢租住品牌公寓。其中，年龄在20～25岁的年轻人选择租住品牌公寓的人群占比相对较高。

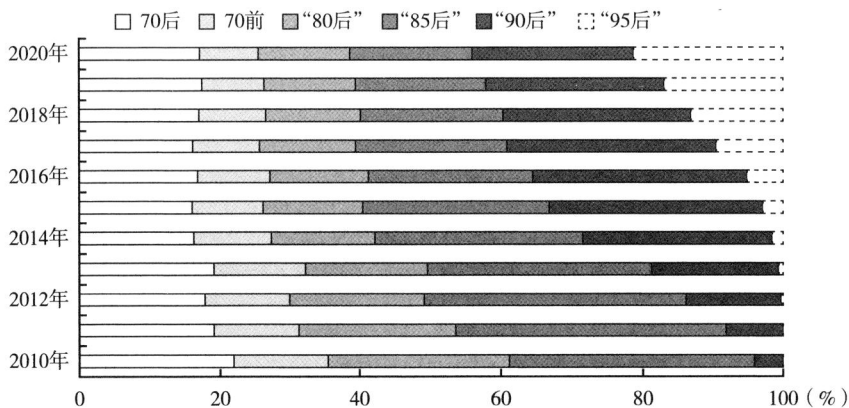

图2　2010～2020年南京租客群年龄分布情况

资料来源：南京我爱我家研究院。

三　促进长租公寓市场平稳健康发展的对策建议

长租公寓的频繁爆雷，对住房租赁市场的良性发展造成了极大的负面影响，租赁市场改革刻不容缓。从早期中央不断强调"大力发展住房租赁市场"，到2020年7月增加了8个住房租赁市场试点城市，再到2020年底的中央经济工作会议，都对住房租赁市场发展寄予厚望。解决好大城市住房突出问题是2020年中央经济工作会议部署的重点任务之一，并且从土地供应、降低税费、规范市场行为等多方面明确了住房租赁市场的具体工作要求。中央政府大力发展住房租赁市场的态度十分明朗，市场行为将逐步规范。

（一）加强监管，规范长租公寓企业行为

自 2020 年长租公寓接连爆雷以来，多地发布相关文件，警示租客防范"高进低出""长收短付"等金融风险。2020 年 8 月 11 日，广州市住房和城乡建设局发布规范长租公寓企业行为的通知，明确指出对于存在采取"高进低出""长收短付"经营模式，以隐瞒、欺骗、强迫等方式要求承租人使用住房租金消费贷款等情形的住房租赁企业，务必立即整改；2020 年 8 月 17 日，杭州市住房保障和市场管理局发布针对住房租赁资金监管的规定：自 2020 年 8 月 31 日起，住房租赁企业向房屋委托出租人支付的租金以及向房屋承租人收缴的租金、押金和利用"租金贷"获得的资金等租赁资金均应缴入租赁资金专用存款账户管理。2020 年 9 月 7 日，住房和城乡建设部就"住房租赁条例（征求意见稿）"面向社会公开征求意见。征求意见稿提出，住房租赁企业若存在"高进低出、长收短付"等高风险经营行为，将被列入经营异常名录，加强对租金、押金使用等经营情况的监管。我国住房租赁领域有望迎来首部条例性文件，其中部分条款直指长租公寓暴露的经营风险，长租公寓或将面临史上最强监管。

2021 年以来，北京、上海、深圳等一线城市相继发文整顿住房租赁市场秩序。北京严格禁止"长收短付"，要求住房租赁企业收、付租金周期必须匹配；严控"租金贷"拨付对象，规定银行业金融机构、小额贷款公司等机构不得将承租人申请的"租金贷"资金拨付给住房租赁企业，建立押金托管制度。上海明确住房租赁经营机构不得强迫或诱导承租人一次性支付超过三个月的长周期租金、未开展个人"租金贷"业务的住房租赁经营机构原则上不得新增该项业务等。深圳提出约束"租金贷"的具体办法，明确指出金融机构为承租人提供个人住房租金贷款业务的，应当与承租人单独签订贷款协议，并将贷款拨付至承租人个人账户。

接下来，城市政府应进一步整顿住房租赁市场秩序。通过法治保障，明晰住房租赁双方的权利义务关系，明确双方责任，进一步规范租赁行为；加强长租公寓企业监管，限制企业的"资金池"和"租金贷"行为选择，通过去杠

杆、去金融等手段让住房租赁业务回归服务本质；完善信息规制手段，强化网络贷款机构对贷款的真实性审核和风险性评估，降低借款主体及服务商的违约风险；规范房地产经纪机构行为，维护住房租赁市场秩序稳定，确保租房人安心、安居。

（二）增加供给，重视保障性租赁住房建设

自2016年11月首宗租赁住房用地推出开始，租赁市场土地供应便保持稳步推进的节奏。2020年，各地政府通过租赁住房信息平台搭建、人才租赁住房建设、商改租赁住房、集体土地上建设租赁住房等方式，多渠道、全方位地推进各项政策措施有效落地。增加租赁住房的土地供应量将是2021年的重点工作，租赁住房用地供应有效增加可以实现保障性住房有效供给，完善住房保障体系。

在长租公寓供给端力求供给多元化，鼓励地方国企进入长租公寓行业。和既有"轻资产"长租公寓运营模式不同，由国企投资运营的长租公寓项目普遍为"重资产"运营模式，即企业负责拿地、建设、运营管理等多个环节，这种模式将起到住房租赁市场的"稳定器"和"压舱石"作用。相较于普通小型企业，国有企业的运营和管理都更稳健，具备承担更多社会责任的能力和禀赋。这些企业一般资金实力较为雄厚，能够承受长租公寓前期开发投入成本高、投资回报周期长的压力。

（三）集聚优势，提升企业精细化运营服务质量

对长租公寓企业来说，增加运营服务质量的投入是大势所趋。一是年轻人的租住理念和消费观念不断更新，拥有智能家居、赋予生活更多想象空间是新时代年轻人的追求。二是通过数字化、智能化等新的科技手段可以实现住房居住舒适度的提升，推动居民生活水平再上新台阶。三是长租公寓企业可以将信息化、智能化用于开发、运营和管理，进行更大范围的市场化探索，推动租房全流程线上化，提高租房效率。长租公寓企业可以协助开展居住社区的基础设施补短板工作，推动社区服务的多元化，以满足居民多样化的生活需求。四是长租公寓企业要继续发挥自身资源和管理优势，加大租住服务配套上的投入，为更多居民提供更多的增值服务，增值服务可以实现企业在原有租金的基础上获得额外的增值收入。

四　结语

加快培育和发展住房租赁市场已被写进"十四五"规划纲要，租赁住房是解决大城市住房问题的重要着力点，大力发展租赁住房是新发展格局下的必然之举。2021 年政府工作报告明确指出：要解决新市民和青年人这两类群体的住房需求，通过规范发展长租房市场和降低租赁住房税费负担等方式方法帮助新市民和青年人缓解住房困难。落实租赁市场改革就要加强长租公寓市场监管，通过规范租赁市场行为、整顿租赁市场秩序实现住房租赁市场平稳健康发展的目标。通过去杠杆、去金融化，让住房租赁回归安居的本质，通过租金水平的合理调控满足承租者的租房需求。

参考文献

陈秋竹、邓若翰：《长租公寓"租金贷"：问题检视、成因探析及规制路径》，《南方金融》2019 年第 4 期。

刘秋欢：《"租住同权"背景下的长租公寓融资路径研究》，《上海房地》2020 年第 2 期。

张娟锋、林甦：《长租公寓发展的政策环境、经营模式与发展趋势》，《中国房地产》（学术版）2018 年第 7 期。

赵子傲：《长租公寓的运营模式及优缺点分析》，《中国房地产》（市场版）2018 年第 9 期。

B.20
住房公积金流动性风险现状、
成因与管控路径*

李伟军　刘媛媛**

摘　要： 新时期下，随着住房公积金规模不断扩大，流动性风险已成
为管理过程中的重要挑战，监管部门也正在积极探索建立风
险预警及防控机制。本文从全国、省级和市级层面，对2015～
2019年住房公积金流动性风险进行了分析。我们发现，虽然
近年来住房公积金流动性不足的问题有所减缓，但同时也存
在区域间流动性不均、跳跃弹性较大以及与住房市场波动高
度关联的特点。究其成因,与当前住房公积金管理模式陈旧、
资金供需结构失衡和流动性风险管理手段单一等因素有关。
因此，优化住房公积金的政策性金融功能，防范资金流动性
风险都显得刻不容缓。进一步，建议从推动住房公积金管理
体制改革、加大扩面力度、构建公积金风险管理与预警体
系、完善住房公积金投融资体系等方面，不断深化制
度改革。

关键词： 住房公积金　流动性风险　管控路径

---

* 本文为国家自然基金面上项目"住房公积金政策性金融功能提升路径研究"（71874001 ）、
第 11 批中国博士后特别资助项目（2018T110327）成果。
** 李伟军，安徽工业大学商学院教授、硕士生导师，研究方向为金融学、房地产经济学；刘媛
媛，安徽工业大学商学院，研究方向为金融学。

1991 年 5 月，上海借鉴新加坡住房公积金制度的经验，创建住房公积金筹集专项住房资金，为根本解决住房问题提供了基于强制汇缴聚集的庞大且复杂的资金池。经过近 30 年发展，住房公积金制度已经覆盖数亿城镇职工，同时越来越多的"新市民"也享受到住房公积金优惠政策。《全国住房公积金2019 年年度报告》显示，截至 2019 年末，全国住房公积金累计缴存总额16.96 万亿元，住房公积金制度已成为我国住房保障体系和政策性住房金融制度的重要组成，更为我国城镇住房体制市场化顺利转轨、引导职工住房观念转换、提高职工住房消费支付能力、培育促进住房金融服务发展，做出巨大贡献。但与此同时，在多种因素制约下，近些年来许多地区都暴露出公积金流动性问题，上海、江苏、浙江、安徽、福建、天津、重庆等地的个贷率都处于90% 以上的高位。从全国层面看，《全国住房公积金 2019 年年度报告》显示，2019 年公积金个人住房贷款率已达 85.48%，尽管相较 2018 年度减少 0.56 个百分点，但仍处于高位。根据住建部、财政部、中国人民银行发布的《关于住房公积金管理若干具体问题的指导意见》（建金管〔2015〕5 号）规定：各地住房公积金贷款余额原则上不应超过住房公积金缴存余额的 80%，达到或超过 80% 的，要及时调整有关贷款政策。对照这一标准，当前住房公积金个贷率已远远突破 80% 的红线，流动性不足的风险已十分严重。与此同时，地区间流动性状况又存在差异性。2019 年，甘肃、黑龙江、西藏、新疆和新疆兵团等地区的个贷率仍不足 75%，从而使得公积金呈现流动性不足的同时，还存在流动性冷热不均的现象。诚然，尽管近年来许多省市及地方政府就解决住房公积金流动性风险问题，提出许多解决措施，但是，大部分措施都是局部性、阶段性的，尚缺乏化解流动性风险的长久之计。为此，本文提出应该从推动住房公积金管理中心改革、大力推进扩面工作、构建公积金流动性风险管理与预警体系和完善住房公积金投融资体系四方面入手，建立流动性风险防范机制。

学术界对于住房公积金流动性风险的成因和化解措施有不同的看法。林明榕[①]通过分析 2016 年度全国及 342 个公积金中心年报数据，得出流动性分布状况不均衡、1/3 公积金中心进行融资、超七成公积金中心资金流出以及流动性波动频繁等特点，究其原因，既有住房公积金制度本身原因，也与房地产市场

---

① 林明榕：《全国住房公积金流动性风险分析与对策建议》，《时代金融》2018 年第 26 期。

变化及自身管理水平等因素密切相关。而陈峰①认为，地方政府不断强化住房公积金条块分割的属地化管理体系，阻碍了资金池的扩大，形成了当前公积金制度运行中资金沉淀和流动性风险并存的局面。另外，沈正超②提出，连续的房地产市场调控，加重了住房公积金流动性风险管控的难度。除此之外还有研究认为，流动性风险主要的成因是资金调剂受限、管理中心风险管控能力差和其他风险转化等。为了有效化解住房公积金流动性风险，学界提出可以建立一个全国资金调剂平台，盘活资金，从而在有效化解风险的同时提高资金使用效率③。同时，在确保资金安全的前提下，拓宽公积金融资渠道，在现有的公转商贴息贷款、资产证券化等融资方式的基础上，进一步探索更优的融资方式④。除此之外，还应当加大对住房公积金流动性风险防控的力度⑤，做好公积金资金运用规划，确定合理的使用比例⑥，适当拓宽公积金资金的增值渠道⑦。

一　住房公积金流动性现状分析

（一）住房公积金融资规模日益扩大

从 2015～2019 年住房公积金实缴职工及净增实缴职工数量来看（见图

① 陈峰：《中国住房公积金管理机构定位困境与顶层设计思考——兼对〈住房公积金管理条例〉修订的评论》，《华中师范大学学报》（人文社会科学版）2020 年第 6 期。
② 沈正超：《不忘初心，为城市居民住有所居作出新贡献——关于深化我国住房公积金制度改革的思考》，《上海房地》2018 年第 7 期。
③ 苏虹：《连接资金孤岛，化解流动性风险——住房公积金全国资金调剂平台初探》，《中国房地产金融》2014 年第 8 期；胡郁：《论住房公积金资金流动性风险管理》，《审计与理财》2017 年第 2 期；陈峰：《中国住房公积金管理机构定位困境与顶层设计思考——兼对〈住房公积金管理条例〉修订的评论》，《华中师范大学学报》（人文社会科学版）2020 年第 6 期。
④ 项风华：《如何解决好住房公积金流动性风险问题》，《中国房地产》2018 年第 5 期；沈正超、杨华凯：《深化我国住房公积金制度改革的思考》，《上海房地》2015 年第 3 期；王先柱、吴义东：《住房公积金政策性金融功能提升研究——现实需求、内在逻辑与思路设计》，《江苏行政学院学报》2018 年第 4 期。
⑤ 刘大鹏：《加强住房公积金流动性风险管控工作的探讨》，《中外企业家》2018 年第 30 期。
⑥ 胡鑫：《住房公积金流动性风险研究》，《质量与安全》2016 年第 16 期。
⑦ 吴义东、王先柱：《住房公积金流动性风险研究——来自上海市的经验证据》，《统计与信息论坛》2018 年第 9 期。

1），公积金实缴职工数量一直保持增长势头，从 2015 年的 12393.31 万人增长到 2019 年的 14881.38 万人，覆盖面不断扩大。从每年的净增实缴职工数量来看，前四年持续上升，在 2018 年达到峰值 699.19 万人。但是，2019 年净增实缴职工数量急剧下降到 444.97 万人，全国住房公积金参缴人数后续增长动力有待提高。总体而言，随着我国工业化和城市化步伐的加快，越来越多的农村剩余劳动力从农村涌向城市就业，这一"新市民"群体的出现以及住房公积金归集扩面改革的持续推进使得全国住房公积金参缴人数呈现逐年递增趋势，在住房公积金缴存群体日益壮大的基础上，2015～2019 年全国公积金年度缴存额和缴存余额都呈现较为稳定的增长趋势（见图 2）。公积金年度缴存额从 2015 年的 14549.46 亿元，增长至 2019 年的 23709.67 亿元，2018 年首次突破两万亿元。同时，公积金缴存余额增长势头也很强劲，从 2015 年的 40674.72 亿元，增长至 2019 年的 65372.43 亿元，年均增长额约为 5000 亿元。尽管全国住房公积金缴存额增长率略有下降，但是总体上在 13% 左右，在 2016 年达到峰值 13.84%。

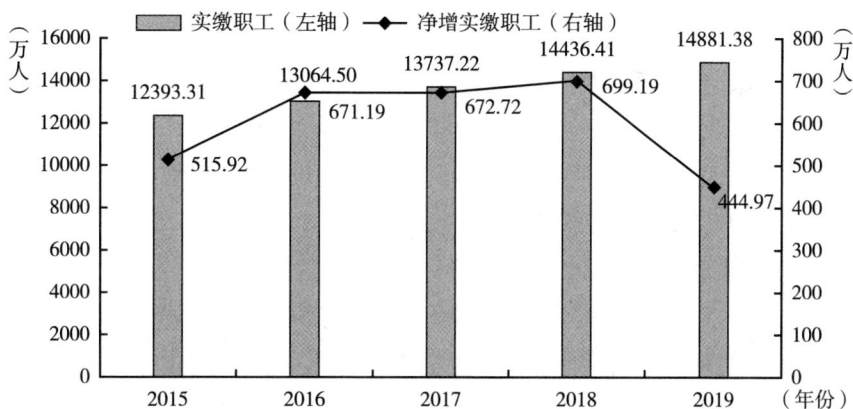

图 1　2015～2019 年全国住房公积金实缴职工及净增实缴职工数量

资料来源：《全国住房公积金 2019 年年度报告》。

从省级层面来看，2017～2019 年各地区住房公积金实缴职工和实缴单位数量总体上都呈现上升趋势，但是不同地区上升程度有较大差异。从图 3 来看，首先，上海、江苏、浙江和广东的住房公积金实缴单位显著高于其他地

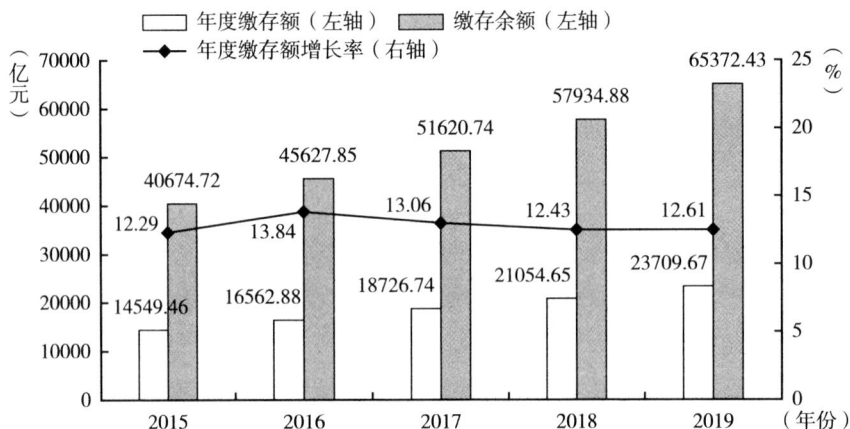

图2 2015~2019年住房公积金缴存额及增长率、缴存余额

资料来源：《全国住房公积金2019年度报告》。

区，其中上海和广东2019年实缴单位数量接近45万个，并且逐年上涨幅度明显；实缴职工数量总体上处在800万人到2100万人区间，也处于较高水平。其次，北京、山东、四川和福建的住房公积金实缴单位数量和实缴职工数量相对较高，实缴单位数量处于10万~25万个的区间内，逐年涨幅较为明显，实缴职工数量总体上处于400万人到1000万人的区间内。与上述城市相比较而言，辽宁、天津、安徽、河南、湖北和湖南的住房公积金实缴单位和实缴职工数量规模较小，并且增速较缓，甚至有些城市出现了负增长。而剩下的地区实缴单位和实缴职工数量很小，大部分地区实缴单位数量低于5万个，实缴职工数量在250万人上下波动，逐年涨幅微小。由此可见，尽管全国住房公积金缴存规模逐年上升，但是实缴单位和实缴职工数量呈现较大的地区差异，其中东部地区公积金缴存规模总体上大于中部及西部地区，尤其是西部地区缴存规模相当小，这与地区间人口分布、城市化水平及现代化水平等因素有很大的联系。

从2017~2019年各地区住房公积金缴存额、缴存总额及缴存余额来看（见图4），大部分地区公积金缴存额、缴存总额及缴存余额逐年都有一定的上涨。具体而言，北京、江苏、广东、上海和浙江公积金年缴存额处于较高水平，均在2000亿元左右；而宁夏、青海、西藏、海南和新疆兵团公积金年缴

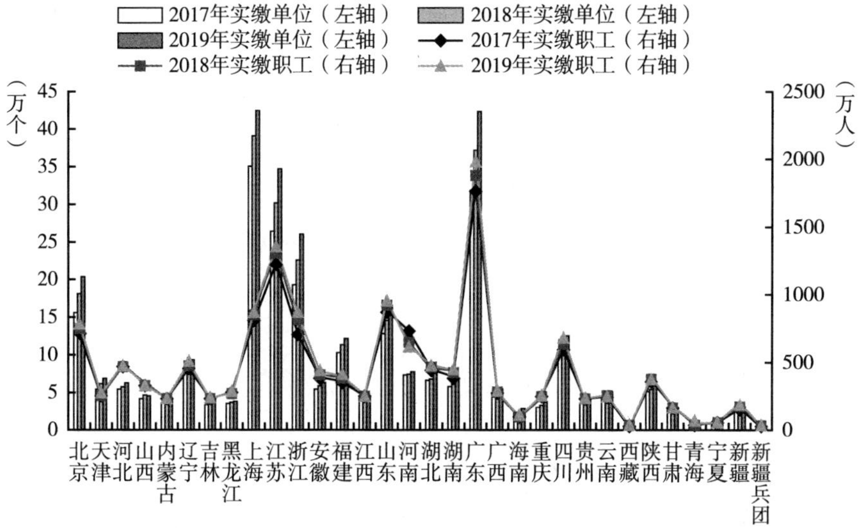

图3 2017～2019年各地区住房公积金实缴单位与实缴职工数量

资料来源：2017～2019年全国住房公积金年度报告。

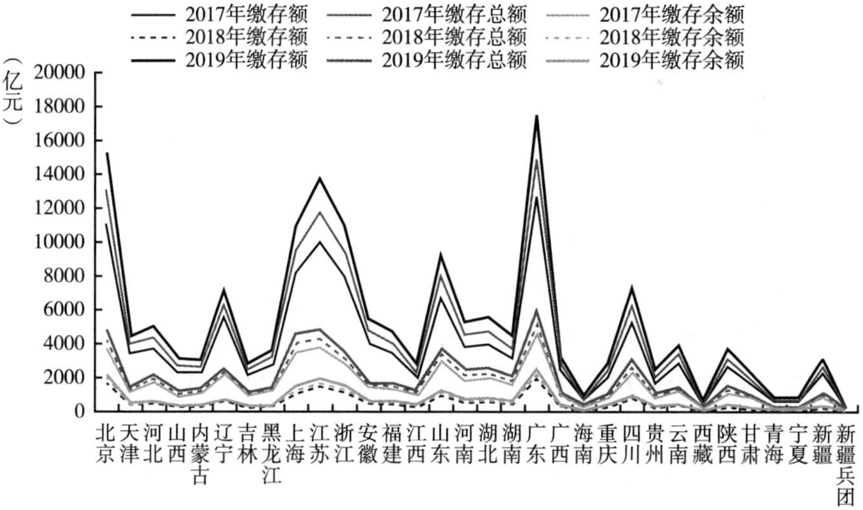

图4 2017～2019年住房公积金缴存额、缴存总额及缴存余额

资料来源：各城市住房公积金管理中心网站。

存额处于较低水平。缴存总额各地区之间存在显著的差异，其中，北京、上海、江苏、浙江和广东公积金缴存总额处于高位，处于8000亿元和18000亿元之间，且逐年涨幅较大；而海南、青海、宁夏、西藏和新疆兵团公积金缴存总额较低，且年浮动幅度不明显。就缴存余额而言，北京、上海、江苏、浙江、山东和广东公积金缴存余额较高，处于 2500 亿元到 6500 亿元之间，广东 2019 年公积金缴存余额高达 6023.98 亿元；而海南、西藏、青海、宁夏和新疆兵团等地区公积金缴存余额较低，均不超过 500 亿元。

这也再次说明东、中、西部地区之间公积金缴存规模存在显著的地区差异。

（二）住房公积金使用效率不断提高

观察 2015～2019 年全国住房公积金年提取额、提取总额及提取率可发现（见图 5），五年来公积金年提取额逐年增加，由 2015 年的 10987.47 亿元增加到 2019 年的 16281.78 亿元，且 2017～2018 年提取额增加幅度最大，达到 2010.71 亿元。同样，公积金提取总额也逐年上升，由 2015 年的 48815.64 亿元上升至 2019 年的 104235.23 亿元，2019 年全国住房公积金提取总额首次突破 10 万亿元，2018 年到 2019 年公积金提取总额增幅最大，增长了 16270.34 亿元。再从公积金提取率来看，尽管五年间整体上呈现下降趋势，从 2015 年的 75.52% 下降至 2019 年的 68.67%，但一直在 70% 水平上下波动，人们对于公积金的提取需求依然旺盛。但是，在"房住不炒"已成为社会共识的背景下，"因城施策"调控将有助于房地产市场持续平稳健康发展，公积金提取需求出现了一定程度降温。同时，由于全国各地对于公积金提取条件设置更加严格，以及部分地区对长期未提取职工进行一定奖励，例如苏州市实施"长期未动用公积金奖励补贴政策"，使得提取额增长放缓。

发放住房贷款是住房公积金的最主要业务，从 2015～2019 年全国住房公积金年度发放额、贷款余额和个人住房贷款率来看（见图 6），公积金个贷额在 2017 年大幅度下降，从 2016 年的 12701.71 亿元下降至 2017 年的 9534.85 亿元，这主要是因为 2016 年 9 月，多个城市陆续出台限购限贷政策。同时，2017 年 9 月 22 日开始，楼市迎来了新一轮的密集调控，不少城市实施了限售政策，房地产成交量逐步下降并持续保持较低水平，造成公积金个人贷款显著下降。但 2018 年开始恢复增长，虽然没有超过 2016 年的个贷额峰值。另外，住房公积金贷款余额逐年增加，从 2015 年的 32864.55 亿元增长至 2019 年的

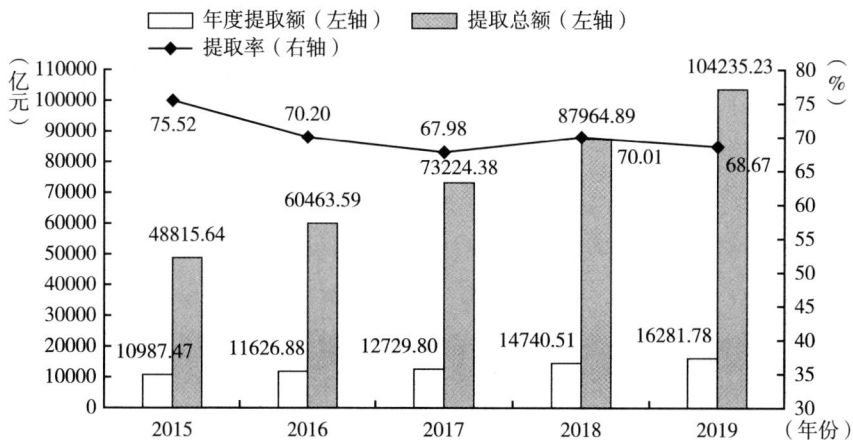

图5　2015~2019年全国住房公积金年度提取额、提取总额及提取率

资料来源：《全国住房公积金2019年年度报告》。

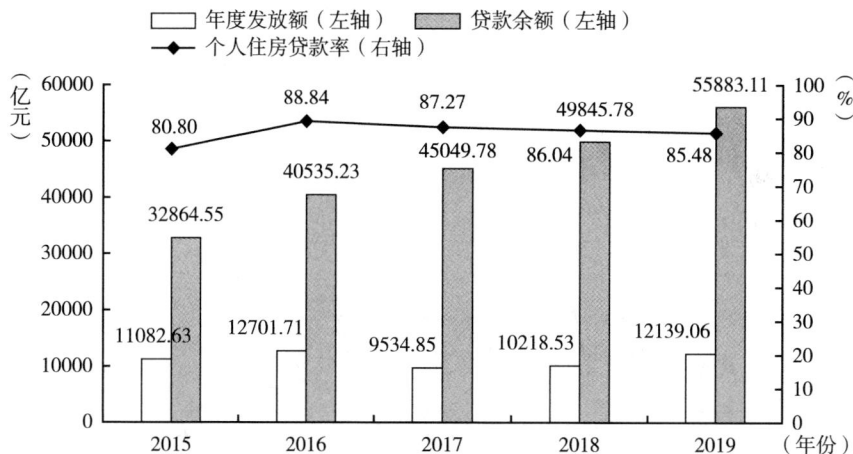

图6　2015~2019年全国住房公积金年度发放额、贷款余额及个人住房贷款率

资料来源：《2019年全国住房公积金年度报告》。

55883.11亿元，2019年首次突破5万亿元，其中2015年到2016年贷款余额大约增长了8000亿元。从住房公积金个贷率来看，除了2015年在85%的警戒线下，2016~2019年均在大于85%的高位上，同时由于近年来国家对住房公积金贷款的进一步规范和管理，个贷率有所下降，但仍表明我国住房公积金余额趋紧。总体上来看，这一方面表明我国住房公积金使用效率较高，另一方面也表明住房公积金流动性不足。若不及时采取更加有效的管控措施，住房公积金收不抵支、资金池萎缩的压力将会越来越大。

从省级层面来说，2017~2019 年大部分地区住房公积金个贷全年发放额、累计发放额和贷款余额总体上呈现上升趋势（见图 7）。其中，北京、上海、江苏、浙江、山东和广东等地区五年间个贷全年发放额、贷款累计发放额和贷款余额相比其他地区较高，且贷款累计发放额和贷款余额年增长幅度较高。上海和江苏 2019 年公积金贷款累计发放额已经超过 8000 亿元，北京、浙江和广东 2019 年贷款累计发放额也超过了 6000 亿元。相比较而言，西藏、海南、青海、宁夏和新疆兵团等地区公积金贷款年发放额、累计发放额和贷款余额均较低，且波动幅度较小。这与地区规模和住房市场发展水平有很强相关性。根据区域对比来看，住房公积金使用效率正不断提高，但是存在显著区域差异。

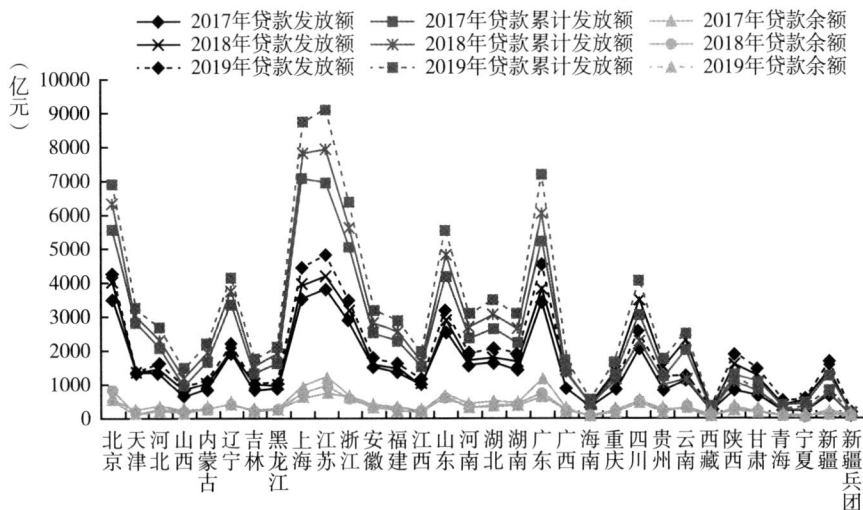

图 7　2017~2019 年各地区住房公积金个贷全年发放额、累计发放额及贷款余额

资料来源：2017~2019 年全国住房公积金年度报告。

（三）住房公积金存量水平下跌压力大

住房公积金收支状况影响其存量水平，而存量水平进一步关系住房公积金流动性程度。

从2015～2019年的数据来看（见图8），公积金年缴存额、年提取额均呈现逐年上升的趋势，三者相对比而言，公积金年缴存额和个贷发放额变动幅度相对较大，而年提取额增长较为平稳，这与近些年全国各地出台的一些针对住房公积金提取方面的政策有一定的相关性，但也未从根本上解决住房公积金支取端水平仍然不断上升的问题。

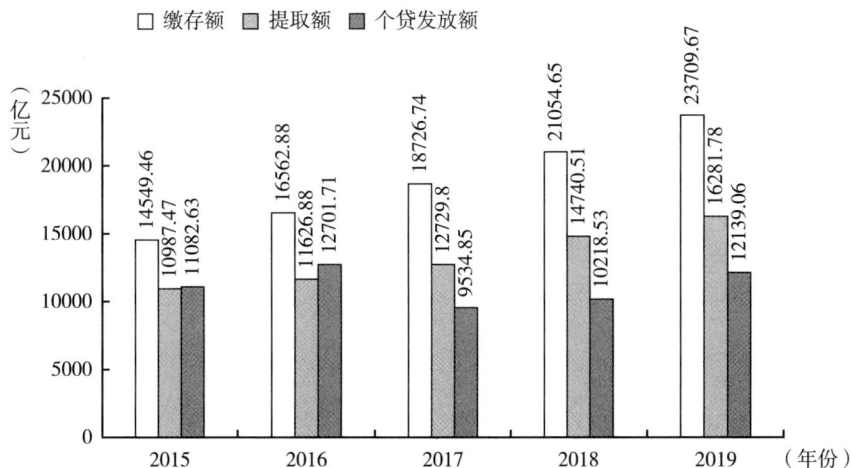

图8 2015～2019年全国住房公积金缴存额、提取额及个贷发放额

资料来源：《全国住房公积金2019年年度报告》。

从2015～2019年住房公积金缴存余额、提取总额及贷款余额的数据来看（见图9），公积金提取总额始终高于缴存余额，且提取总额的增速大于缴存余额的增速，同时，贷款余额逐步向缴存余额逼近。公积金提取总额从2015年的48815.64亿元增长至2019年的104235.23亿元，翻了一番还多；贷款余额在2019年达到55883.11亿元，与2019年的缴存余额仅有9489.32亿元之差。由此可见，住房公积金存量水平正在不断下跌，流动性不足的危机不容小觑。若不及时通过政策调整等有效措施扭转这种趋势，住房公积金在不久的将来将会出现全国层面的"赤字"，这将对该制度的可持续发展造成严峻的挑战。

从市级层面看，2019年一线城市北京、上海和广州等地区住房公积金提取总额、个贷总额等各项支取指标显著高于其他城市（见图10）。同时，北京

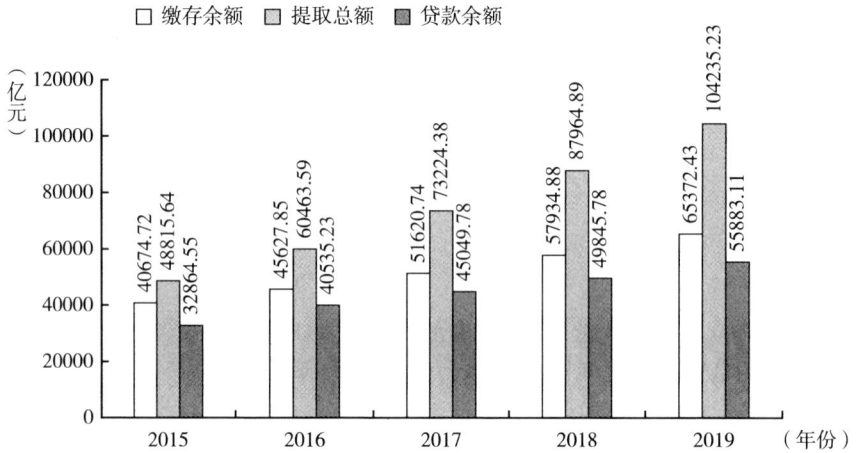

图9　2015～2019年住房公积金缴存余额、提取总额及贷款余额

资料来源：《全国住房公积金2019年年度报告》。

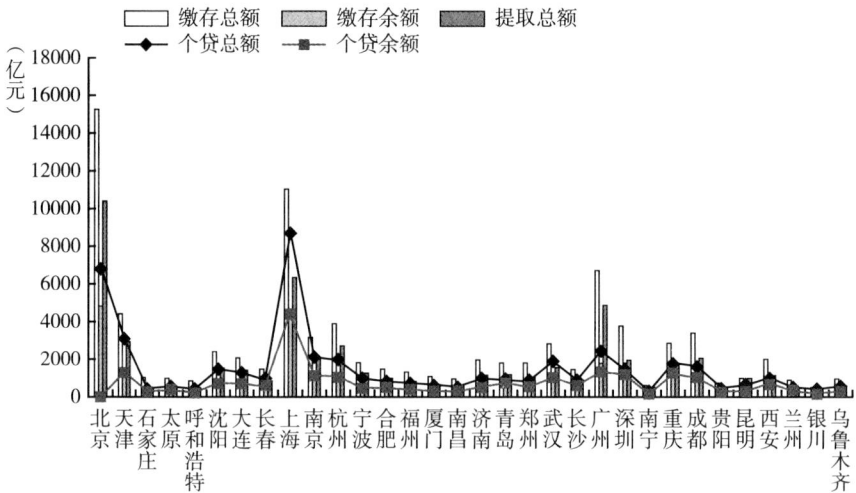

图10　2019年主要大中城市公积金缴存、提取和贷款情况

资料来源：各城市住房公积金管理中心网站。

2019年的个贷余额甚至接近0，这是个流动性严重不足的信号。大部分城市公积金贷款余额逼近甚至超过缴存余额，这与全国层面数据反映出的结论相一致，即住房公积金存量已处于较低水平。即便在中西部城市，虽然住房公积金各项支取指标显著低于东部城市，但个贷余额与缴存余额差距也较小，所以公积金资金池存量规模收缩问题值得警惕。

二 住房公积金流动性风险特征

（一）住房公积金流动性不足风险有所缓解

由全国住房公积金存贷比（贷款余额/缴存余额×100%）的数据来看（见图11），2017年到2019年，全国住房公积金存贷比逐年下降，分别为87.27%、86.04%和85.48%。但是依然维持在高位，均在85%以上。住房公积金存贷比是衡量住房公积金安全性的指标之一。如果存贷比过低，住房公积金的安全性可以得到保障，但互助性和保障性不能充分发挥，不能为存款人解决自身住房需求提供足够的支持，管理部门获得的增值收益不断下降，无法为城市廉租住房建设提供更多资金；存贷比过高，可以增加其互助性、保障性和收益，但也直接导致住房公积金支付能力下降，住房公积金的安全性无法得到有效保障。

从省份数据来看（见图11），大部分城市公积金存贷比呈现下降趋势，这与近些年来各地区为了化解流动性危机而实行的政策有一定联系，但是也有部分城市公积金存贷比依旧呈上升趋势。大部分地区存贷比分布在60%～100%的区间内。北京、天津、上海、江苏、浙江、安徽、福建、江西、重庆和贵州等地区公积金存贷比高于全国平均值，天津2017年存贷比甚至高达111.33%，浙江、安徽和重庆的存贷比也都在这三年间曾突破100%，而新疆兵团、西藏和青海等地的存贷比还处于较低的水平，新疆兵团2019年的存贷比只有49.93%。从整体上看，东部地区存贷比相对高于中西部地区。总之，住房公积金存贷比高位运行但逐年下降表现出近些年来公积金流动性不足风险有所缓解，但仍未从根本上化解，依然需要保持警惕，同时应采取更加行之有效的方法。

从2017～2019年主要大中城市的住房公积金个贷率来看（见图12），部分城市公积金个贷率逐年下降，同时部分城市个贷率呈现上升趋势，且大部分城市个贷率处在80%～100%的区间内。天津、大连、合肥、重庆和贵阳等地

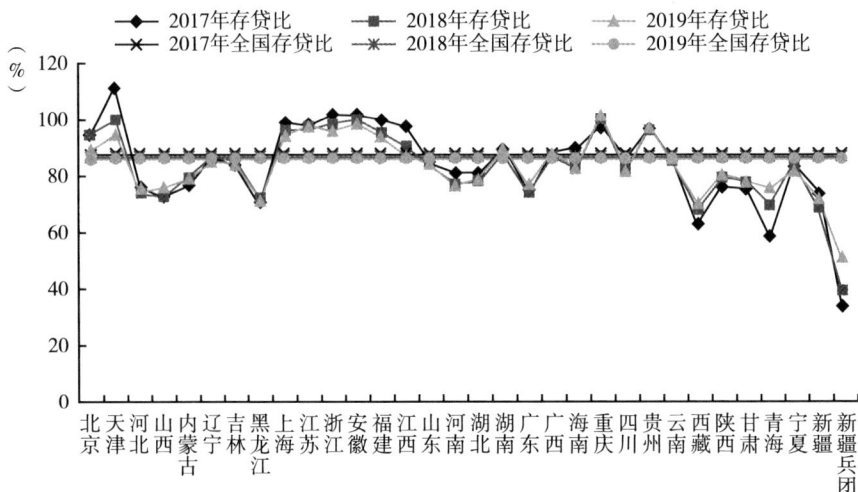

图11 2017~2019年全国及各地区住房公积金存贷比

资料来源：2017~2019年全国住房公积金报告。

的个贷率三年内曾出现超过100%的情况，但是2019年均降至100%左右。这也从市级层面反映出尽管住房公积金个贷率普遍高位运行，但是近些年来流动性风险有所缓解。

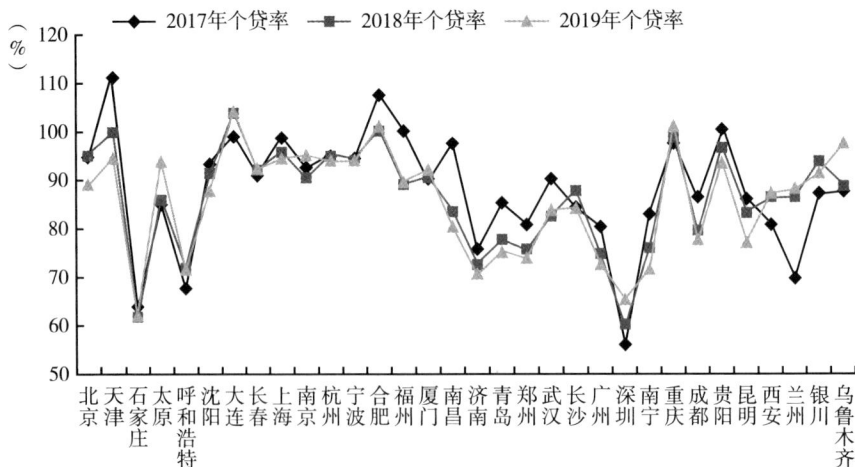

图12 2017~2019年全国主要大中城市住房公积金个贷率

资料来源：2017~2019年各市住房公积金报告。

410

（二）住房公积金域间流动性不均

从 2017～2019 年各省住房公积金存贷差（缴存余额－贷款余额）的数据来看（见图 13），大多数地区存贷差水平逐年提高，且提高程度不一样。这也说明了近三年随着化解公积金流动性不足各项政策的发力，各地公积金安全性有一定提高。2019 年，广东公积金存贷差处于高位，已经达到 1439.49 亿元；北京、河北、山东、河南、湖北和四川等地存贷差较高，均在 500 亿元以上；天津、安徽、海南、重庆、贵州、西藏、青海、宁夏和新疆兵团等地存贷差处于低位，均在 100 亿元以下，部分地区甚至为负值，并且三年间波动幅度较小。这说明各地住房公积金流动性存在区域间的差异。

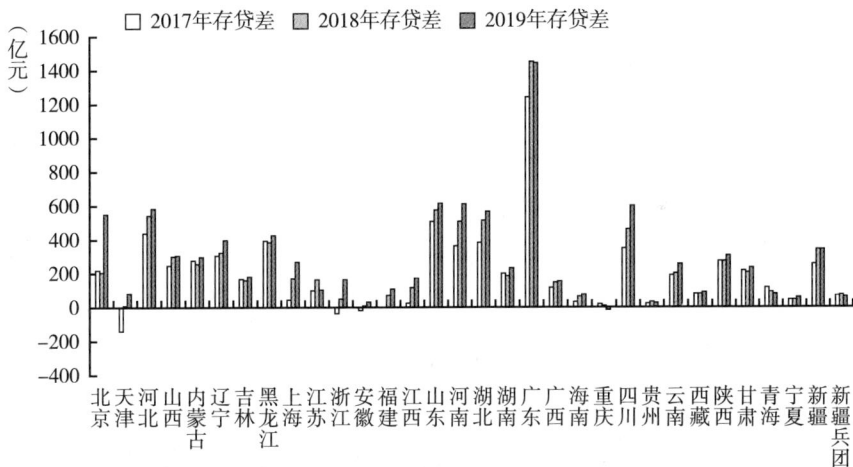

图 13　2017～2019 年各地区住房公积金存贷差

资料来源：2017～2019 年全国住房公积金报告。

从市级层面来看（见图 14），2017～2019 年主要大中城市住房公积金存贷差也表现出较为类似的规律。根据图 14 可以发现，2017～2019 年大多数样本城市公积金存贷差存在上升趋势，这也与省级层面所得出的结论相一致。就 2019 年的数据来看，大连、合肥、青岛和重庆公积金存贷差为负值，出现公积金倒挂现象。深圳、北京和广州的公积金存贷差较高，均处在 500 亿元以上，而太原、大连、长春、宁波、合肥、厦门、青岛、重庆、贵阳、兰州、银川和乌鲁木齐的公积金存贷差处于低位，均在 50 亿元之下，重庆 2019 年公积金存贷差甚至低至 - 169.97 亿元。由此可知，住房公积金流动性分布具有显著的地区差异性。

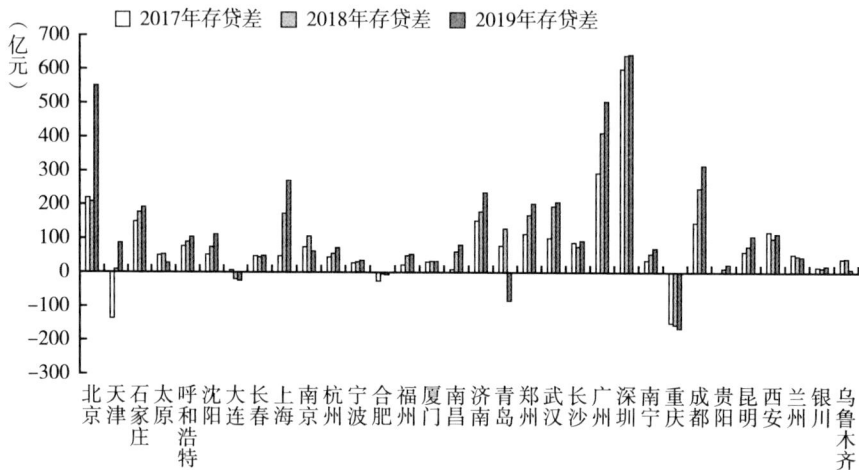

图 14 2017～2019 年全国主要大中城市住房公积金存贷差

资料来源：2017～2019 年各市住房公积金报告。

（三）住房公积金流动性跳跃弹性较大

通过对 2017～2019 年全国主要大中城市住房公积金缴存额、个贷额同比增长率分析（见图 15），可以发现各地区公积金缴存额同比增长率变化较为缓和，而各地区公积金个贷额同比增长率波动明显。且相比较而言，2017年各地区公积金个贷额同比增长较为缓和，且多为负增长；而 2018 年各地区公积金个贷额同比增长波动幅度较大，其中南京、合肥和厦门的个贷额同比增长超过了 85%，厦门的公积金个贷额同比增长甚至高达 231.54%。但是，2019 年各地区个贷额同比增长有所缓和，大部分地区个贷额同比增长处在 0～80% 的区间内，同时 2018 年个贷额同比增长较大的一些地区在2019 年个贷额同比增长也有所回落。这可能是由于近些年各地区深刻认识到流动性不足的风险，出台了相关政策并采取了相关措施来化解这种风险，产生了一定效果。总之，住房公积金缴存额同比增长率保持相对稳定，而个贷额同比增长幅度较大，因此住房公积金的流动性主要取决于支取端，且跳跃弹性较大。

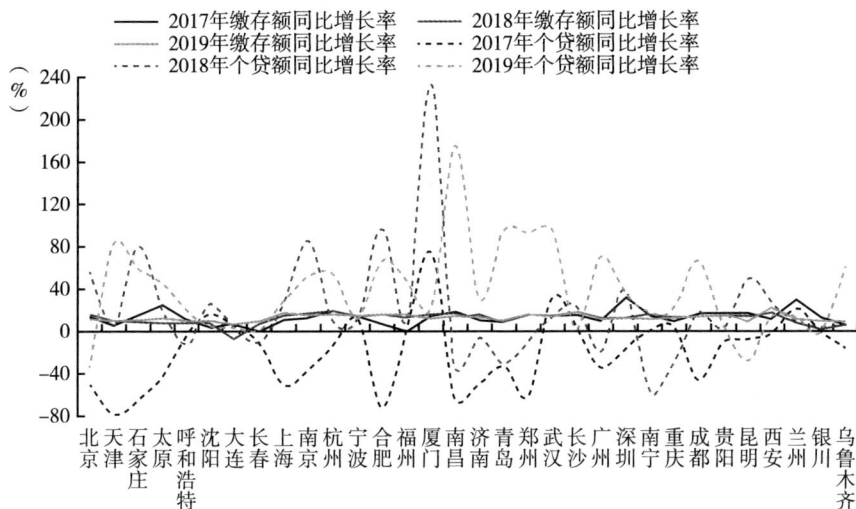

图 15　2017~2019 年主要大中城市住房公积金缴存额同比增长率和个贷额同比增长率

资料来源：2017~2019 年各市住房公积金报告。

同样，2017~2019 年我国主要大中城市住房公积金个贷率同比增长率也呈现明显浮动趋势（见图 16）。从整体上看，2019 年各地区个贷率同比增长率相比 2017 年和 2018 年较温和。在 2019 年，各地区的个贷率同比增长幅度都较小，部分地区个贷率表现为同比负增长。这从侧面反映出相关地市住房公积金政策调整有利于个贷率增速变缓，这暂时缓解了相关地市住房公积金流动性风险。同时，验证了住房公积金流动性风险主要体现在个贷层面的结论，个贷率的变化幅度越大，越能显著影响住房公积金流动性走向。

（四）住房公积金流动性对住房市场波动高度敏感

按照东中西部地区的划分，分别研究东部、中部和西部省份的住宅商品房价格同比增长率和住房公积金个贷率的相互走势。从下面三张图来看（见图 17、18 和 19），整体上二者间存在较为明显的反向关系，即住宅价格同比增长速

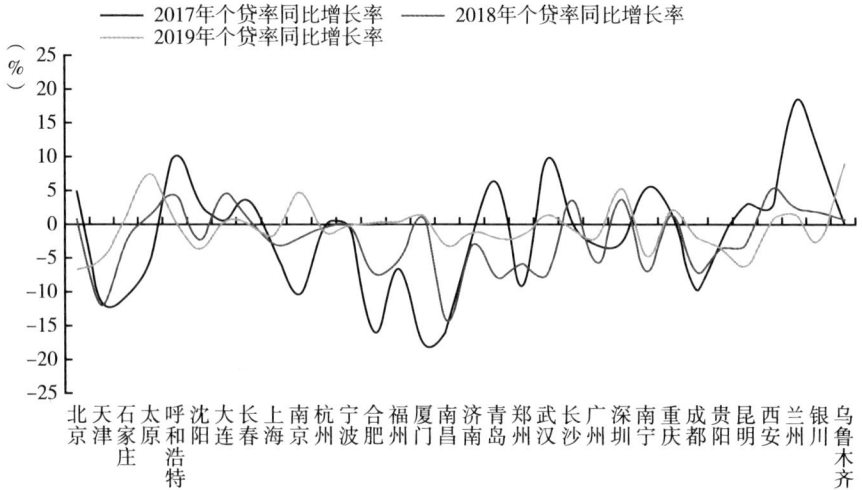

图16 2017~2019年主要大中城市住房公积金个贷率同比增长率

资料来源：2017~2019年各市住房公积金报告。

度越快，住房公积金个贷率则相对走低。其中东部和中部省份这种现象更加明显，这表明存在较为显著的区域异质性。同时，这种现象表明公积金市场需求度与住房市场波动存在明显关联，尤其对房价波动程度高度敏感。

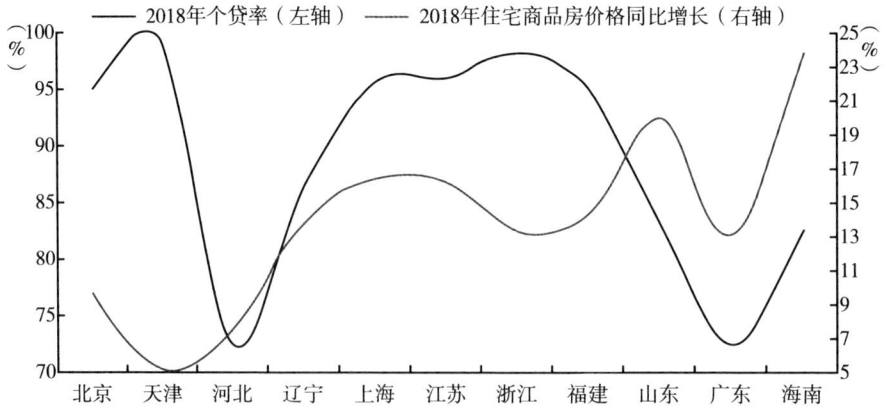

图17 2018年东部省份个贷率和住宅商品价格同比增长率

资料来源：国家统计局、《2018年全国住房公积金报告》。

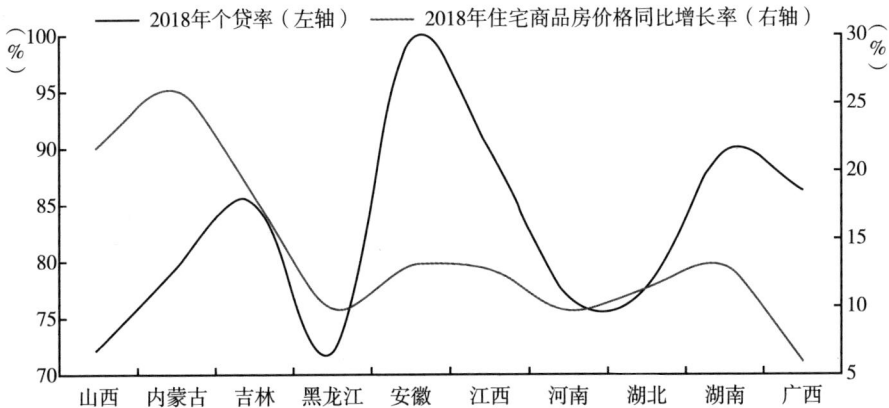

图 18　2018 年中部省份个贷率和住宅商品房价格同比增长率

资料来源：国家统计局、《2018 年全国住房公积金报告》。

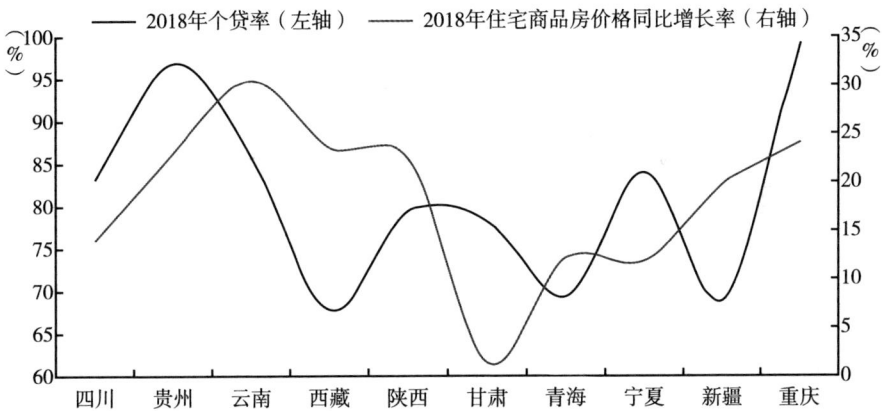

图 19　2018 年西部省份个贷率和住宅商品房价格同比增长率

资料来源：国家统计局、《2018 年全国住房公积金报告》。

市级层面住宅商品房价格同比增长及住房公积金个贷率整体上也同样具有显著负向相关性（见图 20），一般而言，住宅价格同比增速越高，对应的住房公积金个贷率则相对偏低，这从市级层面验证了住房公积金贷款需求量与住房价格波动之间存在相互关联，原因可能在于房价上升抑制了居民购房的需求，进而抑制了住房消费，从而使得住房公积金贷款额相应降低。

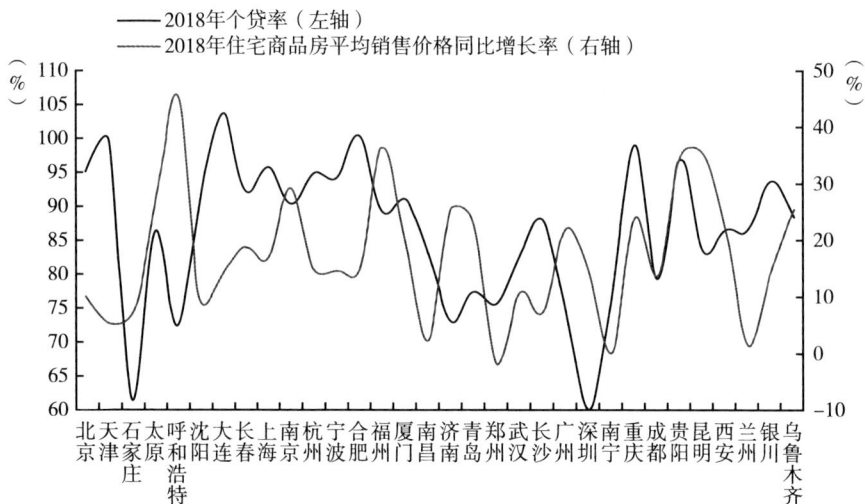

—— 2018年个贷率（左轴）
—— 2018年住宅商品房平均销售价格同比增长率（右轴）

图20　2018年主要大中城市住宅商品房价格同比增长及住房公积金个贷率

资料来源：国家统计局、《2018年全国住房公积金年度报告》。

三　住房公积金流动性风险成因

（一）住房公积金管理中心管理模式带来的风险

1.住房公积金管理中心属地化运营

属地化管理抑制了住房公积金的规模化效应。由于房地产业的不可移动性特征，不同地域之间存在很大的差异，属地化封闭管理能够考虑到各个地方的特殊性，从而满足其需求，因此在一定程度上是合理的。但是，不同城市的城市规模、房地产市场和人民收入水平的情况不同，导致不同城市住房公积金的利用情况存在很大差异。因此，这种属地化管理体制使得城市间住房公积金资金利用程度不统一，公积金资金紧缺和闲置的情况同时存在，资源配置效率无法得到优化。根据住建部公布的统计数据，2019年末，西藏、黑龙江、新疆兵团和河北等地区的住房公积金个人住房贷款率均在75%以下，其中新疆兵团的个贷率更是低到49.93%，远远低于全国住房公积金个人住房贷款率，而东部发达地区的个贷率普遍高于全国个人住房贷款率，重庆2019年个贷率甚至达到 101.36%。住房公积金的属地化封闭管理体制使得部分城市住房公积金资金紧缺需要以高额利息从其他渠道融资，而有的城市有大量的住房公积金资金沉淀在账上没得到充分利用，住房公积金无法发挥其规模优势。在这种资金闭环运作模式下，资金流动性较低，抵御风险的能力也较弱。

2. 住房公积金管理中心委托代理制度

《住房公积金管理条例》中第十二条规定，住房公积金管理委员会应当按照央行的有关规定，指定商业银行负责办理住房公积金金融业务，住房公积金管理中心应当委托受委托银行办理住房公积金贷款、结算等金融业务和住房公积金账户的开立、存款、归还等手续，并且给予受委托的商业银行一定的手续费作为报酬，使商业银行负责住房公积金贷款的发放和收回。尽管在贷款收回过程中，公积金管理中心和商业银行共同催收，但是由于贷款资金是管理中心审批的，贷款业务的最终风险都是由管理中心来承担。一旦发生了还款逾期或者其他的一些意外情况导致贷款资金不能及时收回，就有可能引发公积金流动性不足的风险。同时，由于受委托的商业银行不需要承担委托贷款的各种风险，也不需要担心贷款资金能否收回和收回率，因此贷款资金无法收回的风险加剧。

3. 住房公积金管理中心行政属性定位困境

《住房公积金管理条例》第十二条中规定，住房公积金管理中心是直属城市人民政府的、不以营利为目的的独立的事业单位。"直属城市人民政府"的界定表明，将管理机构定位于类行政机构是该条例赋予的，其行政职能包括行政决策、行政执行以及行政监督等。住房公积金管理中心的类行政属性定位，有利于公积金的归集，有利于公积金政策的实施和贯彻，同时保障住房公积金管理中心的运行不偏离非营利组织的基本定位。然而，地方政府更重视公积金为地方服务的作用，比如地方政府为了找银行贷款会"示意"公积金中心，选择特定的银行存款，黑洞寻租行为屡屡发生，这使得公积金中心成为部分地方政府的"一亩三分地"。2014 年，中国经济存在比较大的下行压力，以及住房公积金资金大量沉淀和不断贬值，在这样的背景下，住房和城乡建设部启动住房公积金新政，这在很大程度上支持了居民购房，却也导致许多地区公积金流动性紧张，部分城市甚至出现了流动性风险。住房公积金在资金沉淀得不到充分利用和流动性紧张甚至出现风险之间存在"钟摆效应"，是管理中心的类行政属性定位的必然结果，根源在于这种定位过分强调上级的意愿和满意度，忽视了公积金作为货币资金应当遵循资金筹措与融通中的基本规律，忽视了建设一个系统的资金运行风险防控体系的重要性，也忽视了资金的运行效率与流动性、收益性的要求。

（二）住房公积金管理中心资金供需结构不平衡

1. 住房公积金资金来源单一且覆盖面窄

从国家对住房公积金的定义可知，住房公积金是指国家机关、国有企业、城镇集体企业、外商投资企业、城镇私营企业及其他城镇企业、事业单位、民办非企业单位、社会团体及其在职职工缴存的长期住房储金。这一定义说明了住房公积金的资金主要来源于职工缴存，虽然职工缴存资金相对稳定，但也较为单一。同时，根据《全国住房公积金2019年年度报告》，截至2019年，全国住房公积金的缴存人数约为1.5亿人，其中国家机关和事业单位、国有企业和城镇私营企业及其他城镇企业缴存人数占比共计82.41%，是缴存公积金的绝对主体。住房公积金制度基本上没有覆盖到中小企业的低收入群体。另外，随着城镇化步伐的加快，越来越多农村剩余劳动力从农村涌向城市就业，即所谓的"新市民"群体。这一群体进入城市的时间不长，职业不稳定，经济能力弱，同时还有城市户籍的限制，使得他们中的绝大部分没有得到城市住房保障体系的保障，面临很大的居住困难问题。住房公积金的流动性供给端单一且覆盖面狭窄问题，给住房公积金流动性风险的产生埋下了隐患。

2. 住房公积金资金提取使用政策宽松

随着我国住房公积金保障体系的完善和住房公积金新政的落实，住房公积金逐步朝着低门槛、多元化、普惠制方向发展。为提高公积金使用效率，全国不少地方放宽了贷款提取条件。这些措施有力地支持了职工特别是中低收入家庭生活条件的改善，也促进了房地产市场的活跃程度，但毋庸置疑的是，这些措施同时也引发了各地住房公积金资金流动性紧张问题。

（三）住房公积金管理中心流动性风险管理水平不高

首先，住房公积金管理中心风险管理要求淡化。住房公积金管理中心本身没有自有资本的要求，也无须像商业银行向中央银行缴存存款准备金那样向其他机构缴存准备金。同时，依据现行公积金管理中心法规，中心强调非营利性的特征，在公积金资金的管理上注重安全性，对于资金的流动性和收益性却没有相应的法规要求。这使得当城市公积金出现流动性不足时，没有充足后续资金用来周转，即缺乏了最后一道流动性风控屏障，最终将导致公积金流动性不足的问题加剧。

其次，住房公积金管理中心缺乏系统有效的风险管理体系。长期以来，中心对于地区住房公积金政策调整存在一定程度上的随意性，作为一个独立运作的资金管理机构却没有与之匹配的风险防控体系，导致部分公积金中心流动性状况变化迅速。同时，当面临流动性风险时，也没有形成一个科学监控流动性风险的指标体系和管理流动性风险的完整机制。

四　住房公积金流动性风险管控途径

（一）进一步推动住房公积金中心改革

2020 年 5 月 18 日，中共中央、国务院印发《关于加快完善新时期社会主义市场经济体制的意见》，系统地提出了新时期加快完善社会主义市场经济体制的目标、方向、任务和措施。其中，在完善覆盖全民的社会保障体系中提到，要加快建立多主体供应、多渠道保障、租购并举的住房制度，改革住房公积金制度。目前，我国住房公积金制度面临诸多发展问题，受到社会各界的质疑和批评，有专家提出，住房公积金制度自 1994 年全面推行以来，迄今已有二十多年，已经完成了它的历史任务，同时由于新冠肺炎疫情的暴发，企业承载了非常大的成本压力，因此建议取消住房公积金制度，而寻找替代的其他金融工具。固然，随着经济发展与社会进步，住房公积金制度暴露出许多问题与不足，但这些问题和不足正是社会发展进程中必然会遇到的，应该通过改革制度和创新管理等措施持续改进和克服，以使住房公积金制度更加完善，更符合当下的形势，而不是因噎废食，将制度一"废"了之，这不仅不能解决问题，反而会带来更严重的问题。流动性风险是住房公积金制度目前面对的一个较为紧急的问题。如果不及时进行政策调整，消除政策设计弊端，不仅不利于住房公积金制度的长远发展，不利于保障广大城镇职工的合法权益，也不利于住房市场的平稳健康发展。由此可见，进一步推动住房公积金制度改革迫在眉睫，通过制度改革进一步化解住房公积金流动性风险也显得刻不容缓。

一是改革住房公积金管理中心的委托代理制度，强化住房公积金管理中心在公积金贷款业务中的主导地位，有机统一其权力、责任和义务；妥善处理管理中心与商业银行在公积金贷款委托管理制度中存在的各种利益纠葛，从而确保管理中心能够有效和及时地规避其区域内潜在的流动性风险。

二是加快完善管委会决策机制，提高城市公积金中心专业管理水平。住房公积金管理委员会是城市公积金管理中的决策层，在住房公积金制度功能发挥中具有关键作用。因此，应当着力改进管委会的决策机制，如改变决策方式和强化决策科学性等。为了达到此目的，要建立决策前期的考察、调研、听证机制，增强决策的透明度和有效性。另外，需要对目前各个公积金管理中心专业管理粗放随意现状进行彻底整顿，提高金融管理水平。公积金管理中心的主要领导和负责人以及主要业务管理人员，应当定期进行专业培训，并通过考核检验培训效果，从"人"的方面提高公积金管理中心专业管理能力。

三是建立一个全国性住房公积金统筹机构，作为调剂各地住房公积金供给量的平台，并对资金流通进行监督与管理。但是一个全国性机构的建立和营运，背后需要充足的人力物力和充分的技术支持，并且由于全国各地区在很多方面存在较大差异，住房公积金资金归集量和使用程度参差不齐，如若进行全国资金调动，必然存在许多困难。因此，在调剂平台建立初期，参与对象可限定于少数根据住房公积金规模、资金流动需求、风控体系等标准挑选的城市住房公积金管理中心，之后再根据平台的发展情况和资金流动需求，逐步将参与对象扩大到全国绝大多数有条件开展此项业务的城市住房公积金管理中心，并在条件成熟时，可考虑引入少量金融机构，以提高资金流动的效率和平台交易的活跃度。

（二）住房公积金流动性风险管控具体实施路径

1. 大力推进"扩面"工作，提高归集总量

扩大住房公积金制度覆盖面，让更多人享受到公积金制度的福利，是国家建立住房公积金制度的初心，也是《住房公积金管理条例》赋予公积金管理者的神圣职责。首先，各级党委和政府要高度重视公积金制度，加速解决职

工"住房难"问题的进程，把改善全体职工住房条件放在重大民生工程的地位，同等重视住房公积金制度和养老、失业等保障性制度，着力推进建立面向全体职工的住房公积金制度。其次，要建立一个政府部门间合作共建的机制。住房公积金的"扩面"工作绝非住房公积金管理部门一个部门能做好的事情，而是需要多个部门合作共同完成，工商、税务、劳动、财政、人事、工会等有关职能部门要积极配合住房公积金管理部门，拧成一股绳，充分发挥行政推动力。另外，完善相配套的措施，针对不同群体制定差异化公积金缴存和使用政策，让缴存者"进得来也留得住"。最后，国家要提高公积金的立法水平，要把《住房公积金管理条例》提高到全国人大的立法层面，省人大也要制定适合本行政区域现实的公积金法律法规。

2. 构建公积金流动性风险管理与预警体系

地方住房公积金管理中心应科学分析客观环境，再结合自身情况，建立完善的住房公积金流动性监管体系。管理中心要充分利用大数据时代的信息技术，有效管理、及时监控和及时防范，防止流动性风险发生。实际进程中，可从如下几个方面完善监管体系：平衡资金管理机制，保证日常业务的顺利进行；加强组织建设和人员队伍建设；组织相关财务专家，通过专业分析，制定完善的公积金风险管理策略；加强内部管理控制制度和内部审计制度，有效控制资金风险；建立科学的危机预警机制。

同时，为了预防和有效应对公积金运作中的流动性风险，并确保公积金中心的正常运作，住房公积金管理中心应当制定一项关于公积金流动性风险的政策和基于现实的流动资金风险预警方案。当管理中心的每日现金流量不足以应付现金流出，并且在尽可能动用流动性强的资产依然不足以应付现金流出的需要时，将立即在相应级别启动一项预警计划。

3. 完善住房公积金投融资体系

完善公积金资金投融资体系，可以使得资金效益得到更好的发挥。深化改革，赋予住房公积金必要的投融资功能，是创新住房公积金制度的一个重要选择。住房公积金作为一项法定的强制性缴存的住房储金，来源稳定、归集规模大、筹资成本低。很长一段时期，由于法规政策限制，公积金资金除了提取贷款和发放贷款之外，其他投融资活动是受限的，这造成了住房公积金大量资金沉淀闲置，资金使用效率低下、使用效益差。要想改革完善公积金使用制度，赋予住房公积金投融资功能很关键,这样可以充分利用公积金结余资金或增值资金,比如,通过直接投资或贷款融资方式支持城市保障性住房建设,一方面达到扩大公积金使用、提高公积金效率和保值增值的目的,另一方面还促进了城市保障性住房的建设。

同时,合理拓宽住房公积金投融资渠道,虽然住房公积金属于保障性住房政策范畴,但片面追求住房公积金的政策属性而放弃金融属性,这事实上是误读了政策性住房金融,会对住房公积金制度的可持续发展造成重大打击。住房公积金资金可以用于购买国债、大额定期存单、地方债、政策性金融债等兼具高信用和固定收益特性的产品,但必须在保证住房公积金满足居民提取、贷款的前提下。同时,有条件的城市应积极推行公积金个人住房贷款资产证券化业务,这有利于盘活贷款资产,获取现金流,公积金中心由此可以释放一部分流动性作为未来投资和支出的准备。

参考文献

陈杰:《住房公积金的流动性危机》,《中国房地产》2010 年第 2 期。

刘洪玉:《推进与完善住房公积金制度研究》,科学出版社,2011。

路君平等:《我国住房公积金制度的发展现状与对策研究》,《中国社会科学院研究生院学报》2013 年第 1 期。

黄燕芬、李怡达:《关于我国住房公积金制度改革顶层设计的探讨》,《国家行政学院学报》2017 年第 2 期。

刘丽巍:《我国住房公积金制度的现实挑战和发展方向》,《宏观经济研究》2013 年第 11 期。

徐晓明、葛扬:《我国住房公积金制度改革路径研究——基于建立国家住宅政策性金融机构的视角》,《福建论坛》(人文社会科学版)2015 年第 4 期。

王先柱、张志鹏:《住房公积金制度的改革方向与现实选择》,《哈尔滨工业大学学报》(社会科学版)2015 年第 4 期。

李好雪:《住房公积金流动性管理研究》,《中国物价》2015 年第 8 期。

佟广军:《住房公积金流动性不均衡问题分析及对策》,《当代经济》2013 年第 11 期。

陈淑云、李嘉:《资产证券化能否解决住房公积金流动性不足》,《中国房地产》(学术版)2016 年第 10 期。

汪利娜：《政策性住宅金融：国际经验与中国借鉴——兼论中国住房公积金改革方案》，《国际经济评论》2016 年第 2 期。

孙白：《浅谈住房公积金流动性紧张问题的分析与对策》，《产业经济》2018 年第 23 期。

李伟军：《住房公积金政策性金融功能：定位、挑战与改革思路》，《江苏行政学院学报》2019 年第 3 期。

林军：《关于住房公积金向住房金融方向发展的思考》，《纳税》2020 年第 5 期。

张誉馨：《浅析我国住房公积金的流动性风险》，《北京财贸职业学院学报》2020 年第 3 期。

王立仁：《住房公积金大数据风控应用研究》，《中外企业家》2020 年第 19 期。

沈正超：《坚定制度自信，改革完善住房公积金制度——〈全国住房公积金 2019 年年度报告〉解读，兼论公积金制度"存""废"之争》，《上海房地》2020 年第 7 期。

B.21
中国房地产发展20年回顾与前景展望

牛凤瑞*

摘　要：　新冠肺炎疫情对中国房地产发展造成强烈冲击，但时间短暂。中国房地产发展受政策强力管控，房地产政策制定与调整应建立在对行业长期总体发展趋势的把握上。中国房地产20年总体走势可以概括为五句话：房价控而不降反升；房地产泡沫胀而不破；房地产拐点来而复返；房价高但不见露宿街头者；住房存量大但新房建设势头强劲。未来20～30年中国房地产依然是增量需求和更新改善性需求双拉动时期。实现现代化之时，中国商品房销售面积将在每年20亿平方米左右的规模上稳定下来。

关键词：　房地产　房地产泡沫　房地产投资

　　房地产是中国近20年来最热门的公共话题，也是争论最激烈的话题，不同人士对房地产市场有不同的判断和解读。争议各方都有理性，没有绝对的谁对谁错，更没有道德的高下之分，但都是目的决定思维，思维决定言行，知识决定判断。本文首先就2020年新冠肺炎疫情对中国房地产的影响作一简单分析，然后依据国家统计局数据对中国房地产20年的变化轨迹作一梳理，最后对中国房地产未来前景作一展望。

---

* 牛凤瑞，中国社会科学院原城市发展与环境研究中心主任、研究员。

一 疫情防控对中国房地产的影响

2020年初新冠肺炎疫情暴发，全国投入疫情防控。据国家统计局数据，2020年1~2月全国房地产投资同比下降16.3%，商品房销售面积同比下降39.9%，商品房销售额同比下降36.9%，房地产开发企业到位资金同比下降17.5%。各项主要指标同比下降幅度之大，居各行业前列，但之后很快反弹，恢复正常。2020年中国房地产投资额14.14万亿元，同比上升7.0%；商品房销售面积17.61亿平方米，同比上升2.6%；商品房销售额17.36万亿元，同比上升8.7%；商品房成交均价9858元/m²，同比上升5.9%；房地产开发企业本年到位资金19.31万亿元，同比上升8.1%；全国国有土地使用权转让收入8.4万亿元，同比增长15.9%。

这说明：（1）新冠肺炎疫情虽然对房地产产生强烈冲击，但时间短暂。（2）在国民经济各部门中，房地产业是率先走出疫情困扰的行业之一，也是较快恢复正常的行业之一。（3）房地产市场有其自身的发展规律，疫情防控对房地产的影响远不及政府调控政策的影响深刻、持久。（4）疫情防控催生了宅经济，也改变了人们对住房功能的认识。住房不仅要满足生活居住需求，还应有满足居家办公、学习和健身等需求的多种功能，住宅数字化将成为潮流。

二 中国房地产20年变化轨迹

中国房地产发展受政策强力管控，房地产调控政策的制定与调整应建立在对行业长期总体走势的正确判断基础之上。房地产周期较长，正确判断房地产长期总体走势应以长期宏观统计数据为依据。从停止福利分配住房算起，中国房地产市场化已经走过了20年。今天的房地产是以往20年房地产发展累积的结果，也是房地产走向未来的起点。

依据国家统计局数据，中国20年房地产四项主要指标及其变化见表1。

表 1　2000～2020 年中国房地产四项指标统计数据

年份	房地产投资额		商品房销售面积		商品房销售额		商品房成交均价	
	总额（万亿元）	同比增长（%）	面积（亿平方米）	同比增长（%）	总额（万亿元）	同比增长（%）	均价（元/米²）	同比增长（%）
2000	0.50	21.5	1.86	27.4	0.50	22.0	2112	2.9
2001	0.63	27.3	2.24	20.4	0.49	-2.0	2170	2.7
2002	0.78	22.8	2.68	19.6	0.60	22.4	2250	3.7
2003	1.02	30.3	3.37	25.8	0.80	33.3	2359	4.8
2004	1.32	28.6	3.82	13.4	1.04	30.0	2778	17.8
2005	1.59	20.9	5.55	—	1.76	69.2	3168	14.0
2006	1.94	22.1	6.19	11.5	2.08	18.2	3367	6.3
2007	2.53	30.2	7.62	23.2	2.96	42.3	3864	15.4
2008	3.06	20.9	6.21	-18.5	2.41	-18.6	3800	-2.2
2009	3.62	18.3	9.37	50.9	4.40	82.6	4681	23.6
2010	4.83	33.2	10.43	10.1	5.25	18.3	5032	7.1
2011	6.74	27.9	10.99	4.9	5.91	12.1	5357	6.9
2012	7.18	16.2	11.13	1.8	6.45	10.0	5791	7.7
2013	8.60	19.8	13.06	17.3	8.14	26.3	6237	7.7
2014	9.50	10.5	12.06	-7.6	7.63	-6.3	6323	1.4
2015	9.60	1.1	12.85	6.6	8.73	14.4	6793	7.4
2016	10.26	6.9	15.73	22.4	11.7	34.7	7476	10.1
2017	10.98	7.0	16.94	7.7	13.37	13.7	7892	5.6
2018	12.03	9.5	17.17	1.3	15.00	12.2	8737	10.7
2019	13.22	9.9	17.16	-0.1	15.97	6.5	9310	6.6
2020	14.14	7.0	17.61	2.6	17.36	8.7	9858	5.9
2000～2020 年年均增速	—	18.2	—	11.9	—	19.4	—	8.0

资料来源：根据《中国统计年鉴》《中国房地产年鉴》整理。

　　分析上表所列 168 个数据，不计入物价上涨因素，20 年中国房地产投资额增长 27.3 倍，年均增速 18.2%；商品房销售面积增长近 8.5 倍，年均增速 11.9%；商品房销售额增长 33.7 倍，年均增速 19.4%；商品房成交均价上涨 3.7 倍，年均增速 8.0%。按一家 3 口人、人均建筑面积 30 平方米计，全国城镇房价收入比由房改初期 5 年平均 9.5 下降到最近 5 年平均 6.6。

　　在 20 年里，中国房地产投资额没有出现过年度负增长，商品房销售面积和销售额各有 3 年出现同比下降，两者同时出现下降的分别是 2008 年、2014 年，商品房成交均价只有一年出现下降，也是在 2008 年。四项指标没有出现连续 2 年下降的。年度下降的 7 个指标中有 6 个是在上年度大幅度上涨的情况下发生的，只有 2019 年商品房销售面积是例外。年度下降的 7 个指标中有 5 个在下年度出现大幅反弹，有 1 个指标（2014 年商品房销售面积）在隔年后出现大幅反弹。全国城镇人均住房建筑面积 20 年增加 24 平方米，年均增加 1.2 平方米，人均住房使用面积年均增加不足 1 平方米。

中国房地产 20 年发展总体态势可以概括为五句话。

（1）房价控而不降反升。中国政府出台房价控制政策始于 2004 年，而且十几年坚持不懈，严厉程度不断加码，但效果不尽如人意。即使 2008 年仅有的小幅下降，也是在上年上涨 15.4% 情况下发生的，且下年又有 23.6% 的报复性上涨。

（2）房地产"泡沫"胀而不破。中国房地产泡沫论的出现已有十余年之久，至今仍有市场。简单把房价上升或房价较高视为泡沫，依据显然并不充分。

（3）房地产拐点来而复返。中国房地产拐点论始于 2008 年。十余年来中国房地产发展实践证明，所谓拐点只不过是市场的短期波动，建设投资和市场销售依然保持长期向上走势。

（4）房价高而不见露宿街头者。高房价一直受到激烈的抨击，因为高房价使很多刚需者买不起住房。但买不起住房不等于无房可住。因为中国房地产市场以改善性的自有住房为主体需求。

（5）住房存量大而新房建设势头强劲。十多年前就有中国城镇商品住宅存量过剩论，但住房投资建设的势头依然强劲。全国年度商品住宅开工建设面积已连续多年超过 10 亿平方米，2020 年更达 16.4 亿平方米。

三　中国房地产未来前景

（一）影响中国房地产前景的决定因素

房地产行业是国民经济的重要组成部分，房地产的未来首先取决于中国经济社会发展的总体态势。

（1）尽管面临百年未有之世界大变局和疫情常态化，中国经济向好的大趋势没有变，中国建设社会主义现代化国家的进程也不会停步。中国人民对美好生活的向往不会变，中国推进新型城市化、优化人口与产业布局的趋势也不会改变。

（2）房地产是为人民生产生活提供场所的实体产业部门。房地产的社会经济功能和地位不会变，房地产市场规律也不会变，房地产作为政府聚集财力和进行社会再分配的重要平台短时期内也难以改变。

（3）房地产业主产品是住房。中国房地产业的发展决定着重大民生问题的住房有效供给，但房地产行业调控政策与住房制度并不完全统一。住房制度是社会政策，强调公平公正，由财政兜底；房地产调控是产业政策，更应强调资源要素配置效率。中国政府确保全体人民住有所居的社会政策坚定不移，但由于思维的惯性，估计房地产的产业调控政策方向近期不会发生根本性改变。

（二）中国房地产发展的基点

（1）中国城镇住房的基本层面仍是供不应求。作为人口最多的发展中国家，中国城镇住房不仅数量不足（城镇人均居住面积不足 30 平方米，与发达国家平均水平相比还有较大差距），而且还有质量问题（棚户区和老旧房改造更新），更有人口与住房的空间匹配问题。

（2）实现城市化，中国城镇建成区面积还将翻番，以满足城市化进程中的增量居住需求和满足城镇居民改善性居住需求的叠加。

（3）中国房地产企业分化重组、转型升级、绿色低碳发展仍将持续。住房规划设计、开发建设和小区物业管理适应数字经济发展和疫情常态化防控，要求业内做出相应调整和安排。

（4）在 2020 年 12 月 16～18 日举行的中央经济工作会议上，国家首次强调解决好大城市住房突出问题。

（三）中国房地产前景展望

（1）中国房地产受政府政策强烈影响，房地产调控政策近期难有松动可能。住房既是必需的耐用生活消费品，又是非公共物品，个性化强，购买频率低。随着稳地价、稳房价、稳预期调控政策的全面落实，以限制交易为主要特征的调控政策将逐步淡出，完善的住房市场体系和健全的住房保障体系将逐步建立起来。

（2）中国房地产投资、市场交易规模、价格水平已经失去了以往的高歌猛进势头。房地产市场在上下波动、大小周期往复循环中发展是常态。但作为目前的第一大投资行业和第一大国内消费需求，随着经济下行压力的加大、增长方式的转型和增长动力的转换，未来20～30年中国房地产仍然是增量需求和更新改善需求叠加双拉动的市场，总体态势仍然处于上行通道。

（3）房子是不动产，房地产是区域性市场，房地产区域不平衡发展是常态。近期一线城市、新一线和区域中心城市的人口和产业聚集态势仍在继续，房地产有更多的利好。广大远离中心城市的三四线城市房地产市场高位盘整和收缩型城市房地产下行均是大概率事件。一城一策、因城施策的政府调控亟待落到实处。

（4）随着社会主义现代化的实现，中国房地产将告别增量需求与更新改善需求叠加双拉动的时代，进入更新升级需求单一拉动的时代。届时全国商品房销售面积将在每年20亿平方米左右的规模上稳定下来。

社会科学文献出版社

皮 书

智库报告的主要形式
同一主题智库报告的聚合

✤ 皮书定义 ✤

皮书是对中国与世界发展状况和热点问题进行年度监测，以专业的角度、专家的视野和实证研究方法，针对某一领域或区域现状与发展态势展开分析和预测，具备前沿性、原创性、实证性、连续性、时效性等特点的公开出版物，由一系列权威研究报告组成。

✤ 皮书作者 ✤

皮书系列报告作者以国内外一流研究机构、知名高校等重点智库的研究人员为主，多为相关领域一流专家学者，他们的观点代表了当下学界对中国与世界的现实和未来最高水平的解读与分析。截至2021年，皮书研创机构有近千家，报告作者累计超过7万人。

✤ 皮书荣誉 ✤

皮书系列已成为社会科学文献出版社的著名图书品牌和中国社会科学院的知名学术品牌。2016年皮书系列正式列入"十三五"国家重点出版规划项目；2013~2021年，重点皮书列入中国社会科学院承担的国家哲学社会科学创新工程项目。

权威报告·一手数据·特色资源

皮书数据库
ANNUAL REPORT(YEARBOOK)
DATABASE

分析解读当下中国发展变迁的高端智库平台

所获荣誉

- 2019年，入围国家新闻出版署数字出版精品遴选推荐计划项目
- 2016年，入选"'十三五'国家重点电子出版物出版规划骨干工程"
- 2015年，荣获"搜索中国正能量 点赞2015""创新中国科技创新奖"
- 2013年，荣获"中国出版政府奖·网络出版物奖"提名奖
- 连续多年荣获中国数字出版博览会"数字出版·优秀品牌"奖

成为会员

通过网址www.pishu.com.cn访问皮书数据库网站或下载皮书数据库APP，进行手机号码验证或邮箱验证即可成为皮书数据库会员。

会员福利

- 已注册用户购书后可免费获赠100元皮书数据库充值卡。刮开充值卡涂层获取充值密码，登录并进入"会员中心"—"在线充值"—"充值卡充值"，充值成功即可购买和查看数据库内容。
- 会员福利最终解释权归社会科学文献出版社所有。

数据库服务热线：400-008-6695
数据库服务QQ：2475522410
数据库服务邮箱：database@ssap.cn
图书销售热线：010-59367070/7028
图书服务QQ：1265056568
图书服务邮箱：duzhe@ssap.cn

社会科学文献出版社 皮书系列
SOCIAL SCIENCES ACADEMIC PRESS (CHINA)
卡号：492176694349
密码：

S 基本子库
SUB DATABASE

中国社会发展数据库（下设 12 个子库）

整合国内外中国社会发展研究成果，汇聚独家统计数据、深度分析报告，涉及社会、人口、政治、教育、法律等 12 个领域，为了解中国社会发展动态、跟踪社会核心热点、分析社会发展趋势提供一站式资源搜索和数据服务。

中国经济发展数据库（下设 12 个子库）

围绕国内外中国经济发展主题研究报告、学术资讯、基础数据等资料构建，内容涵盖宏观经济、农业经济、工业经济、产业经济等 12 个重点经济领域，为实时掌控经济运行态势、把握经济发展规律、洞察经济形势、进行经济决策提供参考和依据。

中国行业发展数据库（下设 17 个子库）

以中国国民经济行业分类为依据，覆盖金融业、旅游、医疗卫生、交通运输、能源矿产等 100 多个行业，跟踪分析国民经济相关行业市场运行状况和政策导向，汇集行业发展前沿资讯，为投资、从业及各种经济决策提供理论基础和实践指导。

中国区域发展数据库（下设 6 个子库）

对中国特定区域内的经济、社会、文化等领域现状与发展情况进行深度分析和预测，研究层级至县及县以下行政区，涉及省份、区域经济体、城市、农村等不同维度，为地方经济社会宏观态势研究、发展经验研究、案例分析提供数据服务。

中国文化传媒数据库（下设 18 个子库）

汇聚文化传媒领域专家观点、热点资讯，梳理国内外中国文化发展相关学术研究成果、一手统计数据，涵盖文化产业、新闻传播、电影娱乐、文学艺术、群众文化等 18 个重点研究领域。为文化传媒研究提供相关数据、研究报告和综合分析服务。

世界经济与国际关系数据库（下设 6 个子库）

立足"皮书系列"世界经济、国际关系相关学术资源，整合世界经济、国际政治、世界文化与科技、全球性问题、国际组织与国际法、区域研究 6 大领域研究成果，为世界经济与国际关系研究提供全方位数据分析，为决策和形势研判提供参考。

法律声明

"皮书系列"（含蓝皮书、绿皮书、黄皮书）之品牌由社会科学文献出版社最早使用并持续至今，现已被中国图书市场所熟知。"皮书系列"的相关商标已在中华人民共和国国家工商行政管理总局商标局注册，如LOGO（▮）、皮书、Pishu、经济蓝皮书、社会蓝皮书等。"皮书系列"图书的注册商标专用权及封面设计、版式设计的著作权均为社会科学文献出版社所有。未经社会科学文献出版社书面授权许可，任何使用与"皮书系列"图书注册商标、封面设计、版式设计相同或者近似的文字、图形或其组合的行为均系侵权行为。

经作者授权，本书的专有出版权及信息网络传播权等为社会科学文献出版社享有。未经社会科学文献出版社书面授权许可，任何就本书内容的复制、发行或以数字形式进行网络传播的行为均系侵权行为。

社会科学文献出版社将通过法律途径追究上述侵权行为的法律责任，维护自身合法权益。

欢迎社会各界人士对侵犯社会科学文献出版社上述权利的侵权行为进行举报。电话：010-59367121，电子邮箱：fawubu@ssap.cn。

社会科学文献出版社